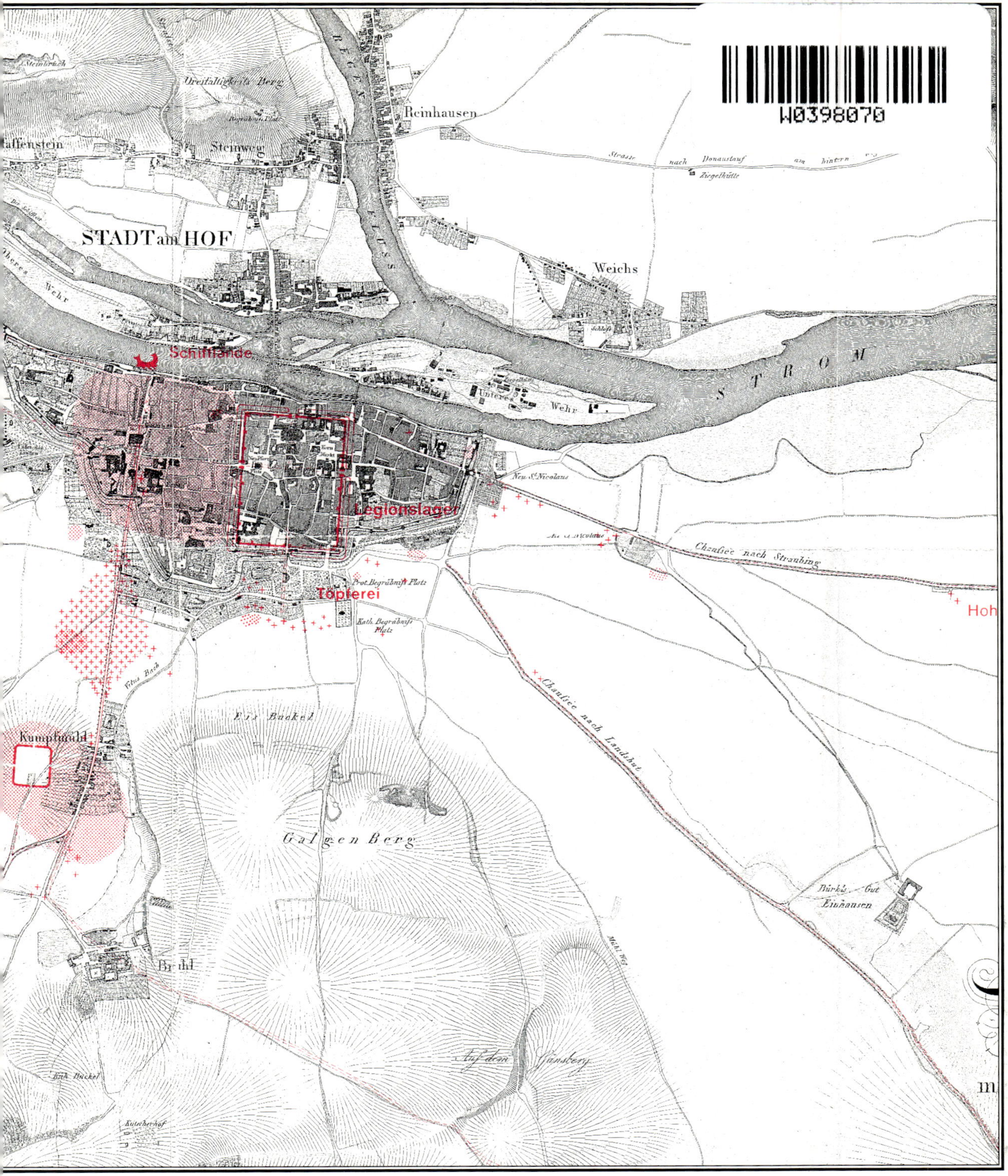

Dreifaltigkeits Berg
Reinhausen
Steinweg
Strasse nach Donaustauf
Ziegelhütte
STADT am HOF
Weichs
Wehr
Schiffslände
S T R O M
Unterer Wehr
Legionslager
Neu St. Nicolaus
Chaussée nach Straubing
Prot. Begräbniß Platz
Töpferei
Kath. Begräbniß Platz
Chaussée nach Landshut
Eis Buckel
Kumpfmühl
Galgen Berg
Bürk's Gut
Einhausen
Brühl
Auf dem Gänsberg
Kutscherhof

Die Römer in Regensburg

Karlheinz Dietz
Thomas Fischer

Die Römer in Regensburg

Verlag
Friedrich Pustet

Umschlagvorderseite: Römische Bronzestatuette des Merkur, Gott der Händler und Kaufleute. Fundort: Südostecke des Legionslagers Castra Regina. 2./3. Jh. n. Chr., Höhe 9,2 cm. Museum der Stadt Regensburg (Foto: Wilkin Spitta, Loham).

Umschlagrückseite: Legionar der 3. Italischen Legion im 2./3. Jh. n. Chr. (Grafik von B. Pfeifroth, Reutlingen).

Vorsatz: Regensburg und Umgebung nach einer Karte aus dem Jahre 1829 (Ausschnitt). Rot eingetragen die römischen Befunde. Raster = Siedlungsspuren; Kreuze = Gräber, doppelte Strichreihe = vermutete Hauptstraßen; einfache Striche = vermutete Nebenstraßen (nach Dietz u. a.).
Nachsatz: Regensburg-Kumpfmühl. Plan von Kastell und Lagerdorf *(vicus)*. Rot = vermutete Ausdehnung (nach Faber).

Die Deutsche Bibliothek – CIP-Einheitsaufnahme

Dietz, Karlheinz:
Die Römer in Regensburg / Karlheinz Dietz ; Thomas Fischer.
– Regensburg : Pustet, 1996
ISBN 3-7917-1484-8
NE: Fischer, Thomas:

ISBN 3-7917-1484-8

Umschlaggestaltung: Peter Loeffler, Regensburg
Gesamtherstellung: Friedrich Pustet, Regensburg
Printed in Germany 1996

Inhalt

Vorwort

»I had the advantage of inspecting the *vallum* . . . For this purpose we visited more than one brewery, which caused me no surprise, because in a beer-drinking German town it would be almost impossible for a continuous wall to escape establishments of this kind.«

»Ich hatte die günstige Gelegenheit, die Römermauer eingehend zu besichtigen . . . Dabei besuchten wir auch mehr als nur eine Brauerei, was mich nicht weiter wunderte, weil es in einer deutschen Stadt, in der man so gern Bier trinkt, fast unmöglich ist, entlang einer solchen durchgehenden Mauer nicht auf derartige Einrichtungen zu stoßen.«

(Bunnell Lewis, M. A., F. S. A. 1891)

Im Jahre 1979 feierte Regensburg ein 1800jähriges Jubiläum. Anlaß dafür waren die monumentalen Fragmente einer steinernen römischen Bauinschrift aus dem Osttor des Legionslagers, die bekundete, daß im Jahre 179 die mächtige Umwehrung dieses Lagers mit Türmen und Toren fertiggestellt worden war. Da sich aus der Festung der 3. Italischen Legion kontinuierlich die Stadt Regensburg entwickelt hat, hat man diese Bauinschrift mit gutem Grund als eine Art »Gründungsurkunde« Regensburgs betrachtet und die 1800jährige Wiederkehr dieses Datums entsprechend gefeiert. Neben einer großen Sonderausstellung, einer Fülle von Veranstaltungen aller Art und vielerlei Schrifttum hatte das Jahr 1979 für die archäologische und historische Forschung vor allem ein wichtiges Resultat gebracht: eine neue Synthese zum Thema »Regensburg zur Römerzeit«. Verfasser waren der Althistoriker Karlheinz Dietz, der Prähistoriker und Denkmalpfleger Udo Osterhaus, die provinzialrömische Archäologin am Stadtmuseum Regensburg Sabine Rieckhoff (heute Professorin in Leipzig) und der Prähistoriker und Universitätsdozent Konrad Spindler (heute Professor in Innsbruck). Zum ersten Mal seit der Zusammenfassung durch Georg Steinmetz von 1925 war damit der interessierten Öffentlichkeit ein umfassendes, wissenschaftlich seriöses und dennoch verständliches Werk dargeboten worden, das den aktuellen Stand der Forschung des römischen Regensburg repräsentierte. Das Buch war dementsprechend erfolgreich, es erlebte rasch zwei Auflagen und war schon nach wenigen Jahren vergriffen. Ein vom Verlag zunächst geplanter Neudruck erwies sich schnell als wenig sinnvoll. Die seitherigen Forschungen und Publikationen zum römischen Regensburg hatten mittlerweile – ob mit dem Spaten oder am Schreibtisch – zu viele Ergänzungen und Änderungen erbracht, zu viel auch in Frage gestellt, so daß eine Neubearbeitung zwingend war. Sie in der alten Konstellation von 1979 zu verwirklichen, kam nicht mehr in Frage, nicht zuletzt, weil die Autoren von damals inzwischen allesamt nicht mehr in Regensburg tätig und teilweise mit ganz anderen Aufgaben befaßt sind.

Da eine wenig verständliche Personalpolitik der für die Archäologie in Regensburg verantwortlichen staatlichen und städtischen Stellen in den letzten Jahren keine der fünf einschlägigen Planstellen mit einem Vertreter des Faches Provinzialrömische Archäologie besetzte, haben sich die unterzeichneten Autoren als »Auswärtige« zu vorliegendem Buch entschlossen. Es ist nicht nur eine Neubearbeitung in neuer Konstellation, ihr liegt auch ein anderes, strafferes Konzept zugrunde, das durch zahlreiche Neuerscheinungen der jüngeren Zeit gerechtfertigt ist. Die Unterzeichneten sind mit der Stadt und ihrer ältesten Geschichte bestens vertraut. Sie erlebten ihre Jugend und Schulzeit in ihr, sie haben sich beide seit Jahren in ihren wissenschaftlichen Arbeiten aus unterschiedlichen Blickwinkeln mit der römischen Vergangenheit Regensburgs intensiv befaßt, und sie setzen hier eine in gemeinsame Studentenjahre zurückreichende Zusammenarbeit fort. Dabei vertritt Karlheinz Dietz, Professor an der Universität Würzburg, die Alte Geschichte, Thomas Fischer, Professor an der Universität zu Köln, die Archäologie der römischen Provinzen.

Das vorliegende Buch baut auf dem Werk »Regensburg zur Römerzeit« von 1979 auf und bietet nach Möglichkeit den Forschungsstand des Jahres 1995. Eine wirkliche Geschichte des römischen Regensburg zu schreiben, fehlen noch immer die Voraussetzungen; so bleibt auch uns nur ein Annäherungsversuch auf aktueller Grundlage. Bewußt verzichtet wurde auf die Wiederholung der in diversen Römerbüchern inzwischen genügend abgehandelten kulturhistorischen Details, die meistens zu den jeweils behandelten Orten kaum in Bezug stehen und die ansonsten in Ludwig Friedlaenders Sittengeschichte besser nachzulesen sind (Darstellungen aus der Sittengeschichte Roms, 4 Bde., 10. Aufl. Leipzig 1921–23).

Für vielfache Hilfe und Förderung danken wir S. Codreanu-Windauer und R. Röhrl vom Bayerischen Landesamt für Denkmalpflege, Außenstelle Regensburg, sowie M. Angerer und A. Boos vom Museum der Stadt Regensburg. Die gute Zusammenarbeit mit dem Verlag Friedrich Pustet, vertreten durch die Lektorin, Frau Heidi Krinner-Jancsik, ist für beide Autoren fast schon angenehme Routine geworden.

Wir widmen dieses Buch unserer Heimatstadt Regensburg und dem Andenken an unseren Kollegen Udo Osterhaus, dem langjährigen denkmalpflegerischen Betreuer der Stadt, der ganz unerwartet 1993 von uns gegangen ist.

Würzburg und Köln, im September 1995
Karlheinz Dietz und Thomas Fischer

Römerforschung in Regensburg – gestern und heute

Will man sich mit der Geschichte des römischen Regensburg beschäftigen und dabei auch dessen Rolle im römischen Reich realistisch einschätzen, so muß man sich von vornherein eines klar machen: So imposant uns heute die Reste der Porta Praetoria und der Römermauer erscheinen und so wichtig Regensburg in der frühen Geschichte unseres Landes war, vom Zentrum Rom aus gesehen war das antike Regensburg ein wenig bedeutender Garnisonsort, wie es sie an den Barbarengrenzen im Norden viele gab. Von hier aus waren – aus der Sicht der stadtrömischen Führungsschicht – weder besondere politisch-militärische noch kulturelle Impulse zu erwarten, allenfalls Militärs dürften von seiner Existenz überhaupt näher Notiz genommen haben. Der relativ geringen Bedeutung des Ortes entspricht die vergleichsweise Kargheit des schriftlich überlieferten Quellenbestandes. In den literarischen Texten antiker Schriftsteller oder Historiker, die zumeist dieser Führungsschicht angehörten oder zumindest in deren Umfeld lebten, taucht demzufolge der Name des römischen Regensburg (*Reginum* oder *Castra Regina*; vgl. S. 26ff.) nicht ein einziges Mal auf; lediglich eine Art »Staatshandbuch« der spätesten Zeit (*Notitia dignitatum*), eine Straßenbeschreibung (*Itinerarium Antonini*) und eine Straßenkarte (*Tabula Peutingeriana*) erwähnen ihn.

So ist man bei der Beschäftigung mit der römischen Vergangenheit Regensburgs allein auf die Forschungsergebnisse der Archäologen und derjenigen Althistoriker angewiesen, die sich mit der Lesung und Interpretation von Inschriften beschäftigen (Epigraphiker). Denn einiges, wenn auch wenig genug, erfährt man zur römischen Geschichte auch dieser Stadt aus Inschriften. Zwar ist diese Sonderform von Schriftzeugnissen im Verhältnis zu anderen Römerorten Bayerns hier durchaus zahlreich vertreten, einen Vergleich zu rheinischen Römerstädten wie Mainz oder Köln kann man freilich nicht wagen. Vielmehr gehört ihre Auffindung zu den seltenen Glücksfällen. Vor allem aber ist ihre Aussagekraft sehr begrenzt, weil es sich überwiegend um Grabsteine und Weihungen, weniger um politisch-militärische oder gar historische Texte handelt.

Überaus bedeutsame und sich ständig mehrende Quellen für die Stadtgeschichte sind daneben die schriftlosen archäologischen Funde und die jeweiligen Fundzusammenhänge. Hier bleibt noch viel zu tun! Denn trotz aller Fortschritte der letzten Jahre bei der wissenschaftlichen Aufarbeitung steht die genauere Auswertung der meisten archäologischen Quellen aus dem Stadtbereich, die von mehreren Generationen zunächst ehrenamtlicher, dann städtisch und staatlich besoldeter Forscher zusammengetragen worden sind, noch immer aus.

Die Forschungsgeschichte zum römischen Regensburg und seines Umlandes ist in letzter Zeit mehrfach und ausführlich dargestellt worden (Dietz u. a., 1979; Fischer, 1990; Dallmeier, 1993, und Waldherr, 1994). So können wir uns hier mit einer kurzen Zusammenfassung begnügen. Zwar war man sich bereits seit dem Mittelalter des römischen Ursprunges von Regensburg durchaus bewußt, doch erfolgte eine kritisch-wissenschaftliche Auseinandersetzung im modernen Sinn mit den Überresten der Antike erst seit dem 19. Jahrhundert. Zunächst kam es weniger auf exakte historische Forschungen an, sondern auf den Nachweis eines größtmöglichen Alters oder gar um heilsgeschichtliche Bezüge, um den Rang und Ruhm Regensburgs vor anderen, jüngeren Städten möglichst glänzend erstrahlen zu lassen. So versuchte man bereits im Mittelalter durch allerlei gelehrsame Geschichtsklitterung, die Gründungszeit der Stadt in die Epoche des Kaisers Tiberius (14–37), genauer gesagt in das Jahr 33, zu verlegen, also in eben das Jahr, in das man auch den Kreuzestod Christi ansetzte. Spätere Versuche, Regensburg zur Gründung des Jahres 14 v. Chr. durch den »Kronprinzen« und späteren Kaiser Tiberius zu erheben und somit noch älter zu machen, galten längere Zeit als unverrückbare historische Wahrheit, zumal diese These durch die Autorität des Johannes Thurmair, genannt Aventinus (1477–1534), des »Vaters der bayerischen Geschichtsschreibung«, gestützt wurde. Tatsächlich war es Aventinus, der durch die Abschrift und Publikation von neun römischen Inschriften (von denen nur noch vier erhalten sind) die ernsthafte Römerforschung in Regensburg begründete. Dann blieb es allerdings lange Zeit ruhig, bis sich Albert Ernst von Wartenberg, von 1688 bis zu seinem Tode 1715 Weihbischof von Regensburg, auf seine ganz eigene Art und Weise der Römerforschung in der Stadt zuwandte. Durch einen mehrjährigen Aufenthalt in Rom hatte er die Katakomben und andere Zeugnisse frühen Christentums kennengelernt. Diese meinte er in Regensburger Bodenfunden wiederzuerkennen, die beim Bau seiner Hauskapelle »Maria Läng« (jetzt Domplatz 4 – Ecke Pfauengasse) zutage gekommen waren. Aber nicht nur auf Zeugnisse frühen Christentums glaubte er allenthalben gestoßen zu sein – er ging sogar so weit, mit diesen heute zumeist nicht mehr näher zu identifizierenden Funden die persönliche Anwesenheit der Apostel im römischen Regensburg nachweisen zu wollen! Auch interpretierte er ganz gewöhnliche Ziegel mit Stempeln der dritten Italischen Legion als Märtyrergrabsteine. Ein Goldglas mit der Darstellung der Apostel Petrus und Paulus (heute als Leihgabe der Antikensammlung in der Prähistorischen Staatssammlung München ausgestellt), das sicherlich aus Rom stammt und erst in der Neuzeit nach Regensburg gelangte, wurde gelegentlich mit den Wartenbergschen Funden in Verbindung gebracht. Bei der Anlage seiner eigenen Gruft in der Georgs-Kapelle von St. Emmeram, die sich Wartenberg schon zu Lebzeiten erbauen ließ, stieß man auf drei römische Sarkophage und einen Grabstein, die z. T. noch erhalten sind. Insgesamt stellte Wartenbergs gut gemeinte Tätigkeit eher einen Rückfall in die vorwissenschaftliche mittelalterliche Forschungsepoche dar, die durch die Tätigkeit von Aventinus und anderer Humanisten eigentlich schon längst überholt war.

Der reichsstädtische Syndicus Georg Gottlieb Plato, genannt Wild (1710–1770), konnte aber schon wenig später andere Maßstäbe setzen! Ihm gelang es, das Große Gräberfeld und das Gräberfeld des Kumpfmühler Kastells zu lokalisieren, und er erstellte auch einen ersten Plan des Regensburger Legionslagers. Obwohl viele seiner damals ergrabenen Funde wieder verschollen sind, vermitteln seine Berichte und Skizzen noch heute auswertbare Forschungsgrundlagen.

Wichtige Grundlagenforschung betrieb auch der Bibliothekar des Klosters St. Emmeram, Roman Zirngibl (1750–1816), ein bedeutender Historiker, der 1813 seine »Erklärungen und Bemerkungen über einige in der Stadt Regensburg sich befindende Römische Steininschriften« in den Historischen Abhandlungen der königlich-baierischen Akademie der Wissenschaften herausgab. Sein Mitbruder in St. Emmeram, der Benediktiner Bernhard Stark (1767–1839), tat sich als Ausgräber an prähistorischen und römischen Fundplätzen hervor, unter anderem am Großen Gräberfeld. Er wurde auch mit der Aufgabe betraut, die im Rahmen der Säkularisation dem bayerischen Staat zugefallenen Bodenfunde Regensburgs nach München zu verbringen (heute in der Prähistorischen Staatssammlung); dort war er auch bis 1825 als Konservator des königlichen Antiquariums tätig.

Einen entscheidenden Durchbruch für die Regensburger Römerforschung bildete die 1830 auf Anregung König Ludwigs I. zurückgehende Gründung des Historischen Vereins für Oberpfalz und Regensburg, dessen Jahrbücher, die »Verhandlungen«, bis heute ein wichtiges Publikationsorgan auch für die archäologische Forschung darstellen. Auch legte der Verein eine eigene, sorgsam gepflegte Sammlung von Bodenfunden an, die dann zum Grundstock der archäologischen Abteilung des Regensburger Stadtmuseums werden sollte. Schon der erste Vereinsvorsitzende, der Großherzoglich Mecklenburg-Schwerinische geheime Legationsrat Christian Gottlieb Gumpelzhaimer (1766–1841), veröffentlichte Regensburger Römerfunde. Die Blütezeit der Forschungstätigkeit des Historischen Vereins setzte dann in der zweiten Hälfte des 19. Jahrhunderts ein, als mit dem wegen seiner angegriffenen Gesundheit »freiresignirten« Pfarrer Joseph Dahlem (1826–1900) ein ungemein fähiger Mann Kustos der archäologischen Sammlungen wurde. Seine Leistungen bei den Rettungsgrabungen im Großen Gräberfeld, das ab 1872 vom Bahnbau in weiten Bereichen zerstört wurde, verdienen heute noch Hochachtung. Auch sonst widmete er seine ganze Kraft Rettungsgrabungen in Kumpfmühl und in der Altstadt. Nicht immer ungetrübt war Dahlems Verhältnis zum damaligen Vorsitzenden des Historischen Vereins, Hugo Graf von Walderdorff (1828–1918), der sich um die Vermehrung der Sammlungen und durch wissenschaftliche Veröffentlichungen große Verdienste um die Forschungen zum römischen Regensburg erworben hat. Dies gilt auch für den Altphilologen und Konrektor Georg Steinmetz (1850–1945), der als unermüdlicher Autor und Ausgräber ungemein fruchtbar war. 1895 löste er den schwerkranken Dahlem als Betreuer der Sammlungen des Vereins ab. Die Krönung seines Lebenswerkes bildeten die Grabungen im Ziegetsdorfer Tempelbezirk, die er noch in hohem Alter 1934/35 zusammen mit dem Bayerischen Landesamt für Denkmalpflege leitete. Seine zahlreichen, penibel in Tagebüchern festgehaltenen Fundbeobachtungen in der Stadt sind immer noch nicht in ausreichendem Maße (d. h. mit der Vorlage der Funde!) ausgewertet worden. Im Jahre 1936 gingen die Sammlungen des Historischen Vereins im städtischen Museum auf. Damit endete die Epoche der ehrenamtlichen Betreuung des archäologischen Erbes in Regensburg und in der Oberpfalz.

Als hauptamtlicher Kustos der archäologischen Abteilung am Museum und als Denkmalpfleger trat der Prähistoriker Richard Eckes (1909–1943) seinen Dienst an. Allerdings war er sehr stark zeitgenössischen Geistesströmungen verhaftet, die ihn zur Römerforschung auf Distanz gehen ließen. Doch auch schon vor Eckes waren hauptamtliche Archäologen in und um Regensburg tätig geworden: Der Münchner Prähistoriker Paul Reinecke, seit 1908 Leiter des königlich-bayerischen Generalkonservatoriums, des späteren Bayerischen Landesamts für Denkmalpflege, hatte Grabungen in der *villa rustica* von Burgweinting, im Kastell Kumpfmühl und, wie schon erwähnt, im Tempelbezirk von Ziegetsdorf selbst geleitet oder durchführen lassen. Als Eckes 1943 in Rußland gefallen war, übernahm kurzfristig 1948 die Prähistorikerin Thea Elisabeth Haevernick die mehrere Jahre unbesetzte Stelle, bis 1949 der Prähistoriker Armin Stroh als staatlicher Denkmalpfleger und zugleich auch als Betreuer der städtischen Museumssammlungen nach Regensburg kam. Seine verdienstvolle Tätigkeit unter schwierigen äußeren Bedingungen wurde durch die engagierte Mitarbeit des städtischen Präparators Heinz Rademacher (1929–1992) erst ermöglicht, der neben der Betreuung des Museumsdepots und der Restaurierung des Fundmaterials auch zahlreiche Grabungen durchführte.

Von 1964 bis 1968 fand die erste großflächige Plangrabung im Innenraum des Regensburger Legionslagers statt, die durch den Einbau einer Heizung in die Niedermünsterkirche veranlaßt worden war. Sie wurde durch Klaus Schwarz (1915–1985), dem damaligen Leiter der archäologischen Denkmalpflege in Bayern, geführt. 1968 trat der Prähistoriker Udo Osterhaus (1938–1993) die Nachfolge von A. Stroh an. Seither haben sich die Planstellen und Sachmittel der Denkmalpflege erheblich vermehrt: Im Jahre 1979 wurden die Betreuung von Denkmalpflege und Museum personell und räumlich getrennt. Die Außenstelle des Bayerischen Landesamtes für Denkmalpflege siedelte in das Runtingerhaus über, wo ab 1979 auch eine zweite Wissenschaftlerstelle geschaffen und ab 1980 besetzt wurde. Die archäologische Abteilung des Stadtmuseums erhielt eine eigene Planstelle, dazu trat 1990 eine Planstelle für einen Stadtarchäologen.

Heute teilen sich die Regensburger Außenstelle des Bayerischen Landesamtes für Denkmalpflege und die Städtische Denkmalpflege die archäologische Betreuung derjenigen Notbergungen und Ausgrabungen, die das römische Regensburg und sein Umland betreffen. Das Fundmaterial wird im Museum der Stadt Regensburg aufbewahrt, wo die Schausammlung im Gefolge des Stadtjubiläums 1979 eine gelungene Neugestaltung erfuhr. Sehenswert ist auch das archäologische Museum im BMW-Werk mit den Funden der *villa rustica* von Regensburg-Harting. Kleinere Bestände von Funden aus Regensburg und Umgebung besitzt noch die Prähistorische Staatssammlung in München, z. T. sind diese auch in deren Zweigmuseum in Amberg präsentiert.

Größere wissenschaftliche Arbeiten zum Regensburger Fundmaterial der Römerzeit wurden bisher zumeist von außerhalb angeregt und geleistet. So entstanden die letzten umfangreicheren Arbeiten über das Große Gräberfeld, das Umland Regensburgs und über Regensburg-Kumpfmühl als Münchner Dissertationen bei Günter Ulbert. Trotz mancher Fortschritte ist noch viel zu tun: Erst wenn die in Museen und Archiven lagernden archäologischen Zeugnisse einmal in vollständiger Aufarbeitung dem Historiker nutzbar sein werden, kann es gelingen, die Geschichte des römischen Regensburg – soweit dies nach den archäologischen Quellen überhaupt möglich ist – zufriedenstellend nachzuvollziehen. Mangels mancher wichtiger archäologischer Grundlagenarbeit versteht sich auch dieses Buch lediglich als aktueller Zwischenbericht des gegenwärtigen Forschungsstandes: Die umfassende Geschichte des römischen Regensburg auf der Basis aller heute bereits vorhandenen (aber noch nicht gleichmäßig zugänglichen) Quellen ist noch zu schreiben!

Die naturräumlichen Voraussetzungen

Mit ihrem gewohnt scharfen Blick für diese Dinge haben die Römer die strategisch-verkehrsgeographische Bedeutung und die Siedlungsgunst der Ebene am nördlichsten Punkt der Donau erkannt und genutzt. Aus geologischer Sicht stellt der Regensburger Raum eine in Bayern einzigartige Nahtstelle verschiedener Landschaftstypen dar: Hier bilden die Ausläufer des Bayerischen Waldes im Nordosten, die teilweise über hundert Meter aufragenden Steilhöhen der Fränkischen Alb im Norden, Westen sowie Südwesten und die wellenförmigen Hügel des tertiären Donau-Isar-Landes im Südosten eine weite, siedlungsgünstige Bucht. Hier stellt ferner die durch zwei Bäche gegliederte Terrasse am Südufer der Donau die Westspitze der sich stromabwärts in rund 80 Kilometer Länge bis zu 15 Kilometer Breite wie ein Trichter erweiternden offenen Flußebene dar. Das Donautal gliedert sich in diesem Bereich in die holozäne Talaue, die jungpleistozäne Niederterrasse und in die mittelpleistozäne Hochterrasse, die wiederum an das tertiäre Hügelland angrenzt.
Besonders die sich nach Osten zu verbreiternde Hochterrasse mit ihrer äußerst fruchtbaren Lößüberdeckung stellt als Dungau oder Gäuboden eines der wichtigsten Altsiedelgebiete Süddeutschlands dar. Diese Landschaft und auch die z. T. lößbedeckte angrenzende Zone des tertiären Hügellandes luden durch ihren fruchtbaren Lößboden und ihren Reichtum an Wasser durch Bäche, Flüsse, Quellaustritte und hohen Grundwasserspiegel seit Beginn der Seßhaftigkeit des Menschen in der Jungsteinzeit ab dem 5. Jahrtausend v. Chr. verstärkt zur Besiedlung ein. Zusätzlich erreichte die Gegend um Regensburg, die ja nach Goethes »Italiänischer Reise« bekanntlich »eine Stadt herlocken« mußte, die nötige topographische Auffälligkeit durch die plötzliche und endgültige Wendung der Donau um beinahe 120 Grad gerade in der Regensburger Bucht, wo zudem im Abstand weniger Kilometer drei größere Nebenflüsse (Schwarze Laaber, Naab und Regen) in sie einmünden.

Verkehrswege und Straßen

Ähnlich wie die Königsstraßen im hohen Mittelalter liefen bei Regensburg zweifelsfrei schon in vorgeschichtlicher Zeit mehrere Verkehrswege zusammen, die man sich als stets begangene und natürlich vorgezeichnete Pfade, noch nicht als künstlich ausgebaute Trassen vorstellen muß. Die vorgefundenen Verbindungslinien südlich der Donau behielten die Römer bei und bauten sie nach und nach als Kunststraßen mit Schotterdekken aus (Abb. 1). Vorrömisch ist sicher die Ost-West-Verbindung, welche, in der Flußebene südlich der Donau parallel zu dieser dahinziehend, in der Niederterrasse bei Regensburg etwa dem Hochweg und der Alten Straubinger Straße folgte. Dieser alte Fernweg wurde, wenigstens östlich von Passau, von den Römern, im 3. Jahrhundert, als »Straße dicht neben dem Donaufluß« (*via iuxta amnem Danuvium*) bezeichnet. Am Westende des Regensburger Beckens zweigte von

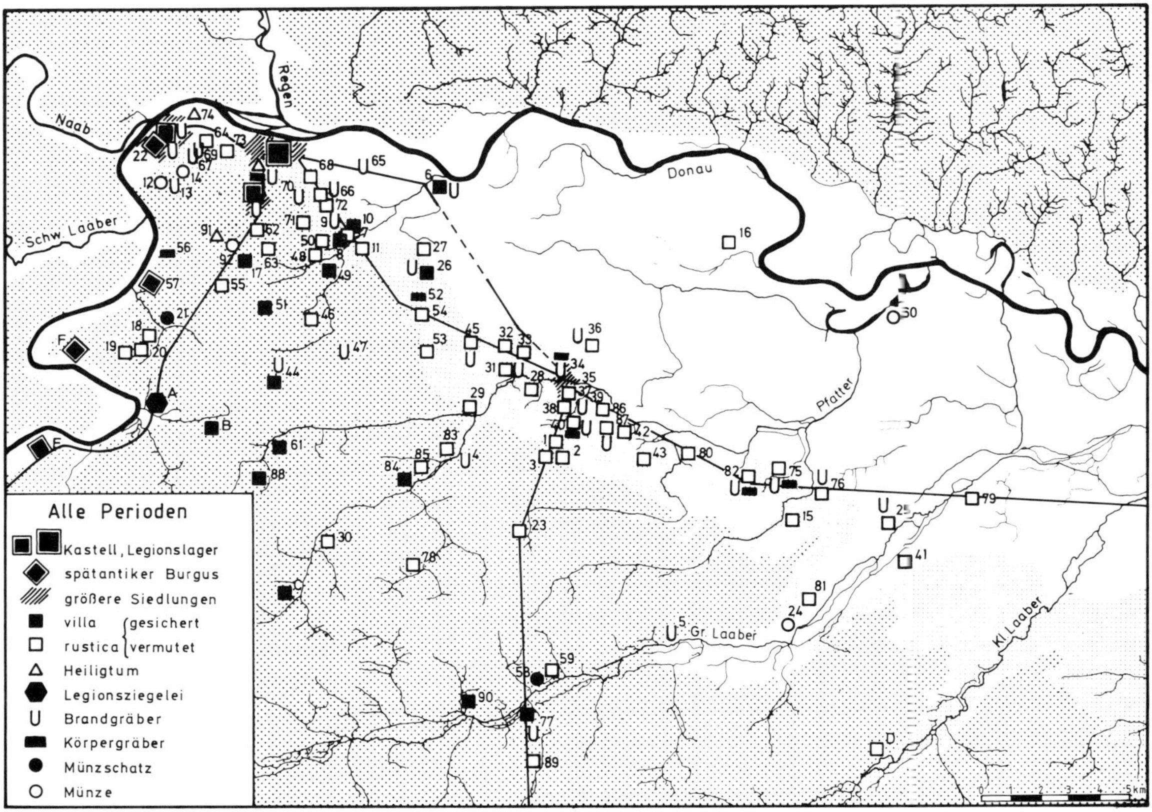

Abb. 1 Römische Fundstellen und Straßen des 1.–5. Jhs. n. Chr. um Regensburg (nach Fischer). Numerierung siehe Liste auf S. 233

ihm in der Höhe von Mariaort ein durch zahlreiche Flußfunde gesicherter, bereits in vorrömischer Zeit bestehender Übergang über die Donau ab, dessen Fortsetzung jenseits des Flusses, wenigstens im Mittelalter, nicht etwa durch das Naabtal zog, sondern die Jurahochfläche erklimmend nach Nordwesten in Richtung Nürnberg führte.

Eine zweite Möglichkeit, den Fluß zu überqueren, bestand offenbar schon, bevor die Römer kamen, in der Nähe des St.-Oswald-Kirchleins beim Eisernen Steg. Hier stieß ein aus Süden über Bad Abbach, Ziegetsdorf und Kumpfmühl herankommender Fernweg an die Donau, der den letzten Teil der wichtigen Verkehrsanbindung zur Provinzhauptstadt Augsburg und zum Limesgebiet herstellte. Seine Verlängerung auf dem Nordufer durch den sogenannten Schelmengraben zog auf der Hochebene des fränkischen Jura weiter nach Kallmünz. Ob zwei andere wichtigere Straßen schon vor dem Mittelalter bestanden haben, ist ungewiß: die eine lief südlich der Schwarzen-Laaber-Mündung über die Donau in das Gebiet

der oberen Altmühl, die andere bei Donaustauf aus dem Donautal hinauf durch den Vorwald in Richtung Cham. Nach Südosten zu existierte eine Trasse zum Verkehrsknotenpunkt *ad Isuram* in der Nähe des heutigen Landshut. Sie folgte wohl in weiten Bereichen der heutigen Bundesstraße 8, um dann bei der militärisch gesicherten Siedlung von Mangolding/Mintraching-Herzogmühle ca. 12 km östlich von Regensburg in die römische Donausüdstraße einzumünden. Von dort aus zieht auch eine weitere, teilweise durch Luftbilder belegte Straße nach Barbing und Regensburg.
Im übrigen sind noch längst nicht alle Römerstraßen um Regensburg entdeckt. So könnte man sich z. B. vorstellen, daß es parallel zur Donausüdstraße noch zumindest einen Patrouillenweg gab, und auch die Verbindungen der einzelnen Villen im Regensburger Hinterland dürften partiell als Schotterstraßen ausgebaut gewesen sein. Schließlich stellt das Flußsystem der Donau und ihrer Nebenflüsse die wichtigsten Verkehrswege im römischen Bayern dar. Auf der Donau (wahrscheinlich ab Günzburg) und weniger zu Lande erfolgten die großen Truppentransporte und die Versendung von Waren von Westen nach Osten. Dem lokalen Warentransport dienten sicher kleinere Flüsse wie die Pfatter. Ob Naab und Regen in größerem Umfang zum Handel mit Germanen genutzt wurden, ist eher zweifelhaft. Ihre zeitlose Rolle als Verkehrsknoten von regionaler Bedeutung beweist die günstige Lage der Regensburger Bucht.

Zur »geostrategischen« Lage Regensburgs

Die Donau trennte als Grenzfluß des römischen Reiches die relativ dicht besiedelte römische Provinz Raetien von einem lange Zeit praktisch unbesiedelten Raum nördlich des Stromes. Das Gebiet nördlich und westlich von Regensburg, also die heutige nördliche Oberpfalz und das nördliche Mittelfranken unmittelbar vor dem Donaulimes bzw. dem raetischen Limes, wies nie eine nennenswerte germanische Bevölkerung auf, die eine Dauergefahr für die römischen Grenzbewohner hätte darstellen können. Germanische Stämme des 1.–3. Jahrhunderts wohnten nach Ausweis ihrer archäologischen Zeugnisse im Maingebiet und in Mitteldeutschland (s. u.). In diese Regionen zogen zwar die natürlichen Verkehrsverbindungen durch die Täler von Naab und Regen, doch dürfte deren Bedeutung als potentielle militärische Einfallpforten aus dem Norden kaum sonderlich groß gewesen sein.
Ebenso wie der Westabschnitt der norischen Grenze von Passau bis Krems durch die bewaldeten Mittelgebirgszonen des Mühl- und Waldviertels wurde der ostraetische Donaulimes östlich von Regensburg durch die waldreichen Mittelgebirge des Bayerischen und Oberpfälzer Waldes sowie des Böhmerwaldes vor feindlicher Bedrohung weitgehend geschützt. Die Unwirtlichkeit dieser Waldberge, ihr rauhes Klima, der früh einsetzende Frost, die kalten und regenreichen Sommer und der lange, 50 bis 150 Tage bleibende Schnee mit meterhohen Verwehungen verhinderten eine stärkere Dauerbesiedlung nördlich und nordöstlich Regensburgs. Trotz der erwähnten zahlreichen vorgeschichtlichen und mittelalterlichen Altstraßen- und Wegesysteme ist generell die Durchlässigkeit der nordostbayerischen Mittelgebirge nicht zu überschätzen. Der Hauptweg in das Pilsener Becken führte in West-Ost-Richtung weit nördlich von Regensburg durch die Tiefenzone im Hohen Oberpfälzer Wald bei Waidhaus mit einer Abzweigung bei Eslarn. Demgegenüber war die Nord-Süd-Verbindung von

zweitrangiger Bedeutung: Nur vereinzelt wurde die Regensenke im Hinteren Bayerischen Wald seit der Jüngeren Steinzeit begangen. Stärker wurde die Cham-Further-Senke als Durchgang schon sehr früh benutzt. Aus dem zur Römerzeit von Germanen besiedelten Böhmen kommend, gabelte sich der Weg in eine Westroute durch die Bodenwöhrer Bucht und das Regental sowie in einen Südstrang über den Bayerischen Wald und die Stallwanger Senke in Richtung Straubing. Dieser größeren Bedeutung trugen, wie wir erst seit wenigen Jahren wissen, auch die Planer der römischen Militärgrenze an der Donau Rechnung: Vor 180 lagen an den Endpunkten dieser Verbindungen nach Böhmen, in Regensburg und in Straubing, wohl in je zwei Kastellen doppelt so starke Garnisonen, wie sie sonst am Donaulimes üblich waren. Daß die Römer trotz dieser außergewöhnlichen Vorsichtsmaßnahmen die Entwicklungen in ihrem Vorfeld unterschätzt hatten, zeigten die Ereignisse der Markomannenkriege (s. S. 74ff.). Die Stationierung der 3. Italischen Legion in Regensburg konnte dann der neuen Gefahr aus dem Nordosten wirksam begegnen. Da ansonsten die Bedeutung des Nord-Süd-Passes im östlichen Bayerischen Wald mit Zielort Passau nicht allzu hoch anzusetzen ist, kann man aufs Ganze gesehen von einer Sperrfunktion der nordostbayerischen Waldgebirge gegen die Donau sprechen.

Der Siedlungsverlauf in der Regensburger Bucht zur Römerzeit

Zur ersten Orientierungshilfe für den Leser geben wir im Folgenden eine grobe Übersicht über die verschiedenen Phasen der römischen Besiedelung in Regensburg und seinem Umland zur Römerzeit. Die weiteren Kapitel dieses Buches werden diese Zusammenfassung konkretisieren.

Die Erschließung des Regensburger Umlandes durch römische Siedler setzte frühestens nach der Gründung des Hilfstruppenkastells Regensburg-Kumpfmühl in frühflavischer Zeit ein (Periode A ca. 80–180; Abb. 2, 3). Wie es scheint, begann die ländliche Besiedlung leicht verzögert, also erst eine gewisse Zeit nach der militärischen Besetzung der Regensburger Bucht. Das war nicht ungewöhnlich, ist vielmehr auch andernorts zu beobachten. Eine nennenswerte keltische oder gar germanische Vorbevölkerung haben die Römer mit Sicherheit nicht mehr angetroffen. Die auf Karten gelegentlich im Gäuboden und etwas südlicher lokalisierten vindelikisch-raetischen Runicaten verdanken diese Plazierung einer humanistischen Konstruktion.

Maßgeblich für den Verlauf der römischen Aufsiedlung waren neben den bereits beschriebenen allgemeinen günstigen natürlichen Voraussetzungen (Wassernähe, Bodengüte, überschwemmungsfreie Lage) der Bezug zum Fernstraßennetz, vor allem zur gewiß frühzeitig trassierten Römerstraße Regensburg–Straubing. Diese durch das Militär dann vollends ausgebaute Straße muß schon vor dem verstärkten Einsetzen der ländlichen Besiedlung bestanden haben. Ihr Verlauf deckte sich weitgehend mit der Kante von Hoch- und Niederterrasse. Auch in der unmittelbaren Umgebung vom Kastell und Lagerdorf Regensburg-Kumpfmühl und der Donausiedlung entstanden frühzeitig Gutshöfe. Während sich die ländliche Besiedlung der ersten Zeit zwischen ca. 80–120 (Periode A1; Abb. 2) noch überwiegend am Verlauf der Straße Regensburg–Straubing entlang der Hochterrasse orientierte, suchte man zwischen 120–180 (Periode A2; Abb. 3) verstärkt auch das Hügelland auf, während die Niederter-

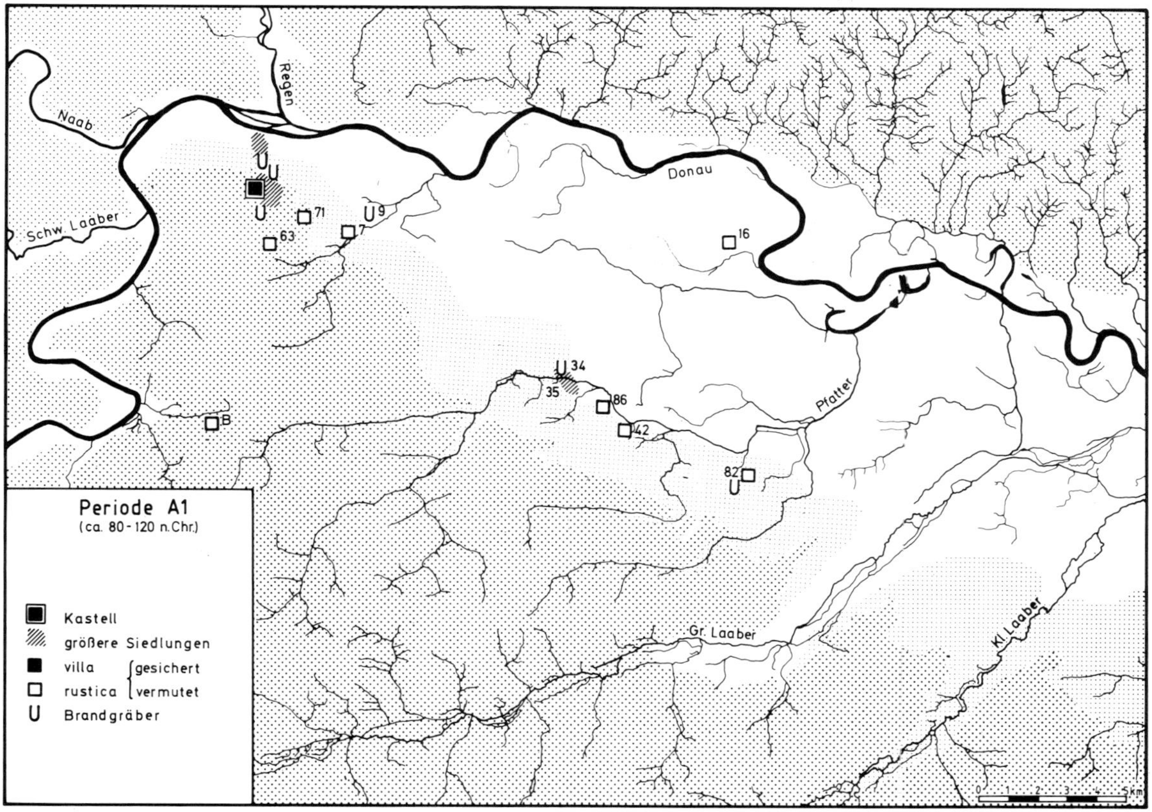

Abb. 2 Römische Besiedlung des Regensburger Raumes: Periode A1 (ca. 80–120 n. Chr.; nach Fischer). Numerierung siehe Liste auf S. 233

rasse praktisch siedlungsfrei blieb. Für die Herkunft der Siedler gibt es wenig Anhaltspunkte im archäologischen Fundmaterial; inschriftliche Zeugnisse fallen aus. Sicher ist eben nur, daß ein vorrömisch-einheimisches Element nicht nachweisbar ist.

Die Markomannenkriege (166–182), die Rom erstmals an der Nordfront in ernsthafte Schwierigkeiten versetzten, haben zur Zerstörung des Kumpfmühler Lagers, der dortigen Zivilsiedlung, des Vicus an der Donau sowie wohl auch des dazugehörigen Kastells geführt. Aber auch die ländlichen Siedlungen blieben nicht von kriegsbedingten Zerstörungen verschont. Die Stationierung der 3. Italischen Legion und die Ausweitung der Lagervorstadt von einem Auxiliarvicus zu *canabae legionis* förderten ein starkes Anwachsen der Bevölkerung am Garnisonsort (schätzungsweise um den Faktor sechs bis sieben). Dieser Bevölkerungszunahme in Regensburg entsprach eine rasche und florierende Entwicklung des ländlichen Umlands: Waren in der vorangegangenen

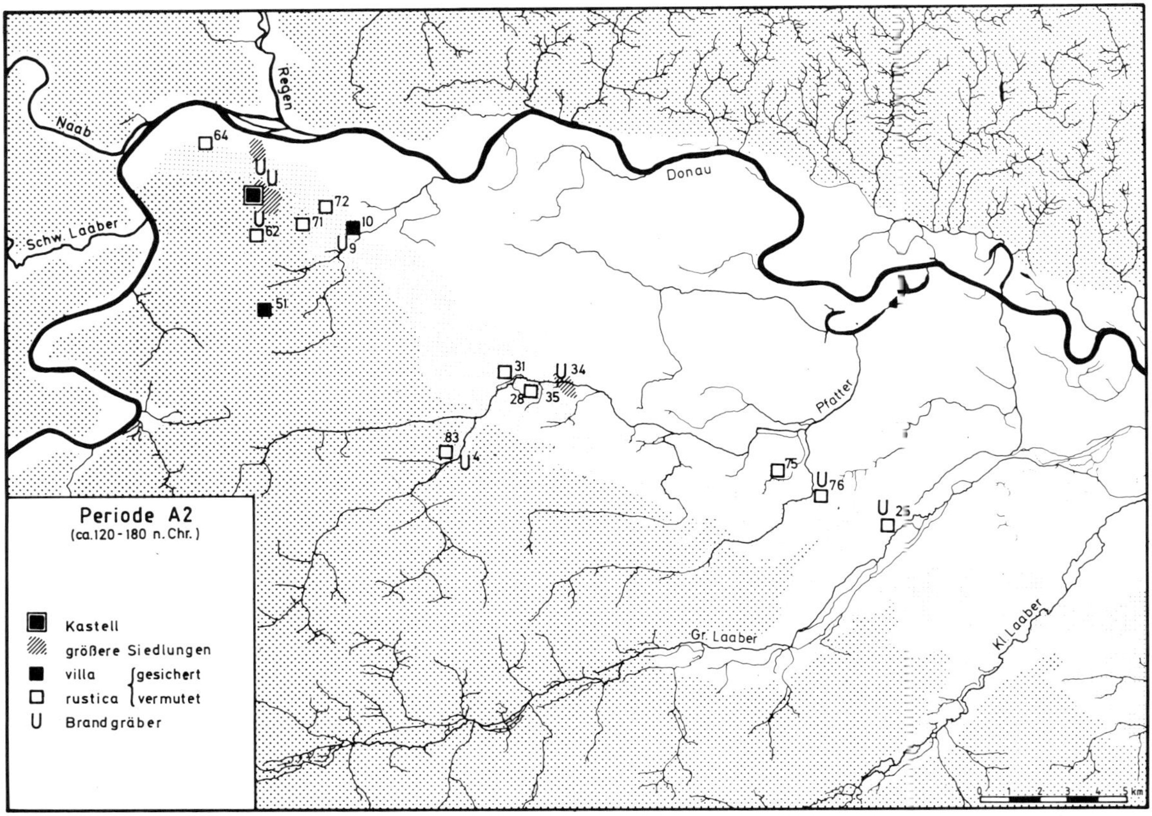

Abb. 3 Römische Besiedlung des Regensburger Raumes: Periode A2 (ca. 120–180 n. Chr.; nach Fischer). Numerierung siehe Liste auf S. 233

Periode A (Abb. 2–3) gerade einmal 20 Standorte gesicherter und vermuteter *villae rusticae* nachweisbar, so wuchs deren Zahl in den Jahren zwischen 180 und 270 (Periode B; Abb. 4) auf fast 70 an. Dementsprechend häufen sich für diesen Abschnitt auf dem Lande besonders auffällig die Funde militärischer Ausrüstung, vor allem metallbeschlagener Gürtel in Gräbern und Siedlungszusammenhängen; gestempelte Militärziegel runden das Bild ab. All dies legt den Schluß nahe, daß gerade in den Jahrzehnten nach 180 ein Großteil der Pächter oder Besitzer von Villen im Regensburger Umland Veteranen der Regensburger Legion waren. Man kann dahinter eine von der Militärverwaltung gesteuerte und geförderte Ausweitung der landwirtschaftlichen Produktion sehen, mit dem Ziel, Truppe und Zivilbevölkerung am Garnisonsort möglichst schnell und umfassend und möglichst autark mit Lebensmitteln, Futter für Vieh, Reit- und Zugtiere sowie sonstigen Agrarprodukten zu versorgen. An dieser Aufsiedlung waren dem Fundmaterial nach Germa-

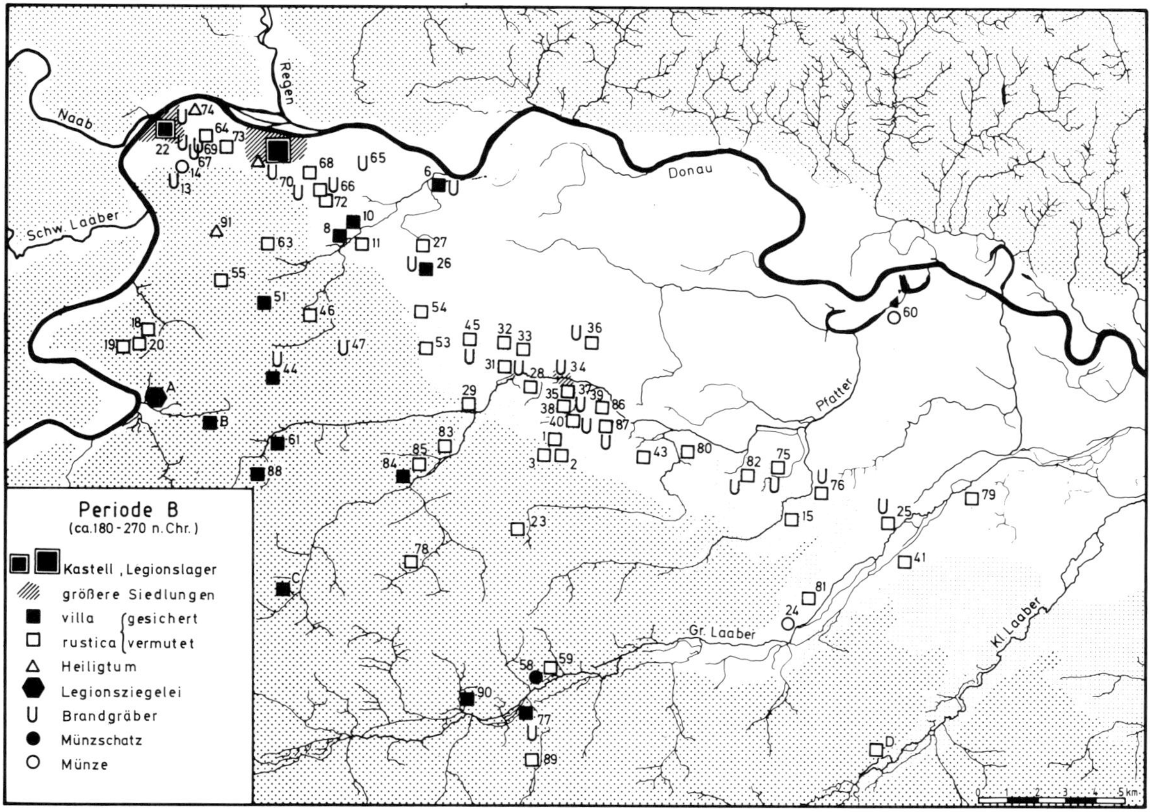

Abb. 4 Römische Besiedlung des Regensburger Raumes: Periode B (ca. 180–270 n. Chr.; nach Fischer). Numerierung siehe Liste auf S. 233

nen beteiligt, jedoch dürfte ihr schwer abzuschätzender Anteil eher gering gewesen sein. Das Grundschema der Aufsiedlung behielt man trotz der massiven Erweiterung des erschlossenen Raums auch in dieser Epoche bei: Aussparung von Flußaue und Niederterrasse, massierte Nutzung der lößbedeckten Hochterrasse, in geringerem Umfang Aufsuchen günstiger Areale im Hügelland, dies alles unter stetem Bezug zum Fernstraßennetz.

Im wesentlichen in der Zeit von Commodus (180–192) bis Gordian III. (238–244) erlebte das römische Regensburg selbst, aber auch sein Umland die größte Blüte, der indessen ein rascher und schrecklicher Verfall folgen sollte. Sogar das mächtige Legionslager ist im 3. Jahrhundert zweimal empfindlich getroffen worden. Etwa um die Mitte des 3. Jahrhunderts bricht das Fundmaterial in fast allen Villen des Regensburger Umlands abrupt ab. Dieser feststellbare, einschneidende Wüstungsprozeß war zweifellos von den Raubzügen germanischer Stämme, besonders der Ala-

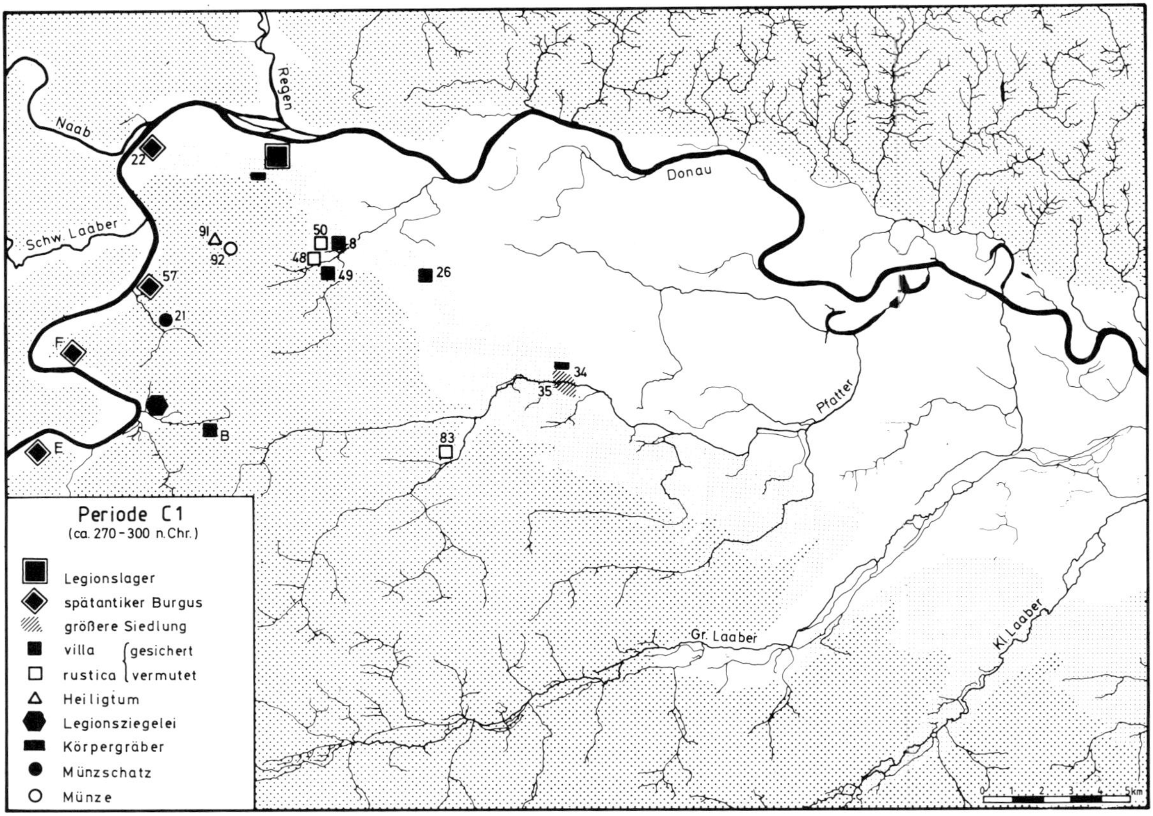

Abb. 5 Römische Besiedlung des Regensburger Raumes: Periode C1 (ca. 270–300 n. Chr.; nach Fischer). Numerierung siehe Liste auf S. 233

mannen und Juthungen verursacht worden. Das schauerlichste Zeugnis dieser Überfälle fand sich in der Villa rustica von Regensburg-Harting (s. S. 164ff.). Dabei gewinnt man den Eindruck, daß die Alamanneneinfälle Regensburg und sein Umfeld, ja das ganze ostraetische Grenzgebiet, recht plötzlich trafen, so unvorbereitet, daß sich die Bevölkerung nicht mehr rechtzeitig in Sicherheit bringen konnte: Sie war Mord, Verschleppung und Plünderung durch die Germanen unmittelbar ausgesetzt.

In welchem Umfang genau die ersten Überfälle um die Mitte des 3. Jahrhunderts das Gebiet von Regensburg betroffen haben und inwieweit erst spätere Einfälle in der 2. Hälfte des 3. Jahrhunderts für die einschneidenden Veränderungen des Siedlungsbildes (ca. 270–300, Periode C1; Abb. 5) verantwortlich sind, läßt sich beim gegenwärtigen Stand der Forschung nicht entscheiden. Jedenfalls geht die Anzahl ländlicher Siedlungsstellen von 69 der Periode B (Abb. 4) auf 12 der Periode C1 (Abb. 5) zurück, wobei letztere sich fast aus-

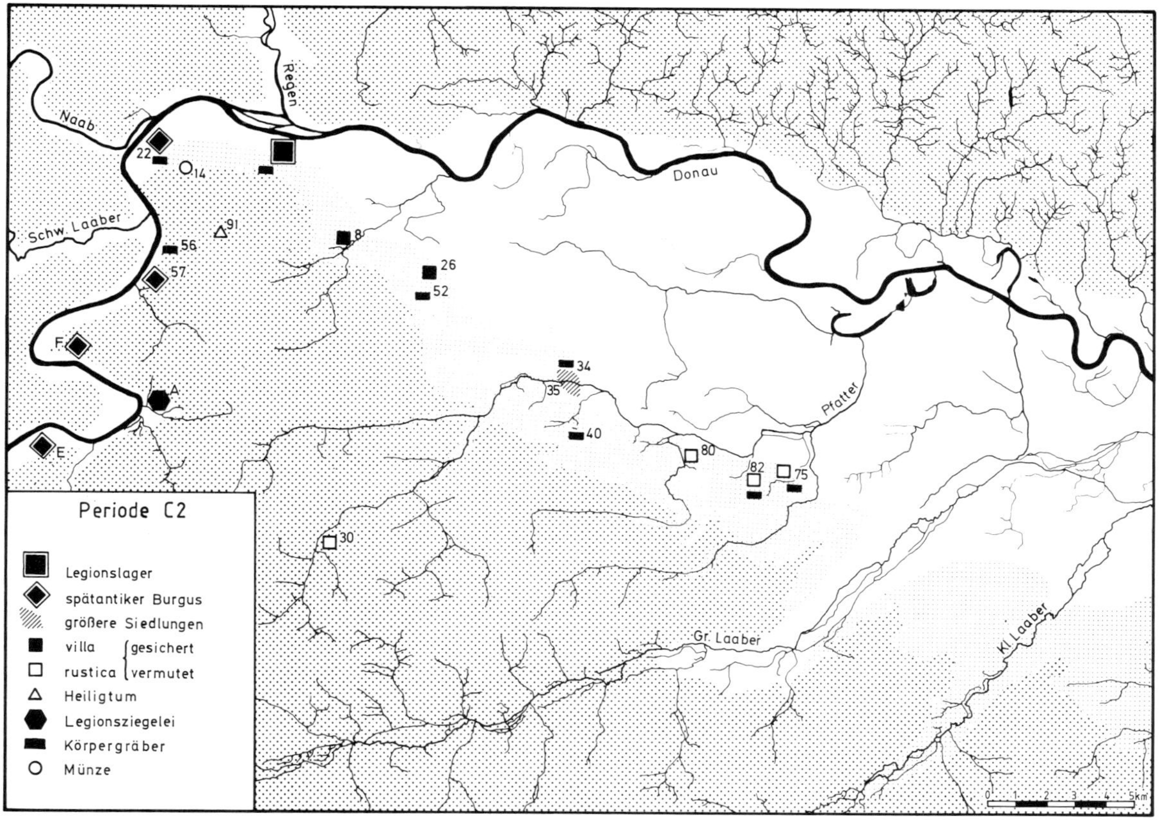

Abb. 6 Römische Besiedlung des Regensburger Raumes: Periode C2 (ca. 300–358 n. Chr.; nach Fischer). Numerierung siehe Liste auf S. 233

schließlich auf die nähere Umgebung des Legionslagers konzentrieren, in dem man bei Gefahr schnell Schutz suchen konnte.

Nach den Verwüstungen der 2. Hälfte des 3. Jahrhunderts durch die Überfälle der Alamannen setzt in der Zeit zwischen ca. 300 und 358 unter tatkräftigen Kaisern wie Diocletian und Constantin I. eine ruhigere Periode ein. Das Regensburger Umland wurde wieder aufgesiedelt, wobei die Besiedlungsdichte dieser Zeit mit 11 wahrscheinlichen bzw. gesicherten Villen bei weitem nicht mehr an die Intensität der Blütezeit (Periode B) mit ihren 69 Siedlungen herankam (Abb. 6). Wie in anderen Gegenden Flachlandraetiens hatten auch in unserem Raum germanische Abkömmlinge großen Anteil an der Wiederaufsiedlung. Man bevorzugte Standorte im Bereich der Hauptstraßen; meist handelte es sich um schon in den vorangegangenen Abschnitten besiedelte Plätze, wobei sich ein ähnliches Bild der Siedlungsstruktur ergab, wie sie sich für Periode A1 (Abb. 2) abzeichnet. Die *canabae legionis* wurden aufgegeben, die

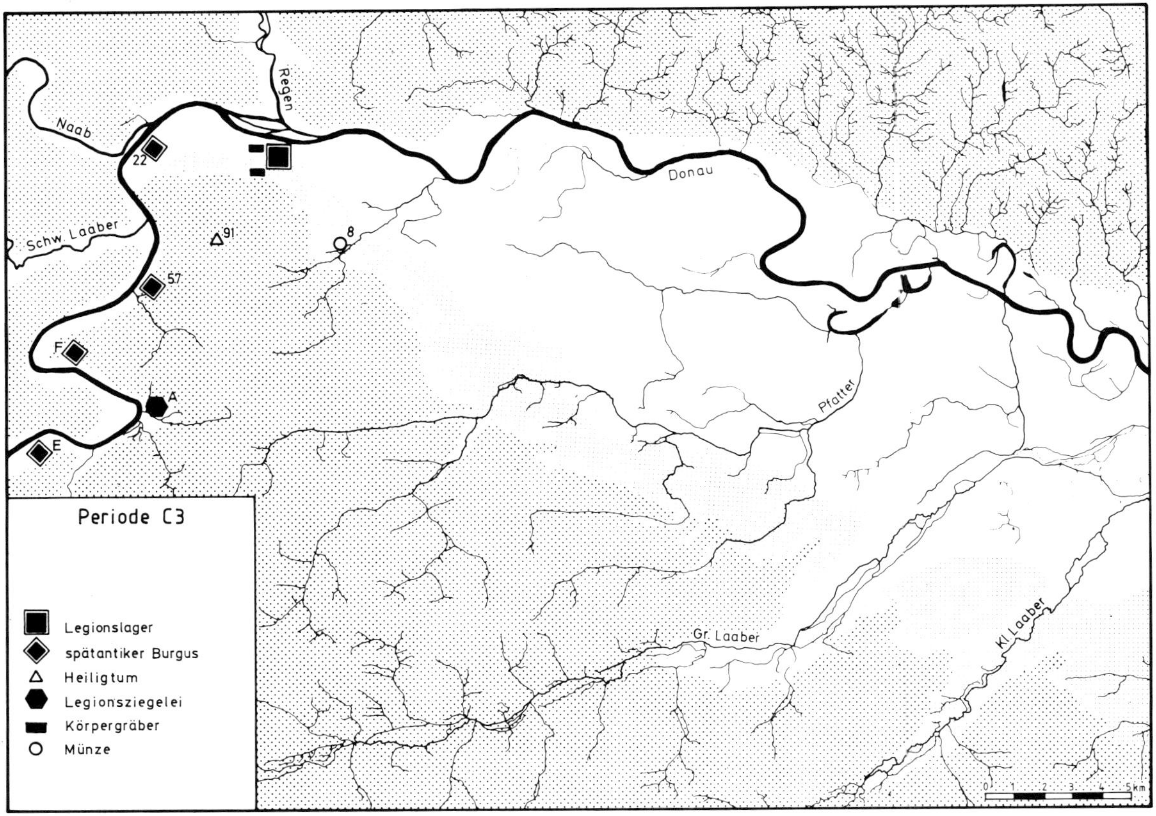

Abb. 7 Römische Besiedlung des Regensburger Raumes: Periode C3 (358 n. Chr.–Mitte 5. Jh. n. Chr.; nach Fischer). Numerierung siehe Liste auf S. 233

Zivilisten zogen in das Legionslager, dessen innere Struktur unklar ist; die numerisch und qualitativ stark verminderten Reste der 3. Italischen Legion kann man – solange bessere Modelle fehlen – in einem reduzierten sog. Binnenkastell vermuten. Schon vor 400, spätestens aber 430, waren auch diese Restverbände abgezogen und wahrscheinlich nach *Vallatum*/Weltenburg verlegt worden. In Regensburg rückten andere Truppen ein, darunter sicher germanische Foederaten. Der Vicus (und wohl auch der Militärposten) von Mangolding/Mintraching-Herzogmühle blieb auch jetzt bestehen.

Während das Leben in den Castra Regina in reduziertem Maße weiterging, verschwinden mit der 2. Hälfte des 4. Jahrhunderts die Spuren römischer Besiedlung im Umland Regensburgs bis auf wenige Streumünzen und einige nicht näher datierte Burgi (Kleinfestungen) an der Donau praktisch vollkommen. Auslöser für das Ende der ländlichen Besiedlung der Römerzeit dürften die historisch bzw. archäologisch bezeugten Einfälle der

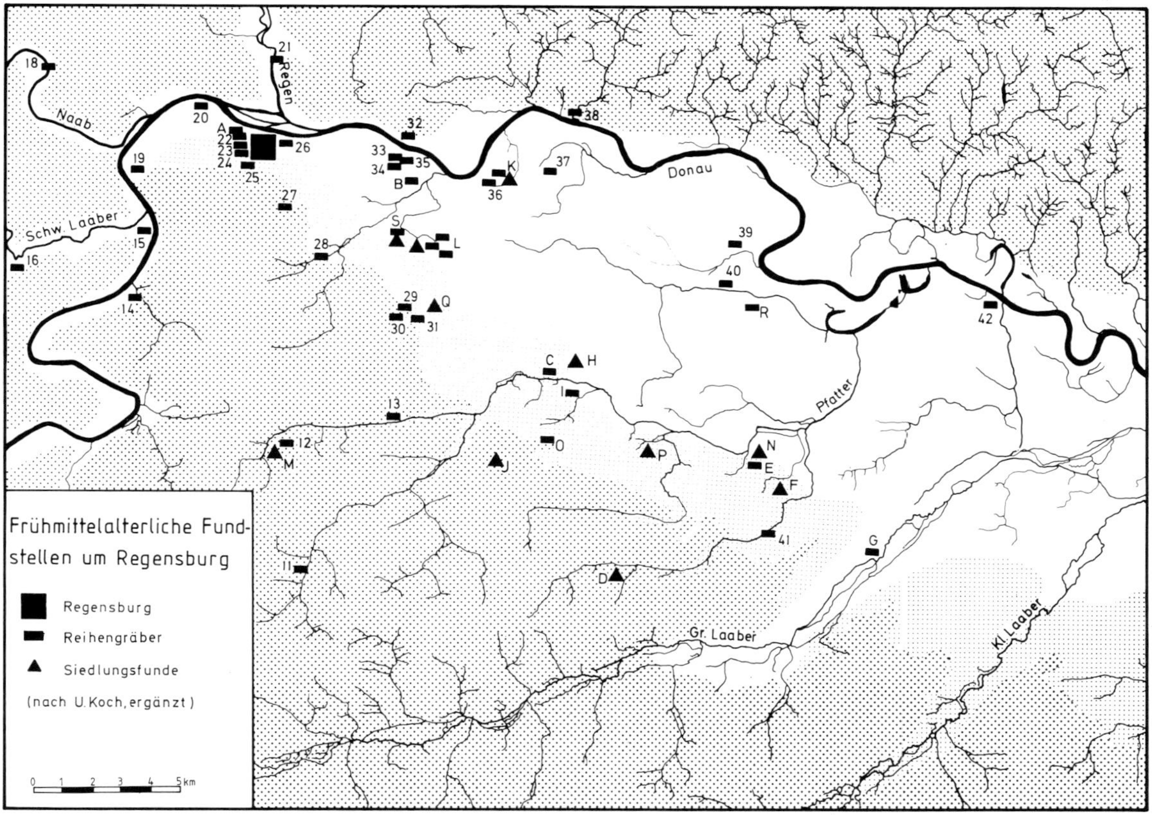

Abb. 8 Frühmittelalterliche Besiedlung des Regensburger Raumes (spätes 5.–7. Jh. n. Chr.; nach Fischer). Numerierung siehe Liste auf S. 233

Juthungen, eines östlichen Teilstammes der Alamannen, im Jahre 358 und folgende Auseinandersetzungen um 383 gewesen sein. Dieses frühe Ende zeichnet sich archäologisch sehr klar ab (358–Mitte 5. Jahrhundert: Periode C3; Abb. 7), so kommt z. B. bleiglasierte Keramik der 2. Hälfte des 4. Jahrhunderts und des 5. Jahrhunderts im weiterhin besiedelten Legionslager in einiger Menge vor, in den Siedlungsstellen der Umgebung aber fehlt sie völlig.
Um die Mitte des 4. Jahrhunderts lassen sich also im östlichen Raetien bereits die Grundzüge einer Siedlungsstruktur nachweisen, wie sie Eugippius in seiner Lebensbeschreibung des heiligen Severin für das fortgeschrittene 5. Jahrhundert in den romanischen Restgebieten Raetiens und Ufernorikums beschreibt: Da das flache Land in der Grenzzone wegen der Barbarengefahr nicht mehr bewohnt werden konnte, zogen sich die Menschen in die Festungsstädte zurück und betrieben von dort aus Ackerbau, waren aber offensichtlich auch auf zusätzlichen Import von Lebensmitteln angewie-

sen. Erst im 6. Jahrhundert kann man dann ein Wiederaufleben der offenen ländlichen Besiedlung feststellen, die auch die Grundlagen für das heutige Siedlungsbild legte (Abb. 8). Aber keiner dieser frühmittelalterlichen Höfe, Weiler und keines der Dörfer geht direkt auf einen römischen Fundplatz zurück.

Die römischen Ansiedlungen und ihre Namen

Die dank einschlägiger Jubiläen gewiß noch weit verbreitete Anschauung, Kaiser Marc Aurel habe Regensburg gegründet, beruht also auf sehr vereinfachten Vorstellungen. Dementsprechend wäre es auch viel zu simpel und modern gedacht, für diese Lokalität ein für allemal den Namen *Castra Regina* anzunehmen. Eine römische Gemeinde hatte allein schon wegen der unterschiedlichen Stellung als *municipium, colonia* oder *civitas* in der Regel nicht einen, sondern eine Reihe möglicher Namen. Die Kombinationsvielfalt von Benennungen konnte sich noch durch die Gewohnheit erweitern, den Gebietskörperschaften von Herrschern abgeleitete Beinamen hinzuzufügen. Nun hat es Regensburg im Altertum wohl nie zu einer »ordentlichen« Stadt gebracht; deshalb lagen die Dinge hier noch einmal anders. Davon abgesehen folgt aber auch aus dem kaiserzeitlichen Besiedlungsablauf in der Regensburger Bucht, wie falsch die Erwartung eines einzigen Namens wäre. Allein von da her wären bis zu acht Benennungen denkbar, genauso viele wie Siedlungsobjekte. Obwohl diese in diesem Buch noch detaillierter beschrieben werden, ist es zweckmäßig, sie hier schon einmal übersichtlich vorzustellen:

[1] ein eventuell vorrömisches Konglomerat (S. 29 ff.);
[2] das Kumpfmühler Kohortenlager und die dazugehörige Zivilsiedlung (S. 43 ff.);
[3] die sogenannte »Donausiedlung« während der »Kumpfmühler Zeit« und das postulierte zugehörige Hilfstruppenkastell (S. 66 ff.);
[4] das Legionslager der 3. Italischen Legion (S. 84 ff.);
[5] die zivile Ansiedlung westlich dieses Legionslagers, die *canabae legionis* (S. 137 ff.), die aus dem Wiederaufbau der »Donausiedlung« entstanden;
[6] das Kleinkastell gegenüber der Naabmündung (S. 155 ff.);
[7] die zivile Ortschaft neben diesem Kleinkastell (S. 155 ff.);
[8] der mutmaßliche spätantike Zusammenschluß von ziviler und militärischer Besiedlung innerhalb des ehemaligen Legionslagers (S. 199 ff.).

»Legio« Angesichts dieser Fülle von Möglichkeiten wiegen Mangel und Mangelhaftigkeit unserer Überlieferungen um so schwerer. Unumstößlich sicher kennen wir nur den Namen des Legionslagers in der Zeit um 200. Auf inzwischen fünf Meilensteinen wird deren einstiger Standort gleich durch zwei Entfernungsangaben angezeigt: *ab Aug(usta)* und *a Leg(ione)*, also »von Augsburg« und »von der Legion«. Das für die römische Administration allein bedeutsame Lager der 3. Italischen wurde um 200 also nur *Legio* bezeichnet; ähnlich verfuhr man anderwärts, z. B. in Nordwestspanien, wo noch heute der Standort der 7. Legion als *León* weiterlebt, aber auch Caer*leon* in Britannien und *Leǧǧūn* in Palaestina waren ehemalige Legionsstandorte.

»Reginum« Allerdings existierte für Regensburg um 200 sicher noch ein weiterer Name. Er geht aus der sog. *Tabula Peutingeriana* – einer 6,82 m langen und nur 0,34 m breiten Kopie einer antiken Straßenkarte – und dem sogenannten *Itinerarium provinciarum Antonini Augusti* (»Landwegebeschreibung des Kaisers Antoninus«) hervor, wo jeweils eine Etappenstation *Regino* eingetragen ist. Da beide Quellen im Kern Verhältnisse des beginnenden 3. Jahrhunderts wiedergeben dürften, muß eine Lokalität im Donaubogen *Reginum* geheißen haben, vermutlich nach dem alteuropäischen Flußnamen *Regana/Regina* = Regen. Für diese Namensform besitzen wir einen zusätzlichen Beleg in der Heimatangabe *d(omo) Regino* eines in Rom dienenden Soldaten.

»Castra Regina« Der heute allgemein zur Bezeichnung des Legionslagers verbreitete Name *Castra Regina* ist eine Mischform. Wiewohl kein Humanistenkonstrukt, ist er zweifelsfrei nur in der auf S. 195 ff. näher besprochenen *Notitia dignitatum* um oder bald nach 400 belegt. Daher könnte er eine späte Bildung sein, er muß es aber nicht. Denn an einer zweiten Stelle findet sich im antoninischen Wegeverzeichnis eine Straße *a Ponte Aeni ad Castra m(ilia) p(assuum) CL*, also »von Pons Aeni [Pfaffenhofen am Inn] bis zu den Castra 150 römische Meilen«; daß darin *Castra* ebenfalls auf Regensburg anspielt, darf als ziemlich sicher gelten, seit die früher erwogene Alternative *Castra Batava* als Möglichkeit ausscheidet. Folglich war um 200 für das Regensburger Römerlager neben *Legio* noch die zweite appellativische Bezeichnung *Castra* in Gebrauch, während die Zivilsiedlung *Reginum* hieß. Eine der vier Handschriften, durch welche uns das Itinerarium überliefert ist, enthält an der zuletzt zitierten Stelle die sinnlose Wendung *ad ein Castra*, was am ehesten zu *ad <R>e<g>in<a> Castra* zu verbessern ist. Möglicherweise handelte es sich auch hier um einen späteren Zusatz, aber es ist auch nicht auszuschließen, daß das Legionslager mitunter (nach dem benachbarten Zivilort) *Regina Castra* genannt wurde.

»Radaspona« Die Bestimmung der antiken Namen Regensburgs wird nun nicht unwesentlich verkompliziert durch den zuerst um 770 beim Freisinger Bischof Arbeo in seiner Lebensbeschreibung des hl. Emmeram (*Vita Sancti Haimhrammi*) auftauchenden merkwürdigen Namen *Radaspona*, der mit den kaiserzeitlichen Benennungen nichts zu tun hat. Vielmehr deutet alles darauf hin, daß es sich um einen keltischen Namen handelt, der hier über 800 Jahre nach dem Ende der keltischen Selbständigkeit in Bayern völlig unvermutet als Bezeichnung für die Ansiedlung in und um die alte Legionsfestung auftaucht. Kaum glaubhaft ist, daß eine Neubildung des frühen Mittelalters vorliegt. Was aber wurde mit *Radaspona* benannt? Im Mittelalter finden wir, etwa bei Otto von Freising, dem um 1187 dichtenden Verfasser des Ligurinus, aber auch in den Gesta Caroli Magni der Regensburger Schottenlegende und bei Andreas von Regensburg, Hinweise auf alte Volksetymologien, wonach der Name aus lateinischen Wurzeln herzuleiten sei und zu *ratis* »Floß, Kahn«, *rate* »fest«, *ponere* »legen, setzen« bzw. *bonus* »gut« oder gar *pons* »Brücke« gehöre. Sprachlich ist das natürlich abenteuerlicher Unsinn. Es fällt aber eine merkwürdige Verbindung dieser Deutungen zum Fluß auf, die zumindest verrät, woran man bei *Radaspona* besonders dachte. Klügere müssen entscheiden, wie weit die Etymologie »abgeschabte Stelle am Flußufer«, im Sinne von Donaulände, noch vertretbar ist. Versuchen wir daher, das Problem von der wankelmütigen Gunst der Etymologie zu lösen und anders anzugehen.

Angesichts der Bildung von *Castra Regina* hing der Name *Reginum* offenbar am Zivilort neben den Castra der Legion. Da dieser wohl unmittelbar aus einem älteren (Kastell-)Vicus hervorging, wird man kaum fehlgehen, auch für diesen – und wohl für sein Kastell – gleichfalls den Namen *Reginum* anzunehmen. Die Lage gegenüber der Regenmündung erweist die Bezeichnung als passend. Was aber war dann *Radaspona*? Sollte wider alle Wahrscheinlichkeit ein vorrömischer Ort existiert haben, so könnte sein Name bis in die Kaiserzeit überlebt haben. Da dies vom archäologischen Befund her äußerst unwahrscheinlich ist, bietet sich ein anderer Weg an. Ein starres Prinzip der Lagerbenennung haben die Römer, aus welchen Gründen immer, nicht befolgt; deshalb trugen römische Kastelle und ihre Vici immer wieder auch keltische Namen (teilweise sogar hybride Bildungen). Ein Beispiel dafür findet man offenbar schon in der unmittelbaren Nachbarschaft bei *Sorviodurum*/Straubing. Nehmen wir an, *Radaspona* habe an einer natürlich vorgegebenen, vorrömischen Übergangs(-fahrts-)stelle an der Donau gehaftet, dort wo später am Ende der von Augsburg kommenden Straße der römische Anlegeplatz entstand. Dann könnte in der Tat, wie schon die frühere Forschung meinte, das Kumpfmühler Kastell die keltische Namenstradition fortgeführt haben, freilich nicht die eines keltischen Oppidums, sondern nur die einer alten Furt. Deren Bezeichnung *Radaspona* wäre von den Römern auf ihre erste Garnison am Königsberg übertragen worden, und sie überlebte, weil sie über den niemals aufgegebenen, noch im 8. Jahrhundert von Arbeo gelobten »guten Hafen« (*portus saluber*) an der gesamten Lokalität hängenblieb.

Die vorrömische Besiedlung bei Regensburg und nördlich der Donau

Das Geheimnis hinter dem Ortsnamen *Radaspona* hat die Forschung schon immer beschäftigt. Zunächst ging man davon aus, eine keltische Stadt, ein *oppidum*, habe die Keimzelle des römischen Regensburg gebildet. Je mehr die Spatenforschung den Boden Regensburgs ergründete, desto geringer wurden die Chancen, die ominöse keltische Großsiedlung *Radaspona* aufzuspüren. Heute kann man sagen: Es hat sie mit großer Wahrscheinlichkeit nie gegeben. Freilich wurde auch in jüngster Zeit immer wieder versucht, die namengebende Siedlung im Umfeld von Regensburg zu orten, sogar bis in die Hallstattzeit ging man dabei zurück: die zentrale Höhensiedlung auf dem Burgberg von Donaustauf wurde ebenso als möglicher Ort mit diesem Namen in Erwägung gezogen wie die unbefestigte spätkeltische Mittelpunktssiedlung von Egglfing im Landkreis Regensburg-Süd. Doch sind dies alles haltlose Spekulationen, welche die Siedlungsabfolge im Donauknie außer acht lassen. Da uns das Glück entscheidender Inschriftenfunde wohl versagt bleiben wird, ist man auf eine Hypothese angewiesen, wie sie im vorangegangenen Kapitel gewagt wurde.

Die Kelten und ihre Oppida

Obschon die von der früheren Forschung vielfach postulierte keltische Großsiedlung *Radaspona* an diesem wichtigen Verkehrsknotenpunkt im nördlichen Donaubogen nicht nachgewiesen werden konnte und nicht einmal wahrscheinlich ist, fehlt es in und um Regensburg nicht an zahlreichen Belegen für spätkeltische Siedlungen. Die Archäologen bezeichnen die keltische Eisenzeit (nach einem Fundplatz in der Schweiz) als Latèneperiode und untergliedern sie nach ihrem Fundgut in Süddeutschland in die Stufen Latène A–D, wobei im Laufe der Forschungsgeschichte immer feinere Untergruppen hinzukamen. Stufe Latène A setzt um 450 v. Chr. ein. Die spätkeltische Stufe Latène D1 dauerte nach der gegenwärtigen Forschungsmeinung vom 2. Jahrhundert v. Chr. bis etwa zur Mitte des ersten vorchristlichen Jahrhunderts. Aus dieser Zeit kennt man durchaus eine hierarchisch gegliederte Siedlungsstruktur, die mit einer regen überörtlich und arbeitsteilig organisierten Wirtschaft einherging, von der man freilich nur die archäologisch nachweisbaren Erzeugnisse und Produktionsstätten kennt. So ist in Bayern die Verhüttung und Verarbeitung von Eisen (Kelheim, Manching, Berching-Pollanten) in so großem Umfang nachgewiesen, daß man auf Export und nicht nur auf Deckung des Eigenbedarfs schließen kann. Die heute noch ausgebeuteten Graphitvorkommen von Kropfmühl bei Passau spielten auch in der Latènezeit eine große Rolle, man setzte den Graphitton zur Herstellung feuerfester Kochgefäße ein und verhandelte ihn weithin. Zumindest in den Oppida war auch der Fernhandel mit dem Süden bedeutsam, italischer Wein und kostbares Tafelgeschirr aus Bronze, Glas und Ton kamen so in die Hände der keltischen Oberschicht. Auch Rohglas, das z. B. in Manching zu

Schmuck weiterverarbeitet wurde, sowie Münzen aus Gold, Silber und Bronze gelangten aus dem Mittelmeergebiet zu den nordalpinen Keltenstämmen. Der Handel wurde dadurch erleichtert, daß man das hellenistische und römische Münzwesen übernahm, bzw. ein eigenständiges gegliedertes Münzsystem in Gold, Silber und Potin (Kupfer-Silber-Legierung) nach südlichem Vorbild schuf. Es ist heute noch immer nicht klar, auf welche politischen Gründe die Deponierung der zahlreichen südbayerischen Münzschätze, wie die von Sontheim, Gargers, Irsching, Manching, Großbissendorf, Wallersdorf und Passau, zurückgeht.

In Anlehnung an den Sprachgebrauch der *commentarii de bello Gallico*, in denen Iulius Caesar die keltischen Verhältnisse Galliens während seiner Eroberungskriege beschreibt, nennt man in der heutigen Forschung die befestigten keltischen Zentralorte auch außerhalb Galliens *oppida*. Im Regensburger näheren und weiteren Umfeld gab es mehrere solcher Oppida: gesichert ist das bei Kelheim, besonders gut erforscht das von Manching bei Ingolstadt; möglicherweise als Oppida zu werten sind kleinere Anlagen im Isartal bei Wallersdorf in der Nähe von Landau a. d. Isar und unter der Altstadt von Passau.

In diesen Oppida darf man die politische Führungsschicht der Kelten vermuten. Die dort bezeugten Münzstätten und die Konzentration von kostbaren Importfunden sowie die Ballung wirtschaftlich-handwerklicher Aktivitäten (Verarbeitung von Glas, Eisen, Bronze, Keramik) sprechen dafür. Es ist der Archäologie erst in den letzten Jahren gelungen, neben den befestigten Oppida kleinere, unbefestigte Zentralorte nachzuweisen, in denen ebenfalls spezialisierte Handwerker tätig waren, so in Egglfing, Lkr. Regensburg, in Berching-Pollanten, Lkr. Neumarkt (dort mit reger Metallverarbeitung), und in Straubing. Kleinere ländliche Siedlungen in Form von Weilern und Einzelgehöften, die man eigentlich in großer Zahl erwarten dürfte, fehlen bisher für die spätkeltische Zeit. Dagegen hat sich die Zahl der sog. Viereckschanzen vor allem durch Luftbildprospektion auch im Regensburger Raum beträchtlich erhöht. Dieses zahlenmäßige Anwachsen sowie neue Grabungsbefunde bringen auch immer mehr die bisher dominierende Theorie ins Wanken, es habe sich bei diesen mit Wall und Graben versehenen Arealen, die im Inneren Holzbauten und gelegentlich Brunnen enthielten, um Kultstätten gehandelt. Vielmehr scheinen diese Anlagen zu einem guten Teil profan genutzte, repräsentative ländliche Siedlungen gewesen zu sein. Gräberfelder, die sonst mit zu den wichtigsten Quellen der Archäologie gehören, fallen in dieser Periode bis auf wenige Gräber aus Kelheim fast ganz aus. Eine wirklich einleuchtende Erklärung für diesen merkwürdigen Sachverhalt ist bislang nicht vorgelegt worden.

Keltische Funde im Stadtbereich von Regensburg

Im Stadtgebiet von Regensburg gibt es, wie schon erwähnt, keinerlei Hinweise auf eine von der älteren Forschung postulierte keltische Großsiedlung, die mit dem Namen *Radaspona* zu verbinden wäre. Dies bedeutet natürlich nicht, daß dieser Raum in spätkeltischer Zeit unbesiedelt gewesen wäre – im Gegenteil. Die siedlungsbegünstigende Lage hat auch in der Spätlatènezeit, ebenso wie in den vorausgehenden vorgeschichtlichen Epochen, stets Menschen zur Niederlassung verleitet, wobei wir – auch wegen der späteren Überbauung – sicher sein können, daß noch manche keltische Fundstelle in Regensburg ihrer Entdeckung harrt (Abb. 9).

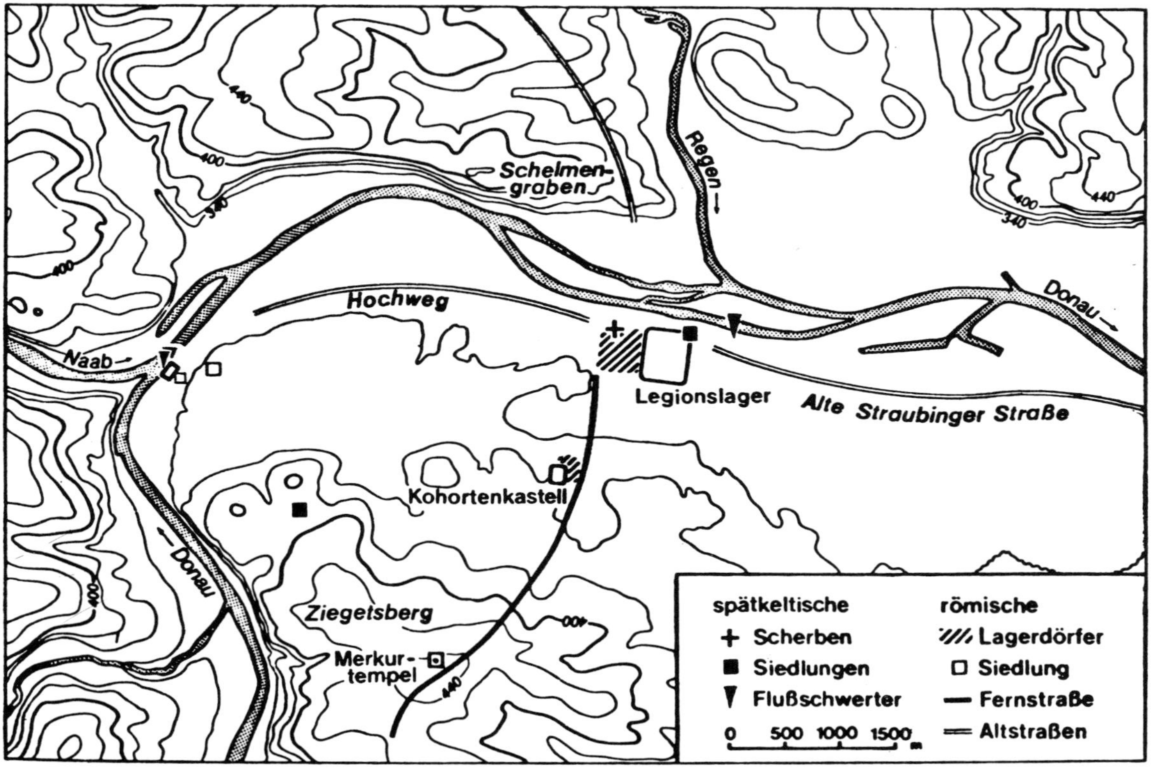

Abb. 9 Spätkeltische und römische Fundstellen im Stadtgebiet von Regensburg (nach Torbrügge).

Auf die Nutzung von Flußübergängen weisen Funde von Schwertern und Lanzenspitzen aus der Donau im Bereich der Naabmündung bei Mariaort und auf der Höhe des Unteren Wörth hin. Siedlungsanzeiger, zumeist nur in Form von Keramik, gibt es in Großprüfening, in Dechbetten, am Weißgerbergraben und im Bereich Niedermünster-Kolpinghaus. Die letztgenannten Fundstellen in der Altstadt waren nachweislich isoliert und lassen sich daher keinesfalls als nur punktuell erschlossene Überreste einer flächigen Ansiedlung interpretieren. So kann man mit großer Sicherheit davon ausgehen, daß die ersten römischen Stützpunkte und Niederlassungen in keiner Weise an irgendwelche vorrömischen *Siedlungen* anknüpfen konnten. Eine namentliche Anlehnung an einen Flußübergang ist dadurch freilich nicht ausgeschlossen.

Das Ende der keltischen Kultur in Süddeutschland

Spätestens um die Mitte des 1. vorchristlichen Jahrhunderts endeten in Süddeutschland die großen Oppida sowie die anderen Siedlungen der

Stufe Latène D1. Dies ist auch in Ostbayern der Fall. Man hat früher versucht, dieses offensichtlich abrupte, gleichzeitige und wohl kaum gewaltfreie Ende der spätkeltischen Siedlungen mit der Eroberung des Alpenvorlandes durch die Römer 15 v. Chr. zu erklären. Mit der sprunghaften Vermehrung des Fundmaterials und der besseren Kenntnis der zeitlichen Stellung der Stufe Latène D1 hat sich dieses Erklärungsmodell aber als völlig abwegig herausgestellt: Das Ende der keltischen Kultur kam bis zu zwei Generationen früher! Die Ursachen dafür werden eifrig diskutiert. Innerkeltische Wirren und Wanderungen könnten in Frage kommen. Wahrscheinlicher aber sind Übergriffe aus dem mitteldeutschen Raum, wo sich kurz zuvor durch »germanische« Überschichtung keltischer Gruppen neue elbgermanische Einheiten, darunter auch die als Sueben erstmals bei Caesar auftauchenden Völkerschaften, gebildet hatten. Gerade der Raum um Regensburg hat für diese hochinteressante und noch keineswegs geklärte Übergangsperiode zwischen dem Ende der Oppida-Kultur und der römischen Kaiserzeit in Bayern wesentliche archäologische Funde geliefert.

So hat man inzwischen eine – in der Fachsprache als Stufe Latène D2 bezeichnete – archäologische Periode ausgemacht, die der keltischen Besiedlung noch vor Ankunft der Römer folgte. Allerdings ist diese Gruppe bisher auffälligerweise auf den Südosten Bayerns, also auf den Regensburger Raum, das westliche Niederbayern und auf das Isartal bis in die Gegend nördlich von München sowie den Chiemseeraum beschränkt (Abb. 10). Keine ihrer Siedlungen stellt eine Fortsetzung älterer keltischer Traditionen am Ort dar, vielmehr scheinen sie neu gegründet worden zu sein. Nach allem, was man kennt, handelt es sich nur um kleine Anlagen, Oppida oder größere Mittelpunktssiedlungen gibt es nicht mehr. Zum Siedlungsmaterial treten jetzt wieder Brandgräber mit Beigaben, wie Keramik oder Trachtbestandteile aus Metall. Das Fundgut stellt eine merkwürdige Mischung aus »germanischen« und »keltischen« Elementen dar, wobei noch offen ist, ob letztere als einheimisch zu werten sind. Das Fehlen der vorher so häufigen Graphittonkeramik zeigt exemplarisch, wie nun das arbeitsteilige überregionale Wirtschaftsgefüge der späten Keltenzeit abrupt und tiefgründig gestört worden ist. Funde der Stufe Latène D2 aus dem Regensburger Raum kennt man z. B. aus Paring, Lkr. Kelheim, Harting, Thalmassing, Straubing und Landshut.

Historisch kann man diese Funde gegenwärtig noch kaum eindeutig ansprechen. Sicher scheint nur, daß sich zwischen das Ende der keltischen Oppida-Zivilisation und der Ankunft der ersten römischen Truppen im Regensburger Raum noch eine aus Mitteldeutschland (»germanisch«) beeinflußte Siedlungsperiode geschoben hat. Ob die Römer noch auf diese Leute gestoßen sind oder ob sie nicht schon vorher wieder verschwanden, läßt sich selbst im gesamtbayerischen Rahmen derzeit nicht erkennen. Den Regensburger Raum haben die Römer dagegen wohl weitgehend menschenleer angetroffen; auf eine größere Vorbevölkerung oder gar auf ein organisiertes Stammeswesen von wirtschaftlicher oder militärischer Potenz hatten sie hier ganz sicher keine Rücksicht zu nehmen. So überhaupt noch Reste früherer Besiedlung bestanden, waren diese zahlenmäßig jedenfalls so wenig relevant, daß sie sich bis heute dem archäologischen Nachweis entziehen.

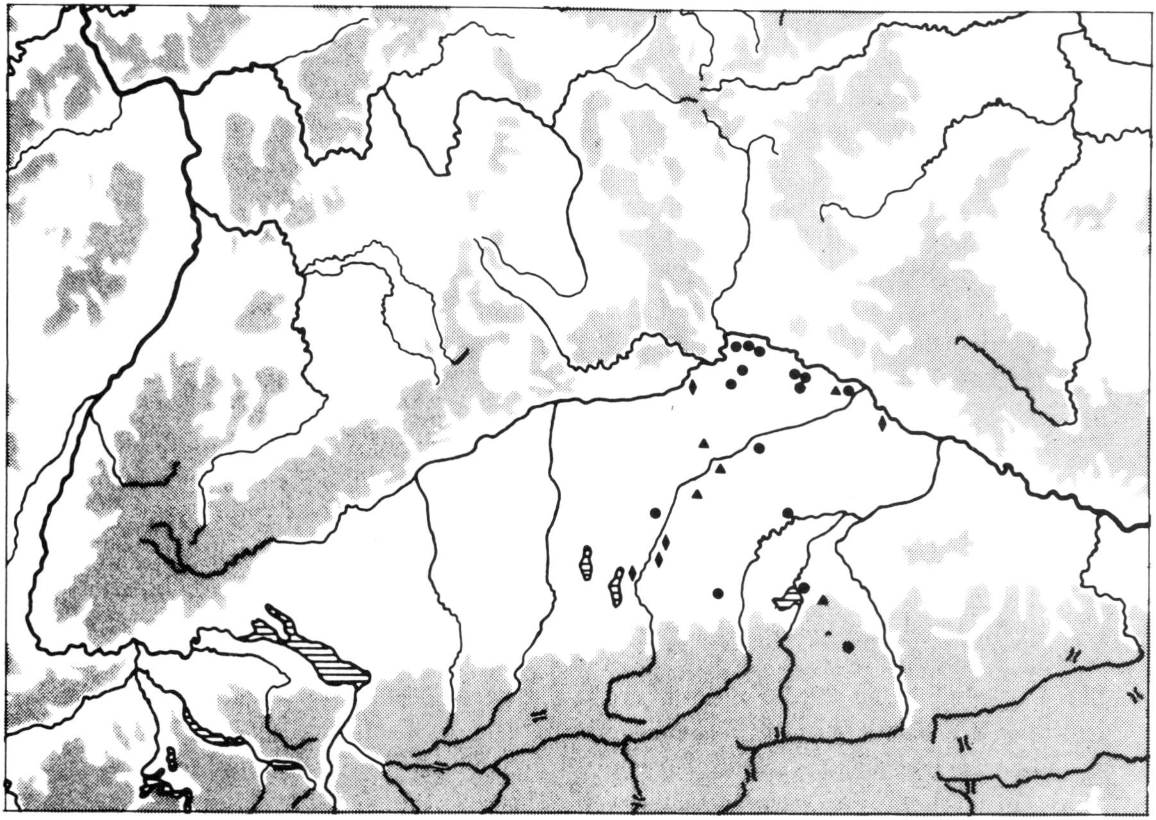

Abb. 10 Fundstellen der spätestkeltischen südostbayerischen Gruppe im 1. Jh. v. Chr. am Vorabend der römischen Besetzung (Stufe Latène D2; nach Rieckhoff).

Regensburgs germanische »Nachbarn«

In der Zeit zwischen Caesar und Augustus hatte das mitteleuropäische Keltentum seine Selbständigkeit völlig verloren – es war zwischen der neuen expansiven Großmacht Rom und den nach Westen und Süden vorstoßenden Gruppierungen, die wir gewöhnlich »Germanen« nennen, zerrieben worden. Welche germanischen Völker nun seit dieser Zeit nördlich der oberen Donau und damit auch nördlich des Regensburger Raumes siedelten, ist wegen der schütteren schriftlichen Überlieferung bis heute nicht völlig geklärt. Sicher ist wenigstens der Stammesname der Hermunduren. Die Bestimmung ihrer Wohnsitze bereitet aber bereits wieder Schwierigkeiten. Die wenig genaue schriftliche Überlieferung wird durch Bodenfunde, deren Zuweisung an ein bestimmtes Volk immer mit großen Unsicherheiten belastet ist, nur in wenig befriedigender Weise ergänzt. Dennoch wird im allgemeinen dieser Stamm, der um die Zeitenwende in die Gebiete der nach Böhmen abgezogenen Markomannen einrückte, mit gutem Grund südlich des oberen und mittleren Mains gesucht; gelegentliche Versuche, sie auch in die Gegend südlich von Nürnberg und in den Bereich des Rieses zu verpflanzen, sind aus heutiger Sicht immer weniger wahrscheinlich. An der Wende vom 1. zum 2. Jahrhundert waren die Hermunduren Muster an Romtreue, was Tacitus eigens hervorhebt: »Deshalb haben sie allein unter den Germanen mit uns Handelsverkehr nicht nur am Ufer, sondern tief bis ins Landesinnere und besonders in der so prächtigen Kolonie der Provinz Raetien [= nach allgemeiner Ansicht Augsburg, aus neuester Sicht der Dinge aber eher Kempten!]. Ohne Auflagen und ohne Aufsicht überschreiten sie die Grenze. Während wir den übrigen Völkern nur unsere Waffen und Lager weisen, haben wir diesen unsere Häuser und Landgüter geöffnet, ohne daß sie Verlangen danach zeigten.«

In den Flußtälern von Naab und Regen sowie in der übrigen Oberpfalz wohnten nach einer hartnäckig auf manchen Karten bis heute tradierten Meinung der älteren Forschung angeblich die Naristen (oder Varisten). Diese Ansicht, hauptsächlich wieder auf unbestimmte Angaben bei Tacitus und sehr kunstvolle Deutungen alter Flußnamen gestützt, ist heute nicht mehr zu vertreten. Vielmehr vermutet man jetzt die Naristen meist in Nordostböhmen oder, was weitaus wahrscheinlicher ist, viel näher an der Donau nördlich von Oberösterreich oder Oberpannonien zwischen den Stämmen der Markomannen und Quaden. Dabei beruft man sich auf neu erschlossene Inschriften, vor allem aber auf das Fehlen germanischer Bodenfunde der beiden ersten nachchristlichen Jahrhunderte in der Oberpfalz.

In diesen Zusammenhang gehört eine eigenartige Beobachtung im »bayerischen« Vorfeld des einstigen Römerreiches: Innerhalb eines rund 100 bis 150 Kilometer breiten Gebiets vor der Reichsgrenze sind in nennenswertem Umfang bisher weder germanische Funde noch Hinweise auf römischen Export zutage getreten, was sicherlich nicht auf einem Zufall beruht. So sind z. B. in den letzten Jahren in der Mainregion zahlreiche neue germanische Fundstellen entdeckt worden, im Gebiet unmittelbar vor dem Limes aber nicht. Da also dieses Phänomen kaum auf eine archäologische Fundlücke zurückgeführt werden kann, muß man mit großer Sicherheit eine durch starke Bewaldung verursachte, weitgehende Siedlungsarmut in den Gebieten Mittel- und Oberfrankens sowie der Oberpfalz annehmen. So gesehen wäre das römische Alpenvorland bis zum späten 2. Jahrhundert wirklich weniger gefährdet gewesen als die meisten anderen Gebiete hinter Rhein und Donau. Besonders gilt diese Feststellung eben auch für das Land südlich der Donau zwischen Regensburg und Passau.

Unter Kaiser Augustus wurde »Bayern« römisch

Die römischen Kastelle und Siedlungen in Regensburg gehören zu den Römerorten in Bayern, die erst zwei oder gar drei Generationen nach der Ankunft der Römer im Gebiet zwischen Alpen und Donau gegründet wurden. Um diese Gründungen verstehen zu können, ist es nötig, sich kurz mit der Geschichte der Römer in Bayern überhaupt zu befassen: Im Jahre 15 v. Chr. durchkämmten zwei römische Heeresgruppen in zahlreichen Abteilungen die Alpentäler, besetzten in einer Art »Blitzkrieg« in nur einem Sommer das Gebiet der raetischen und vindelicischen Alpenstämme und öffneten so die Pässe und Verkehrswege von Italien zum nordalpinen Raum. Soweit sie sich nicht freiwillig unterwarfen, wurden die in zahlreiche Kleinstämme zersplitterten Völker rasch besiegt. Mit dieser erfolgreichen Aktion hatte Kaiser Augustus (27 v. Chr. – 14) mehrere Ziele auf einmal erreicht. Die Überfälle der wilden und räuberischen Alpenvölker in Norditalien hörten auf, die Verbindung zwischen den nunmehr zumindest zur römischen Interessensphäre gehörigen Gebieten an Rhein und Donau zu Italien und auch untereinander konnte so wesentlich verbessert werden, und schließlich erreichte man mit dieser Arrondierung der Grenzen im Norden eine wesentlich verbesserte Sicherung Italiens schon in dessen Vorfeld nördlich der Alpen. Von einem von der Forschung noch vor wenigen Jahrzehnten gesehenen Zusammenhang der Besetzung des süddeutschen Alpenvorlandes mit den Eroberungsplänen der Römer in Germanien bis zur Elbe ist man heute wieder abgekommen.

Befehlshaber der Offensive 15 v. Chr. waren die kaiserlichen Adoptivsöhne und potentiellen Nachfolger des Augustus, Drusus und Tiberius, die mit diesem propagandistisch gut vorbereiteten und ausgenutzten Feldzug ihre Befähigung für höchste politische Würden unter Beweis stellen sollten. Die Aktion erfolgte in zwei Richtungen: Tiberius, der vom Westen über die Nordschweiz zum Bodensee vorstieß, eroberte den offensichtlich stärker besiedelten Westteil der Alpen, Drusus kämpfte vor allem die Brenner- und Inntalroute, aber auch andere wichtige Verkehrswege und Pässe frei, um dann irgendwo im Alpenvorland (vielleicht im Raum Augsburg?) seine Heeresgruppe mit der Armee des Tiberius zu einer Siegesfeier zu vereinigen (Abb. 11 a/b).

Neueste archäologische Funde haben eine Episode des Feldzuges 15 v. Chr. nachvollziehbar werden lassen: Auf dem Döttenbichl südlich von Oberammergau häufen sich neben einheimisch-raetischen Funden zahlreiche römische Waffen, wie Dolche und Pfeilspitzen sowie Bolzen von Pfeilgeschützen der Legionsartillerie. Offensichtlich hat hier eine römische Kampfgruppe einen verschanzten Gegner sturmreif geschossen. Sonst kennt man in Bayern keine archäologischen Spuren, die direkt mit dem Alpenfeldzug zu verbinden wären. Das eroberte Gebiet des Alpenvorlandes, das offenbar nirgends eine größere eingeborene Bevölkerung aufwies, wurde nicht sofort bis zur Donau besetzt und besiedelt. Vielmehr zeigen sich die Spuren der frühesten römischen Anwesenheit nur in einem Teil der späteren Provinz Raetien: Das Umland

Abb. 11 Denar (Silbermünze) des Augustus, geprägt 15–13 v. Chr. in *Lugdunum* (Lyon). a Vorderseite: Porträt des Augustus b Rückseite: Die siegreichen Feldherrn Drusus und Tiberius überreichen ihrem Stiefvater, dem Kaiser Augustus, den Siegeslorbeer für den Sieg im Alpenfeldzug 15 v. Chr. Privatbesitz

Augsburgs und der südwestliche Teil der Provinz Raetien um Kempten und Bregenz wurden zum Zentralbereich römischer Herrschaft wenigstens in der Anfangsphase, die wichtige Straßenverbindung von Bregenz über Kempten, Epfach, Gauting, Andechs, Seebruck nach Salzburg sicherte man durch kleine militärische Posten, eine größere Garnison stand in Augsburg. Als Verwaltung genügte zunächst der Anschluß an den Rheinischen Heeresbezirk, ihre Leitung oblag einem als *praefectus* (»Sonderbeauftragter«) abkommandierten Offizier.

Die Provinz Raetien Wohl schon in der Regierungszeit des Tiberius (14–37) wurde das eroberte Gebiet der Zentralalpen und des Alpenvorlandes als Provinz *Raetia et Vindelicia*, später nur noch kurz *Raetia* genannt, organisiert (Abb. 12). Geographisch versteht man darunter ein Gebiet von ca. 80 000 km^2 südlich der Donau zwischen Bodensee und Inn einschließlich der Südostschweiz, Vorarlberg und Tirol. Hauptort in der Frühzeit der Provinz im 1. Jahrhundert wurde nicht, wie man noch bis vor kurzem meinte, die spätere Provinzhauptstadt Augsburg, in deren Namen *Augusta Vindelicum*, der alte Stammesname der Vindelicer, aufging, sondern höchstwahrscheinlich *Cambodunum*/Kempten.
Dieser mit in Stein errichteten öffentlichen Repräsentativbauten bereits in claudischer Zeit städtische Ort bildete nach neuesten Erkenntnissen wohl bis in flavische Zeit hinein das Verwaltungszentrum Raetiens. Augsburg dagegen war, wie durch Grabungen erst jüngst klar wurde, bis etwa um 100 nur das militärische, nicht aber das zivile Zentrum der Provinz. Man fand nämlich unter der

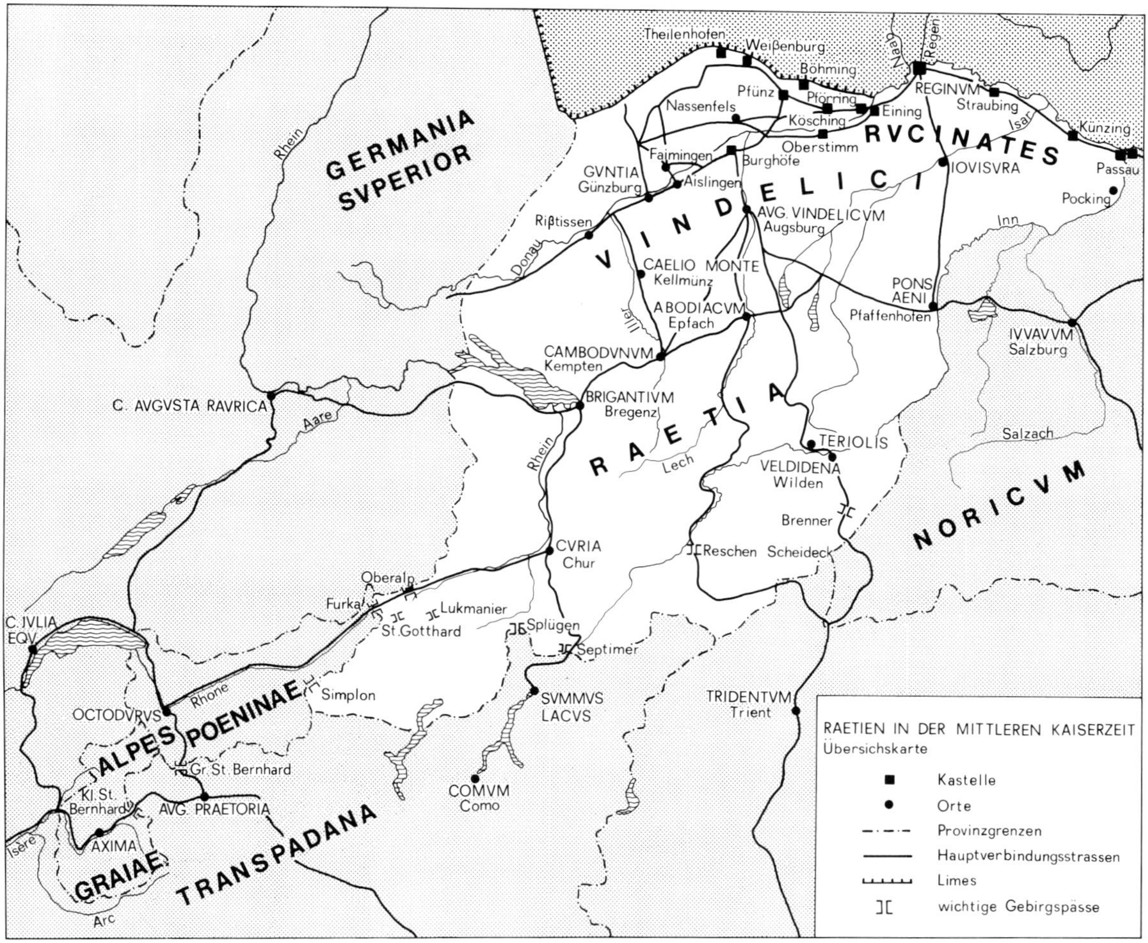

Abb. 12 Die römische Provinz Raetien in der mittleren Kaiserzeit (um 200 n. Chr.) mit den wichtigsten Orten (nach Dietz u. a.).

späteren Römerstadt eine Holz-Erde-Festung, in der im 1. Jahrhundert eine große Garnison lag, die aus gemischten Hilfstruppenverbänden (mit einem deutlichen Anteil an Reiterei) bestand. Um die Wende vom 1. zum 2. Jahrhundert löste man mit der Vorschiebung des Limes die Augsburger Garnison auf und legte, vielleicht erst unter Kaiser Hadrian (117–138), eine Stadt an, deren Straßennetz, Struktur und Ausdehnung anscheinend noch von den Vorgängeranlagen bestimmt waren. Damals erst erhielt Augusta Vindelicum Stadtrecht, was für römische Provinzialgemeinden, mochten sie noch so bedeutend sein, durchaus keine Selbstverständlichkeit war. Kempten aber geriet mit dem Aufstieg Augsburgs ins Hintertreffen und verlor zugleich mit seinen administrativen Aufgaben auch an wirtschaftlicher Bedeutung. Alle wichtigen Fernverbindungen aus anderen Reichsteilen nach Raetien liefen letztlich nach Augsburg, auch die unter Kaiser Augustus angelegte und unter seinem dritten Nachfolger und Enkel Claudius um 46 ausgebaute große »claudisch-augustische Straße« (*via Claudia Augusta*), die aus oberitalischen Gemeinden bis zum Donaufluß führte (*usque ad flumen Danuvium*). Als Statthalter Raetiens fungierte ein *procurator* aus dem Ritterstand, der auch das aus Hilfstruppen bestehende Heer (*exercitus Raeticus*) befehligte. Dies sollte sich erst mit der Stationierung der 3. Italischen Legion in Regensburg (ab ca. 179) ändern.

War sofort in der Frühzeit der Schutz des Landes neben der großen Garnison in Augsburg vor allem Militärstationen im südwestdeutschen Binnenland bei Bregenz, Kempten, vielleicht auf dem Auerberg bei Schongau, auf dem Lorenzberg bei Epfach, bei Gauting und Andechs anvertraut, so verlagerten die Römer in den letzten Jahren des Kaisers Tiberius und unter seinen Nachfolgern ihre Stützpunkte langsam an die Donau und verstärkten dabei die militärische Besatzung der Provinz Raetien merklich. Diese Hinwendung zu einer lineareren Grenzkontrolle an Rhein und Donau durch das Militär setzte ein, als nach der verheerenden Niederlage des Varus 9 im »Teutoburger Wald« (inzwischen lokalisiert in Kalkriese bei Osnabrück) und nach wenig erfolgreichen weiteren Feldzügen unter Germanicus, der Kaiser Tiberius den Plan seines Vorgängers und Adoptivvaters Augustus endgültig aufgab, Germanien bis zur Elbe zu unterwerfen.

Die claudische Donaulinie

In der Spätzeit des Tiberius (14–37) hatte man begonnen, die vordem im Hinterland stationierten römischen Truppen an die Donaulinie vorzuziehen und dort in festen Standlagern, die in Holz-Erde-Technik erbaut waren, unterzubringen. Als Besatzungen kennt man Hilfstruppeneinheiten von ca. 500 Mann, die zumeist aus Infanterie und Reiterei bestanden (*cohortes quingenariae equitatae*). Diese Maßnahmen konnten nur der Kontrolle, nicht aber der Verteidigung der Grenze gegen größere Angriffe dienen. Die relativ schwachen Truppen in den Grenzkastellen wären auch nicht einmal im Ansatz in der Lage gewesen, einer größeren feindlichen Attacke standzuhalten. Das sollten sie auch nicht: im unwahrscheinlichen Kriegsfall mußten die starken Eliteeinheiten, die Legionen, von denen im Umfeld Raetiens je eine in *Vindonissa*/Windisch (Schweiz, Kt. Aargau), *Argentorate*/Straßburg und *Mogontiacum*/Mainz stationiert war, in Aktion treten und den Angriff ins Feindesland tragen, wobei sie notfalls durch Detachements (*vexillationes*) von Legionen und Hilfstruppen aus anderen Reichsteilen verstärkt wurden. Freilich läßt sich im Vorfeld Raetiens bis etwa 150 weder historisch noch archäologisch eine ernsthafte germanische Bedrohung ausmachen.

An besonders wichtigen Übergängen über die Donau errichtete das römische Militär ab der Regierungszeit des Tiberius bis in die frühflavische Epoche hinein kleine befestigte Posten (sog. Kleinkastelle), die weniger von militärischer Bedeutung waren, vielmehr den Grenzverkehr mit den Germanen kontrollierten und auch der Zollerhebung dienten. Diese Kleinkastelle wurden z. T. erst in den letzten Jahren, etwa in Burlafingen, Nersingen (beide Lkr. Neu-Ulm), Neuburg a. d. Donau, Oberstimm bei Ingolstadt, Weltenburg bei Kelheim und Haardorf, Lkr. Deggendorf, neu entdeckt. Unter der Regierung des Kaisers Claudius baute man mit Hilfe neuer Hilfstruppeneinheiten die militärisch gesicherte Grenzlinie am Rhein und am Oberlauf der Donau weiter aus, vielleicht auch, um den Abzug von Legionstruppen aus Straßburg und Mainz zum Britannienfeldzug des Jahres 43 auszugleichen. Allerdings endete die neue Kastellinie an der Donau im Osten mit dem Lager bei Oberstimm (unweit Ingolstadt), östlich davon kannte man bis vor kurzem frühkaiserzeitliche Funde nur noch vom Frauenberg bei Weltenburg. Von hier aus schien dann der Flußverlauf bis nach *Lentia*/Linz in Noricum nicht in entsprechender Weise durch größere Kastelle gesichert gewesen zu sein. Aus dem Ausbleiben frühkaiserzeitlicher Funde im nordostbayerischen Alpenvorland läßt sich folgern, daß es hier nicht zur Entwicklung städtischen Lebens kam, vergleichbar der im Südwesten, besonders in *Cambodunum*/Kempten; ja, offenbar fehlte überhaupt eine dichtere Besiedlung, weshalb Grenzsicherungsmaßnahmen entbehrlich waren.

Ein claudisches Kleinkastell in Regensburg?

Dementsprechend besitzen wir auch von archäologischer Seite für die Mitte des 1. Jahrhunderts noch keine eindeutigen Hinweise auf größeres römisches Engagement am Donauknie bei Regensburg. Die Tatsache, daß die Römer die Donau bei und östlich von Regensburg auf einer Strecke von etwa 230 km erst relativ spät, unter Vespasian (69–79) in der zweiten Hälfte des 1. Jahrhunderts, zu einer befestigten Kontrollinie ausbauten, war gewiß vielschichtig begründet. Lediglich zwei wichtige Fragen seien hier angesprochen, nämlich erstens die nach den Grenzvorstellungen der frühen römischen Kaiserzeit und zweitens die nach der militärischen Bedrohung Ostraetiens:

1. Moderne, von fixen Linien ausgehende Raum- und Grenzvorstellungen sind den Römern nicht ohne weiteres zu unterstellen. In der frühen Kaiserzeit herrschte durchaus noch ein dynamisches Grenzbild vor, das keineswegs immer die Erreichung natürlicher Grenzen wie Gebirge, Meere und Ströme zum erklärten Ziel hatte. Schon das außenpolitische Grundziel des Augustus, »bei allen Provinzen des römischen Volkes, denen Völkerschaften benachbart waren, die nicht unserem Machtanspruch gehorchten, ... die Grenzen« zu erweitern, barg in sich die Möglichkeit höchst eigenwilliger Grenzführung, wobei ein fest abgestecktes Terrain römischen Untertanenlandes wohl nur in den selteneren Fällen gegeben war. Vielmehr gestaltete sich der Übergang zum Barbarenland zunächst fließend, schon deshalb, weil vor der Haustüre des Reichs immer wieder vertraglich an Rom gebundene, »befreundete« Völker wohnten. Diese Grundvorstellungen schließen natürlich nicht aus, daß, wo möglich oder nötig, natürliche Grenzlinien bevorzugt wurden. Im besonderen Maße galt dies für die großen Ströme Mitteleuropas, für Rhein und Donau. Nicht allein die Faszination, welche diese Flüsse auf die an Wasserarmut gewohnten Mittelmeerbewohner ausübten, vor allem die militärisch-strategische Überlegung, daß im Kriegsfalle nur die Römer über genügend technische Möglichkeiten verfügten, den Strom an jeder beliebigen Stelle auf einer Schiffsbrücke zu überqueren, dürfte von großer Wichtigkeit gewesen sein. Hinzu kommt die Bedeutung der Flüsse als billige, schnelle und kräftesparende Transportwege für Truppen und Truppenverpflegung, welche für die Donau schon für die Zeit des Augustus durch den Geographen Strabo belegt ist. Obwohl sich diese Feststellung vorwiegend auf den Unterlauf des Stromes beziehen wird, sollte man nicht vergessen, daß kleinere Schiffe schon von der Gegend um Ulm abwärts verkehren, also z. B. in der Nähe der Lechmündung auf der »claudisch-augustischen Straße« herangebrachte Waren aufnehmen konnten. Die Benutzung des Flusses verlangte aber in weniger gefährdeten Gebieten noch nicht notgedrungen Schutzanlagen am Ufer.

2. Offenkundig schätzten die Römer Raetien und speziell den Nordosten dieser Provinz während des größten Teils des 1. nachchristlichen Jahrhunderts als relativ wenig gefährdet ein. Waren die Germanenstämme – trotz vereinzelter Niederlagen Roms – in dieser Frühzeit generell keine wirkliche Bedrohung für das Reich, so galt dies erst recht in einem Gebiet, das nur teilweise oder – wie Ostraetien – überhaupt nicht in unmittelbarer Nähe der Germanen lag. So wenig hier das Vorfeld durch Verträge gesichert werden mußte, so wenig war der Herrschaftsanspruch der Römer, das Imperium Romanum, selbst in irgendeiner Weise angefochten: allenfalls war er durch die Unwirtlichkeit der Landschaft begrenzt.

Andererseits hatten die Römer natürlich ein lebhaftes Interesse daran, in allen Grenzregionen die Übergangszonen von ihrer direkten zur indirekten Herrschaft bzw. zum Feindesland zu erkunden und zu überwachen. Wer die Welt beherrschte, mußte über alle Vorgänge informiert und in der Lage sein, notfalls regelnd einzugreifen. Daher war es nur konsequent, daß die Römer nach und nach auch ihr Randgebiet im östlichen Raetien und westlichen Noricum militärisch gründlicher und mithin dauerhaft observierten. Größere Kastelle an der Flußgrenze zwischen Oberstimm und Linz wurden für die vorflavische Zeit bislang nicht bekannt, und man wird sie wohl auch kaum mehr finden. Denn die überraschende Entdeckung der Kleinkastelle von Burlafingen und Nersingen vor wenigen Jahren hat den Archäologen die Augen geöffnet und ihnen gezeigt, welchen Anlagentyp sie in diesem Bereich im 1. Jahrhundert vorwiegend erwarten dürfen. Prompt hat sich inzwischen ein vergleichbares Objekt gefunden: das eben erst ausgemachte claudische Kleinkastell in Haardorf-Mühlenberg bei Osterhofen, Lkr. Deggendorf. Es erweist vollends, daß auch östlich von Oberstimm mit einer Kette solcher Kleinkastelle zu rechnen ist. Da die Anlage von Haardorf-Mühlberg isoliert nicht zu verstehen ist, darf man nunmehr mit gutem Grund auch die in nur geringer Anzahl bekannten frühen Funde von Eining, Straubing und Passau, die zum Nachweis regulärer Hilfstruppenkastelle beim besten Willen nicht ausreichten, als Zeugnisse entsprechender Stationen werten.

Offen ist allerdings, ob diese Kleinanlagen neben Donauübergängen auch schon eine ausgebaute Donausüdstraße zu überwachen hatten. Um diese und andere Fragen der römischen Frühzeit Ostraetiens beantworten zu können, muß man weitere Neufunde abwarten. Schon jetzt aber kann man nach Lage der Dinge sagen: Es wäre mehr als verwunderlich, wenn ausgerechnet an dem verkehrsgeographisch so markanten Punkt der Regensburger Bucht kein claudisches Kleinkastell gelegen hätte! Ein wirklicher archäologischer Nachweis ist allerdings noch kaum möglich: Lediglich zwei frühe Fibeln, die im Vergleich zum sonstigen Kleinfundmaterial an ihren Fundpunkten (Grasgasse und Niedermünster) merkwürdig isoliert wirken, könnten als konkrete Hinweise auf früheste römische Präsenz, also am wahrscheinlichsten auf ein claudisches Kleinkastell, gelten. So bleibt die älteste bisher gesicherte römische Ansiedlung im Regensburger Raum das in der Regierungszeit Vespasians (69–79) gegründete Kastell von Regensburg-Kumpfmühl.

Die flavischen Kaiser

Die politische und wirtschaftliche Konsolidierung der Provinz Raetien, die auch durch eine beginnende zivile Aufsiedlung entlang der Donau bis in den Raum von Oberstimm hinein archäologisch zu fassen ist, erlebte zwischendurch einen schweren Rückschlag. Die heftigen Bürgerkriege der Jahre 68–70, ausgelöst durch Absetzung und Selbstmord des Kaisers Nero (54–68), des letzten Sprosses der von Augustus abstammenden julisch-claudischen Dynastie, gingen auch an Raetien nicht spurlos vorüber. Hinzu kam eine Meuterei gallischer und niederrheinischer Truppen, als Bataveraufstand bekanntgeworden, die große Teile Galliens und des römischen Rheinlandes verwüsteten. Offenbar im Zuge dieser Kämpfe wurden in Raetien mehrere Kastelle an der oberen Donau und besonders die blühende Stadt Kempten zerstört – möglicherweise von den zur Unterstützung in die Rheinlande durch Raetien ziehenden, immer noch feindseligen Truppen Noricums.

Aus den Wirren, die als Nachfolger Neros in nur zwei Jahren vier Kaiser hervorbrachten (Galba, Otho, Vitellius und Vespasian), konnte sich der Befehlshaber der Armee im Osten, Vespasian (69–79), als Alleinherrscher durchsetzen. Er und sein Sohn und Nachfolger Titus (79–81), nach ihrem Familiennamen Flavier genannt, mußten sich daher im Rheinland und an der oberen Donau vor allem dem Wiederaufbau widmen. Es kam aber im Gebiet zwischen Rhein und Donau auch zu Korrekturen des Grenzverlaufes: Der lange, einspringende Grenzweg entlang des Oberrheins, des Bodensees und der oberen Donau hatte sich im Bürgerkrieg als gefährlicher Umweg erwiesen, als es galt, rasch Truppen von den Donau- zu den Rheinprovinzen zu verschieben. Auch für den zivilen Verkehr und Handel dürfte sich dies als störend erwiesen haben. Hier begann Vespasian Abhilfe zu schaffen: In einem anscheinend kleineren militärischen Unternehmen konnte im Jahr 74 das Gebiet zwischen Oberrhein, Bodensee und oberer Donau durch eine Abteilung aus Legionsdetachements und Hilfstruppen offensichtlich kampflos besetzt werden. Durch den Bau einer vom Legionslager *Argentorate*/Straßburg über Offenburg und durch den Schwarzwald nach Osten Richtung Augsburg führenden Straße konnte die Verbindung zwischen den Rheinlanden und Raetien wesentlich verkürzt werden. Nach und nach sicherte man unter Vespasian und seinen Söhnen und Nachfolgern Titus und Domitian (81–96) diese neue Verkehrsader durch Kastelle. Etwa gleichzeitig wurden auch in Raetien neue Truppenlager angelegt: 77/78 *Guntia*/Günzburg, 80 *Germanicum*/Kösching, 79/81 *Abusina*/Eining, Regensburg-Kumpfmühl, *Sorviodurum*/Straubing und Moos. Damit war das östliche Raetien und auch der Regensburger Raum endgültig in den Verkehrs-, Wirtschafts- und Kulturverband der römischen Provinz vollwertig aufgenommen.

Kastell und Lagerdorf von Regensburg-Kumpfmühl

Über die Gründungszeit des von der Forschung als erstes Kohortenkastell in Regensburg eingestuften Kastells auf dem Königsberg von Kumpfmühl gibt keine Inschrift Auskunft. Nur die sorgfältige Auswertung des gesamten Fundmaterials, besonders aber der Münzen und der frühesten Importkeramik (Terra Sigillata), durch Andrea Faber hat hier Klarheit geschaffen: Das erste Holzkastell mit seinem Lagerdorf ist eine Gründung der Spätzeit des Kaisers Vespasian (69–79), vielleicht noch der Regierungszeit seines Sohnes und Nachfolgers Titus (79–81). Wenn wir Kumpfmühl als das erste Kastell auf Regensburger Boden ansprechen, so geschieht dies mit einem Vorbehalt: Denn wie sich noch zeigen wird (S. 68ff.), existierte in der 2. Hälfte des 1. Jahrhunderts in Regensburg im Bereich Arnulfsplatz-Bismarckplatz noch ein weiteres Lagerdorf samt Gräberfeld, aus dem man mit gutem Grund ein zweites Auxiliarkastell am Donauufer erschließen kann. Dieses bestand ungefähr ein Jahrhundert lang (bis in die 70er Jahre des 2. Jahrhunderts) zeitgleich mit Kumpfmühl. Das Fundmaterial dieser »Donausiedlung« ist noch nicht wissenschaftlich bearbeitet, ausgewertet und publiziert, geschweige denn in seiner genauen Anfangsdatierung zuverlässig bestimmt. Es wurde allerdings so gründlich gesichtet, daß eine eventuelle vorflavische Zeitstellung nicht möglich scheint, seine Anfangsdatierung bereits in das späte erste nachchristliche Jahrhundert aber sicher ist. So lange dieses wichtige Material nicht endgültig analysiert ist, sind zum zeitlichen Verhältnis zwischen dem Kumpfmühler Lager und dem Donaukastell drei gleichwertige Möglichkeiten in Betracht zu ziehen:

1) Das Donaukastell ist frühflavisch, aber etwas älter als Kumpfmühl.
2) Beide Kastelle sind gleichzeitige Gründungen der frühflavischen Zeit.
3) Das Donaukastell datiert als spätflavische Gründung jünger als Kumpfmühl.

Allenfalls die oben (S. 27f.) vorgetragene Hypothese zu *Radaspona* könnte die letzte Variante favorisieren.

Zur Lage des Kumpfmühler Kastells

Die Wahl zur Anlage eines Kastells auf dem 354 m über dem Meeresspiegel gelegenen Königsberg war gut getroffen: von hier aus hatte man einen klaren Blick über die 13 m tiefer gelegene Ebene mit der Donausüdstraße, über die Donau sowie über die Regenmündung (s. Nachsatz-Karte). Die Fernstraße von Augsburg her lief direkt auf das Südtor (*porta decumana*) des Kastells zu, sie wurde aber am Südende des Lagerdorfes als Umgehungsstraße östlich des Kastells vorbeigeführt und in Richtung Donau weitergeleitet. Im Osten von Kastell und Lagerdorf floß der Vitusbach vorbei, dessen genauer Verlauf in römischer Zeit allerdings nicht gesichert ist.

Was waren römische Kastelle?

Die von den römischen Hilfstruppen in der frühen und mittleren Kaiserzeit bezogenen Standquartiere waren keine Festungen nach Art der mittelalterlichen Burgen, in denen sich eine relativ schwache Besatzung verschanzen und selbst gegen zahlenmäßig überlegene Angreifer verteidigen sollte. Vielmehr waren sie relativ schwach umwehrte Kasernenkomplexe, von denen aus die Besatzungen beweglich operieren sollten. Konzeption und Grundform der Hilfstruppenkastelle galten mit entsprechenden Veränderungen auch für die Legionslager. Spätestens seit der Mitte des 1. Jahrhunderts waren die römischen Kasernen weitgehend einheitlich normierte Anlagen mit einer meist langrechteckigen Grundform mit abgerundeten Ecken (»Spielkartenschema«).

In der Regel erbaute man diese Kastelle zunächst mit in Holz-Erde-Technik errichteter Umwehrung und mit Innenbauten aus Lehmfachwerk. War dann die entsprechende Infrastruktur vorhanden, baute man sie, zumeist erst im 2. Jahrhundert, in Steinbautechnik um. Dies läßt sich auch in Regensburg-Kumpfmühl beobachten. Die Umwehrung der Kastelle bestand aus einer zinnenbekrönten Mauer von kaum mehr als ca. 6 m Gesamthöhe, verstärkt durch Eck- und Zwischentürme. Zumeist hatten sie vier Tore, die mit Türmen flankiert waren. In der Mitte der vorderen Schmalseite lag dem Feind zugewandt die *porta praetoria*, an der gegenüberliegenden Schmalseite die *porta decumana*. Die beiden Tore an den Längsseiten standen zumeist nicht mittig, sondern ein Stück gegen die *porta praetoria* zu versetzt. Diese seitlichen Tore hießen *porta principalis dextra* und *porta principalis sinistra*. Um die Mauer zogen sich einer oder mehrere Spitzgräben als Annäherungshindernisse. Innen an der Umwehrung entlang verlief eine durchgehende Straße, die *via sagularis*. Ein rechtwinklig sich kreuzendes Straßensystem gliederte den Innenbereich des Kastells. Hauptachse bildete die *via principalis*, welche die *porta principalis dextra* und die *porta principalis sinistra* miteinander verband. Diese Straße gliederte die Kastelle in zwei, zumeist ungleiche, Teile: der vordere, kleinere, Teil hieß *praetentura*, der hintere, größere, *retentura*. Auf die *via principalis* stieß vor dem Haupteingang des Mittelgebäudes die *via praetoria*. Dieses Mittelgebäude (*principia*) befand sich stets im Zentrum an der Kreuzung der Hauptstraßen. Es enthielt ein Fahnenheiligtum, eine Versammlungshalle, Büroräume und Waffenkammern; all diese Raumeinheiten waren um einen Innenhof gruppiert. Neben den *principia* an der *via principalis* befanden sich in der Regel Getreidespeicher (*horrea*), Werkstätten (*fabricae*), ein Lazarett (*valetudinarium*) und das *praetorium*, das Wohnhaus des Kommandeurs der Einheit. Im rückwärtigen Teil der *retentura* und in der *praetentura* standen die Kasernen, jeweils zusammengefaßt für eine Centurie, sowie Ställe, Schuppen und weitere Speicherbauten. Zisternen, Brunnen, Wasserleitungen und Kanalisationssysteme sorgten für Trink- und Brauchwasser und Hygiene, auch Latrinen waren immer vorhanden. Je nach der Stärke der untergebrachten Einheit schwankte die Größe der Kastelle: Von der 500 Mann starken Infanterieeinheit (*cohors quingenaria*) bis zur 1000 Mann starken Reitertruppe (*ala milliaria*) betrug der Flächenbedarf zwischen 1,5 und 6 ha.

Kumpfmühl-Phase 1: Holz-Erde-Kastell

Das Kohortenkastell von Regensburg-Kumpfmühl gehört nicht zu denjenigen Militäranlagen am Limes, die durch große Flächengrabungen systematisch erforscht worden sind. Nachdem man es lange schon vermutet und gesucht hatte, wurde es im Jahre 1924 durch G. Steinmetz und P. Reinecke entdeckt und bis 1927 durch den örtlichen Grabungsleiter, den Archäologen A. Langsdorff, durch einige schmale Grabungsschnitte lokalisiert. Eine größere archäologische Untersuchung hat seitdem nicht mehr stattgefunden, sieht man von einigen jüngeren kleineren Notbergungen und Baubeobachtungen ab. Infolge dieses wenig befriedigenden Forschungsstandes kennt man vom Kumpfmühler Kastell nur Größe und Ausrichtung der Umwehrung sowie einige wenige Details; darüber hinaus weiß man, daß es zwei Bauphasen besaß. Das meiste, was die moderne Bebauung vom Kastell freigelassen hat, ist heute von Schrebergärten überdeckt.

Von der ersten Holzbauphase ist durch die Überlagerung der zweiten Steinbauphase wenig übrig. Von der Umwehrung sind nur wenige Reste (Pfostenlöcher und Wandgräbchen) der hinteren Holzwand einer zweischaligen Holz-Erde-Mauer bekannt. Diese Konstruktion bestand aus zwei parallel laufenden Holzwänden, die mit Querbalken verbunden und stabilisiert waren. Die Verschalung füllte man mit gestampfter Erde, wodurch eine massive Umwehrung entstand. Auf dieser lief der Wehrgang ringsum, an dessen Feindseite eine hölzerne Brustwehr mit Zinnen den krönenden Abschluß bildete. Auch hölzerne Türme sind nachgewiesen. Insgesamt wich der Grundriß des Holz-Erde-Kastells der ersten Kumpfmühler Bauphase von der darüberliegenden zweiten Steinphase geringfügig ab, und auch die *porta principalis sinistra* lag nicht an der gleichen Stelle. Ob schon das Holzkastell zwei Wehrgräben besessen hat, wie das spätere Steinkastell, bleibt unklar. Innenbauten der ersten Phase konnten bei den bisherigen Grabungen nicht erkannt werden. Eine Brandschicht, welche die Phase 1 anscheinend abschließt, darf man kaum mit einem Schadfeuer oder gar einer kriegerischen Aktion in Verbindung bringen. Viel eher liegt hier, wie bei vielen anderen Römerlagern, ein absichtliches Niederbrennen vor, um den Bauplatz für die Steinbauphase vorzubereiten.

Die Erbauung des Holz-Erde-Kastells läßt sich vor allem durch Münzen und die Zusammensetzung der aus Südgallien importierten Reliefkeramik (Terra Sigillata) datieren (Abb. 13). Beide Fundgattungen entsprechen den frühesten Münzen und Sigillaten aus dem Kastell von Eining und weisen damit auf einen zeitgleichen Beginn hin. Da sich die Gründung Einings durch eine steinerne Bauinschrift der Regierungszeit des Kaisers Titus (79–81) absolut sichern läßt, kann man – mit einem Spielraum von ein paar Jahren – die Zeit um 80 auch für die Anfänge des Kastells Kumpfmühl dingfest machen.

Abb. 13 Fragment einer Schüssel aus südgallischer Reliefkeramik (Terra Sigillata) aus der Gründungszeit von Regensburg-Kumpfmühl um 80 n. Chr. (gefunden im Kastell; nach Faber). Museum der Stadt Regensburg

Kumpfmühl-Phase 2: Steinkastell

Die Umwehrung des Steinkastells von Regensburg-Kumpfmühl ist wesentlich besser bekannt als die hölzerne Vorgängerphase. Sie bildete in ihrer Grundform ein leicht schiefwinkliges Rechteck. Dieses hatte eine Ausdehnung von 154/155 × 143 m (gemessen an den Außenkanten der Kastellmauer) und eine Fläche von 1,9 ha. Um die Wehrmauer folgte eine Berme und dann zwei Spitzgräben. Der innere war bis zu 10 m breit und ca. 3 m tief, der äußere maß bis zu 5 m Breite und war ca. 2 m tief. Von den vier Toren ist nur das Westtor, die *porta principalis sinistra*, nachgewiesen. Seine Bauweise ist allerdings nicht ganz klar. Ein kleiner, aus zwei Räumen bestehender Anbau an der Innenmauer im Westen stellt eine für ein Kastell ganz außergewöhnliche Anlage dar. Hier dürften aber eher spätere Anbauten nach der Auflassung des Kastells vorliegen. Von den ebenfalls vorauszusetzenden Eck- und Zwischentürmen kennt man nur spärliche Reste des nordwestlichen Eckturmes. Von den Straßen sind die *via principalis*, die *via praetoria* im Norden und die *via decumana* im Süden zu erschließen, auch ein Stück eines Abwasserkanals ist bekannt. Sehr dürftig ist unser Wissen zur Innenbebauung, man kennt hier nur die Südostecke des Stabsgebäudes (*principia*).

Die Anfangsdatierung des Steinkastells ergibt sich aus wenigen Funden und allgemeinen Überlegungen: In der Regierungszeit des Kaisers Antoninus Pius (138–161) wurden die meisten raetischen Kastelle in Stein ausgebaut, dagegen spricht auch das Fundmaterial von Regensburg-Kumpfmühl nicht. Klarer sieht man das Ende: deutliche Brandschichten mit datierenden Funden kennzeichnen das Ende des Kastells von Regensburg-Kumpfmühl um 172 in den Markomannenkriegen. Spuren eines Wiederaufbaus oder einer weiteren Nutzung als Kastell gibt es danach nicht, vielmehr kennt man Indizien dafür, daß schon zur Römerzeit die Ruinen als Steinbruch ausgebeutet worden sind.

Heute ist vom Kohortenkastell Regensburg-Kumpfmühl nichts mehr zu sehen. Immerhin lassen sich aber drei Seiten im heutigen Straßenverlauf und Gebäudebestand nachvollziehen: Die Straße »Am Kumpfmühler Kastell« markiert den Verlauf des äußeren Grabens an der Westseite. Die nördliche Schmalseite wird ungefähr durch die Asamstraße gekennzeichnet. Die Südfront verlief wenige Meter nördlich der Wolfgangskirche, die Ostseite des Kastells aber ist heute weder durch Straßenführungen noch durch Gebäude markiert.

Die römischen Hilfstruppen der Kaiserzeit

Das in Raetien stationierte Militär bestand bis in die 2. Hälfte des 2. Jahrhunderts nicht aus Legionen, den Eliteverbänden der römischen Armee, in denen nur römische Bürger dienen durften, sondern aus nach Stärke, Besoldung und Rechtsstellung »zweitklassigen« Abteilungen, den sog. Hilfstruppen (*auxilia*). Solche Einheiten bildeten auch die Besatzung von Regensburg-Kumpfmühl. Bevor wir uns ihnen zuwenden wollen, ist zunächst ganz allgemein zu klären, was die Eigenart dieser römischen Hilfstruppen ausmachte und wie sie sich von den Legionstruppen unterschieden.

Die Römer betrachteten die freigeborenen Einwohner eines unterworfenen Gebietes als unfreie Untertanen. In merkwürdiger Umkehrung der Realität wurde der Ureinwohner einer neuen Provinz kraft des Rechts der Sieger kurzerhand zum »Fremden« (*peregrinus*) auf nunmehr römischem

Grund und Boden erklärt. Infolgedessen war im römischen Reich noch während der frühen Kaiserzeit der Großteil der Bevölkerung »fremd« und damit in vielen rechtlichen, politischen und finanziellen Belangen unterprivilegiert. Der wirkliche »Fremde«, der römische Bürger (*civis Romanus*), der, egal wo er geboren wurde oder wo er sich aufhielt, Bürger der Stadt Rom blieb, hatte nun das Sagen. Erst Kaiser Caracalla erhob 212 durch die sog. Constitutio Antoniniana alle persönlich freien Reichsbewohner auch zu römischen Bürgern.

Erwerb des Bürger- und Eherechts Vor diesem Erlaß gab es für den einfachen »Fremden« nur eine Chance, sich das Bürgerrecht der Stadt Rom zu verdienen: den freiwilligen und treuen Dienst in der römischen Armee. Seit Augustus hatten die »Fremden« in den Hilfstruppen (*auxilia*) eigene reguläre Kampfverbände, die in Reiter- und Infanterieeinheiten, in *alae* und *cohortes*, gegliedert und etwa 500 oder 1000 Mann stark waren. Nicht selten handelte es sich um gemischte Abteilungen, sog. *cohortes equitatae*. Zahlenmäßig kamen diese Hilfstruppen insgesamt den Legionen ungefähr gleich, und wie die Bürgertruppen waren sie für die unterschiedlichsten Belange der Reichssicherung verantwortlich. Während die Römer zunächst aus den Jungmannschaften der neu eroberten Gebiete zwangsweise Hilfstruppen bildeten und diese außerhalb des Rekrutierungsgebietes einsetzten, kam es im Laufe der Zeit zunehmend und mit wenigen Ausnahmen zur überwiegenden Ergänzung im Hinterland des Standorts.
Nach 25 oder mehr Dienstjahren begannen für den Hilfstruppensoldaten mit seiner ehrenvollen Entlassung (*honesta missio*) bessere Zeiten. Nun wurden ihm nicht nur seine über Jahre angesparten Gelder aus der Begräbniskasse und von einbehaltenen Kaisergeschenken bar ausbezahlt; neben einigen anderen finanziellen und rechtlichen Vergünstigungen (*immunitates*) erhielt er endlich das römische Bürgerrecht, das sich (wenigstens bis 140 n. Chr.) auch auf seine Nachkommen, nicht aber seine Lebensgefährtin erstreckte. Durch das außerdem verliehene »Eherecht« (*ius conubii*) wurde eine bereits bestehende oder eine beabsichtigte eheliche Verbindung mit einer »fremden« Frau vor römischem Recht voll anerkannt.
Die Privilegien, die der einzelne durch den Aufstieg nach diesem langwierigen Hilfstruppendienst gewann, waren vordergründig materielle, rechtliche und soziale, und erst in zweiter Linie auch politische. In rechtlicher Hinsicht galt nunmehr für den einstigen »Fremden« das »bürgerliche Recht«, das *ius civile*. Er war kein »Unterworfener« mehr, lebte vielmehr in einer vor römischem Recht bestehenden Familie, war befähigt, Adoptionen und Vormundschaften zu übernehmen, Testamente zu machen oder Erbschaften anzutreten. Strafrechtlich war er davor gefeit, von niederen Verwaltungsbeamten oder Militärs gefesselt, geschlagen oder gar getötet zu werden. Mit Glück und Protektion konnte er sozial, etwa in den Ritterstand, aufsteigen, zumindest aber auf lokaler Ebene politisch eine Rolle spielen: nicht nur in einer der geringeren provinzialen Gebietskörperschaften (*civitas, vicus, canabae*), sondern auch in einer römischen Provinzgemeinde (*municipium*). Das über den Hilfstruppendienst erworbene Bürgerrecht verhalf mehreren Millionen in den ersten beiden Jahrhunderten der Kaiserzeit zur rechtlichen und sozialen Angleichung an die in die Provinzen zugezogenen römischen Bürger, ob diese nun Veteranen, Handwerker, Händler, Geldverleiher, Gutsbesitzer oder Verwaltungsbeamte waren.

Kein Wunder, daß man sich seine Privilegien, genauer das Bürgerrecht und das Eherecht, in Form von sog. »Militärdiplomen« bestätigen ließ. Uns hat diese Gewohnheit ein interessantes und historisch ergiebiges Material beschert, das sich außerdem – nicht zuletzt durch den Einsatz von Metallsuchgeräten – rapide vermehrt. Auf Anforderung und gegen Bezahlung wurden diese beglaubigten und versiegelten Urkundenkopien den ehrenhaft ausgeschiedenen Auxiliarsoldaten ausgehändigt. Dabei sammelte man die Namen der Antragsteller in den Schreibstuben der Alen und Kohorten und meldete sie an das Büro des Provinzstatthalters, der eine Liste der Berechtigten aus seiner gesamten Provinz nach Rom leitete, wo der Kaiser die Privilegierung bestätigte und auf einer großen Bronzetafel samt den Namen und Truppen der Begünstigten durch die kaiserliche Kanzlei verkünden und veröffentlichen ließ. Jedem einzelnen Antragsteller wurden sodann in Rom Miniaturabschriften der herrscherlichen Verfügung auf je zwei 12/20 cm langen und 10/16 cm breiten Bronzetafeln angefertigt. Sie enthielten den Text dieser Konstitution zweimal (innen und außen), ferner eine genaue Datierung, Zeugennamen und ihre Siegel, die Personalien des jeweiligen Empfängers, seines unmittelbaren und mittelbaren Vorgesetzten sowie eine Liste aller betroffenen Truppen in der jeweiligen Provinz.

Rund 400 solcher Militärdiplome wurden bis jetzt bekannt, aus Raetien mehr als 45. Der Boden Regensburgs hat bisher Fragmente von vier solchen Urkunden freigegeben, kurioserweise je zwei in den Zivilsiedlungen der beiden frühen Regensburger Lager. Dabei sind die beiden in Kumpfmühl gefundenen Stücke überraschenderweise jünger als die anderen beiden vom Bismarckplatz, die also aus dem Lagerdorf des mutmaßlichen »Donaukastells« stammen (s. u. S. 68ff.). Ein winziges Bruchstück aus Kumpfmühl läßt sich jetzt mit einiger Zuversicht in die ersten Jahre Marc Aurels, genauer in die Zeit zwischen 161 und 163 datieren, während das zweite Kumpfmühler Fragment ein wenig jünger ist. Es gehörte einst einem Reiter der 2. aquitanischen Kohorte mit Namen Secco (oder Sicco), Sohn des Iulius (?). Da Secco ein keltischer Kurzname ist, wäre man versucht, den Veteranen für einen aus südwestfranzösischem Gebiet südlich von Nantes und westlich von Clermont-Ferrand stammenden Aquitaner zu halten, doch ist dies nicht sicher, weil dieser Name auf Inschriften mehrfach in Pannonien bezeugt ist.

Tracht und Bewaffnung der römischen Hilfstruppen im 1. und 2. Jahrhundert

Auxiliarinfanterie Die Hilfstruppensoldaten der frühen und mittleren Kaiserzeit waren durch ihre Kleidung und Ausrüstung in vieler Hinsicht kaum von den Legionaren unterschieden. Etwaige Abweichungen, beispielsweise in der Farbgebung oder in einer sonstigen Kennzeichnung der Uniform, sind archäologisch nicht mehr nachvollziehbar. Dabei sind wir über Tracht, Bewaffnung und Ausrüstung römischer Auxiliarsoldaten des genannten Zeitraums verhältnismäßig gut unterrichtet. Bildliche Darstellungen, etwa auf Soldatengrabsteinen, werden durch literarische Hinweise ergänzt. Die wichtigsten und wohl zuverlässigsten Quellen aber stellen die originalen Bodenfunde dar, wie sie in Auswahl auch in Regensburg-Kumpfmühl zutage gekommen sind.

Obschon man gelegentlich liest, die Waffen der römischen Soldaten hätten dem Staat gehört, waren diese vielmehr Privateigentum. Aus ägyptischen Papyri erfahren wir, wie aus dem aktiven Dienst Ausscheidende ihre Waffen an nachrükkende Kameraden zu verkaufen pflegten. Auch die auffallende Einheitlichkeit der römischen Militärausrüstung rührt nicht etwa daher, daß sie einheitlich in staatlicher Regie in großen Werkstätten angefertigt worden wäre; vielmehr produzierten anscheinend in fast jedem Kastellvicus (auch in Kumpfmühl!) Privatbetriebe Waffen und Ausrüstungsteile, die sie gewinnbringend an die Soldaten verkauften. Einheitliche Richtlinien normierten die Herstellung. Da in Kumpfmühl gemischte Verbände (*cohortes quingenariae equitatae*) stationiert waren, treffen wir hier auch Waffen von Infanterie und Reiterei an.

Kleidung Die Tunica, ein bis an die Waden reichendes, weites Woll- oder Leinenhemd, trug der Soldat während des Dienstes gegürtet, so daß der Saum knapp über dem Knie endete. Die verschiedenen Typen von Militärmänteln wurden auf der rechten Schulter durch Fibeln mit entsprechend weiten Bügeln gehalten. Diese sog. Mantelfibeln sind an archäologischen Fundplätzen eindeutige Hinweise auf das Militär. Aufgrund des unwirtlichen Klimas nördlich der Alpen lernten die Soldaten rasch Bestandteile der wärmenden Tracht von Kelten und Germanen zu schätzen, sofern sie als »Fremde« diese nicht schon von Haus aus gekannt haben: Jedenfalls zählte die halblange Kniehose aus Stoff oder Leder alsbald zur alltäglichen Erscheinung der »Römer« am nördlichen Limes. Ein Halstuch (*focale*) schützte gleichermaßen gegen Sonneneinstrahlung und Schweiß sowie gegen Wind und Kälte. Genagelte Riemensandalen (*caligae*, später *calcei*) waren – moderne Gepäckmärsche in nachgebauter römischer Rüstung haben es erwiesen – ein ebenso praktisches wie durchaus bequemes Schuhwerk.

Schutzwaffen Die römischen Infanteristen trugen im Einsatz immer Metallhelme, die im Laufe der Zeit ihre Form sehr veränderten. Zur Zeit der Existenz des Kastells von Kumpfmühl gehörten die Eisenhelme des Typs Weisenau zur Standardausrüstung der römischen Legions- und Auxiliarinfanterie, und tatsächlich sind dort einige Fragmente bzw. Beschläge solcher Helme gefunden worden. Sie waren, wie so viele andere Waffentypen, vom Gegner übernommen: Ähnliche Helme mit stark heruntergezogenem Nackenschutz und profilierter Kalotte hatte die römische Armee im gallischen Krieg bei den Kelten kennengelernt und sofort für eigene Zwecke benutzt und umgewandelt. Es kamen noch ein Helmbuschhalter, ein Tragegriff auf dem Nackenschutz, Ohrausschnitte mit Schutzblechen sowie ein Stirnbügel dazu und so entstand einer der langlebigsten Standardhelme für Legions- und Auxiliarinfanterie. Aus Kumpfmühl stammen auch Fragmente von zwei Typen von Körperpanzern, die bei der Infanterie besonders häufig im Gebrauch waren: von Schienenpanzern und Kettenpanzern. Schienenpanzer bestanden aus Eisenblechstreifen, die, zusammengehalten mit Lederriemen sowie Schnallen, Scharnieren und Schließhaken aus Bronze, eine Schutzhülle für den Oberkörper bildeten. Kettenhemden waren aus kleinen Eisenringen zusammengesetzt. Bei der Auxiliarinfanterie gab es den flachen Ovalschild aus lederbezogenem Holz, dessen Buckel, Randbeschläge und Fesseln aus Bronze oder Eisen bestanden. Reste dieser Metallbestandteile kamen in Kumpfmühl mehrfach zutage.

Angriffswaffen Die wichtigste Blankwaffe der in dichter Formation kämpfenden römischen Infanterie war das klassische römische Kurzschwert, der Gladius. Seit der Mitte des 1. Jahrhunderts war der sog. Typ Pompeji in Gebrauch, welcher gerade, parallele Schneiden und eine kurze Spitze besaß. Die Griffe konnten aus Holz oder Bein, ja

sogar Elfenbein bestehen, das in Einzelfällen mit Metallnägeln beschlagen oder sogar mit Silberblech überzogen wurde. Sie liefen mit einem großen kugel- oder scheibenförmigen Knauf aus. Die Bronzebeschläge der lederüberzogenen Holzscheiden waren so charakteristisch gestaltet, daß man sie oft auch an winzigen Fragmenten identifizieren kann. Von solchen Scheidenbeschlägen kennt man auch Fragmente aus Kumpfmühl. Während man bis zum Ende des 1. Jahrhunderts den Gladius in der Regel am *cingulum*, dem metallbeschlagenen Waffengurt, trug und mit den vier Trageringen aus Bronze befestigte, setzte sich dann immer mehr die Trageweise am schmalen Schulterriemen (*balteus*) durch. Der Gladius wurde an der rechten Seite getragen. Über die weitere Entwicklung des Gladius im 2. Jahrhundert ist man mangels entsprechend datierter Funde nicht mehr so gut unterrichtet.
Als zweite Blankwaffe der Infanterie gab es den Dolch (*pugio*), der auf der linken Seite getragen wurde. Charakteristisch für diese Waffen waren ihre stark geschwungenen Schneiden und der aus Eisenblech bestehende zweischalige Griff mit Mittelknoten. Griffe und die aus Eisenblech bestehenden Scheiden sind z. T. reich mit Tauschierung und Niellierung, später noch mit Emailleeinlagen verziert worden. Auch die Dolchscheiden weisen, wie diejenigen der frühen *gladii*, zumeist vier Metallringe als Aufhängevorrichtung auf. Zu den sonstigen Angriffswaffen der Infanterie gehörten verschiedene Formen von Lanzen und Wurfspeeren, sowie auch vereinzelt Pfeil und Bogen.

Reiterei Die römischen Auxiliarreiter waren nicht nur die angesehensten, sondern auch die am besten bezahlten römischen Hilfstruppen. Dementsprechend fiel auch ihre Ausrüstung nicht selten wesentlich prächtiger und aufwendiger aus als die der Fußtruppen. In der Kleidung unterschieden sie sich von diesen freilich nur durch halblange lederne Reithosen unter der Tunica und Metallsporen an den Stiefeln.

Schutzwaffen Hingegen ließen ihre Schutzwaffen sofort den Unterschied erkennen, da die Helme der Reiter oft recht aufwendig gearbeitet und prächtig verziert waren. Aus Kumpfmühl kennt man davon zwei Wangenklappen, darunter eine verzierte mit einer Darstellung der Minerva (Abb. 14). Die Panzer der Reiter mußten bewegli-

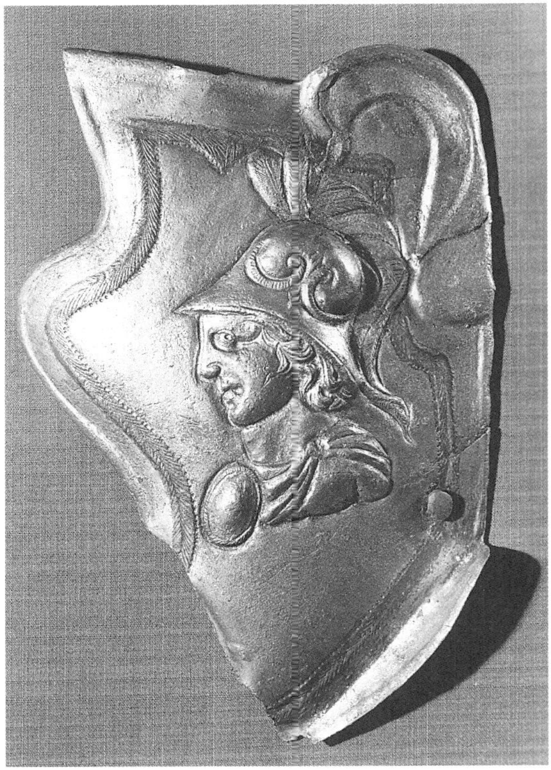

Abb. 14 Wangenklappe eines Reiterhelms mit Büste der Minerva, aus Bronzeblech getrieben und verzinnt. Aus dem Lagerdorf (*vicus*) von Regensburg-Kumpfmühl. Museum der Stadt Regensburg

cher sein als die der Fußsoldaten, daher bevorzugten sie von Anfang an das Kettenhemd, speziell die Schuppenpanzer. Hiervon fanden sich in Kumpfmühl recht häufig Fragmente. Die Ovalschilde der Reiterei ähnelten denen der Infanterie; daneben waren für die Kavallerie sechseckige Schilde typisch, wie sie aus Reliefdarstellungen und von entsprechend ausgebildeten Randbeschlägen aus Bronzeblech bekannt sind.

Angriffswaffen Die Reiter kämpften mit dem Langschwert, der *spatha*. Im Gegensatz zum *gladius* wurde es nicht mehr rechts an einem Gürtel getragen, sondern hing auf der linken Hüfte an einem quer über die rechte Schulter gelegten Schwertgurt (*balteus*). Im 2. und 3. Jahrhundert kam das kurze Ringknaufschwert hinzu, welches sich in Gräbern gelegentlich zusammen mit Reiterhelmen und Zaumzeug findet und wohl als Reiterwaffe für den Nahkampf im dichten Kampfgetümmel diente. Auch diese ursprünglich sarmatisch-südrussische Schwertform ist in Kumpfmühl belegt. Ansonsten führten die Reiter Lanzen und verschiedene Typen von Wurfspeeren mit sich.

Paradewaffen Zudem besaß die römische Kavallerie eigene Prunkrüstungen, die als Paraderüstungen in die Fachliteratur eingegangen sind. In turnierartigen Reiterspielen dienten sie sowohl der Waffenübung als dem Ergötzen der Zuschauer. Die metallenen Bestandteile der Paraderüstung lassen sich durch besonders reiche Verzierung, aber auch durch wesentlich dünneres Blech von der Kampfausrüstung unterscheiden. In Treibarbeit finden sich hier vor allem kriegerische Göttinnen, Götter und Heroen sowie militärisch bestimmtes Symbolgut. Der Schmuckeffekt wird zusätzlich durch Vergolden, Versilbern und Verzinnen gesteigert.

Abb. 15 Beinschiene von der Paraderüstung der römischen Reiterei, aus Bronzeblech getrieben und verzinnt. Bestandteil eines Hortfundes aus Regensburg-Kumpfmühl. Museum der Stadt Regensburg

Zur Paradeausrüstung gehören zweiteilige Maskenhelme aus Eisen oder Bronze, die aus einer Maske und einem Hinterhauptsteil bestehen; sie hat man in Kumpfmühl noch nicht gefunden. Dagegen stammt von hier, wohl aus einem Versteckfund, eine durch Treibarbeit prächtig verzierte Beinschiene (Abb. 15), die u. a. den Kriegsgott Mars und zwei Schlangen zeigt. Eine Ritzinschrift kennzeichnet das Stück als Eigentum eines Reiteroffiziers (*decurio*) namens Avitianus.

Auch die Pferde waren für die Reiterspiele prächtig herausgeputzt. Zum Schmuck, aber auch zum Schutz gab es Kopfschützer (»Roßstirnen«) aus Leder oder Metall mit durchbrochenen Schutzkörben aus Bronze über den Augen; das Zaumzeug war mit aufwendig verzierten Metallscheiben (*phalerae*) verschönert. Letztere werden auch gelegentlich als Paradeschildbuckel gedeutet. Ein solcher Augenschutzkorb kam zusammen mit der Beinschiene in Kumpfmühl zutage (Abb. 16), auch er trägt eine Ritzinschrift, die das Rüstungsstück als Eigentum eines Angehörigen der *cohors III Britannorum* ausweist.

Feldzeichen Die römische Armee kannte zahlreiche Arten und Formen von Feldzeichen. Wir wissen von ihnen aus literarischen Beschreibungen, epigraphischen Erwähnungen und antiken Abbildungen, aber kaum aus Originalfunden. Eine seltene Ausnahme bildet hier eine mit Bronze

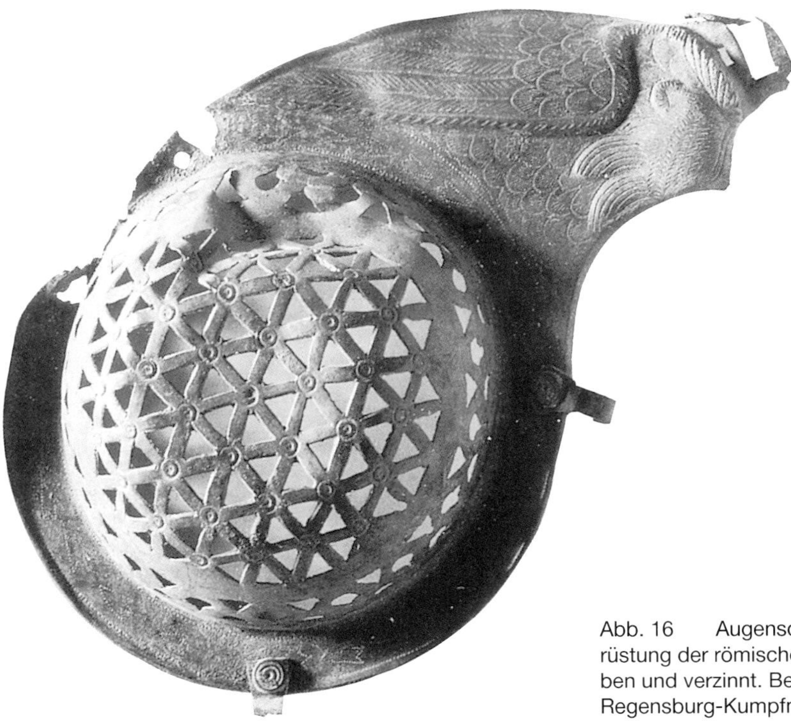

Abb. 16 Augenschutzkorb für Pferde von der Paraderüstung der römischen Reiterei, aus Bronzeblech getrieben und verzinnt. Bestandteil eines Hortfundes aus Regensburg-Kumpfmühl. Museum der Stadt Regensburg

eingefaßte Lanzenspitze aus Regensburg-Kumpfmühl, die der Bekrönung eines Feldzeichens gedient hatte (Abb. 17).

Abb. 17 Eiserne Lanzenspitze mit Bronzerahmen, von einer Eichel aus Bronze bekrönt (Spitze eines Feldzeichens). Aus dem Kastell von Regensburg-Kumpfmühl. Museum der Stadt Regensburg

Die Besatzung des Kumpfmühler Kastells

Nach jüngeren Berechnungen hat ein Lager in der Größe des Kumpfmühlers (ca. 1,9 Hektar) möglicherweise eine 500 Mann starke, berittene Kohorte (*cohors quingenaria equitata*), bestehend aus sechs Centurien zu je mindestens 60 Fußsoldaten und vier Turmen zu je 30 Reitern, beherbergt. Da der Reiteranteil der Einheit der Pferdestallungen wegen wesentlich mehr Raum benötigte als eine reine Fußtruppe, wäre alternativ auch eine Doppelkohorte, bestehend aus rund 1000 Fußsoldaten (*cohors milliaria peditata*), als Besatzung zu erwägen. Auf Inschriften und Ziegelstempeln sind bislang sechs Hilfstruppen in Regensburg bezeugt:

[1] *ala II Flavia milliaria pia fidelis*
[2] *ala I Flavia singularium civium Romanorum pia fidelis*
[3] *cohors II Aquitanorum civium Romanorum*
[4] *cohors III Britannorum equitata*
[5] *cohors I Flavia Canathenorum milliaria equitata sagittariorum*
[6] *cohors III Thracum civium Romanorum equitata bis torquata*

Natürlich kommen sie nicht alle als Besatzung der Kumpfmühler Kaserne in Frage. Auszuscheiden ist sicher die nur durch ein Militärdiplom vom Bismarckplatz aus dem Jahr 153 bezeugte *ala II Flavia milliaria* [1], da sie seit etwa 90 in Heidenheim und dann ab ca. 150 in Aalen ihre Garnison hatte. Eine solche Doppelala mit ihren über 1000 Mann Besatzung und 1098 Pferden – höhere Dienstgrade besaßen zwei oder sogar drei Tiere – hätte überdies ein Kastell von mindestens 5,2 ha benötigt. Selbst für eine gewöhnlich starke Reitereinheit wie die *ala I Flavia singularium* [2] wäre das Kumpfmühler Lager noch um mindestens 1 ha zu klein gewesen.

Ziegelstempel und Militärdiplome Nachdem diese Truppe [2] zwischen 90 und 107 aus der Nachbarprovinz Obergermanien nach Raetien verlegt worden war, kampierte sie offenbar vom 2. Jahrzehnt des 2. Jahrhunderts an in Pförring. In Regensburg wird sie daher allenfalls kurzfristig gewesen sein. Sie ist durch Ziegelstempel mit der Aufschrift AL(*ae*) I SING(*ularium*) faßbar, die in der Nähe des Domplatzes, im Kastell Kumpfmühl und in Richtung Prüfening gefunden wurden. Wenn überhaupt, so stand bestenfalls ein Teil dieser Ala vorübergehend in Kumpfmühl. Eher wird man sie in einer anderen Kaserne am Donauknie vermuten. Andererseits bezeugen Ziegelstempel allein nicht zwingend die Anwesenheit einer Einheit. Wohl hatten fast alle Hilfstruppen ihre eigenen Ziegeleien, doch kann man sich lebhaft vorstellen, daß sie sich in Zeiten größeren und rascheren Bedarfs gegenseitig aushalfen. Einige Einheiten, wie die *cohortes I Canathenorum milliaria, II Aquitanorum c. R.* und *III Thracum c. R.*, verfügten offenbar über mobile Bau- oder Ziegeleitrupps, die an verschiedenen Orten zum Einsatz kamen. So kann aus irgendwelchen heute nicht mehr nachvollziehbaren Gründen das Ziegelmaterial alleine oder auch mit einer Bauabteilung der Herstellereinheit vorübergehend in eine Nachbarkaserne gelangt sein. Als sicher darf diese Erklärung für einen vor nicht allzu langer Zeit in Kumpfmühl gefundenen Stempel der wohl in Moos und in Künzing (beide Lkr. Deggendorf) stationierten *cohors III Thracum c. R.* [6] gelten; und auch die ältere Ansicht, die *cohors I Flavia Canathenorum milliaria* [5] könnte Besatzung Kumpfmühls gewesen sein, stößt auf Schwierigkeiten. Denn nach Auskunft eines neuen Militärdiploms kamen die Canathener zwischen 107 und 116 nach Raetien. Sie zogen vielleicht sofort in Straubing ein. Ein Kumpfmühl-Aufenthalt der Canathener insgesamt ist schon deshalb abzulehnen, weil ihr Kastell in Straubing mit 3,1 ha wesentlich größer war. Man könnte allenfalls an eine vorübergehende Aufsplitterung der Canathener auf Regensburg und Straubing denken (ein Modell, das freilich nur schwer beweisbar sein wird). Da nun die Kumpfmühler Ziegelstempel der Canathener- und Aquitanerkohorten aus den Fundzusammenhängen heraus nicht sicher zu datieren sind, bleibt die genaue Abfolge der regulären Belegung des Kumpfmühler Kastells noch zu klären.

Die dritte Britannerkohorte Allen möglichen Einwänden zum Trotz spricht einiges dafür, daß seine erste Besatzung die *cohors III Britannorum equitata* war, da sie bereits im Jahr 69 zum raetischen Heeresverband gehörte und damit von den in Regensburg bislang vertretenen Hilfstruppen die einzige ist, die in den 80er und 90er Jahren des 1. Jahrhunderts sicher schon in Raetien stationiert war. Belegt ist sie durch eine Besitzeraufschrift auf einem Augenschutzkorb für ein Pferd aus einem Kumpfmühler Fund: *L. Veter(. . .) c(ohortis) III Br(itannorum)*. Durch die Niedermünstergrabung kennen wir eine zur teilweisen Abdekkung des Grabes der am 21. Juli 1006 verstorbenen Herzogin Gisela wiederverwendete Grabinschrift, die inzwischen schon einige Buchstaben verloren hat, aber – wie die Grabung selbst – bis heute nicht endgültig publiziert ist. Wir geben hier den Text dieses nicht unbedeutenden Monuments wieder: --] | *coni(ugi) vix(it) an(nos) XXI Vindmarciae fil(iae) ob(itae) Cl(audius) Marcus dec(urio)* | *coh(ortis) III Brit(annorum) et sibi* [5]| *vivos f(aciendum) c(uravit)*. Also: ». . . für seine Gattin [--], die 20 Jahre lebte, für Vindmarcia, seine verstorbene Tochter, und für sich selbst zu Lebzeiten hat Claudius Marcus, Dekurio der 3. Britannerkohorte, (dieses Grabmal) machen lassen.« Auch die Dienstbezeichnung dieses Reiteroffiziers (*decurio*) beweist, daß die Einheit beritten war. Man wird ihr daher getrost die gleichzeitig mit dem genannten Augenschutzkorb gefundene Beinschiene mit der Aufschrift *Avitiani de(curionis)* zuweisen dürfen.

Spätestens um die Mitte des 2. Jahrhunderts zog die Britannerkohorte dann nach Eining, wo sie bis zum Ende der römischen Besetzung des Alpenvorlandes blieb. Es ist nicht unwahrscheinlich, daß sie in Kumpfmühl von der 2. berittenen Aquitanerkohorte abgelöst wurde. Dieser gleichfalls zwischen 107 und 116, und zwar aus Obergermanien nach Raetien abkommandierte Verband gilt allgemein als letzte Besatzung Kumpfmühls. Dafür

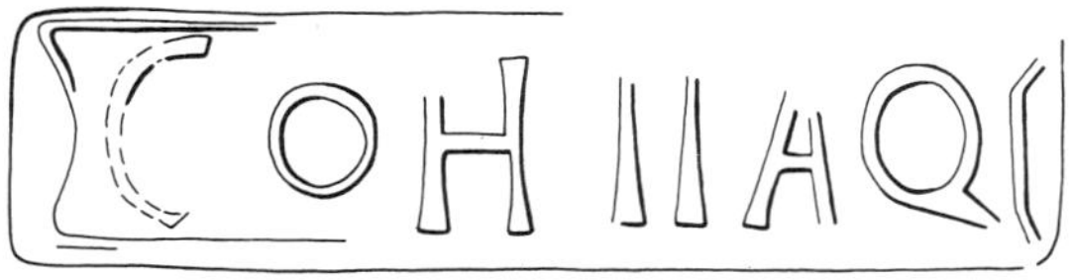

Abb. 18 Ziegelstempel der 2. Aquitanischen Kohorte *(Coh. II Aquitanorum)* aus Regensburg-Kumpfmühl (nach Faber). Museum der Stadt Regensburg

sprechen einerseits seine Ziegelstempel (Abb. 18), die freilich inzwischen auch in Straubing und Künzing zum Vorschein kamen, andererseits wird die Kohorte in dem schon erwähnten Militärdiplom des Secco vom Jahr 166 genannt. Ein letzter Beweis läßt sich freilich auch aus dieser scheinbaren Übereinstimmung nicht ableiten, um so weniger, als wir bis heute nicht wissen, wo die Aquitaner um 116 Garnison genommen haben. Es könnte sehr wohl sein, daß unsere Vorstellungen immer noch zu statisch sind und wir in den Jahrzehnten um 100, als die Kastellreihe des raetischen Limesgebiets erst nach und nach Konturen anzunehmen begann, einen alsbald entflochtenen militärischen Ballungsraum anzunehmen haben.

Das Lagerdorf (Kastellvicus)

Zu einem jeden Grenzkastell der römischen Kaiserzeit gehörte auch eine zivile Ansiedlung, das sog. Lagerdorf, auch Kastellvicus genannt. Dabei handelte es sich um kleinstädtische Ortschaften, in denen Handel und Gewerbe, Gartenbau und Kleinviehzucht, nicht aber Landwirtschaft betrieben wurde. Trotz der Indizien für eine gewisse Selbstverwaltung hatte hier das Militär das Sagen. Die Kernbevölkerung des Kastellvicus war schon mit der Truppe angekommen, der sie von Standort zu Standort zu folgen pflegte. Bei diesen Leuten handelte es sich um Handwerker und Händler, die vom Militär profitierten, um Frauen, die mit Soldaten zusammenlebten, und ihre Nachkommenschaft, um Wirte, vor allem um solche mit weiblichem Personal, sowie um Priester, Wahrsager und was es sonst noch an Leuten gab, die es auf den Sold der Soldaten abgesehen hatten. Weiterhin ließen sich hier Veteranen und andere Leute nieder, die aus persönlichen oder wirtschaftlichen Gründen mit dem Militär verbunden waren. Demzufolge lebte auch in dem Kastellvicus von Regensburg-Kumpfmühl während des späten 1. Jahrhunderts und der beiden ersten Drittel des 2. Jahrhunderts offenbar ein buntes Völkchen aus Peregrinen und das römische Bürgerrecht besitzenden Veteranen, dem selbstverständlich, auch wenn dies bisher nicht eigens belegt ist, eine unbekannte Zahl von Sklaven dienstbar war. Leider können wir über einzelne Personen und ihre Herkunft wenig sagen, da uns – mit Ausnahme der erwähnten Militärdiplome – die dafür nötigen Zeugnisse in Form von Grabsteinen und sonstigen Inschriften weitgehend fehlen. Sicher ist nur, daß es sich bei diesen Leuten anfangs nicht um Einheimische handelte (die gab es ja nicht), sondern um Zuwanderer. Diese stammten zumeist wohl aus dem gallischen Bereich, aber auch aus den Donauprovinzen zogen Personen zu. So verrät der Schmuck aus dem markomannenzeitlichen Schatzfund (s. u.) noch einiges über seine frühere Besitzerin: Die Dame stammte, wie die typischen Fibeln zeigen, wohl aus dem pannonischen Donauraum.

Auf einer Fläche von ca. 20 ha um das Kastell entwickelte sich, besonders nach Osten und Süden zu, der Kastellvicus. Er entstand nicht mit einer zeitlichen Verzögerung, sondern wie dies allgemein üblich war, gleichzeitig mit »seiner« Truppe. Mit anderen Worten: als Gründungszeit konnte für das Lagerdorf logischerweise, ebenso wie für das Kastell, das Jahrzehnt zwischen 70 und 80 n. Chr. ausgemacht werden.

Das Straßennetz Struktur und Straßennetz dieses Vicus hat A. Faber jetzt weitgehend klären können. Die wichtigsten Verkehrsadern, deren Verlauf sich z. T. bis heute erhalten hat, seien hier aufgeführt: Die von Süden kommende Hauptstraße (die heutige Augsburger Straße) gabelte sich noch vor dem Einsetzen der dichteren Besiedlung, ihr westlicher Strang (die heutige Bischof-Wittmann-Straße) führte zur *porta decumana*, also zum Südtor des Kastells (nordöstlich der heutigen Wolfgangskirche). Der östliche Strang (die heutige Augsburger- und Kumpfmühler Straße) umging das Kastell und das Kerngebiet des Vicus im Osten. Eine Umgehungsstraße umschloß wohl auch das ganze Kastell, sie entspricht heute im Westen der Straße »Am Kumpfmühler Kastell«, im Norden Teilen der Asamstraße. Zentrum des Lagerdorfes bildete im Osten des Kastells ein großer Platz vor dem Osttor (*porta principalis dextra*), der als Marktplatz das wirtschaftliche und gesellschaftliche Kernstück des Lagerdorfes bildete. Er lag in dem Gebiet zwischen dem Altenheim »Saurer Gockel« und der Gutenbergstraße (westlich der Kumpfmühler Straße).

Öffentliche Bauten Kastellvici, die im Einzelfall eine beträchtliche Größe erreichen konnten, besaßen auch öffentliche Gebäude. Man kennt Bäder (Thermen), die von Truppe und Zivilbevölkerung genutzt wurden. Vereinzelt sind sogar Amphitheater in Vici bekannt geworden. Heiligtümer sind öfters belegt. In Kumpfmühl sind bisher zwei öffentliche Bauten zutage gekommen, ein Rasthaus (*mansio*) und das Kastellbad. Daß es hier auch Tempel oder zumindest Hauskapellen gegeben hat, kann man durch Funde indirekt erschließen, z. B. durch einen tönernen Henkelkrug, in den das Gebet einer Frau namens Donata an Mercurius eingeritzt worden ist.

Rasthaus Südlich des großen Marktplatzes und westlich der Hauptstraße zur Donau lag zentral ein großes Steingebäude mit eingebauter Badeanlage, das in einer Notbergung der Denkmalpflege in den 70er Jahren leider nur sehr flüchtig untersucht wurde (Abb. 19). So hat man ohne genauere archäologische Beobachtung die Reste der zweifellos vorhandenen Hypokaustheizung samt allen Kleinfunden aus dem Innenbereich entfernt. Der Bau, dessen Bruchsteinmauern verputzt und innen mit Wandmalereien verziert waren, wurde nur an seiner Westseite annähernd vollständig in 36,30 m Länge erfaßt. Dort befand sich auch ein eingebauter Raum mit einer ca. 5,9 m breiten Apsis, in dem man mit einiger Sicherheit einen Teil der Badeanlage sehen darf. Dafür sprechen auch die Pilaster an der Westseite, die auf ein massives Dach, vielleicht ein Tonnengewölbe aus Tuff schließen lassen, wie es für Bäder öfters belegt ist (bearbeiteter Tuff hat sich im Versturz gefunden). Insgesamt ist der Bau durch den Vergleich mit ähnlichen Anlagen aber nicht als zweite Thermenanlage, sondern als Rasthaus (*mansio*) mit einbezogenem Bad zu interpretieren. Entsprechende Befunde kennt man auch anderwärts an vergleichbaren Stellen entlang der Hauptausfallstraße von Kastellvici.

Kastellbad Das Kastellbad lag im Norden des Kastells an einem Steilabfall direkt westlich der *porta praetoria*. Es wurde zum Teil schon 1885 von Pfarrer Dahlem freigelegt und dann 1897/1898 vollends von Hugo Graf von Walderdorff ausgegraben. Seine Publikation enthielt auch ei-

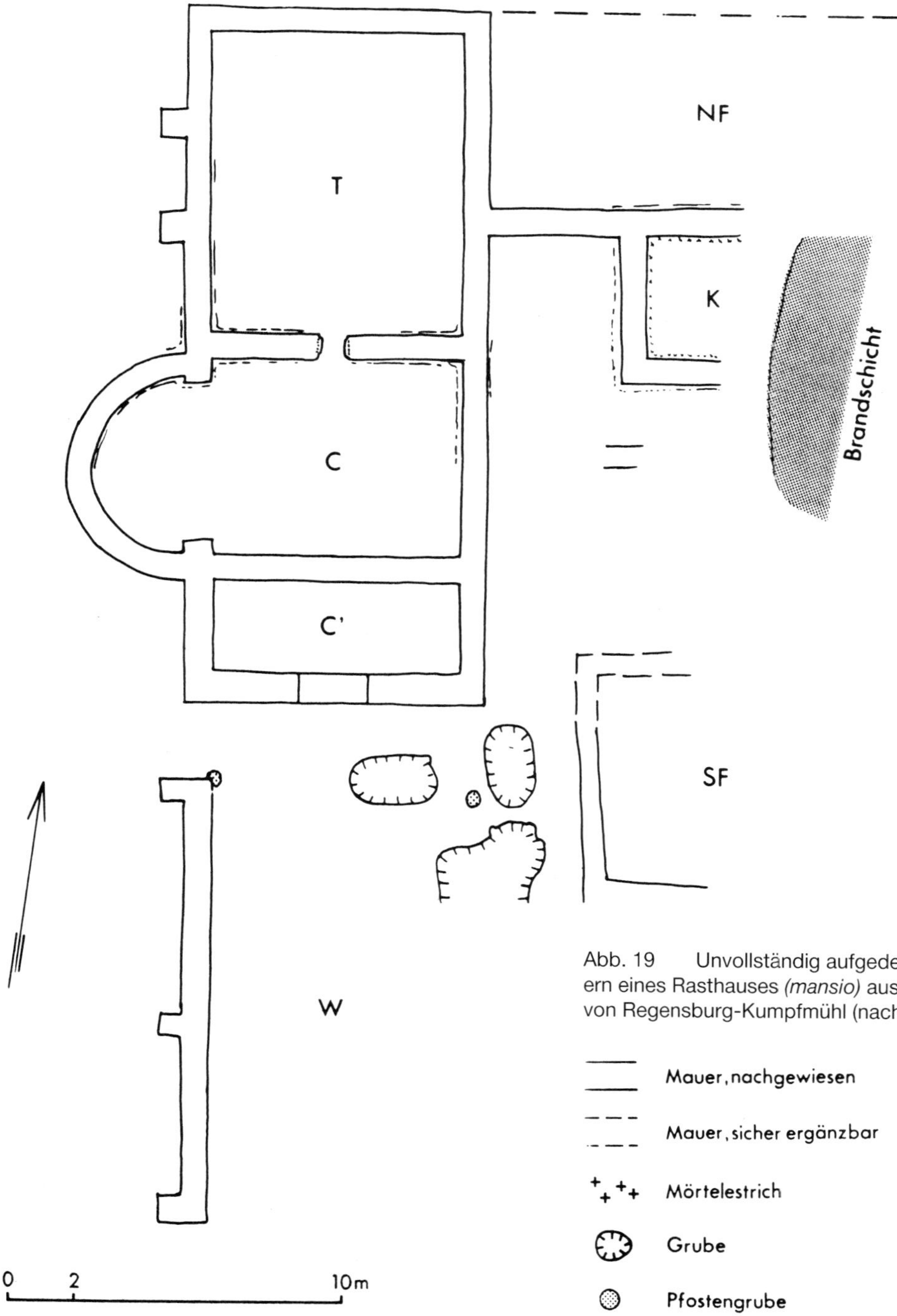

Abb. 19 Unvollständig aufgedeckte Fundamentmauern eines Rasthauses *(mansio)* aus dem Lagerdorf *(vicus)* von Regensburg-Kumpfmühl (nach Faber).

nen für die damalige Zeit vorbildlich dokumentierten Plan. Weniger glücklich war allerdings Walderdorffs Interpretation: Während sein wissenschaftlicher Intimfeind Dahlem das Bad korrekt als Kastellbad eines noch zu entdeckenden frühen Kastells bezeichnete, hatte Walderdorff eine eigenwillige Lösung parat, die möglicherweise eher persönlichen Erfahrungen und Wunschträumen entsprang. Für ihn war das Gebäude ein »Sommerkeller«, also ein Ausflugslokal der Besatzung des Regensburger Legionslagers.

Der 57 × 34 m messende Bruchsteinbau (Abb. 20) war west-ost-orientiert, wobei der Haupteingang im Osten, der Warmbadetrakt im Westen lagen. Der Bau, der wie die meisten Kastellbäder den sog. Reihentyp vertritt, scheint in einem Zug errichtet worden zu sein, nur im Mittelbereich gibt es Indizien späterer Veränderungen bzw. Reparaturen. Römische Kastellbäder waren seit der flavischen Zeit geläufige Einrichtungen bei jedem Limeskastell. Sie dienten einerseits der Entspannung und Freizeitgestaltung (auch für die Bevöl-

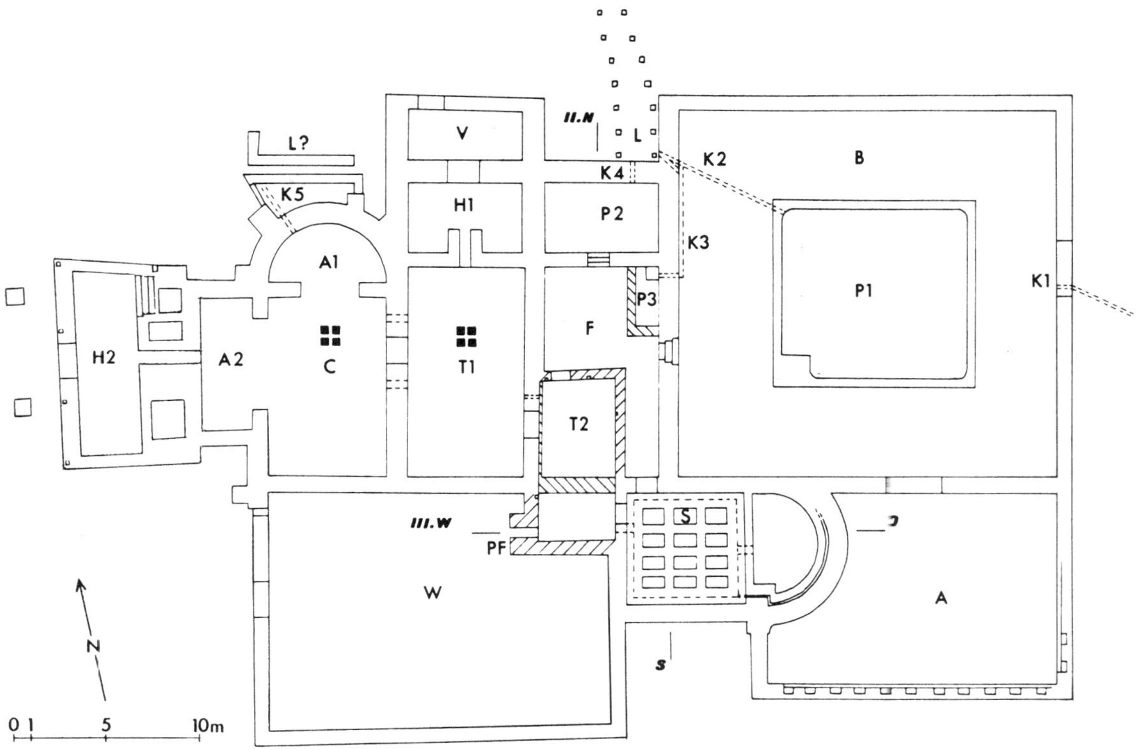

Abb. 20 Grundriß des Kastellbades aus dem Lagerdorf *(vicus)* von Regensburg-Kumpfmühl. Schraffiert: Umbauten. ■■ Räume mit Fußbodenheizung. A *apodyterium* (Umkleideräume), B *basilica thermarum* (Gymnastik- und Aufenthaltsraum), C *caldarium* (Heißbad), F *frigidarium* (Kaltbad), H *praefurnium* (Heizraum), K Kanal, L Latrine, P *piscina* (Schwimmbecken), PF *praefurnium* (Heizraum), S *sudatorium* (Schwitzbad; mit steinernen Pfeilern der Heizanlage), T *tepidarium* (lauwarmer Raum), V Vorraum, W Wirtschaftsraum (nach Faber).

kerung des Lagerdorfs), andererseits waren sie für die Hygiene der in drangvoller Enge kasernierten Soldaten unerläßlich. Man betrat das Bad wahrscheinlich durch den Raum A, den Umkleideraum (das Apodyterium). Als nicht alltägliche Einrichtung besaß das Kumpfmühler Kastellbad eine große Halle (*basilica thermarum*; Raum B) mit Schwimmbecken (P1; *natatio*). Von dort aus konnte man dann das Schwitzbad (Raum S; *sudatorium*) oder das Kaltbad (Raum F; *frigidarium*) mit seinen Wasserbecken aufsuchen. Dann ging es weiter zum Laubad (Raum T; *tepidarium*) und zum Warmbad (Raum C; *caldarium*), beide jeweils mit temperierten Wasserbecken ausgestattet. Um diese zentralen Raumeinheiten gruppierten sich Heizräume (*praefurnia*), Wirtschaftsräume und eine Latrine im Norden. Die beheizbaren Raumeinheiten und Badebecken waren hypokaustiert, d. h. ihr Boden ruhte auf Ziegelpfeilern, zwischen denen die Heizgase durchziehen und den Fußboden von unten wärmen konnten. Dann führte man die Heizgase durch Tonröhren von rechteckigem Querschnitt (*tubuli*) durch die Wände nach oben zum ziegelgedeckten Dach, in das kleine Kamine integriert waren. In jedem Bad waren Warmwasserboiler aus Bronzeblech vorhanden, die über Bleileitungen und Wasserhähne aus Bronze auch warmes Wasser sprudeln ließen. Das verbrauchte Badewasser wurde über Abwasserkanäle in Sickergruben geleitet. Diese Abwasserkanäle waren noch bei ihrer Ausgrabung nach Jahrhunderten voll von vielerlei Gegenständen, die man beim Baden verloren hatte: Neben Ohrringen und Haarnadeln fanden sich Ringsteine, deren Kitt sich in der feuchtwarmen Luft und im Badewasser gelockert hatte.
Moderne Versuche an nachgebauten Bädern zeigten z. B. in Xanten, daß das römische Heizsystem hervorragend funktionierte. Es dauerte zwar eine Weile, bis das Holzfeuer den Bau temperiert hatte, dann genügte aber relativ wenig Brennmaterial, um die Anlage in Gang zu halten. Allerdings mußte man das Feuer im Dauerbetrieb Tag und Nacht schüren.

Streifenhäuser Die Bevölkerung der Vici wohnte und arbeitete in einem Haustyp, der limesauf- und -abwärts das Erscheinungsbild der zivilen Kastellorte prägte: in sog. Streifenhäusern. Diese hölzernen und später steinernen Wohnanlagen stellten eine aus Italien übernommene Hausform dar, die sich mit langrechteckigem Grundriß dicht gedrängt entlang der Straße reihte. Die vorderen Schmalseiten der bis zu zwei Stockwerk hohen Bauten waren zur Straße hin ausgerichtet, hier waren überdachte Bürgersteige oder Säulenhallen aus Holz und Stein vorgelagert (entsprechende Konstruktionen kennt man z. B. aus den ersten Städten im Wilden Westen der USA). An diesen Frontseiten der Streifenhäuser befanden sich Verkaufsläden, Garküchen oder Wirtsstuben. Oft standen auf den überdachten Bürgersteigen zusätzlich noch provisorische Verkaufsbuden. Vor allem auf dem Marktplatz im Osten des Kumpfmühler Kastells wird an den Markttagen reges Treiben geherrscht haben, wenn die Bauern der Umgebung zusätzlich zu den ansässigen Händlern und Gewerbetreibenden lauthals ihre Waren anpriesen. In den rückwärtigen Teilen der Streifenhäuser befanden sich die Werkstätten und Wohnräume. Jedes Haus hatte einen oder mehrere Vorratskeller aus Holz oder Stein; nach hinten zu schlossen sich nicht selten mit Brunnen versehene Gemüsegärten an.
In Kumpfmühl wurden zahlreiche Überreste solcher Streifenhäuser entdeckt, oft freilich nur noch ihre charakteristischen Erdkeller. Auf der Südseite des erwähnten Marktplatzes, westlich des

Unterkunftshauses, fand sich ein besonders gut erhaltener Steinbau, der hölzerne Vorläufer hatte (Abb. 21). Das Haus maß (mit *porticus*) 26 m in der Länge und 12,4 m in der Breite. Es war sicherlich zweistöckig, seine Zwischenwände bestanden aus hölzernem Fachwerk und wurden bei der Grabung nur unzureichend dokumentiert. In seinem Vorderteil lag ein Steinkeller von 4,8 × 4,0 m. Funde von Töpfereiabfallgruben und ein Töpferofen im Gartenbereich des Hauses weisen das Gebäude als Wohnhaus, Werkstatt und Verkaufslokal eines Töpfers aus. In Stein ausgebaut, z. T. sogar mit Fußbodenheizung ausgestattet, waren zwei Streifenhäuser schräg gegenüber auf der nordwestlichen Seite des Marktplatzes (Abb. 22). Eines davon datiert allerdings in seiner jüngeren Ausbauphase bereits in die Zeit des Legionslagers und stand isoliert in dem damals bereits aufgegebenen Vicus. Vielleicht hat man den ehemaligen Vicusbau im Rahmen eines stadtnahen Gehöftes (einer *villa rustica*) umgebaut und weiter genutzt.

Handwerksbetriebe Im Kastellvicus von Regensburg-Kumpfmühl arbeiteten zahlreiche Handwerker. Von diesen lassen sich einige auch durch entsprechende Funde identifizieren. Von der Töpferei im Streifenhaus westlich des Rasthauses war eben die Rede. Im Feuer verzogene und mißlungene Gefäße zeigen an, was hier produziert wurde: vor allem gröberes Küchengeschirr, wie Kochtöpfe, Kochschüsseln, dazugehörige Deckel, Backteller, einfache Trinkbecher, Fla-

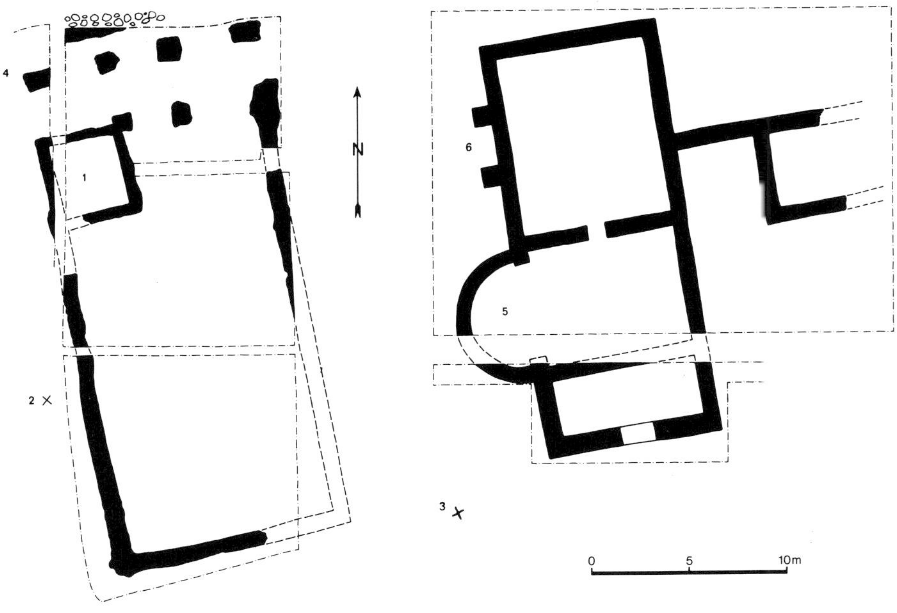

Abb. 21 Links: Fundamente eines steinernen Streifenhauses mit Keller (1) und zum Marktplatz hin vorgelagerter *porticus* (Säulenhalle), davor abgedeckter Abwasserkanal (4) aus dem Lagerdorf *(vicus)* von Regensburg-Kumpfmühl. Daneben rechts die Fundamentreste des Rasthauses, siehe Abb. 19 (nach Dietz u. a.).

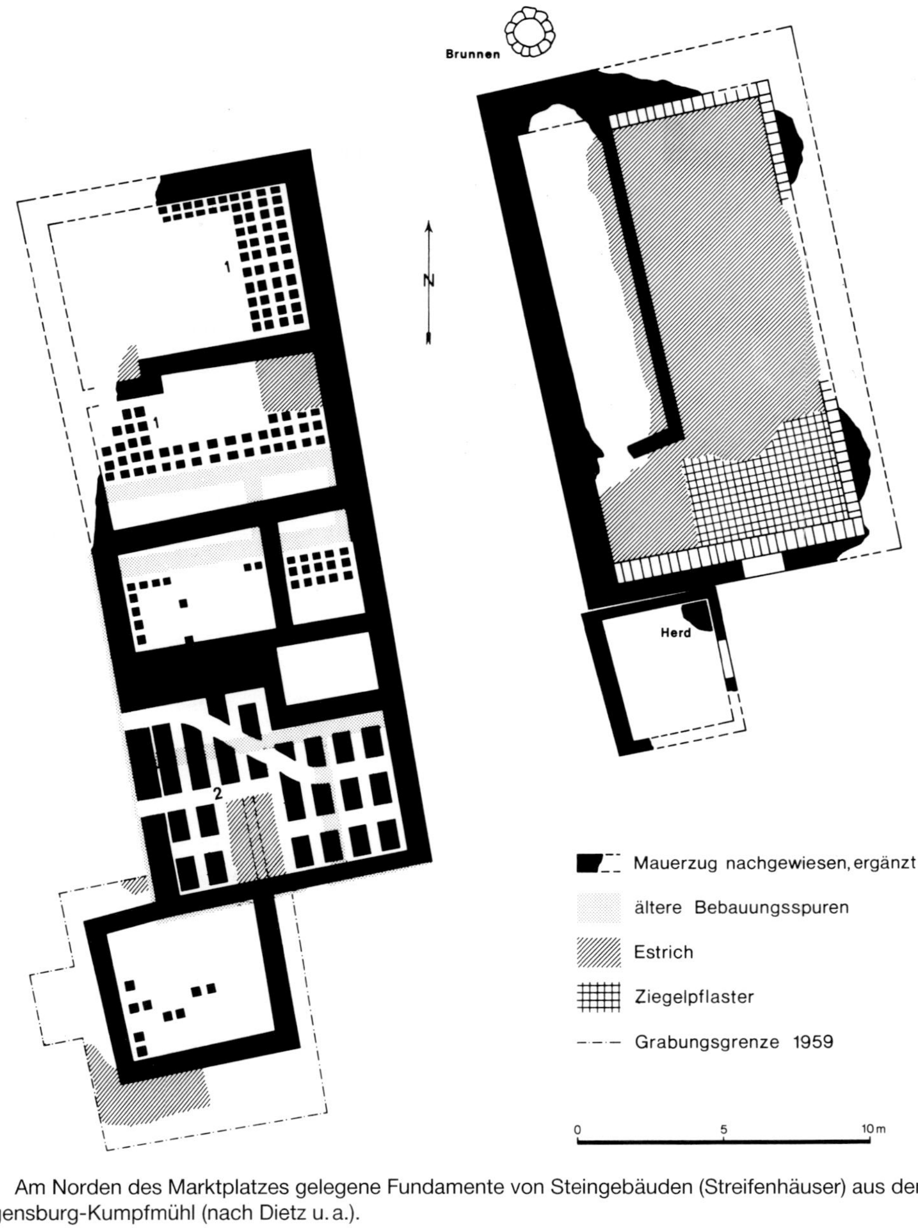

Abb. 22 Am Norden des Marktplatzes gelegene Fundamente von Steingebäuden (Streifenhäuser) aus dem Lagerdorf *(vicus)* Regensburg-Kumpfmühl (nach Dietz u. a.).

schen und Wasserkrüge. Dabei verwendete man lokales Tonmaterial. Im unmittelbaren Umfeld der Töpferei südlich des Marktplatzes muß sich auch eine Bronzegießerei befunden haben. Es kamen dort nämlich Gußtiegel aus stark durchglühtem Ton, Fragmente von tönernen Gußformen und Metallabfälle, z. B. Gußtropfen und Schlakken, zutage. Was hier alles gefertigt wurde, ist nicht genau bekannt, mit Sicherheit gehörten aber auch Beschläge der militärischen Ausrüstung zum Produktionsrepertoire der Kumpfmühler Metallhandwerker. Öfen und Schlackenfunde belegen, daß am Ostende des Vicus Eisen verarbeitet und vielleicht verhüttet, also aus Erz gewonnen, wurde. Die Lage solcher feuergefährdeter Betriebe am Ostende einer Siedlung ist bei dem in unseren Breiten vorherrschenden Westwind ganz charakteristisch. Am Ostende im Bereich des Vitusbaches konnte schließlich auch eine Ziegelei nachgewiesen werden.

Zum Handel Handel läßt sich im römischen Kumpfmühl (wie anderwärts auch) nur anhand haltbarer Materialien oder Transportbehälter nachweisen, wie sie der Archäologe im Boden finden kann. Andere Waren, Textilien oder viele importierte Lebensmittel, sind spurlos vergangen. Besonders häufig zeigt sich importierte Keramik, besonders das rotglänzende Tafelgeschirr, die für Datierungszwecke so wichtige Terra Sigillata. Exotisch ist ein Einzelstück aus Italien, wohl aus Arrezzo in Etrurien; es ist nämlich zwei Generationen älter als das Anfangsdatum der römerzeitlichen Besiedlung Kumpfmühls. Das Fragment, auf dem ein Fabelwesen figürlich dargestellt ist, kam mit Sicherheit als Altstück (als Amulett?) in unseren Raum. Ansonsten stammt die früheste Sigillata aus Südgallien, aus den Werkstätten von La Graufesenque und später aus denen von Bannassac, die bis in die Zeit Hadrians (117–138) lieferten. Dann wurden sie von den mittelgallischen Töpfereien von Lezoux in der Nähe von Clermont-Ferrand abgelöst. Diese Großbetriebe in der Nähe der heutigen Patenstadt Regensburgs lieferten in riesigen Mengen feines Tafelgeschirr bis zum Ende des römischen Kumpfmühl. Die Konkurrenz der ostgallischen Töpfereien in Lothringen und im Elsaß, wie Boucheporn, La Madeleine, Blickweiler und Eschweiler Hof, Ittenweiler und Heiligenberg, machte ihnen dabei anscheinend weniger zu schaffen. Anders sah es mit den ab ca. 160 aufblühenden Sigillatamanufakturen von Rheinzabern (bei Speyer) aus, deren erste Produkte noch nach Kumpfmühl kamen und in den Zerstörungsschichten der Markomannenkriege besonders häufig vertreten sind (Farbabb. 2). Sie sollten wenig später ihre anfänglich mittelgallische Konkurrenz völlig vom Markt verdrängen. Aus Raetien selber, zumeist aus dem Westen der Provinz, importierte man anderweitige Feinkeramik, vor allem Glanztonbecher in der Art der sog. raetischen Ware. Reibschüsseln, zum Anrühren von Würzsoßen und Frischkäse, in einer richtigen römischen Küche unerläßlich, kamen z. B. aus dem Töpferort Rapis/Schwabmünchen südlich von Augsburg. Auch tönerne Öllampen und Glasgefäße hat man eingeführt, z. T. wohl aus Italien.

Aus dem römischen Mutterland im Süden hat man ferner Wein importiert, wie durch ein entsprechend gestempeltes Holzfaß belegt ist. Dieses diente in zweiter Verwendung als Brunnenfassung; dabei kam es unter Luftabschluß in Feuchtboden und blieb auf diese Weise hervorragend erhalten. Durch Amphoren (tönerne Transportbehälter), die oft mit Herstellerstempeln versehen sind, kennt man an importierten Lebensmitteln in Regensburg-Kumpfmühl noch Wein aus Gallien,

Olivenöl aus der südspanischen Baetica (Abb. 23) und eingelegte Oliven aus Oberitalien.

Gräberfelder Die zum Kastell und zum Vicus von Regensburg-Kumpfmühl gehörigen Gräberfelder sind z. T. schon im 18. Jahrhundert beobachtet worden und dennoch insgesamt sehr schlecht erforscht. Bei den bekannten Bestattungen handelt es sich um Brandgräber, d. h., die Toten wurden auf einem Scheiterhaufen verbrannt. Die Asche hat man dann zusammen mit persönlichen Beigaben, wie Schmuck, Toilettegerät und anderen Gegenständen, in einer Urne aus Ton oder Glas oder in einem Holzkästchen begraben. Es gibt noch andere Formen der Beisetzung (z. B. Brandschüttungen, wo man die Asche mit den Beigaben regellos in die Grabgrube schüttete), doch sind sie in den Gräberfeldern von Regensburg-Kumpfmühl bislang nicht nachgewiesen.

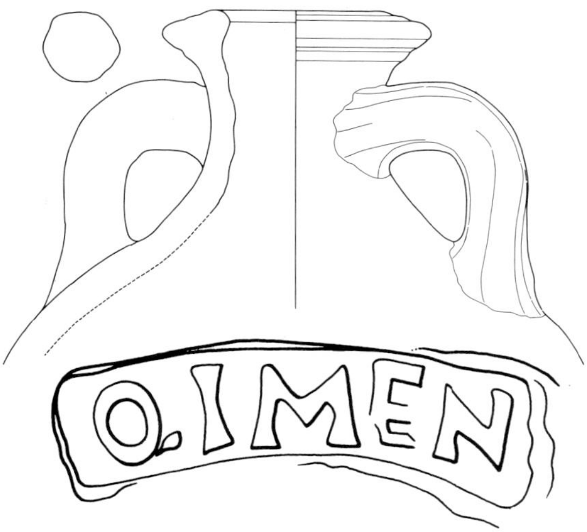

Abb. 23 Spanische Olivenölamphore aus dem Lagerdorf *(vicus)* von Regensburg-Kumpfmühl mit Fabrikstempel auf dem Henkel (nach Faber). Museum der Stadt Regensburg

Zumindest aber kann man aus den kärglichen Beobachtungen der dortigen Bestattungsplätze vor allem die maximale Ausdehnung des Vicus erschließen. Denn römische Gräber mußten – hier gab es strenge gesetzliche Regelungen – immer außerhalb der Siedlungen angelegt sein. Zumeist lagen sie entlang der Hauptausfallstraßen. Dementsprechend kennt man südlich der Straße nach Augsburg ein Gräberfeld im Bereich der Ecke Augsburger Straße – Erzbischof-Buchberger-Allee. Ein weiteres, das aber auch zu einem außerhalb des Vicus gelegenen Gutshof gehört haben kann, befand sich in dem Bereich, in dem die Karl-Anselm-Straße in die Karthauser Straße einmündet. Ein sehr schlecht dokumentiertes Gräberfeld lag schließlich im Norden des Vicus westlich der Kumpfmühler Straße gegenüber dem Karmelitenkloster.

Zum Ende der römischen Anlagen von Regensburg-Kumpfmühl Zu einem gewaltsamen Ende von Kastell und Lagerdorf von Regensburg-Kumpfmühl kam es im Verlauf der Markomannenkriege, deren Auswirkungen in Regensburg-Kumpfmühl besonders deutlich beobachtet worden sind. Alle gut ergrabenen Holz- und Steingebäude sind verbrannt. Die Brandschichten enthielten in großer Menge komplette Metallgegenstände sowie Keramik in Form von gut erhaltenen, gebrauchsfertigen Gefäßen, die gewiß nicht aus dem Abfall stammten, sondern bei der Katastrophe in den Boden gelangten. Ferner fanden sich in den Zerstörungsschichten in Kastell und Vicus außergewöhnlich viele Waffenteile, wie Lanzen- und Geschoßspitzen, Schuppen von Schuppenpanzern, Teile von Helmen und Schilden etc. Dies alles spricht für heftige Gefechte, die in dem Ort tobten. Die jüngste Münze aus diesen Zerstörungsschichten wurde im Jahr 171/172 geprägt; sie zeigt das Ende von Kumpfmühl an. Nach dieser Zerstörung baute man die Anlagen – bis auf wenige, gleich zu erwähnende Ausnahmen – nicht wieder auf. Im Jahr 179 wurde laut der Bauinschrift (S. 84ff.) das Legionslager von Regensburg fertiggestellt, das in seiner militärischen Funktion auch das Kumpfmühler Kastell ersetzte. So ist das reichliche Fundmaterial aus diesen Zerstörungsschichten maximal zwischen 172 und 179 datiert und liefert damit einen engen zeitlichen Rahmen, welcher einen ganz wichtigen Markstein in der Chronologie römischen Fundmaterials in der Zone nördlich der Alpen darstellt.

Der Schatzfund von Regensburg-Kumpfmühl Im leider nur sehr schlecht erforschten Westvicus wurde 1989 bei Bauarbeiten ein Schatz entdeckt (Farbabb. 3), der ganz offensichtlich von seinem letzten Besitzer während der Markomannenkriege im Boden vergraben worden war, in der vergeblichen Hoffnung, ihn wieder zu heben, sobald die Gefahr vorüber wäre. Fast ebenso bedeutsam wie der Schatz selber ist die Tatsache, daß man nicht versuchte, den Fund zu unterschlagen, vielmehr der ehrliche Finder »seine« Entdeckung ordnungsgemäß meldete. So kamen alle zu ihrem Recht – die Wissenschaft, die interessierte Öffentlichkeit, die den Fund im Museum bestaunen kann, und nicht zuletzt der Finder, der angemessen entschädigt wurde.
Doch nun zum Fund selber: Ein kleiner Bronzekessel enthielt Gold- und Silbermünzen und Frauenschmuck. Im einzelnen handelte es sich um 25 Goldmünzen (sog. Aurei; die jüngste prägte Antoninus Pius für Faustina II. 152/53), ca. 600 Silbermünzen (Denare; die jüngsten Prägungen aus der Regierungszeit Marc Aurels) sowie um 2 Asse (Kleingeld aus Kupferlegierung). An Schmuck fanden sich vier goldene Siegelringe mit Gemmen, ein goldener Radanhänger, ein goldener halbmondförmiger Anhänger, ein silberner Miniaturbecher, zwei silberne Halsketten mit Anhänger, zwei silberne Armringpaare und zwei silberne norisch-pannonische Fibeln.
Hier liegt ein kleiner Familienschatz vor, das Bargeld wird als die Ersparnisse des Ehemannes, vielleicht eines in Ehren entlassenen Soldaten interpretiert, der Schmuck gehörte wohl seiner Frau. Ein weiterer Schatzfund aus der Zeit der Markomannenkriege wurde leider nicht sehr sorgfältig im Bereich des südöstlichen Gräberfeldes geborgen und ist vielleicht z. T. auch unterschlagen worden: es handelt sich um die schon erwähnten Paraderüstungsteile, die Beinschiene und den Augenschutzkorb. Vom gleichen Fundort wurde später noch vom Sohn des Finders eine Bronzestatuette nachgeliefert.

Regensburg-Kumpfmühl nach den Markomannenkriegen

Kastell und Vicus von Regensburg-Kumpfmühl wurden nach der Zerstörung (um 172) in den Markomannenkriegen mit Sicherheit nicht mehr systematisch wiedererrichtet. Im Gegenteil! Offensichtlich hat man alles noch brauchbare Stein- und Ziegelmaterial ausgebrochen und beim »Bauboom« innerhalb und außerhalb des neu entstandenen Legionslagers zweitverwendet. Lediglich ein Anbau an der inneren Westmauer des Kumpfmühler Lagers könnte jüngeren, nachkastellzeitlichen Datums sein (siehe oben S. 46). Auch im Vicus gibt es nur an zwei Stellen sichere Nachweise einer späteren Besiedlung. Ein steinernes Streifenhaus im Nordwesten des großen Marktplatzes wurde schon erwähnt, hinzu kommen Mauerreste und die Spuren eines kleinen Badegebäudes, die 1981 im Bereich des Grundstückes Kumpfmühler Straße 59 geborgen wurden. Diese Bauten überlagern einerseits Zerstörungsschutt der Markomannenkriege und enthielten andererseits Kleinfunde (Münzen, Fibeln, Terra-Sigillata der 2. Hälfte des 2. und des 3. Jahrhunderts). In beiden Fällen liegen nicht Reste einer größeren flächigen Bebauung, sondern Spuren isolierter Baueinheiten vor, vielleicht von Gutshöfen (*villae rusticae*). Beide Anlagen haben die Alamannenstürme des 3. Jahrhunderts nicht überlebt. Spätantike Funde des 4. und 5. Jahrhunderts sind aus Regensburg-Kumpfmühl nicht bekannt.

Die »Donausiedlung«

Lange Zeit ist man davon ausgegangen, das Auxiliarkastell von Regensburg-Kumpfmühl mit seinem Lagerdorf sei die einzige frühe römische Anlage im Donaubogen gewesen. Dabei hat es auch im Bereich der Regensburger Altstadt schon immer frühe Einzelfunde und Gräber des 1. Jahrhunderts gegeben, aber diese sind nicht angemessen gewürdigt worden. Im einzelnen handelte es sich um folgende Fundstellen: Beraiterweg, Kreuzgasse, Krebsgasse, Haidplatz, Hinter der Grieb, Weiße Lilienstraße, Am Königshof und unter dem Niedermünster. Hinzu kommen eine Fußbodenheizung (Hypokaustum) mit einem, wohl mit den Markomannenkriegen zu verbindenden Goldmünzschatz vom Alumneum Ecke Ölberg/Gesandtenstraße und Brandgräber des 1. Jahrhunderts vom Areal des Polizeipräsidiums am Südteil des Bismarckplatzes. Größere Flächengrabungen der späten 70er Jahre erbrachten dann am Arnulfs- und Bismarckplatz eine überraschende Entdeckung: Gleichzeitig mit der Kumpfmühler Kaserne und ihrem Vicus existierte im Bereich der von Kumpfmühl zur Donau führenden Straße schon vor den Markomannenkriegen eine frühe Ansiedlung, die offensichtlich auch auf die im Bereich des Weißgerbergrabens nachgewiesene Schiffslände bezogen war.

Arnulfsplatz und Bismarckplatz

Kurz die markantesten Befunde: Westlich hinter dem Arnulfsplatz fanden sich im Bereich der ehemaligen Brauerei Emslander unter einem großen späteren Steingebäude der Legionslagerzeit Erdverfärbungen (Pfostenlöcher und Wandgräbchen), die auf Streifenhäuser schließen lassen (Abb. 24). Wenige Funde dieser Bauten datieren gar schon in das erste Jahrhundert.
Frühe Streifenhäuser aus Holz bzw. Lehmfachwerk existierten auch am Bismarckplatz (Abb. 25). Dort standen sie dicht gedrängt mit den Schmalseiten zu der zum Hafen führenden Süd-Nord-Straße. Ihre älteren Bauphasen sind nicht immer gut erkennbar, da der Wiederaufbau nach den Zerstörungen der Markomannenkriege in einer ganz ähnlichen Struktur, vielleicht sogar unter Beibehaltung der Grundstücksgrenzen, vor sich ging. Damit haben die jüngeren Steinbauten die Reste der älteren Holzbauten stark in Mitleidenschaft gezogen. Zusätzlich hat dann der 917–919 ausgehobene mittelalterliche Graben der unter Herzog Arnulf befestigten westlichen Stadterweiterung die Straßenseiten der Bauten westlich der römischen Hauptstraße zerstört; an der Ostseite dieser Straße endete die Grabungsfläche so knapp, daß genaueres Beobachten nicht mehr möglich war. Da das Fundmaterial nur gesichtet, aber leider nicht aufgearbeitet ist, kann man dazu kaum Genaueres sagen. Sicher ist aber, daß es in der flavischen Zeit einsetzt und aus den Brandschichten große Mengen von Kleinfunden enthält, die den Markomannenkriegen zuzuweisen sind. Vom südöstlichen Teil des Bismarckplatzes stammen Reste einer Töpferwerkstatt, in der u. a. Tierfiguren (Vögel, Pferde) hergestellt wurden, die wohl als Kinderspielzeug dienten. Der bedeutend-

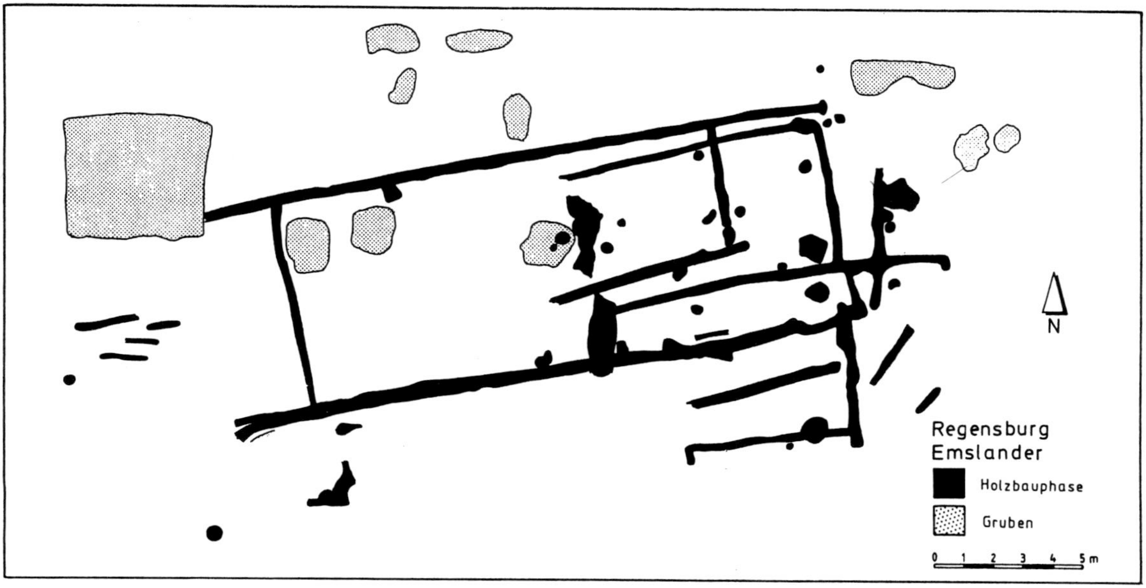

Abb. 24 Regensburg, Arnulfsplatz (Bereich: ehem. Brauerei Emslander). Sich überlagernde Spuren hölzerner Streifenhäuser aus der Zeit vor der Erbauung des Legionslagers (nach Osterhaus/Wintergerst).

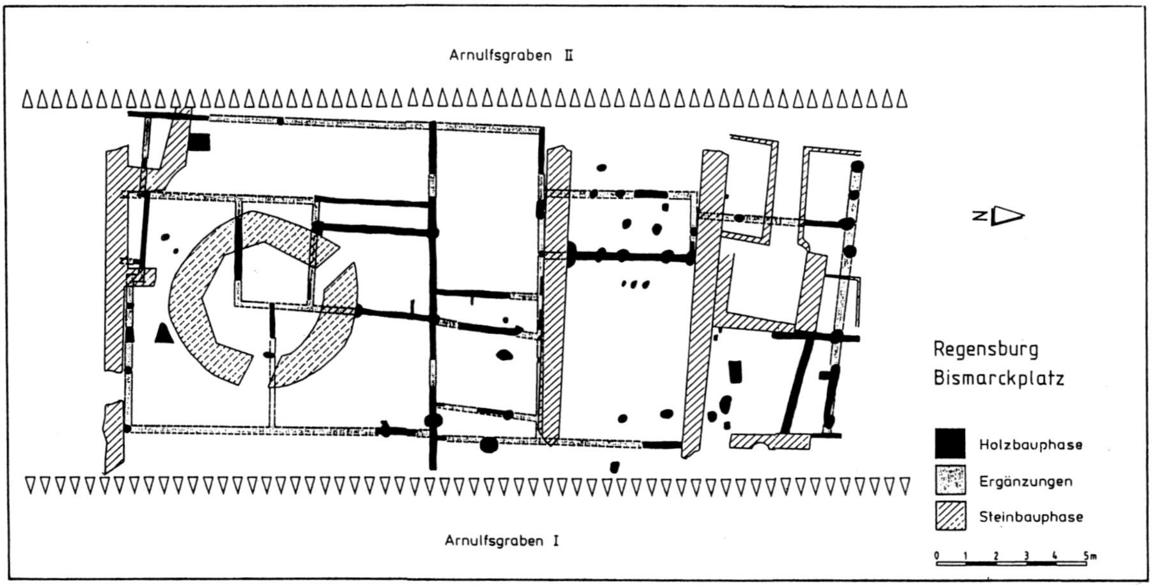

Abb. 25 Regensburg, Bismarckplatz. Fundamente hölzerner Streifenhäuser aus der Zeit vor der Erbauung des Legionslagers, darüber die Reste der Fundamente von nach 180 n. Chr. erbauten steinernen Streifenhäusern (nach Osterhaus/Wintergerst).

ste Einzelfund der neueren Grabungen war das Militärdiplom des M. Ulpius Fronto (s. u.).

Gräberfeld

Am Südende des Bismarckplatzes begann das zur »Donausiedlung« gehörige frühe Gräberfeld, das sich entlang des Verbindungsweges nach Kumpfmühl ausweitete. Schon G. Steinmetz hatte in diesem Bereich frühe Urnengräber gehoben und durchaus zutreffend datiert. Solange man über die »Donausiedlung« nichts wußte, wirkten diese Bestattungen wie anachronistische Fremdkörper neben der Zivilsiedlung des Legionslagers. Erst jetzt ist ihre historische Einordnung klar, in den 80er Jahren konnten hier noch weitere Brandgräber geborgen werden, die dem 1. Jahrhundert angehören.

Ein zweites frühes Kastell in Regensburg?

Faßt man die Beobachtungen zur Besiedlung der Regensburger Altstadt in der Zeit vor der Ankunft der Legion zusammen, so liegt mit dem Gräberfeld im südlichen Bereich des Bismarckplatzes die Südgrenze, mit der Donau die Nordgrenze der sog. »Donausiedlung« fest. Im Osten reichen frühe Funde bis weit in den Bereich des späteren Legionslagers hinein, im Westen bilden die Funde am und etwas westlich vom Arnulfsplatz bisher die Grenze. In dieser »Donausiedlung« wollte man bisher nur einen zweiten zivilen Siedlungskern ca. einen Kilometer nördlich des Lagerdorfes von Regensburg-Kumpfmühl sehen. Doch nach Art und Größe der »Donausiedlung« kann kein Zweifel bestehen, daß wir es dabei mit einer größeren Niederlassung, mit einem Vicus, zu tun haben, der sowohl auf die von Kumpfmühl her kommende Straße als auch auf einen Donauhafen bezogen war. Nun gibt es aber in ganz Raetien keine vergleichbare Ortschaft der Römerzeit, die als rein ziviler Siedlungskern gegründet worden wäre. Vielmehr sind in unseren Breiten auch scheinbar rein zivile Vici zunächst immer aus Kastellvici entsprechender Militärgarnisonen erwachsen. Allerdings kam es oft vor, daß die Truppe abzog, das Kastell aufgelassen wurde und der Vicus weiter existierte. Allein schon aus diesem Grund wäre auch für die Regensburger »Donausiedlung« – zumindest als Auslöser – ein Kastell vorauszusetzen, als dessen Vicus sie entstanden wäre. Anders ausgedrückt: Die erwiesene Existenz des Vicus zwingt uns, ein zweites Kastell bei Regensburg vor Ankunft der Legion anzunehmen. Damit hätten wir freilich von zwei gleichzeitigen Auxiliarlagern an einem Ort auszugehen. Eine solche Vorstellung war bis vor kurzem kaum ernsthaft in Erwägung zu ziehen. Inzwischen ist sie freilich alles andere als abwegig. Denn seit wenigen Jahren läßt sich überraschenderweise eine entsprechende Entwicklung auch am östlich benachbarten Garnisonsort Straubing aufzeigen und begründen. Dort bestand neben dem schon lange bekannten Ostkastell (= Straubing Kastell I) aus spätvespasianisch-frühdomitianischer Zeit, in dem zeitweise die 1000 Mann starke *cohors I Flavia Canathenorum milliaria sagittariorum* kampierte, bis zu den Markomannenkriegen ein zweites Lager, das flavische Westkastell (= Straubing Kastell IV), dessen Besatzung wohl die 500 Mann zählende *cohors II Raetorum* bildete.

Welchen Grund konnte es haben, daß vor den Markomannenkriegen in Straubing mit Sicherheit und in Regensburg vermutlich gleich zwei römische Truppeneinheiten lagen, während sonst am ganzen raetischen Limes jeweils nur ein Militärverband in den Garnisonsorten nachweisbar ist? Dies kann man, wie schon einmal angedeutet (s. S. 18) wohl nur mit der besonderen strategischen Lage von Regensburg und Straubing begründen. An beiden Orten münden in das Donautal natürliche Verkehrswege in Richtung Böhmen ein: gegenüber von Regensburg das Regental, gegenüber von Straubing die Stallwanger Senke. Beide Wege setzen sich dann in der Cham-Further-Senke fort. Diese Verbindung galt offensichtlich schon seit Beginn des Ausbaus der römischen Grenze im östlichen Raetien als besonders überwachungsbedürftig und wurde deshalb auch mit jeweils zwei Garnisonen gesichert. Daß diese Einschätzung gerechtfertigt war und die getroffene Vorsichtsmaßnahme nicht einmal ausreichte, zeigten dann die Ereignisse der Markomannenkriege. Erst die Stationierung der 3. Italischen Legion in Regensburg brachte eine solche Massierung von Truppen, daß dann auch in Straubing eine zweite Garnison überflüssig wurde.

Militärdiplome aus der »Donausiedlung«

Über die Besatzung des Donaukastells sind wir mangels einschlägiger Inschriften nicht im Bilde, auch von den Bewohnern künden uns keinerlei Grabsteine, zumindest können wir sie im vorhandenen Fundgut nicht ausmachen. Nur zwei Militärdiplome zeugen von Veteranenfamilien, die hier im Vicus des Donaukastells ansässig waren. Einem 1875 bei Kanalisationsarbeiten wohl am Albertus-Magnus-Platz vor der Dominikanerkirche gefundenen und sogleich nach Potsdam verkauften Militärdiplom zufolge wurde im Jahr 153 ein Secundus, Sohn des Sabinus, nach 25jähriger Dienstzeit als Gemeiner aus der *ala II Flavia milliaria pia fidelis* entlassen. Seine Truppe verlegte um diese Zeit ihren Standort von Heidenheim nach Aalen am westlichen Abschnitt des raetischen Limes. Vielleicht war Secundus mit seiner Frau Secunda, Tochter des Borus, nach Regensburg gekommen, um den Lebensabend zu genießen. Entlassene Veteranen kehrten (in der Mitte des 2. Jahrhunderts freilich schon ziemlich selten) in ihre ursprüngliche Heimat zurück, meistens setzten sie sich in der Nähe ihres letzten Garnisonsorts zur Ruhe. Dort verbrachten sie ihren »Ruhestand« als Gutsbesitzer oder sie übernahmen örtliche Verwaltungsaufgaben. Meist hatten sie eigene Vereine und waren nicht selten in der Feuerwehr engagiert. Insgesamt spielten sie im zivilen Leben der Vici eine nicht unbeträchtliche Rolle.

Rund 100 Meter südwestlich des eben beschriebenen Militärdiploms wurde 1977 auf dem nördlichen Bismarckplatz ein weiteres ausgegraben, das ein ganz anderes Schicksal widerspiegelt. Die Übersetzung des Urkundentexts lautet im wesentlichen folgendermaßen:

»Der Imperator Caesar, Sohn des göttlichen Nerva, Traianus Augustus, Germanensieger, Dakersieger, Oberster Priester, mit Tribunengewalt zum achtzehnten Mal, Feldherr zum sechsten Mal, Konsul zum sechsten Mal, Vater des Vaterlandes, hat den unten namentlich aufgeführten Reitern und Fußsoldaten, die in den folgendermaßen heißenden ... Alen und ... Kohorten dienten, die in Oberpannonien unter (dem Statthalter) Lucius Minicius Natalis stehen, nach 25 oder mehr Dienstjahren, bei ehrenvollem Abschied, ihnen, ihren Kindern und Nachkommen das Bürgerrecht verliehen und das Recht zur (legitimen) Ehe mit den Frauen, die sie zu dem Zeitpunkt hatten, als ihnen das Bürgerrecht erteilt wurde, oder, sofern ledige darunter sind, mit den Frauen, die sie später heiraten, sofern es sich nur um eine Frau handelt; am 17. Tag vor den Januarkalenden unter den Konsuln Gnaeus Cornelius Urbicus und Titus Sempronius Rufus. An den ehemals in der 1. Bataverkohorte, die 1000 Mann stark ist und die Beinamen aus römischen Bürgern und die Zuverlässige und Getreue trägt und unter dem Befehl des Tullius Secundus steht, dienenden Fußsoldaten Marcus Ulpius Fronto, Sohn des Pero, einen Bataver, und dessen Frau Mattua, Tochter des Silvanus, eine Bataverin, und dessen Tochter Vagatra, dessen Tochter Sureia und dessen Tochter Sata. Überprüft und beglaubigt nach der Erztafel, die zu Rom angebracht ist.«

Rechnet man die Datumsangabe um, so ergibt sich der 16. Dezember 113 als Ausfertigungstag. Die Urkunde ist damit um fünfzig Jahre älter als die des Secundus. Da ihr Empfänger Marcus Ulpius Fronto mindestens 25 Dienstjahre hinter sich hatte, war er spätestens 88 in die erste Bataverkohorte eingetreten. Seine Einheit holte sich damals also die Rekruten immer noch beim namengebenden Volk. Die vom Dichter Martial als blondrothaarig geschilderten, als exzellente Schwimmer und Reiter von den Römern stets geschätzten und besonders häufig in der persönlichen Leibwache der Kaiser eingesetzten germanischen Bataver bewohnten im Gebiet der Rheinmündung den Uferstreifen links des Rheins, besonders die durch die Flußarme gebildeten Inseln. Ihr Gebiet mit der Hauptstadt *Noviomagus*/Nijmegen erstreckte sich von Nord nach Süd wenigstens zwischen Utrecht und Antwerpen, während in Ostholland noch heute der Landschaftsname Betuwe für die Flußmarsch zwischen den Deltaflüssen Lek und Waal an sie erinnert. Obwohl sie, so stark wie kein anderer Stamm für den Hilfstruppendienst herangezogen, für ihren Gehorsam und ihre mustergültige Romtreue bekannt waren, fielen sie 69/70 von Rom ab. Fronto, Sohn des Pero, kann diesen furchtbaren Aufstand und seine Niederschlagung bestenfalls als kleines Kind miterlebt haben. Ob er schon Soldat war, als seine spätere Einheit um 85/86 mit der zweiten Legion, genannt »Adiutrix« (»die Unterstützerin«), aus Britannien nach Pannonien (Burgenland mit Wiener Becken, Westungarn und das Land zwischen Drau und Save) versetzt wurde, ist ungewiß. Hingegen ist ziemlich sicher, daß er als Fußsoldat mit seiner Einheit während des ersten Feldzuges gegen die Daker an die Front im Gebiet des heutigen Rumänien abkommandiert wurde (101–102). Vermutlich verblieb die Einheit zunächst in dieser Gegend und kämpfte dann beim entscheidenden, zweiten Dakerkrieg 105–106 erneut in vorderster Linie.

In einem der beiden Feldzüge wird sich die Einheit durch Tapferkeit oder sonstwie besonders hervorgetan haben, da sie auf dem Diplom von 113 mit dem vom Kaiser verliehenen Zusatz *c(ivium) R(omanorum)*, »aus römischen Bürgern«, belegt ist. Da aber bei der Ernennung zur »Titularbürgerkohorte« keineswegs alle Soldaten der betreffenden Einheit, vielmehr nur jene, die sich tatsächlich im Einsatz durch ihre persönliche Leistung ausgewiesen hatten, mit dem Bürgerrecht beschenkt wurden, muß der Bataver Fronto, des Pero Sohn, zu den so Geehrten gehört haben – nennt ihn doch sein Militärdiplom von 113 eben nicht nur Fronto, sondern stolz *Marcus Ulpius* Fronto. Seit der Bürgerrechtsverleihung durfte er Vornamen und Familiennamen des regierenden Kaisers *Marcus Ulpius* Traianus führen. Auch war er damals Vollbürger geworden, was er sich mit einem, dem Militärdiplom recht ähnlichen Civitätsdiplom hätte bestätigen lassen können; seine Familie blieb von der ganz auf seine Person beschränkten Auszeichnung unberührt und nach wie vor im Personalrecht der »Fremden« verhaftet. Diese rechtli-

che Minderstellung entfiel endgültig mit Frontos ehrenvoller Entlassung aus der Armee im Jahr 113 und den vom Kaiser bestätigten Privilegien: dank des Eherechts (*ius conubii*) war Mattua, die Fronto vermutlich schon vor seinem Eintritt in die Armee erwählt hatte, endlich seine rechtmäßige Frau, und Vagatra und ihre Schwestern waren Bürgerinnen des Weltreichs geworden.
Da die 1. Bataverkohorte nach den Dakerkriegen wieder in das (jetzt zweigeteilte) Pannonien zurückgekehrt war, wurde Fronto aus diesem Armeesprengel entlassen. Was ihn selbst oder seine Nachkommen – für diese war die Urkunde ja von besonderer Wichtigkeit – einst mit dem Bismarckplatz verband, werden wir gewiß nie mehr erfahren; freilich ist durchaus nicht unwahrscheinlich, daß schon Fronto, wie ein halbes Jahrhundert später Secundus, als Veteran mit seiner Familie seine letzten Jahre in der Regensburger »Donausiedlung« verbrachte. Als sein Militärdiplom, immer noch verschnürt, bei der Zerstörung durch die Markomannen um 170 in den Boden gelangte, war es bereits ein Erbstück.

Der Ausbau des raetischen Limes

Kaiser Trajan (98–117) setzte außenpolitisch den Kurs seines Vorgängers Domitian fort und verlagerte das militärische Schwergewicht zunehmend vom Rhein zur (mittleren und unteren) Donau. Vor allem die schon länger brodelnde Auseinandersetzung mit den Dakern war dafür verantwortlich. In zwei kurzen Waffengängen (101–102 und 105–106) eroberte Rom die Landschaften Siebenbürgen, Banat und Oltenien und verwandelte sie in die neue Provinz Dacia. Raetien, das vielleicht kleinere Abteilungen in diese Dakerkriege entsandt hatte, dürfte ansonsten wesentliche Veränderungen damals nicht gespürt haben. In der Nähe Regensburgs wurden unter Trajan lediglich in Pförring und Theilenhofen neue Militäranlagen errichtet. Alle raetischen Alen standen jetzt im Limesgebiet nördlich der Donau, das zweifellos den militärischen Schwerpunkt der Provinz ausmachte. Ihre große Mobilität ermöglichte den Reitern die Kontrolle der stark zerklüfteten Albhochflächen. Aufgrund einiger Indizien ist es möglich, daß damals die Besiedelung Raetiens und des eben erst erschlossenen Limesgebietes gefördert wurde.

Trajans Verwandter und Nachfolger, der griechenfreundliche Hadrian (117–138), prägte seiner Herrschaft einen unverwechselbaren Charakter unter anderem durch seine ausgedehnten Reisen auf. Die erste davon führte ihn 121 über Gallien und Obergermanien auch nach Noricum und Raetien, wo er im Frühjahr 122 dem einstigen Garnisonsort Augsburg Stadtrecht im Rang eines Munizipiums verlieh. Dieses nannte sich fortan nach dem Familiennamen des Kaisers *municipium Aelium Augustum* (oder *Augusta*). Anläßlich dieser Anwesenheit des Kaisers wurden für die Truppen der Provinz Münzen mit der Aufschrift EXERCITVS RAETICVS (= »das raetische Heer«) geprägt. Damit war auch die Regensburger Einheit angesprochen. Was Hadrian sonst noch für Raetien geleistet hat, ist umstritten. Der Umfang seiner Militärreformen wird häufig überschätzt. Von Hadrians Verhältnis zum Limes behauptet seine um 400 entstandene Biographie: ». . . er sonderte die Barbaren in sehr vielen Gegenden, in denen die Barbaren nicht durch Flüsse, sondern durch Grenzwege (von uns) getrennt sind (*non fluminibus sed limitibus dividuntur*), durch große Pfähle, die in der Art einer Mauer tief in die Erde eingerammt und dicht miteinander verbunden waren.« Die Stelle verdeutlicht gut die teilweise Abriegelung des Reichsgebiets durch den Ausbau einer befestigten Grenzlinie, die alleine alles Gute und Wertvolle beherbergte. Freilich ist die Notiz nicht, wie früher bisweilen geschehen, mit dem obergermanischen und raetischen Limes in Verbindung zu bringen, weil die Eichenholzpalisade am raetischen Limes nicht an der römischen Grenzlinie der Zeit Hadrians, sondern erst an der seines Nachfolgers archäologisch feststellbar ist.

Unter Kaiser Antoninus Pius (138–161) erlebte das römische Reich seine längste Friedenszeit. Außenpolitisch ganz auf Defensive eingestellt, verstärkte dieser Monarch wie in Britannien so auch in Obergermanien und Raetien die Grenze, die er begradigen ließ. Die bisher aus Holz und Erde konstruierten Mauern, Tore und Türme der Grenzkastelle und die Wachtürme an der Palisade selbst wurden in Stein ausgebaut. Die Arbeiten im Neckar- und Odenwaldgebiet waren noch nicht abgeschlossen, als um 160 die obergermanische Grenzlinie südlich des Mains um 20 bis 30 Kilometer ostwärts vorgeschoben und ein neuer, streckenweise schnurgerader Limesabschnitt zwischen Miltenberg am Main und Lorch an der Rems angelegt wurde. Die raetische Verteidigungslinie wurde besonders in ihrem westlichen Teil jetzt ebenfalls vorgeschoben und schloß, von Lorch ausgehend, direkt an die obergermanische an. Neue Kastelle entstanden in Schirenhof, Unterböbingen und Aalen hinter der neuen Limestrasse. Der verlängerte Frontverlauf im Winkel zwischen beiden Provinzen war durch sie verkürzt, aber nicht beseitigt worden (s. Abb. 12). In diesem Zusammenhang ist darauf hinzuweisen, daß der Limes niemals als Bollwerk gegen einen unmittelbar an der Grenze stehenden Feind diente, sondern eine die Machtverhältnisse klar widerspiegelnde Demarkationslinie war, die zwar psychologisch beeindrucken, militärisch aber bestenfalls als Frühwarnsystem wirken konnte. Kaiser Antoninus Pius war es übrigens auch, der am östlichen Limesbogen die Holz-Erde-Kastelle Pfünz, Kösching, Pförring und Eining und wohl auch Regensburg-Kumpfmühl in Steinanlagen umbauen ließ.

Regensburg und die Markomannenkriege

Die Markomannenkriege während der Herrschaft des Kaisers Marc Aurel (161–180) belasteten das römische Reich schwer. Erstmals sah sich Rom für mehrere Jahre auf breiter Front in der Defensive. Der Schwerpunkt der Auseinandersetzungen mit den in Böhmen siedelnden Markomannen und ihren germanischen, sarmatischen und sonstigen Verbündeten lag im mittleren und unteren Donauraum. Raetien war nur am Rande in das Kriegsgeschehen einbezogen.

Ausgerechnet der »Philosoph auf dem Kaiserthron« hatte während seiner gesamten Regierungszeit fast ununterbrochen Krieg zu führen. In seinen ersten Jahren war es zum mehrjährigen Waffengang mit den Parthern um das Vasallenkönigtum Armenien gekommen, der noch nicht richtig beendet war, als sich eine viel nähere Bedrohung im Norden auftat. Die Gründe für diese gewiß nicht urplötzlich, aber doch zur Unzeit reifende Unruhe unter den Germanen werden vielschichtig gewesen sein: Landsuche infolge von Überbevölkerung, Nahrungsmangel oder auch bloße Unternehmungslust. Hauptunruhestifter waren wohl die vandalischen Victualen, deren Verhalten nach und nach Langobarden und Obier, Markomannen, Quaden, Jazygen und andere in Aufruhr versetzte. Infolgedessen forderten im sechsten und siebten Jahrzehnt des 2. Jahrhunderts zahlreiche Völkerschaften an der mittleren und unteren Donau Einlaß ins römische Reich oder zumindest neue Vereinbarungen mit Rom. Wie ein Vorgeplänkel wirkten die Übergriffe der Chatten in Obergermanien und Nordwestraetien 162. Bis um 166/167 war die römische Diplomatie mit ihrer Hinhaltetaktik erfolgreich, als endlich die in den Orient abgezogenen Kampfverbände in ihre alten Standlager zurückkehrten. Damals durchbrachen 6000 Langobarden und Obier die Donaufront. Umstritten ist, ob bereits diese Verbände oder andere erst ein paar Jahre danach über die Argonautenroute Italien heimsuchten, Aquileia belagerten, *Opitergium* / Oderzo brandschatzten und großen Schaden in Venetien und Norditalien anrichteten.

Jedenfalls wurde etwa um diese Zeit zur Sicherung Italiens in den Ostalpen ein Spezialkommando, die sog. *Praetentura Italiae et Alpium*, eingerichtet; außerdem hatte man zwei neue Legionen, die 2. und 3. Italische, ausgehoben, die bei der Befestigung von Städten in der Schutzzone mitwirkten. In verheerender Weise griff damals eine von Soldaten aus dem Osten mitgebrachte Seuche (Flecktyphus oder Pocken?) schnell um sich und dezimierte römische Armee und Zivilbevölkerung in gleicher Weise.

In Raetien erfolgten noch 167/168 die üblichen Entlassungen der Auxiliarsoldaten nach beendeter Dienstzeit. Das widerspricht der jüngst vertretenen Ansicht, 167 sei für die Provinz wie für das Reich insgesamt ein Schreckensjahr gewesen. Erst nach dem überraschenden Tod des Mitkaisers Lucius Verus († 169) konnte sich Marc Aurel im Herbst 169 endlich an die Front nach Oberitalien oder Pannonien begeben, um für den kommenden Frühling einen Großangriff jenseits der mittleren Donau zu planen.

Alarmzustand in Raetien

In vielen Regionen des Römerreiches herrschte 170/171 höchste Alarmstimmung. Der Statthalter Dakiens blieb in der Auseinandersetzung mit Germanen und Jazygen im Felde; die dakischen Kostoboken überschritten die Donau und wandten sich plündernd nach Griechenland, wo sie sogar Eleusis heimsuchten; über Südspanien waren die afrikanischen Mauren hergefallen, und auch die Chatten verunsicherten erneut die Grenzgebiete Obergermaniens. Ins Reich eingedrungene markomannisch-quadische Völkerschaften wurden durch den kaiserlichen Schwiegersohn Tiberius Claudius Pompeianus und den aufstrebenden Ritter Publius Helvius Pertinax vertrieben. Pertinax, der spätere Kaiser, erlangte dafür Senatorenrang und erhielt das Kommando über die *legio prima Adiutrix* in *Brigetio*/Szöny: »unverzüglich befreite er« nach einer Notiz seiner Biographie in der Historia Augusta »die Provinzen Raetien und Noricum von den Feinden« (... *statimque Raetias et Noricum ab hostibus vindicavit*). Das sich hinter dieser lapidaren Bemerkung – der einzigen literarischen Quelle zum Thema »Raetien und die Markomannenkriege« – verbergende Geschehen ist höchst umstritten. Für den Kaiser muß es bedeutsam gewesen sein, weil Pertinax daraufhin mit dem Konsulat ausgezeichnet wurde. Leider wissen wir nicht einmal, wer die Eingefallenen genau waren, die archäologischen Befunde sprechen aber dafür, daß sie direkt aus dem Norden in Richtung Regensburg und Straubing vorgestoßen waren. Wie es scheint, ging es den Eindringlingen nicht, wie sonst in dieser Zeit durchaus zu beobachten, um die – von den Kaisern meist verweigerte – Aufnahme ganzer Barbarengruppen in das Reich, sondern um echte Plünderungszüge romfeindlicher Kampfverbände. Nach den archäologischen Indizien (s. u. S. 77 ff.) hatte darunter nicht nur das römische Militär, sondern auch die Provinzbevölkerung einiges zu leiden, und es war sicherlich keine leichte Aufgabe, die Marodeure über die Donau zurückzujagen. Zumindest waren dazu ansehnliche Streitkräfte nötig.

Es ist durchaus einleuchtend, daß Pertinax bei seinem Spezialkommando außer Teilen seiner pannonischen Legion noch weitere Detachements unter seinem Kommando hatte; ob auch Abteilungen der beiden neuen Italischen Legionen dazugehörten, läßt sich nicht sagen. Allerdings könnte man sich denken, daß diese neuen Bürgerverbände im Zuge der Vorschiebung des kaiserlichen Hauptquartiers nach *Carnuntum*/Deutsch-Altenburg um 170 mit über die Alpen vorrückten. In jedem Fall gehört das Vexillationslager von Eining-Unterfeld nach Ziegelstempeln der 3. Italischen Legion mit dem später abgelegten Ehrennamen *Concors* in die früheste Zeit dieser Truppe in Raetien; da es eher ein Truppen- als ein Versorgungslager war, könnte es sehr wohl mit den Kämpfen unter Pertinax entstanden sein.

Nachschub für die Front

Aus der bedeutsamen Ehreninschrift des Marcus Valerius Maximianus aus Diana Veteranorum in Nordafrika wissen wir seit einigen Jahrzehnten, daß diese interessante Offizierspersönlichkeit als Präfekt einer Reitereinheit »von Kaiser Antoninus Augustus öffentlich belobigt und mit einem Pferd, mit Phaleren (= Orden) und mit Waffen beschenkt wurde, weil er eigenhändig den Führer der Naristen, Valao, getötet hatte.« Diese Kämpfe gegen die Naristen (*expeditio Naristarum*), während derer sich der Zweikampf zutrug, hatte die Forschung zunächst mit der Säuberungsaktion des

Pertinax zeitlich verbunden und gemeint, sie hätten sich südlich von Regensburg abgespielt. Diese Vermutung war sicher unrichtig, weil die Naristen mit Gewißheit nicht in der Oberpfalz, sondern weiter östlich gewohnt haben (S. 34). Außerdem kann der Kampf des Maximianus gegen die Naristen erst nach der Reinigung Raetiens und Noricums stattgefunden haben. Denn Maximianus hatte vor dem Naristenkrieg als Nachschuboffizier einen Spezialauftrag erfüllt, der in seiner Inschrift folgendermaßen lautet: Er »wurde von Kaiser Marcus Antoninus Augustus erwählt und an die Front des germanischen Feldzuges geschickt, um die Güter auf der Donau hinabzugeleiten, die zur Lebensmittelversorgung beider pannonischer Armeen stromabwärts fuhren. Er war Befehlshaber über abkommandierte Abteilungen der praetorischen Flotten von Misenum und Ravenna sowie der britannischen Flotte, ebenso von afrikanischen und maurischen Reitern, die eigens für die Aufklärungstätigkeit in Pannonien ausgewählt waren«. Auf kombinatorischem Weg läßt sich diese Tätigkeit grob zwischen 170 und 173 datieren. Vermutlich sollte Maximianus zur Lebensmittelversorgung der Truppen am pannonischen Kriegsschauplatz durch Transporte von der oberen Donau beitragen. Die von den Marinesoldaten bewachten Getreidekähne wurden von den afrikanischen und maurischen Aufklärungsreitern zum Schutz vor feindlichen Angriffen und Sabotageakten begleitet, eine Vorsichtsmaßnahme, die besonders auch nachts von Bedeutung war, wenn die Schiffe ankerten. Erstaunlicherweise wurde diese Eskorte nur im Bereich des zentralen Kriegsschauplatzes Pannonien eingesetzt (*ad curam explorationis Pannoniae*), während sie flußaufwärts bei Raetien und Noricum offenbar nicht nötig war. Wie dies zu verstehen ist, bleibt strittig. Denkbar wäre, daß der Oberlauf der Donau bereits wieder weitgehend risikolos zu befahren war, weil Pertinax ganze Arbeit geleistet und die Feinde bereits verjagt hatte, als Maximianus tätig wurde; vielleicht blieb aber der Schutz der Schiffe des Maximianus für Raetien und Noricum auch deshalb unerwähnt, weil diesen der dortige Feldherr Pertinax übernommen hatte. Dies könnte sogar die wahrscheinlichere Version sein, sofern die Zerstörungen der Markomannenkriege – der jüngsten Münze aus dem Zerstörungshorizont von Regensburg-Kumpfmühl zufolge – frühestens 172 erfolgt wären. Ungeachtet dieses Befundes wird der Erfolg des Pertinax meist in das Jahr 171 datiert. Dazu könnten die Siegesmeldungen der 23. Münzausgabe der Reichsprägung passen, derzufolge vor dem Herbst 171 die Donaugrenze wieder vollständig in römischer Hand gewesen wäre. Unanfechtbar und damit absolut zwingend scheint weder das eine noch das andere zu sein, ungefähr richtig wohl beides. Wer Genaueres verlangt, überfordert unser karges Material.

Wie auch immer, seit etwa 171/172 bestimmten die römischen Offensiven das Geschehen und führten trotz mancher brenzliger Situation zu Erfolgen gegenüber den Germanen und Sarmaten. Regensburg spielte in diesen Kämpfen wohl keine nennenswerte Rolle. Im Jahr 174 finden wir ein erstes sicher datiertes inschriftliches Zeugnis der 3. Italischen Legion nördlich der Alpen, freilich weder in Regensburg noch in Eining-Unterfeld, sondern im Benefiziarierbezirk von Osterburken in Obergermanien. Es spricht einiges dafür, daß die Truppe damals mit der Provinz Raetien unter dem Kommando des obergermanischen Statthalters in Mainz stand.

Zweiter Germanenkrieg

Im Jahr 175 mußte Marc Aurel im Donauraum eilig Frieden schließen, weil sich der syrische Statthalter Avidius Cassius, wohl in der irrigen Meinung, der Kaiser sei tot, zum Herrscher erhoben hatte. Glücklicherweise blieb diese Usurpation nur eine Episode. Bald nach dem Triumphzug des Kaisers mit seinem inzwischen zum Mitherrscher ernannten unmündigen Sohn Commodus wurde eine neuerliche Auseinandersetzung mit den Germanen unausweichlich. Von diesem »zweiten Germanenkrieg« waren Raetien und Regensburg nur mittelbar betroffen. Nach mehreren Erfolgen von Prätorianerpräfekten stießen die persönlich auf dem Kriegsschauplatz weilenden Monarchen im Laufe des Jahres 179, als die Italische Legion ihr endgültiges Standlager in Regensburg einweihte, tief ins Feindesland vor und trafen dort offenbar Anstalten zu längerem Verweilen. Als sich alles zum Besten Roms zu entwickeln schien, verlangte die wiederaufflackernde Seuche im Frühjahr 180 Marc Aurel selbst als Opfer. Dem gerade 19jährigen Commodus (180–192) kam die schwierige Aufgabe zu, sich innenpolitisch gegenüber erfahrenen, verdienten und beim Heer höchst beliebten Feldherren zu behaupten und außenpolitisch das rechte Maß zu treffen, ohne das Gesicht zu verlieren. Zudem trieb ihn offenbar die Angst um sein eigenes Leben in die hygienischeren Verhältnisse der Hauptstadt zurück. Nach weiteren Erfolgen gegen die Germanen kehrte er im Herbst 180 als Triumphator heim, mußte sich aber den Vorwurf gefallen lassen, die Pläne des Vaters »den Bedingungen der Feinde« geopfert zu haben. Bei aller Kritik ist freilich nicht auszuschließen, daß der Friede des Commodus im Grunde für das seit 20 Jahren pausenlos geforderte Reich ein Gebot der Stunde war.

Die archäologischen Spuren der Markomannenkriege

Wie wir gehört haben, ist der Umfang, in dem Raetien von den Markomannenkriegen besonders um 170 betroffen war, aus den antiken Schriftstellen nicht annähernd zu erkennen. Dagegen helfen die Funde und Befunde der Archäologie weiter. Neben einschlägigen, leider nicht immer eindeutigen Inschriften sind in diesem Zusammenhang vor allem heranzuziehen:

- einschlägige Hortfunde,
- Zerstörungsschichten in römischen Militärlagern oder Zivilsiedlungen der 2. Hälfte des 2. Jahrhunderts, welche sich präzise auf die Zeit der Markomannenkriege beziehen lassen, und
- im Rahmen dieser Kriege neu angelegte Truppenlager, wie etwa Eining-Unterfeld und Regensburg.

Aufgrund solcher Indizien ergibt sich derzeit folgendes Bild von den Auswirkungen der Markomannenkriege in der Provinz Raetien: Zerstörungen am ehesten der Zeit um 170/172 sind bislang ausschließlich am Flußlimes gesichert, und zwar bei den Kastellen und Vici in Straubing, Mangolding/Mintraching-Herzogmühle, Regensburg-Kumpfmühl, Regensburg-Donausiedlung und vielleicht in Eining (der Befund in Böhming ist unsicher und bedarf der neuerlichen Überprüfung). Vergleichbare Zerstörungen wurden bislang weder östlich von Straubing, in Künzing und Passau noch in den westlich von Eining (Böhming?) liegenden Kastellorten am raetischen Limes festgestellt. Die betroffenen Orte liegen auffälligerweise fast alle in der Nähe des alten Paßweges durch die Cham-Further-Senke nach Böhmen, welcher das Donautal durch das Regental bei Regensburg und über die Stallwanger Senke bei Straubing erreichte (S. 18). Das ist schwerlich

Zufall. Denn diese Fernverbindung wurde, wie bereits erwähnt, von den Römern schon länger auf ungewöhnliche Weise durch die Anlage von zwei gleichzeitigen Auxiliarkastellen in Straubing und vermutlich auch in Regensburg observiert. Damit erledigt die deutliche Konzentration unserer archäologischen Indizien die frühere Vermutung, die festgestellten Verwüstungen in Noricum und Raetien seien durch germanische Heerscharen verursacht worden, die 170 bei Pannonien eingedrungen und dann die Donau aufwärts gezogen seien. Tatsächlich ist, zumindest in Raetien, weniger von flächendeckenden Zerstörungen entlang der Donau und des raetischen Limes auszugehen als von gezielten, punktuellen Vorstößen aus dem böhmischen Raum. Diese haben vereinzelt auch das Hinterland betroffen, da es zeitgleiche Zerstörungsspuren sicher in Gauting und möglicherweise auch in Augsburg gibt, dessen ca. 65 ha großes Areal zwischen 170 und 180 mit einer Mauer umgeben wurde. Die Folgen dieser Plünderungszüge waren offenbar recht rasch behoben. Jedenfalls sind sie nicht im entferntesten mit den großflächigen Verheerungen der Alamanneneinfälle im 3. Jahrhundert vergleichbar (s. u. S. 175 ff.). In Obergermanien und im westlichen Raetien sind Auswirkungen der Markomannenkriege im archäologischen Material bisher überhaupt nicht greifbar.

Im Regensburger Umfeld ist in unserem Zusammenhang besonders auf die münzdatierten Zeugnisse der Hortfunde hinzuweisen. Dabei handelt es sich um Barschaften, die von ihren Besitzern aus Not und in der trügerischen Hoffnung vergraben wurden, sie nach der Gefahr wieder bergen zu können. Der Regensburger Boden hat bislang zwei einschlägige Münzhorte preisgegeben. Ein schon einmal erwähnter Fund vom Alumneum im Bereich der »Donausiedlung« enthielt 8 Goldmünzen (*aurei*) von Nero bis Antoninus Pius; seine Schlußmünze datiert ins Jahr 144. Der erst unlängst geborgene Schatzfund aus Regensburg-Kumpfmühl mit seinen 25 Aurei von Nero bis Antoninus Pius (152/153) und seinen ca. 600 Denaren der Republik bis Marc Aurel ist leider noch nicht exakt bestimmt und publiziert. Eindeutige Zerstörungshorizonte bestätigen uns: In Regensburg-Kumpfmühl und im Bereich der Regensburger »Donausiedlung« sanken Kastelle und zivile Ansiedlungen in Schutt und Asche. Auch der östlich von Regensburg gelegene Vicus bei der Herzogmühle im Bereich der heutigen Gemeinden Mangolding und Mintraching wurde damals zerstört.

Die 3. Italische Legion vor ihrer Regensburger Zeit

Die Anfänge der 3. Italischen Legion Zu den außergewöhnlichen Notmaßnahmen, zu denen Marc Aurel durch die Markomannenkriege gezwungen wurde, gehörte die Aufstellung von zwei neuen Legionen. Vergleichbares war seit längerem nicht mehr geschehen. So abseits diese Maßnahme zunächst von der Regensburger Geschichte zu liegen scheint, letztendlich sollte sie für rund 250 Folgejahre römischer Besatzung und zweifellos auch für die mittelalterliche Entwicklung unserer Stadt von richtungweisender Bedeutung werden. Da neue Legionen anscheinend auch in der römischen Kaiserzeit immer in Italien ausgehoben wurden, nannte man auch die jetzt gehobenen Bürgerverbände »Italische« Legionen. Eine erste Legion mit diesem Zunamen gab es bereits seit Nero, weshalb jetzt die »zweite« und die »dritte Italische« (*secunda und tertia Italica*) hinzukamen. Auf das Wunschverhalten der beiden »brüderlichen« Herrscher Marc Aurel und Lucius Verus anspielend, wurde die zweite zusätzlich *Pia* (»die Zuverlässige«) und die dritte *Concors* (»die Einträchtige«) genannt. Diese Beinamen blieben in den Tierbildern der Fahnen wach, welche nach den Legionsmünzen für die *legio II Italica (Pia)* die Wölfin mit den Zwillingen (*Concordia?*), für die *legio III Italica (Concors)* einen Storch zeigten. Letzterer galt als Sinnbild der *Pietas*. Das besonders stark bevölkerte Norditalien diente auch in der Kaiserzeit als beliebtes Rekrutierungsgebiet. Die einzigen Italiker, die bislang in der Regensburger Legion sicher als solche erkennbar sind, stammen aus Como am gleichnamigen See und aus Este. Im ersten Fall handelte es sich um einen *optio*, also um den Stellvertreter des Centurios, der zu den ersten Rekruten gehört haben könnte, im zweiten freilich um einen ritterlichen Militärtribun. Von Anfang an könnte auch der aus dem Ritterstand in den Centurionat übergewechselte Quintus Eniboudius Montanus aus Cimella bei Nizza in unserer Legion gedient haben. Zu den Rekruten der ersten Stunde, jedenfalls der Frühzeit, sind zu rechnen: Titius Tacitus, *beneficiarius consularis* 174, Aelius Fortis, Iulius Iulinus, Aurelius Argivus und Flavius Vetulenus, *centuriones* 181 und 182, Caius Crepereius Fortunatus, *optio* etwa um dieselbe Zeit. Leider kennen wir von keinem die Heimat. Für die zweite Italische Legion sind dagegen bislang elf Soldaten bezeugt, die in Ober- und Mittelitalien zu Hause waren.

Zeitpunkt und Verlauf der Neuaushebungen (*dilectus*) sind nur ungefähr zu erschließen. Mit der Koordination des Ganzen war vermutlich der vielfach bewährte Gnaeus Iulius Verus, der bereits 151 Konsul gewesen war, beauftragt. Ihn unterstützte der aus dem Partherfeldzug hochdekoriert zurückkehrende Senator Marcus Claudius Fronto, der nach seiner posthumen Ehrung vom Trajansforum wohl 165 im Range eines Konsuls »ausgesandt« wurde, »um die Jugend in Italien auszuheben« (*... missus ad iuventutem per Italiam legendam*). Mit von der Partie waren als Aushebungsoffiziere auch der Ritter Tiberius Claudius Proculus Cornelianus und vermutlich die Senatoren Aulus Iunius Pastor Caesennius Sospes und Gaius Aufidius Victorinus, so daß wir von einem intensiven und eiligen Unternehmen ausgehen müssen. Die Eile hatte ihren Grund zweifellos in der drohenden Kriegsgefahr im Norden. Außerdem galt es, die Truppenverminderungen durch die Partherkriege und vielleicht die damals gerade aufkeimende Seuche auszugleichen. Hingegen gibt es bis heute keinerlei sichere Anhaltspunkte dafür, daß die neuen Legionen für zwei angeblich geplante neue Provinzen (Marcomannia und Sarmatia) gedacht waren, und man kann wohl auch nicht davon ausgehen, daß die Kaiser zum Zeitpunkt der Rekrutierung schon den Einsatz der beiden Italischen Legionen an ihren späteren Standorten in Noricum und Raetien geplant hatten. Bereits ihre ersten erkennbaren Aufgaben stärken die Ansicht, diese Truppen seien zunächst als »mobiles Heer« verwendet worden.

Gaius Vettius Sabinianus Iulius Hospes, ein typischer Aufsteiger jener Tage, der es durch die Zeitumstände und einen unermüdlichen Einsatz für Kaiser und Reich vom ritterlichen Militärdienst bis zum höchstbezahlten senatorischen Proconsulat brachte, war einer Ehreninschrift aus Tunesien zufolge um 166–168 der erste bekannte Kommandeur (Legionslegat) der 3. Italischen Legion. Unter ihm verweilte die Legion vermutlich noch in Oberitalien, vielleicht hielt sie sich in der Nähe der Kaiser auf, die ihr Hauptquartier alsbald nach Aquileia vorschoben, um dem Krisenherd näher zu sein. Zur Sicherung des Mutterlandes an der empfindlichen Einfallspforte der Ostalpen schufen sie das Spezialkommando »zum Grenzschutz Italiens und der Alpen«, die schon erwähnte »vorgeschobene Kriegszone« *Praetentura Italiae et Alpium*. Sie stand unter dem Befehl eines Sonderbeauftragten namens Quintus Antistius Adventus, und man hat vermutet, daß zu ihr auch die beiden neuen Legionen gehörten. Sicher belegbar ist das aber nicht, und damit bleiben Aufgaben und Standort der 3. Italischen Legion zunächst unklar. Man kann sie in der Nähe ihrer Schwestereinheit vermuten, die entweder bereits 168/169 oder erst um 171 bei Lotschitz-Ločica bei *Celeia*/Celje-Cilli, an einem Hauptzugang der illyro-italischen Pforte, ein etwa 23,3 ha großes Steinkastell errichtete. Diese Kaserne wurde noch vor ihrer endgültigen Fertigstellung geschleift und aufgelassen, als Rom bald nach 170 endgültig in die Offensive überging und die *legio II Italica* nach Norden, vermutlich nach Albing an die Donau vorrückte. Im Jahr 170 freilich waren noch Bautrupps der neuen Italischen Legionen von rund 200 oder 300 Mann zum Bau der Stadtmauer des Hafens *Salonae*/Solin an die dalmatinische Adriaküste abgeordnet worden.

Das erste Lager in Raetien: Eining-Unterfeld Zum ersten Mal tauchen Indizien für die Anwesenheit der 3. Italischen Legion in den frühen 70er Jahren in Raetien auf, allerdings noch nicht in Regensburg, ihrem späteren Standlager. Vielmehr gibt es diese frühesten archäologisch-epigraphischen Spuren westlich von Regensburg bei Eining.

Dort liegt ca. 1 km nördlich des Kohortenkastells Abusina ein großes römisches Truppenlager in der Flur »Unterfeld« (Abb. 26). Von der Umwehrung des trapezförmigen Lagers von 328 × 320 m Seitenlänge und 10,6 ha Fläche ist heute noch in der NO-Ecke ein Stück Graben sichtbar. Die Anlage wurde, wie H. Schönberger 1968 klären konnte, von einer Erdmauer mit einer Front aus Rasensoden und drei Spitzgräben auf drei Seiten umgeben, die Westseite zur Donau hin scheint offen gewesen zu sein. Tore und Türme der Befestigung sind noch nicht bekannt. Von der inneren Struktur sind im Luftbild und durch kleine Schnitte Schönbergers bisher nur Steinbauten zum Vorschein gekommen. Im Luftbild zeigten sich die *principia* mit eingeschriebener Apsis eines Fahnenheiligtums. An der höchsten Stelle des Lagerareals kam ein größerer Bau mit einer repräsentativ gestalteten Frontseite zur Donau hin zutage: zwei symmetrisch angelegte rechteckige Bauteile mit Apsiden waren durch Korridor bzw. *porticus* verbunden. Trotz der ungewöhnlichen Lage ist dieses Gebäude wohl als *praetorium* zu deuten.

In jüngerer Zeit haben zahlreiche Funde – in der Regel handelt es sich um genauer dokumentierte und einzuordnende Lesefunde – die Datierung des nur kurzfristig genutzten Lagers Eining-Unterfeld in die Markomannenkriege bestätigt. Die Münzreihe umfaßt Prägungen der Republik bis zu Marc Aurel, sie wird von zwei Denaren des Marc Aurel für Lucilla von 161/169 und für Lucius Verus von 166/167 abgeschlossen. Zu diesen über 50 als Einzelfunde zu wertenden Münzen kommt noch ein verstreuter Münzschatz von 27 Münzen. Mit einem Aureus des Nero einsetzend, folgen Denare von Galba (1), Vespasian (9), Trajan (4), Hadrian (3), Antoninus Pius (4) und als Schlußmünze ein Denar des Marc Aurel für Lucilla von

Abb. 26 Eining/Lkr. Kelheim. Das nur kurzfristig von Teilen der 3. Italischen Legion belegte Lager im Unterfeld. Die Kenntnis der Umwehrung (Rasensodenmauer und drei Spitzgräben) geht auf Grabungsbefunde zurück, die der Innenbauten auf Luftbilder aus den Jahren 1977–79 (nach Christlein/Fischer).

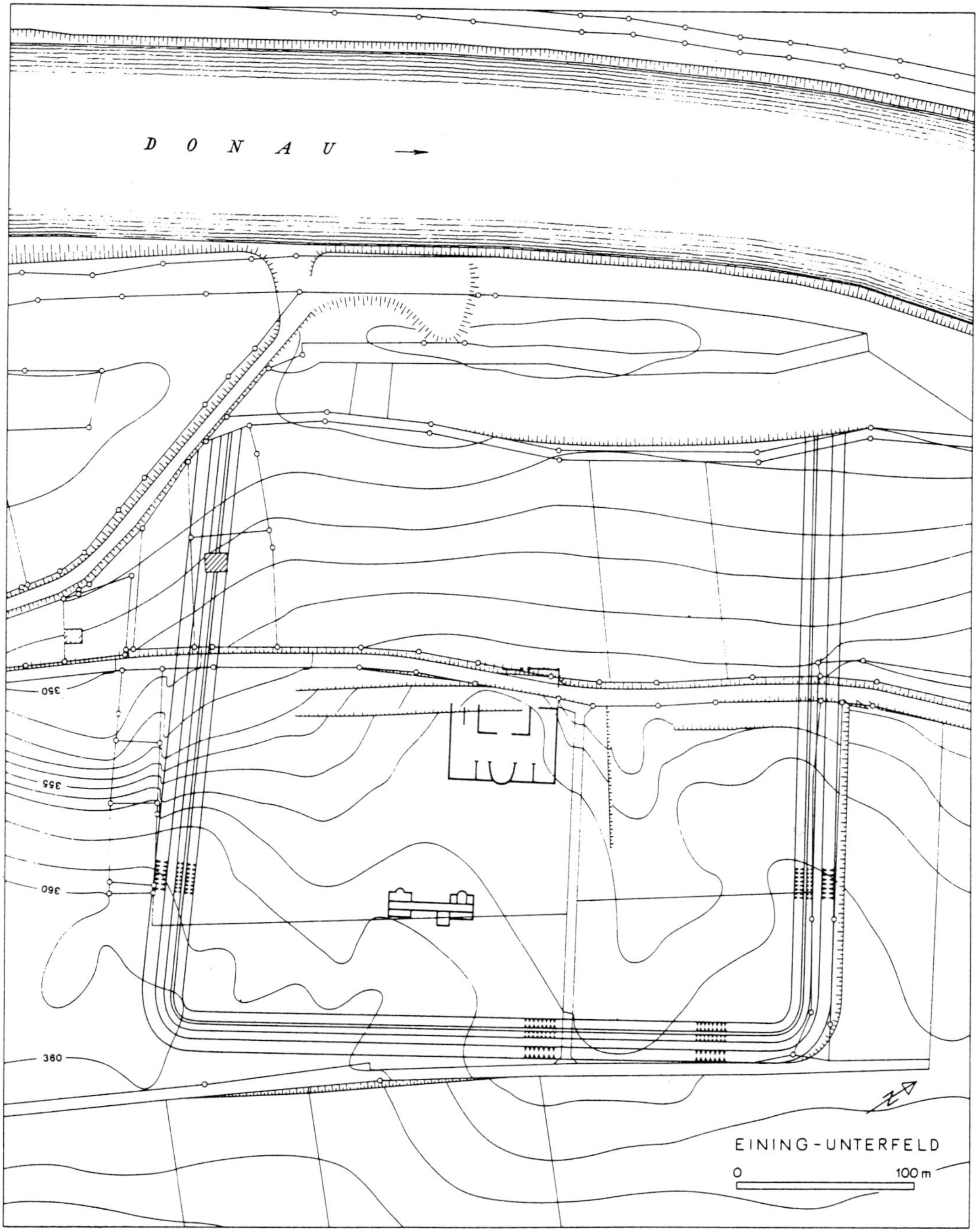
DONAU →
350
355
360
360
EINING-UNTERFELD
0
100 m

164/169. Das Spektrum der Reliefsigillata paßt gut in einen Zeithorizont zwischen dem Ende von Kumpfmühl und dem Beginn des Regensburger Legionslagers. Zahlreiche Kleinfunde, wie Fibeln und Waffenteile (darunter auch solche von der Ausrüstung der Reiterei), sichern den Datierungsansatz und belegen den militärischen Charakter der Fundstelle. Als Besatzung gibt sich die 3. Italische Legion durch zahlreiche Ziegelstempel zu erkennen, deren Beiname *Concors* auf die früheste Phase ihrer Anwesenheit in Raetien verweist. Da sie diesen zweiten Beinamen offenbar bald nicht mehr geführt hat und der genannte Stempeltyp in Regensburg selbst jedenfalls schon nicht mehr vorkommt, ist Eining-Unterfeld recht sicher zwischen etwa 172 (Zerstörung von Regensburg-Kumpfmühl) und 179 (Fertigstellung des Regensburger Legionslagers) zu datieren. Nach Fundmenge und -verteilung handelte es sich bei der Anlage im Eininger Unterfeld eher um ein reines Truppenlager (Vexillationslager) und weniger, wie verschiedentlich vermutet wurde, um ein Versorgungslager. In diesem Kastell waren wohl nur in der angegebenen kurzen Zeitspanne zwischen 172 und 179 Teile (ca. die Hälfte) der 3. Italischen Legion und berittene Hilfstruppen stationiert. Ein zugehöriges größeres Lagerdorf hat nie existiert.

Die topographische Lage dieses Platzes, einerseits in der Nähe des von den Kriegsverwüstungen betroffenen Grenzgebiets, andererseits an der Donau und am Ende der Landstrecke des raetischen Limes, am Zusammentreffen wichtiger Land- und Wasserstraßen, kann nicht zufällig sein. Besonders vor dem Hintergrund der gemeinsamen Provinzverwaltung in dieser Umbruchphase, als die Provinz Raetien wohl dem obergermanischen Statthalter unterstellt war und das gemeinsame Oberkommando von Mainz aus agierte (siehe S. 76), erscheint die Lage von Eining-Unterfeld an der wichtigsten und kürzesten Verbindung nach Mainz über die Limesstraße in einem besonderen Licht. Daher ist in diesem Lager kaum nur eine Nachschubstation für weiter östlich gelegene Kriegsgebiete (etwa im Rahmen des beschriebenen Sonderkommandos des Valerius Maximianus) zu sehen, sondern eher eine Operationsbasis, von der aus römische Truppen aus dem böhmischen Raum in die Provinz Raetien eingefallene Gegner wieder vertrieben, z. B. unter dem Kommando des Pertinax. Bis zum Ende der 70er Jahre hatte die 3. Italische Legion kein einheitliches Standlager, vielmehr operierte sie getrennt in Vexillationen. Wo sich die andere Hälfte der Legion aufhielt, ist noch unklar. Eine Abteilung kann man vermutlich in Alkofen (zwischen Saal und Bad Abbach) lokalisieren. Denn dort gibt es, wie in Eining-Unterfeld, Ziegelstempel der Legion mit dem später fehlenden Beinamen *Concors* (Abb. 27).

Abb. 27 Eining/Lkr. Kelheim. Früher Ziegelstempel der 3. Italischen Legion mit dem Beinamen *CON(cors)* vom Unterfeld (nach Spitzlberger). Privatbesitz

Man könnte nun annehmen, die militärische Situation in Raetien sei bis zum Baubeginn des Regensburger Legionslagers etwa um 175 so labil gewesen, daß die Truppe noch in Kampfgruppen aufgeteilt war. Indessen kennen wir, wie bereits erwähnt, seit kurzem die älteste absolut datierte Inschrift der 3. Italischen Legion nördlich der Alpen aus dem obergermanischen Benefiziarierbezirk Osterburken. Dieser friedliche Einsatz deutet eher darauf hin, daß die 3. Italische Legion nicht alle Leute in Raetien benötigte. Spätestens mit dem Frieden von 175 dürfte dann die Entscheidung für die dauernde Stationierung der Legion in Raetien gefallen und mit der Errichtung des mächtigen Steinkastells am nördlichsten Donauknie begonnen worden sein.

Das Regensburger Legionslager

Wenige Jahre danach bezog die 3. Italische Legion ihr 179 eingeweihtes Standlager in Regensburg, in dem sie fast bis ans Ende der Römerzeit verblieb. Am südlichen Donauufer gegenüber der Mündung des Regens lag dieses mit seinen Ausmaßen von 542 × 453 m eine Fläche von ca. 25 ha umfassende Lager, das damit immerhin 11mal so groß war wie das aufgelassene Auxiliarkastell von Regensburg-Kumpfmühl. Der Baugrund für diese Anlage mußte sorgfältig vorbereitet werden. Es gibt Anzeichen dafür, daß sich hier vorher welliges Gelände befand, das von Gewässern durchzogen war und wo sich auch (in der Osthälfte des Neupfarrplatzes) ein Tümpel oder Sumpfgebiet befand. Ferner ist damit zu rechnen, daß man zur Vorbereitung des Bauplatzes auch die Ruinen von in den Markomannenkriegen abgebrannten Gebäuden des Donaukastells bzw. seines Vicus, niederlegen mußte.

Der Text der »Gründungsinschrift«

Über den Zeitpunkt der Fertigstellung des Lagers sind wir recht genau unterrichtet: Vor rund 100 Jahren wurden bei der Aufdeckung der Fundamente der *porta principalis dextra* (Abb. 28), des Lagerosttores, zwei mächtige Quader mit den Resten einer monumentalen Bauinschrift gefunden. Der trotz der etwas unterschiedlichen Oberflächenstruktur der Schriftflächen in allen fünf Zeilen aneinander passende Text ist noch 3,25 m breit (Farbabb. 1). Er läßt erkennen, daß die Inschrift in das Jahr 179 zu datieren ist und daß damals zumindest die Umwehrung der gewaltigen Anlage fertiggestellt sein mußte. Mit Hilfe anderer Texte, speziell einiger Militärdiplome, der damaligen Zeit ist es möglich, den weit ausholenden Wortlaut der einstmals viel breiteren Inschrift fast vollständig wiederherzustellen. Freilich enthält das Dokument ein kleines Geheimnis, das rund hundert Jahre lang die Fachwelt verwirrt hat: die kaiserlichen Titulaturen von Marc Aurel und Commodus passen nämlich zeitlich nicht zueinander. Denn anders als sein Vater trägt Commodus nicht nur den Siegestitel »Germanensieger, Sarmatensieger« (*Germanicus Sarmaticus*), er nennt sich vielmehr – und noch dazu in umgekehrter Reihenfolge und an anderer Stelle innerhalb der Titulatur – »Sarmatensieger, *größter* Germanensieger« (*Sarmaticus Germanicus maximus*), was er ansonsten erst seit etwa Mai 182 nach einem mit Hilfe der 3. Italischen Legion errungenen Sieg über die Buren tat (s. S. 170). Die Lösung brachte erst die Herauslösung der Inschrift aus ihrer alten Vermauerung im Regensburger Museum im Jahr 1978. Wie seither jedermann leicht erkennen kann, steht nämlich die Titulatur des Commodus in den Zeilen 3 und 4 der Regensburger Bauinschrift in einer durch sorgfältiges Ausmeißeln und Glätten des ursprünglichen Textes erzeugten Vertiefung; ein wenig anders wurde zudem zu Beginn der letzten Zeile Text getilgt (»eradiert«). Aus diesen Beobachtungen folgt: Wir haben mehrere Textfassungen zu unterscheiden, wovon die erste vom Frühjahr 179 in den gelöschten und später

wiederbeschrifteten Partien der Zeilen 3 und 4 heute nicht mehr erhalten ist. Zum besseren Verständnis werden die beiden Textstufen in Rekonstruktion wiedergegeben (s. Farbabb. 1 unten).
Wie man sieht, ist bei der Neubeschriftung der Phase II der erst 182 neu erworbene Siegestitel *Sarmaticus Germanicus maximus* deutlich in die Mitte der Inschrift gerückt; außerdem wurde dieser Textabschnitt noch durch eine Sperrung (um fast 50%) hervorgehoben. Das kann nicht unbeabsichtigt geschehen sein. Vielmehr haben wir hier eine Huldigung der jungen Legion an den jungen Kaiser vor uns, die sich leicht aus dem Stolz erklärt, den die Einheit aus ihrer Teilnahme am Burenfeldzug herleitete – und an Gerüsten und Steinmetzen dürfte es damals bei der Regensburger Legion nicht gemangelt haben. Zur Bequemlichkeit des Lesers folgt noch eine Umschrift der zweiten Textstufe unserer Inschrift (Auflösungen in runden, Ergänzungen in eckigen Klammern):

[*Imp(erator) Caesar Divi Antonini Pii filius, Divi Veri Parthici maximi*] FRATER, DIVI HADRIANI NEPOS, DIVI TRAIANI PA[*rthici pronepos, Divi*] |[2] [*Nervae abnepos M(arcus) Aurelius Antoninus Aug(ustus), Germanicus Sarma*] TICVS, PONTIFEX MAXIMVS, TRIB(uniciae) POTESTATIS XXXVI, I[*mp(erator) VIII, co(n)-*

Abb. 28 Regensburg. Ausschnitt aus der Bauinschrift vom Osttor des Legionslagers mit deutlich erkennbarer Vertiefung von der Rasur (Beseitigung) eines älteren Inschriftteiles in der dritten Zeile. Vgl. auch Farbabbildung 1. Museum der Stadt Regensburg

s(ul) III, p(ater) p(atriae) et] |[3] *[Imp(erator) Caesar M(arcus) Aurelius Commodus Antoninus Aug(ustus) Sarmat]*ICVS GERMANICVS MAXIMVS ANTONINI IMP*(eratoris) [Aug(usti) fil(ius), Divi Pii nep(os), Divi]* |[4] *[Hadriani pronep(os), Divi Traiani Parthici abn(epos), Divi Nervae adn(epos), trib(uniciae) pot(estatis) IIII, I]*MP*(erator)* II, CO*(n)*S*(ul)* II, VALLVM CVM PORTIS ET TVRRIBVS LEG*(ioni)* I*[II Italicae Concordi]* |[5] *[fecerunt, curante ---]* M*(arco)* HELVIO C*[le]*MENTE DEXTRIANO LEG*(ato)* AV*[gustorum leg(ionis) eiusdem]*.

Übersetzt lautet dies etwa:
»Der Imperator Caesar, des göttlichen Antoninus Pius Sohn, des göttlichen Verus, des größten Parthersiegers, Bruder, des göttlichen Hadrianus Enkel, des göttlichen Traianus, des Parthersiegers, Urenkel, des göttlichen |[2] Nerva Ururenkel Marcus Aurelius Antoninus Augustus, Germanensieger, Sarmatensieger, Oberster Priester, mit Tribunengewalt zum 36. Mal [richtig wäre: 33. Mal], Feldherr zum neunten Mal, Konsul zum dritten Mal, Vater des Vaterlandes, und |[3] der Imperator Caesar Marcus Aurelius Commodus Antoninus Augustus, der Sarmatensieger, der allergrößte Germanensieger, des Imperators Antoninus Sohn, des göttlichen Pius Enkel, des göttlichen |[4] Hadrianus Urenkel, des göttlichen Traianus, des Parthersiegers, Ururenkel, des göttlichen Nerva Urururenkel, mit Tribunengewalt zum vierten Mal, Feldherr zum zweiten Mal, Konsul zum zweiten Mal, haben die Umwehrung mit Toren und Türmen für die 3. Italische Legion, die Einträchtige, |[5] machen lassen, unter der Leitung von ... Marcus Helvius Clemens Dextrianus, des kaiserlichen Legaten mit propraetorischer Gewalt der nämlichen Legion.«

Die Datierung Zur weiteren Eingrenzung verhilft freilich nicht wie sonst die Angabe der tribunizischen Gewalt der Kaiser, die alljährlich reichsweit am 10. Dezember weitergezählt wurde. Für Commodus ist sie ergänzt, und die Zahl XXXVI in Zeile 2 für Marc Aurel ist sicher falsch, da dieser Kaiser am 17. März 180 im Besitz der 34. Tribunengewalt verstarb. Irrtümer dieser Art haben sich immer wieder eingeschlichen, und man hat schon lange gesehen, daß hier wohl ein für 179 n. Chr. gültiges, handschriftliches XXXIII zu XXXVI wurde. Die oben genannte Datierung in die erste Hälfte des Jahres 179 ergibt sich aus [I]MP(erator) II CO(n)S(ul) II in der Titulatur des Commodus in Zeile 4. Allerdings müssen wir dabei voraussetzen, daß bei der Wiederbeschriftung – vom Namen und von der Siegestitulatur abgesehen – die ursprünglichen Daten beibehalten wurden, was wahrscheinlich ist. Commodus hat sein zweites Konsulat am 1. Januar 179 angetreten und er führte zu Beginn jenes Jahres, genauer noch am 23. März und 1. April, offiziell den Titel *Imperator II* = »Feldherr zum zweiten Mal«. Dazu muß man wissen, daß ein römischer Kaiser bei seiner Thronbesteigung durch Zuruf zum ersten Mal als Imperator begrüßt wurde, ein Schauspiel, das sich nach jedem bedeutenden Sieg wiederholte und eben in der Zählung der Kaisertitulatur Niederschlag fand. Commodus war seit 177 »Feldherr« zum zweiten Mal. Wohl erst im Zusammenhang mit einem durch den Ritter Tarrutienus Paternus errungenen Sieg über die Germanen wurde er dann im Laufe von 179 *Imperator III*. Die Regensburger Lagertorinschrift war entstanden, bevor diese Weiterzählung sich allgemein durchsetzte. Durch Kombination der übrigen Befunde mit den Münzserien können wir den Zeitpunkt auf das frühe Jahr 179 einengen: Sieben Präge-Ausgaben dieses Jahres zählen nämlich für Commodus die

Feldherrnausrufungen bereits weiter, schrieben also IMP(erator) III, während nur zwei den Stand der Regensburger Inschrift – IMP(erator) II – wiedergeben. Die Änderung muß in Rom also relativ frühzeitig bekannt geworden sein.

Marcus Helvius Clemens Dextrianus Noch ein Wort zu dem verewigten Senator, der das Regensburger Bauunternehmen mit der Erstellung von »Mauer mit Toren und Türmen« (*vallum cum portis et turribus*) zum Abschluß brachte. Von Marcus Helvius Clemens Dextrianus wissen wir nicht viel. Er könnte in Karthago in Nordafrika zu Hause gewesen sein, doch ist das ganz unsicher. Irgendwann in der Zeit zwischen 181 und 186 wurde er Konsul und spätestens im letztgenannten Jahr in Obergermanien als Statthalter Herr über zwei Legionen. Nach diesem amtlichen Aufenthalt in Mainz verlieren wir ihn aus dem Blick. Demgemäß ergänzte man seinen Titel in der letzten Zeile der Regensburger Lagertorinschrift zu *leg(ato) Au[gustorum pro pr(aetore)]* und hielt ihn für einen selbständigen raetischen Statthalter, der kurz vor dem Konsulat stand. Nun fehlt aber vor seinem Namen ein gewaltiges Stück von der Inschrift (wohl mehr als die Hälfte), und klar erkennbar ist eine saubere Ausmeißelung. Demnach muß dort etwas gestanden haben, was radierenswert war. Dabei kann es sich kaum um etwas anderes als um einen Namen und eine weitere Amtsbezeichnung eines ranghöheren Beamten gehandelt haben, der nach 179, vermutlich unter Commodus, in Ungnade gefallen ist. Da wir seit einigen Jahren starke Hinweise auf einen vorübergehenden administrativen Anschluß Raetiens an Obergermanien seit ca. 172/174 besitzen, liegt es nahe, in der geächteten Person gleichfalls einen obergermanischen Legaten (P. Salvius Iulianus käme vielleicht in Betracht) und in Dextrianus nur einen Legionslegaten ohne selbständige Statthalterfunktionen zu sehen.

Lagerschema und Lagerstraßen

Das Legionslager bei Reginum hatte den üblichen langrechteckigen Grundriß nach dem »Spielkartenschema«, wie er auch dem der Auxiliarkastelle entsprach (Abb. 29). Diese Ähnlichkeit galt ebenso für das System der wichtigsten Lagerstraßen: Auch das Regensburger Legionslager hatte eine *via sagularis* an der Innenseite der Mauer, und auch hier trennte eine *via principalis* die *praetentura* von der *retentura*. Die *via praetoria* führte zum Nordtor (*porta praetoria*) und die *via decumana* zum Südtor (*porta decumana*). All das haben wir schon bei der Beschreibung des Kumpfmühler Kohortenkastells kennengelernt (s. S. 44). Natürlich war alles viel größer, und auch die Straßen waren im Legionslager imposanter. Sie wurden von langen Säulenhallen (*porticus*) aus »Wäldern« von Kalksteinsäulen tuskischer Ordnung gerahmt, in deren rückwärtigen Bereichen sich kleine Zimmer (*tabernae*) reihten, die wahrscheinlich Handwerkern, Händlern und anderen Personen als Dienst- und Lagerräume aller Art dienten. Von den offenen Säulenhallen dieser *tabernae*, welche die *via praetoria* von der *porta praetoria* zu den *principia* und die *via principalis* in Ost-West-Richtung beiderseits begleiteten, hat man einzelne mächtige Basen und Stümpfe gefunden (s. Abb. 62), die zeigen, wie großartig diese Straßen sich dem Zeitgenossen dargestellt haben mögen.

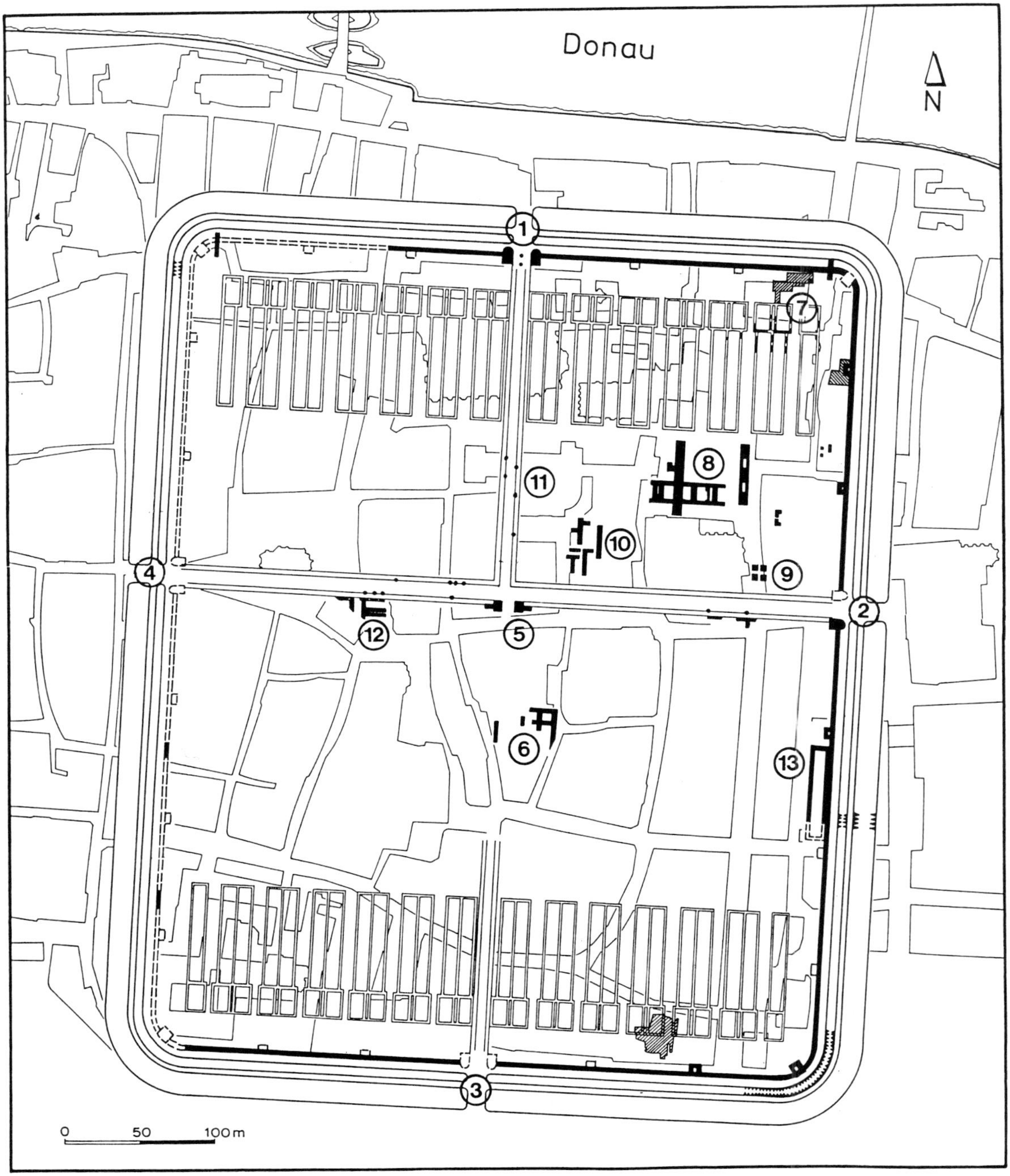

Donau
N
1
2
3
4
5
6
7
8
9
10
11
12
13
0
50
100 m

Die Regensburger Römermauer

Völlig unüblich für einen zeitgenössischen römischen Wehrbau an der Rhein- und Donaugrenze war die Bauweise der Umfassungsmauer. Eine ca. 10 m hohe und 2 m breite Mauer aus riesigen Kreidesandstein- und Kalksteinquadern umschloß das Geviert mit den abgerundeten Ecken. Im Süden, Osten und Norden ist diese beeindruckende Konstruktion in weiten Teilen noch heute sichtbar. Während die übrigen Wehrbauten an Rhein und Donau lediglich Quader durch Fugen auf ihren verputzten Bruchsteinmauern vortäuschten, hatte die Regensburger Bastion als einzige römische Militäranlage in diesem Bereich diese massive Bauweise in der Realität vorzuweisen. Eine solche Befestigung wird vielen »Barbaren« einen großen Eindruck gemacht haben und als uneinnehmbar erschienen sein. Tatsächlich stellt die Umfassungsmauer des Legionslagers, vom Regensburger Volksmund einfach als »die Römermauer« bezeichnet, immer noch das monumentalste Überbleibsel der Römerzeit in Regensburg dar.

Abb. 29 Regensburg. Plan des Legionslagers mit der ergänzten maximalen Unterbringungsmöglichkeit von Kasernenbauten an der nördlichen und südlichen Mauer. 1 Nordtor *(porta praetoria)* 2 Osttor *(porta principalis dextra)* 3 Südtor *(porta decumana)* 4 Westtor *(porta principalis sinistra)* 5 Eingangsbereich des zentralen Kommandogebäudes *(principia)* 6 Reste eines größeren Wohnbaus, wohl des Kommandantenhauses *(praetorium)* 7 Kasernen mit Kopfbauten (Offizierswohnungen) unter dem Niedermünster 8 Spätantike Mauern unter dem Alten Kornmarkt 9 Reste eines Bades im Bereich der Tribunenhäuser *(scamnum tribunorum)* 10 Reste von Tribunenhäusern 11 Säulenhallen *(porticus)* der tabernae entlang der Hauptstraßen 12 Reste von Gebäuden und der Säulenhalle *(porticus)* der tabernae 13 Halle (wohl Magazinbau) entlang der Wehrmauer. Schraffur im Südbereich: Grabungsfläche in der Grasgasse. Dort Kasernen mit Kopfbauten (Offizierswohnungen; nach Fischer).

Die Tatsache, daß sie in weiten Bereichen noch im Mittelalter als Stadtbefestigung genutzt wurde, erklärt ihre teilweise hervorragende Erhaltung. Selbst wo sie nicht mehr sichtbar ist, hat sie den Verlauf markanter Straßen beeinflußt und so das Weichbild des Stadtkerns geprägt. Deutlich zeichnet sich das Rechteck im heutigen Stadtplan ab.
An der Südseite ist die Mauer z. T. in den Kellern moderner Häuser gut erhalten, etwa am Obermünster, am Petersweg oder am Fuchsengang. Beiderseits der Einmündung der Fröhlichen-Türken-Straße in den Petersweg sind einige Quader sogar noch über Tage sichtbar. Das Südtor, die *porta decumana*, erfüllte in Resten als Weih-St.-Peters-Tor noch im Mittelalter seine Dienste. An der Südostecke des Lagers hat man nach dem Kriege weitläufige Mauerpartien sichtbar gemacht (Abb. 30), im übrigen Verlauf der Ostseite wurden leider noch vor kurzem größere Mauerabschnitte ohne Dokumentation beseitigt. Dagegen hat man das Stück im Keller des Parkhauses am Dachauplatz vor der vorbildlichen Konservierung und Präsentation durch eine Grabung untersuchen können. Im Komplex des ehemaligen St.-Klara-Klosters steckten die Überreste des mittelalterlichen Schwarzen Burgtors, welches seinerseits teilweise auf der *porta principalis dextra* gründete. Hier fand man im letzten Jahrhundert auch die Blöcke mit der Lagertorinschrift. Der Befestigungsabschnitt an der Ostseite der *praetentura* (heute Erhardigasse) einschließlich der Nordostecke stellt heute das am besten sichtbare Stück der Römermauer dar. An der Nordseite, in der Straße »Unter den Schwibbögen«, bildet die *porta praetoria* die eindrucksvollste obertägig erhaltene römische Monumentalarchitektur Süddeutschlands. Im Mittelalter als *porta aquarum*, als Wassertor, in Gebrauch, wurde das mächtige Gebäude später in den Bischofshof verbaut und

EXPRESS-REINIGUNG
KUNERT
EXPRESS-REINIGUNG
KUNERT

vergessen. Erst im 19. Jahrhundert wurde es wiederentdeckt und unter großem Gezänk freigelegt. Die Nordwestecke am Kohlenmarkt zeichnet sich ungefähr im Grundriß der modernen Gebäude an der Ecke Goliathstraße-Wahlenstraße ab. Die Westseite der Mauer ist am schlechtesten erhalten, weil hier die großen mittelalterlichen Stadterweiterungen die römische Befestigung bald überflüssig gemacht haben und man sie deshalb intensiv als Steinbruch nutzte. Ihr schlechter Zustand entspricht hier auch dem dürftigen Stand ihrer Erforschung: ihr genauer Verlauf ist noch am stärksten mit Unsicherheiten behaftet. An der Ecke Wahlenstraße-Gesandtenstraße stecken unerforscht die Überreste der *porta principalis sinistra* im Boden. Die Südwestecke des Lagers ist noch im Verlauf der Gasse »An der Hülling« im Bereich des Diözesanmuseums zu erkennen.

Die Mauer wurde nach einem einheitlichen Schema errichtet (Abb. 31): Man hob zunächst einen ca. 2,5 m breiten und ca. 1,5 m tiefen Fundamentgraben aus, der mit Bruchsteinen trocken, d. h. ohne Mörtelbindung, gefüllt wurde. Auf dieses ca. 70 cm hohe Bruchsteinfundament brachte man eine Ausgleichsschicht aus Kalkmörtel auf, der wiederum eine erste Quaderlage aus Sandsteinblöcken folgte. Darauf folgte erst der obertägig sichtbare, leicht vorspringende Mauersockel von bis zu 90 cm Höhe, auf den dann die Blöcke der Mauer bis zu ca. 10 m Höhe aufgetürmt wurden (wenn man die Brustwehr mit ihren Zinnen mitrechnet). Auf Mörtelbindung konnte man bei den mächtigen Blöcken von durchschnittlich über einem halben Kubikmeter Volumen leicht verzichten. Ein Erdwall (*agger*) war an die Rückseite der Mauer angeschüttet; er verlieh dem Bauwerk Stabilität und trug den Wehrgang. Parallel zum *agger* verlief eine Straße, die *via sagularis*. Wie Beobachtungen an der Nordostseite der Mauer im Bereich der Erhardigasse 5 zeigten, erfolgte die Aufschüttung des Erdwalls nicht in einem Stück, sondern nach und nach mit dem Baufortschritt der Quadermauer. Man konnte dort nämlich immer wieder zwischen den horizontalen Erdschichten des *agger* Bänder aus Steinmetzschutt beobachten, der von der Feinbearbeitung der Quadersteine herrührte. Diese wurden als Rohlinge aus den Steinbrüchen geliefert und erst vor Ort genauer zugearbeitet.

Abb. 30 Regensburg. Südostecke des Legionslagers, im oberen Bereich mittelalterliche Wiederherstellung mit römischen Quadern.

Zur Herkunft des Baumaterials

Der Steinbedarf und der zu bewältigende Bauaufwand waren enorm hoch. Bei den derzeit bekannten Ausmaßen der Umwehrung waren allein für das Aufgehende mindestens 30 000 Kubikmeter Quadersteine nötig. Geologische Bestimmungen ergaben, daß die mörtellose Bruchsteinstückung, das Mauerfundament, der Quadersockel und das aufgehende Mauerwerk selbst, vorwiegend aus Kreidesandsteinen der sogenannten Reinhausener Schichten und seltener aus (cenomanen) Grünsandsteinen bestehen. Das Lager von 179 bot sich also äußerlich fast als eine reine Sandsteinfestung dar. Nur seine Tore waren nach Gesteinsuntersuchungen an der Porta Praetoria aus Diceraskalken (Malm oder Weißer Jura, im Volksmund Kelheimer Marmor genannt) erbaut, wie sie im fränkischen Jura und auch südlich der Donau besonders zwischen Bad Abbach und Eining vorkommen. Mit diesem etwas haltbareren Stein führte man Ausbesserungsarbeiten am Quadersockel und an

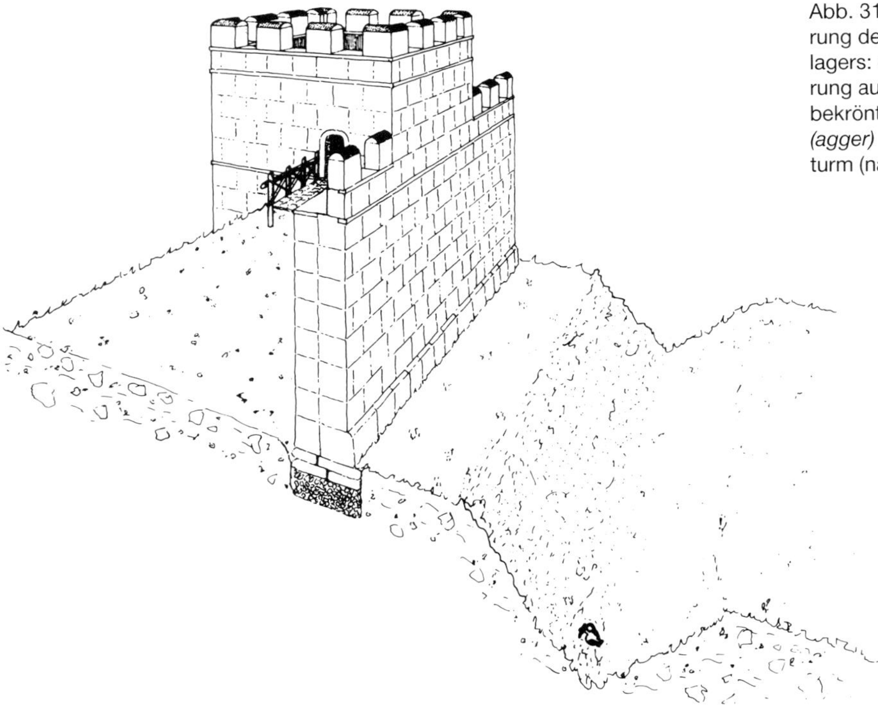

Abb. 31 Schema der Umwehrung des Regensburger Legionslagers: Spitzgraben, Fundamentierung aus Bruchsteinen, zinnenbekrönter Quadermauer, Erddamm *(agger)* mit Wehrgang, Zwischenturm (nach Dietz u. a.).

der Mauer selbst durch. Da die Torinschrift und gewiß 95 Prozent der Grabsteine, Altäre, Steininschriften, Skulpturen und ornamentalen Architekturteile aus dem gleichen Material bestehen, liegt die Annahme nahe, die kaum alle erst nach 179 errichteten Repräsentationsbauten im Lagerinneren – die ersten Mannschaftsunterkünfte waren Holzbaracken – und deren architektonische Schmuckteile seien aus Jurakalken verfertigt worden. Größere Türwölbungen errichtete man vielleicht schon damals aus dem wertvolleren Tuffstein, der aus dem etwa 100 Kilometer entfernten Neuburg a. D. herbeigeschafft werden mußte.

Die Zahl der römischen Steinbrüche wird meist unterschätzt. Die Regensburger Legion muß entlang der Donau, jedenfalls von Eining bis Prüfening, eine ganze Kette von Brüchen ausgebeutet haben. In diesem Gebiete stehen sowohl die Malmkalke wie die Reinhausener Sandsteine neben- bzw. übereinander an. Die Auffindung römischer Brüche ist nicht nur der allgemeinen Datierungsproblematik von Brucharbeiten wegen, sondern vor allem dadurch erschwert, weil diese in ihrem eigenen, oft mehr als 50% betragenden Abfall erstickten; außerdem ist z. B. mit der Möglichkeit zu rechnen, daß sie in Mittelalter und Neuzeit weiterbenützt wurden.

Natürlich ist es sehr schwer, ja fast unmöglich, die Arbeitsleistung der römischen Steinbrüche zu bestimmen. Für den mittelgroßen Bruch der Mainzer Legion am Kriemhildenstuhl wurde berechnet, daß seine rund 20 000 m^3 Gesamtergiebigkeit von vier Arbeitern bei 250 Arbeitstagen im Jahr in etwa 15 Jahren gebrochen worden sein könnte. Die wesentlichen Arbeitsgänge waren Abdecken, zeitraubendes Schroten (Aushauen schmaler Gräben), Abspalten durch das Einschlagen eiserner Keile in die Schalrinnen und Abkippen der Blöcke mit Brechstangen von der Basis her. Die nötige Bearbeitung an Ort und Stelle – die aus ihrer ursprünglichen Lage entfernten Rohblöcke wurden grob rechtwinkelig zubehauen (vorbossiert) – nahm noch einmal soviel Zeit in Anspruch. Anschließend wurden die Rohquader auf schlittenähnlichen Rutschen zu Tal gelassen. Steine bis zu zehn Tonnen hätten zwar noch auf Karren weggeschafft werden können, doch wird man, wo immer es ging, die Donau als Transportweg bevorzugt haben. Erst an der Baustelle selbst wurden die Rohlinge in ihre endgültige Form gebracht. Fraglos boten die Hänge beiderseits der Donau südwestlich von Regensburg und die Flußterrasse am Nordknie in den siebziger Jahren des 2. Jahrhunderts den Anblick einer Großbaustelle. Ist auch die genaue Arbeitsdauer nicht im entferntesten abzuschätzen, so wird ein Ansatz von fünf oder eher mehr Jahren kaum zu hoch greifen.

Selbstverständlich kommandierte man, unter der Aufsicht eines Centurios, vor allem Soldaten von ihren Einheiten in die Brüche ab. Unermüdlich waren Hammer und Meißel dort tätig, um den enormen Bedarf zu decken. Dabei mußte, dies nur noch zur Illustration der enormen Arbeitsleistung, des großen Schuttanfalls wegen in den Brüchen mindestens die doppelte Steinmenge – also über 60 000 m^3 – bewegt werden. Aus allen Himmelsrichtungen schaffte man Hau- und Bruchsteine, Kies, Lehm, Kalk und Pech, Holz, Ziegel, Dachsparren und Gips zur Baustelle, wo Architekten, Steinmetze, Maurer und Maler eifrig tätig waren, unterstützt von Hebekränen (Flaschenzügen) und Transportmaschinen.

Wehrgraben, Tore, Türme

Ein 7 m breiter und 3 m tiefer Spitzgraben umschloß als Annäherungshindernis die Mauer. Ob ein äußerer Sohlgraben von 16 m Breite und 3 m Tiefe überhaupt römerzeitlich ist und nicht eher dem Mittelalter angehört, ist keineswegs geklärt. Etwa in der Mitte einer jeder der vier Seiten befand sich ein Tor mit zwei starken Türmen. Vom Nordtor zur Donau, von der *porta praetoria*, sind noch eine von zwei Toröffnungen von 4 m Breite und 5,80 m Höhe sowie ein Turmrest von noch 11 m Höhe erhalten. Den Bau dieser Porta hat man im Regensburger Stadtmuseum in einem anschaulichen Modell nachempfunden (Abb. 32). Ursprünglich hatte dieses Tor zwei halbrund vorspringende Flankentürme, die wohl nach dem Vorbild der sehr ähnlich gebauten und zeitgleichen Porta Nigra in Trier etwa 20 m hoch zu rekonstruieren sind. Nach deren Vorbild kann man auch für die Regensburger Porta Praetoria eine doppelte Durchfahrt mit zwei Torbögen annehmen (Abb. 33, 34). Die unlängst von W. Gauer auch erwogene dreibogige Tordurchfahrt hat weitaus weniger Wahrscheinlichkeit für sich. Ein geschlossener Torhof ist vorauszusetzen; konnte der Feind sich Zugang durch eine Toröffnung verschaffen, so stieß er auf ein zweites, verschlossenes Tor und konnte gleichzeitig von oben beschossen werden. Zu den acht Tortürmen und vier Ecktürmen des Lagers kamen noch 18 Zwischentürme von quadratischem Grundriß, von denen so viele bekannt sind, daß ihre Anzahl insgesamt festzulegen ist.

Abb. 32 Regensburg, Nordfront des Legionslagers. Baustelle der Porta Praetoria als Modell. Museum der Stadt Regensburg

Die Innenbebauung

Von der Innenbebauung ist durch die kontinuierliche Weiterbesiedlung im Mittelalter und in der Neuzeit wenig übriggeblieben. Von dem Stabsgebäude (*principia*) in der Lagermitte und dem südlich davon anzunehmenden Legatenpalast (*praetorium*) kennt man nur einzelne Mauerzüge aus gewaltigen Quadern, welche die Mächtigkeit und Ausstattung dieser Gebäude erahnen lassen. Grabungen im Bereich des Haupteinganges der *principia* im Bereich der Schwarzen-Bären-Straße erbrachten immerhin ein großes profiliertes Gesimsstück aus Kalkstein, das von einer repräsentativen Ausgestaltung des Eingangsbereiches Zeugnis ablegt. Im Bereich des *scamnum tribu-*

Abb. 33 Regensburg, das Nordtor *(porta praetoria)* des römischen Lagers in seinem heutigen Zustand von Nordwesten (der Donaufront) her gesehen. Von den beiden Flankentürmen ist nur der östliche erhalten, von den beiden Torbögen nur der westliche.

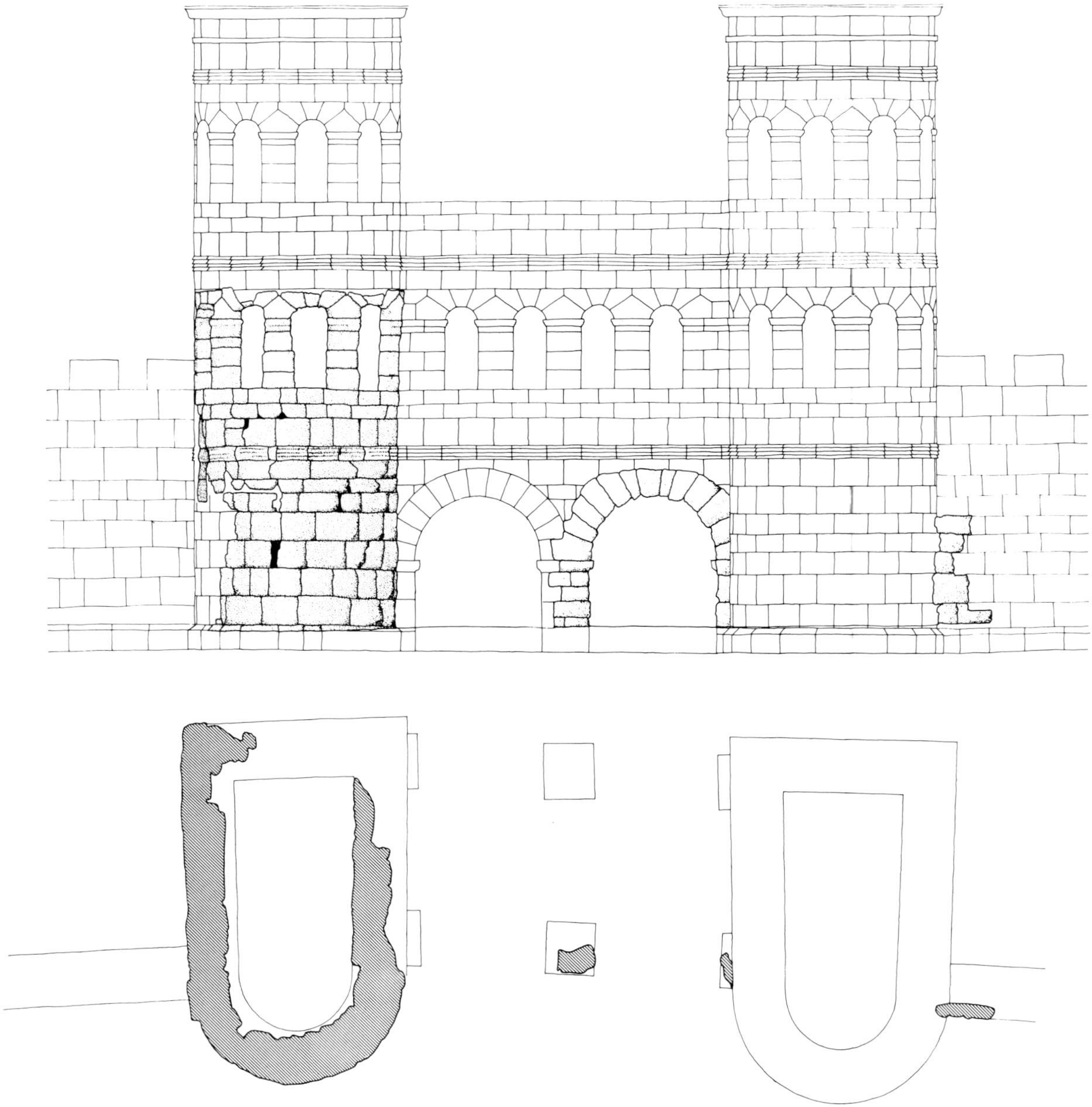

Abb. 34 Regensburg, Nordtor *(porta praetoria)* des Legionslagers. Ergänzungsvorschlag nach den Untersuchungen von K. Schwarz. a Draufsicht (von außen), b Grundriß (nach Dietz u. a.).

norum, also der Quartiere nördlich der *via principalis*, in denen die Stabsoffiziere wohnten, fand man leider nur Reste einer Badeanlage. Ob hier, wie z. B. in Budapest/*Aquincum*, die Lagerthermen lagen oder ob es sich nur um ein kleines Privatbad eines Offiziershauses gehandelt hat, ist allerdings unklar.

Mannschaftsbaracken Wenige Überreste wurden bis heute von den Mannschaftsunterkünften entdeckt. Sie wurden zunächst als Holzbaracken errichtet und erst Anfang des 3. Jahrhunderts als Fachwerkbauten mit Steinsockeln. Die beheizbaren Kopfbauten der Mannschaftsquartiere, in denen die Centurionen wohnten, hatte man allerdings von Anfang an in massiver Steinbauweise ausgeführt (Abb. 35). Im Grabungsareal unter dem Niedermünster wurden diese steinernen Kopfbauten zunächst falsch interpretiert und in die Spätantike datiert, ein Fehler, der dank der späteren Grabungen in der Grasgasse, also am Südende des Lagers, korrigiert werden konnte.
Die einfachen Soldaten waren in langrechteckigen Baracken untergebracht, wobei eine Baueinheit Raum für eine Centurie (ca. 80 Mann) bot. In der Regel waren diese Unterkünfte – sozusagen Rükken an Rücken – zu Doppelbaracken zusammengefaßt, die bei etwa 60 m Länge rund 10 m breit waren. Eine Stubengemeinschaft (*contubernium*) zu je 8 Mann bewohnte jeweils zwei nebeneinanderliegende Räume, der Vorraum (*arma*) enthielt Waffen und Gepäck, der hintere Wohnraum (*papilio*) Schlafstellen und einen einfachen Herd, auf dem sich die Soldaten ihre Mahlzeiten selber kochen mußten. Die acht Schlafplätze kann man aufgrund eines Befundes im ostraetischen Alenkastell Heidenheim vielleicht in Form von vier Stockwerkbetten rekonstruieren.
Den Centurionen in ihren beheizbaren Unterkünften standen – wen wundert es? – entschieden mehr Platz und größerer Wohnkomfort zur Verfügung. Die Quartiere der 120 Legionsreiter sind bislang in Regensburg noch nicht nachgewiesen, man wird sie wohl in den Tabernen der *retentura*, also im südlichen Lagerdrittel, besonders an der *via decumana* zu suchen haben.

Sonstige Innenbauten Von den mit Sicherheit luxuriös ausgestatteten Wohnhäusern der Militärtribunen (Stabsoffiziere), dem Lazarett

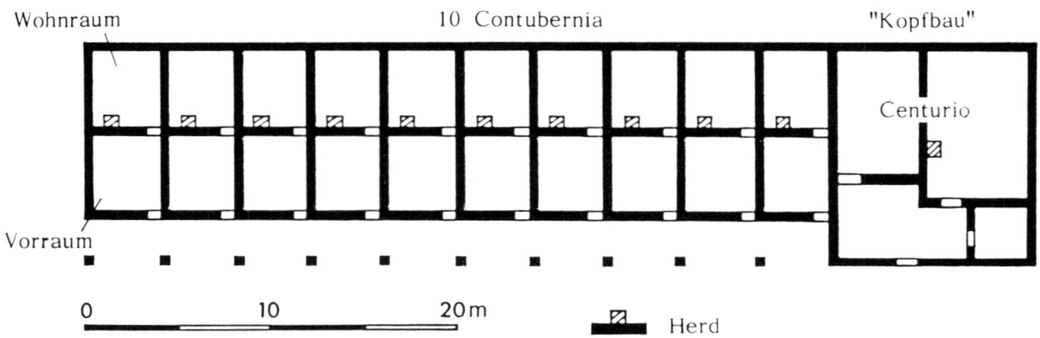

Abb. 35 Schematische Darstellung einer römischen Kaserne für eine Centurie. Darin wohnten 80 Mann Kampftruppe in zehn Stubengemeinschaften *(contubernien)* zu je acht Mann, im Kopfbau wohnte der Kommandeur der Centurie, der Centurio (nach Johnson/Baatz).

(*valetudinarium*), den Vorratsspeichern (*horrea*), den Werkstätten (*fabricae*), den Versammlungs- und Übungsräumen (*scholae*), dem Lagergefängnis (*carcer*) und den anderen Einrichtungen fehlt noch jeder Nachweis. Im 3. Jahrhundert hat man längs der Ostmauer (im Bereich des Parkhauses am Dachauplatz) nachträglich einen langrechteckigen Bau eingefügt, indem man den Erdwall (*agger*) entfernte und den Wehrgang auf eine Bruchsteinmauer verlegte, welche die Mauer insgesamt auf eine Stärke von 4,60 m verbreiterte. In diesem großen Gebäude meinte man eine Werkstatt (*fabrica*) zu erkennen. Dies ist aber sicherlich unrichtig, da *fabricae* römischer Militärlager ein ganz anderes Aussehen hatten: zumeist handelt es sich um Baueinheiten aus kleinen Räumen, die sich um einen Innenhof gruppieren. Dagegen war die am Regensburger Dachauplatz ergrabene Halle 60 m lang und 4 m breit; den spärlichen Funden zufolge könnten in ihr Waffen und militärisches Ausrüstungsgerät aufbewahrt worden sein (Abb. 36). Innen war das Gebäude verputzt und mit buntem Rechteckmuster bemalt. Da die Bruchsteinwand irgendwann im frühen Mittelalter nach innen kippte und auf diese Weise die Malerei so weit erhalten blieb, daß sie rekonstruierbar ist, läßt sich die Höhe dieses Gebäudes ohne Zwischengeschoß auf mindestens 7 m berechnen.

Zur Wasserversorgung des Legionslagers sind Brunnen nachgewiesen. Eine Wasserleitung, welche Quellwasser aus dem Bereich des tertiären Hügellandes ins Lager geführt hat, ist eigentlich zumindest zur Speisung der Lagerthermen vorauszusetzen, man hat sie aber noch nicht entdeckt. Dagegen kennt man an der Nordmauer im Bereich der Ecken jeweils mächtige aus Quadern gefügte Abwasserkanäle, welche das Abwasser durch die Wehrmauer leiteten.

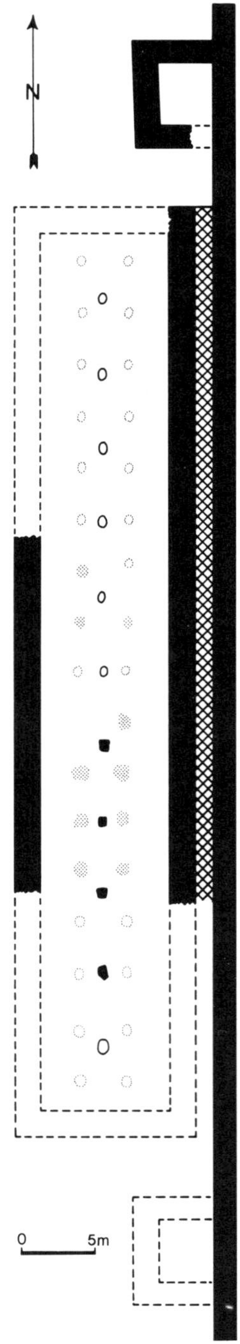

Abb. 36 Regensburg, Legionslager. Langgestreckter Hallenbau (wohl Speicherbau) an der Innenseite der östlichen Lagermauer am Dachauplatz (nach Dietz u. a.).

Warum kam die Legion nach Regensburg?

Die Zerstörungen der Markomannenkriege brachten die Einsicht in die Notwendigkeit, auch in den bis dahin legionslosen, prokuratorischen Provinzen Raetien und Noricum je eine Legion auf Dauer zu stationieren, um die dortige Truppenmacht entscheidend zu stärken. Eine von der Fachwelt gelegentlich unterstellte offensiv-strategische Absicht muß mit der Verlegung der Legion nach Regensburg nicht verbunden gewesen sein. Vielmehr stand der Schutz des Grenzgebiets, nicht zuletzt gegen Überraschungen aus dem Norden, im Vordergrund. Diese Ansicht gewinnt zusätzlich an Wahrscheinlichkeit durch die grenzzentrale Lage beider neuer Standorte: Regensburg bot sich unter anderem schon dadurch an, daß es am nördlichsten Punkt der Donau lag, Albing/Lorch durch die deutliche Mittellage an einem Nebenfluß. Betrachtet man allerdings die geographische Verschiebung der Germanengefahr im 3. Jahrhundert, so lag seit ca. 180 die raetische Hauptstreitmacht etwas abseits der militärischen Bedrohung. Roms neue Hauptgegner, die Alamannen und Juthungen, brachen nämlich weit westlich von Regensburg durch, kurioserweise dort, wo sich im 1. und 2. Jahrhundert mit sämtlicher Reiterei auch das militärische Schwergewicht Raetiens befunden hatte.

Gewiß wäre es zu einfach, ausschließlich strategische Überlegungen bei der Wahl des Standortes der raetischen Legion zu erwägen. Eine Reihe zum Teil kaum mehr nachvollziehbarer Gründe wird eine Rolle gespielt haben. Den Wiederaufbau eines Lagers, gleich welcher Art, hatte schon der militärische Stolz der Römer erfordert. Über die allgemeine topographische und verkehrsgeographische Situation (s. S. 15 ff.) braucht hier nicht mehr gesprochen werden, weil sich daran im Vergleich zur vorlegionslagerzeitlichen Periode wenig verändert hatte. Der Bau des Legionslagers in der Ebene war schon eine räumliche Notwendigkeit. Zudem war es vom jenseitigen Ufer, vor allem vom Regental aus, gut einsehbar. Gerade dieser Aspekt, der den Einfallsweg aus Böhmen sozusagen symbolisch verriegelte, war nach den einschlägigen Erfahrungen der Markomannenkriege geeignet, römische Macht und Schlagkraft nach außen hin eindringlich zu dokumentieren. Neben diesem psychologischen Aspekt dürfte als Hauptgrund die Nähe der fruchtbaren Donauebene südöstlich des Lagers den Ausschlag gegeben haben. Die Versorgung einer über 6000 Mann starken Truppe war, zumal in einer Zeit, die noch nicht, wie im 3. Jahrhundert üblich, auch das Hinterland der Provinz dafür in größerem Umfang heranzog, ein schwerwiegendes Problem. Eine Einheit, die, wie die Regensburger, die Kornkammer vor der eigenen Haustüre hatte (S. 15), konnte viel weniger leicht in Versorgungsschwierigkeiten geraten; zudem benötigte die Truppe auch Weideflächen für die Nutztiere usw. Schließlich war natürlich auch die relative Nähe ergiebiger Steinvorkommen von großer Bedeutung.

Staatsrechtliche Konsequenzen für Raetien

Eine wesentliche staatsrechtliche Veränderung brachte die Stationierung der Legion in Regensburg für die gesamte Provinz Raetien mit sich. Der senatorische Kommandant der Legion, der *legatus legionis III Italicae*, war seit ca. 180 gleichzeitig der Statthalter der Provinz Raetien (eine entsprechende Regelung trat damals auch für Noricum in Kraft). Als solcher führte er die in den »kaiserlichen« Provinzen übliche Amtsbezeichnung und nannte sich *legatus Augusti pro praetore provinciae Raetiae*. Als persönlicher Beauftragter vertrat er den Herrscher (der ihm Mandate zukommen ließ) und hatte ein von dessen (proconsularischem) Imperium abgeleitetes propraetorisches Imperium, d. h., er hatte in seinem Aufgabenbereich (*provincia*) ungeteilt und kaum beschränkt zivile und militärische Vollmachten inne. Seine vom Willen des Monarchen bestimmte Amtszeit belief sich in der Regel auf zwei bis drei Jahre. Dabei hatte der raetische Legat die Praetur, aber noch nicht das Konsulat erreicht, dürfte daher normalerweise zwischen 32 bis 40 Jahre alt gewesen sein. Obwohl der raetische Legat rangmäßig also nur ein *praetorius* = »ehemaliger Praetor« war, sprach man auch von ihm, besonders im 3. Jahrhundert, salopp vom *consularis*, d. h. wörtlich »ehemaliger Konsul«, meinte aber damals ebenso wie *praeses* ganz allgemein »Statthalter«. Sein Verwaltungszentrum blieb in *Augusta Vindelicum* / Augsburg, das daher als Hauptstadt Raetiens bezeichnet wird. Wie berechtigt diese Ansicht ist, zeigen die immerhin neun Statthalterinschriften der Zeit nach 172 aus Augsburg bei nur einer (maximal zwei) solchen aus Regensburg. Auch sonst sind in unserem Stadtgebiet bisher in der Mehrzahl gewöhnliche Soldaten und Büroleute (*officiales*) der niederen Kanzleien des Militärtribuns und des Lagerpräfekten inschriftlich belegt. Wird man der Tatsache, daß in Augsburg ein entlassener Fahnenträger (*veteranus ex signifero*) und ein Adlerträger (*aquilifer*) der 3. Italischen Legion bezeugt sind, noch wenig Gewicht beimessen, so beweisen die dortigen Schreibstubenkräfte im Prinzipalrang (ein *librarius consularis*, ein *exactus consularis*, dazu mindestens ein ehemaliger *beneficiarius consularis*) eindeutig, daß der Sitz der Kanzlei des Statthalters (*officium consularis*) nicht Regensburg, sondern Augsburg war. Darauf weist außerdem ein *optio praet<o>r[i]*, also eine Art Hausmeister am Statthaltersitz (*praetorium*) hin. Die drei bislang sicher in Augsburg belegten Centurionen der 3. Italischen Legion könnten in diesem Gebäude tätig gewesen sein (als *primi ordines?*).

Zum Stab des Statthalters gehörten auch noch vom Kaiser bestellte »Begleiter« (*comites*) oder »Beisitzer« (*adsessores*), die in besonderem Maße juristische Beistände und Berater waren. Den Kern des Officiums aber bildeten aus der Legion und den Hilfstruppen abkommandierte Soldaten, weshalb dann im 3. Jahrhundert alle Subalternbeamten (*officiales*), die mittlerweile fest »angestellt« waren (*perpetui sunt*), kurz »Soldaten«

(*milites*) hießen. Man darf sich den Apparat nicht sonderlich groß vorstellen: da waren normalerweise drei Vorsteher (*cornicularii*), ebensoviele *commentarienses*, welche die Amtstagebücher zu führen hatten, ferner sechs Protokollanten der Gerichtsverhandlungen (*exceptores*) und noch je 20 bis 30 *exacti* und *librarii*, Kopisten und Schreiber. Ein paar kaiserliche Freigelassene und Sklaven des Kaisers kamen unterstützend zur Finanzverwaltung hinzu, ebenso ein *victimarius* als Helfer im religiösen Bereich.

Außerdem stand dem Statthalter eine berittene Leibwache aus etwa 100 oder mehr (*equites singulares*) zu; doppelt so viele Infanteristen (*pedites singulares*) waren ihm offenbar nur für den Ernstfall zugeordnet, konnten daher in Friedenszeiten an den unterschiedlichsten Stellen und zu den verschiedensten Aufgaben eingesetzt werden: In Raetien finden wir sie 182 unter dem Kommando eines Regensburger Legionscenturios mit dem Ausbau des Kleinkastells Ellingen beschäftigt. Diese *singulares* wurden einzeln den Alen und Kohorten der Provinz entnommen und auf Zeit zur besonderen Verwendung zum Statthalter abgestellt. Die Legion entsandte entsprechende Leute mit Gardefunktionen als *stratores*, als »Stallburschen«, zum Legaten; auch sie sind inzwischen in Augsburg belegt.

Es kann also gar keine Frage sein, daß die Römer in Raetien nach der Ankunft der Legion eine räumliche Trennung der vorwiegend zivilen und militärischen Verwaltung in Kauf nahmen. Zwei neuere Funde sind diesbezüglich von besonderem Interesse. Einmal wissen wir jetzt aus der um 200 datierenden stadtrömischen Sarkophaginschrift eines jung verstorbenen Senators, daß dieser als knapp 20jähriger sein senatorisches Militärtribunat bei der 3. Italischen Legion nicht in Regensburg, sondern in Augsburg abgeleistet hat. Dies dürfte darauf hindeuten, daß er als Stellvertreter des Legionslegaten in der Provinzhauptstadt fungierte. Denn auch der raetische Statthalter war, wie alle seine Kollegen, viel auf Reisen, nicht zuletzt, um Recht zu sprechen.

Der zweite Fund stammt aus Regensburg selbst. Er wurde Anfang 1989 in einem gemauerten Brunnen am Nordosteck des ehemaligen Niedermünsterkreuzgangs gemacht. Neben einem Reliefgrabstein diente auch ein Weihealtar zur Verschalung dieses bis ins frühe oder sogar hohe Mittelalter verwendeten Brunnens. Dabei handelt es sich um eine Jupiterweihung zu Ehren des göttlichen Kaiserhauses und zum Heile Kaiser Elagabals (218–222) und seiner Großmutter Iulia Maesa. Die ursprünglich wohl sechs Stifter waren Angehörige eines militärischen Kasinos (*schola*), genauer gesagt die Bürovorsteher der Regensburger Legion, die *corn(icularii) leg(ionis) III Ital(icae)*. Die Inschrift enthält mithin einen neuerlichen Hinweis auf die Spitze der Regensburger »Lagerbüros«.

Von den umfassenden zivilen und militärischen Befugnissen des raetischen Legaten getrennt wurden jetzt die Angelegenheiten der kaiserlichen Kasse (*fiscus*). Sie unterstanden fortan einem bislang noch nicht belegten raetischen Finanzprokurator, der sich außerdem um die Verpachtung des kaiserlichen Domänenbesitzes sowie die Überwachung der Auszahlung des Truppensolds bzw. der Naturallieferungen an die Truppe kümmerte. Auf einen ihm unterstehenden Staatsbetrieb im Osten Raetiens dürften die mit FISCAL(*is*) bzw. CAESAR(*is*) gestempelten Ziegel hinweisen, wie sie teilweise auch in Eining und Bad Gögging gefunden wurden. Doch dürfte sein Verwaltungssitz ebenfalls in Augsburg zu suchen sein.

Die Gliederung der 3. Italischen Legion

Durch die dauernde Stationierung der 3. Italischen Legion in Regensburg vergrößerte sich die raetische Provinzialarmee in ihrem Sollbestand um etwa 50 Prozent. Rund 6000 römische Bürger waren schlagartig zusätzlich in der Provinz, und sie zogen natürlich weitere nach. Zweifellos wurde die 3. Italische Legion zum bedeutendsten Romanisierungsfaktor in Bayern und erst recht in Regensburg.

Fast alles, was wir über die Geschichte und die Gliederung der Regensburger Legion noch wissen, entnehmen wir in vergleichender Auswertung den Inschriften. Mehrheitlich handelt es sich dabei um Grabsteine, die vorwiegend von den Friedhöfen des einstigen Standorts Regensburg stammen. Natürlich ist das eine recht magere Überlieferung, die als beklagenswerter Überrest des einst wirklich vorhandenen Materials die historische Wirklichkeit nur äußerst unzulänglich abbildet.

Die Legion war taktisch und verwaltungstechnisch ein geschlossener militärischer Verband, der in sich vielfach gegliedert war. Strenge Dienstpläne und Verwaltungsmechanismen kennzeichnen ihn ebenso wie – besonders in den unteren Chargen – komplizierte Beförderungsprinzipien innerhalb einer mitunter schwer durchschaubaren »Rangordnung«.

Die Schlagkraft dieser schweren Infanterie, die Rom spätestens seit dem 4. Jahrhundert v. Chr. kannte und im Laufe der Zeit mehreren Wandlungen unterwarf, hatte die Tiberstadt zur Herrin über ein Weltreich erhoben. Seit den mit dem Feldherrn Marius (um 100 v. Chr.) verbundenen Heeresreformen dienten in der Legion Berufssoldaten, die römische Bürger sein mußten. Grundlage der Taktik war seither die Kohorte. Jeder Legion gehörten zwischen 5500 und 6400 Mann an, wobei die Iststärke nur selten mit der Sollstärke übereingestimmt haben wird. Letztere läßt sich mit H. von Petrikovits vereinfacht wie folgt darstellen (* = reine Schätzungen):

Kampftruppe in 60 Centurien à 80 Mann	4800
Legionsreiter	120
Handwerker und Magazinarbeiter, die im Lager arbeiteten	*300
ständig außerhalb des Lagers beschäftigte Handwerker	*100
Lazarettangehörige und Veterinärpersonal	*50
9 (10) Stäbe der Legion	*260
beim Statthalter / Prokurator der eigenen Provinz tätig	*210
bei Statthaltern / Prokuratoren anderer Provinzen tätig oder unterwegs	*210
militärische Straßen-, Zoll- und Steuerstationen	*200
sonstige Gefreite (*immunes*) und Abkommandierte	(150)
Summe	6400

Infanteristen Mehrere hundert Soldaten hielten sich also stets außerhalb ihres Garnisonsorts auf, während immerhin rund 5000 Mann der kämpfenden Truppe angehörten, die meisten natürlich als »gemeine« Infanteristen, als *milites gregarii*. Ihre Regeldienstzeit betrug 20 Jahre; danach blieb der ehrenvoll entlassene Veteran noch fünf Jahre bei seiner Einheit, ehe er entweder als Freiwilliger (*voluntarius*) weiter zur Verfügung stand – lange Dienstzeiten waren keine Seltenheit – oder mit einer Abfindung (*praemia militiae*) ins Zivilleben zurückkehrte. In diesem spielte er, besonders im 3. Jahrhundert, eine gewichtige Rolle. Der auch in Regensburg vorkommende stolze Vermerk, man sei *missus honesta missione*, also ein »durch ehrenvolle Verabschiedung Entlassener«, betonte die vollständige und lautere Diensterfüllung, weil es daneben die vorzeitige Ausmu-

sterung etwa aufgrund von Krankheit (*missio causaria*) und natürlich schandbare Ausstoßung (*missio ignominiosa*) z. B. bei Feigheit, Meuterei oder schweren Dienstvergehen gab.
Die einfachen Soldaten versahen ihren täglichen Dienst in den Kohorten, den Unterabteilungen der Legion. Jede Legion hatte zehn Kohorten und jede Kohorte wiederum bestand, mit Ausnahme wohl der ersten, aus sechs je von einem Centurio befehligten Centurien (»Hundertschaften«). In jeder Centurie dienten achtzig einfache Soldaten; die restlichen 20 setzten sich eben aus Spezialisten wie Handwerkern, Ärzten, Verwaltungssoldaten, Legionsreitern etc. zusammen. Zwei Centurien bildeten einen, im 2. und 3. Jahrhundert längst nur mehr verwaltungsmäßig und für den Zusammenhalt der Soldaten wichtigen Manipel. Folglich besaß jede Kohorte drei Manipel, die Legion also deren 30; sie werden entsprechend der in der Frühzeit der Republik geltenden Waffengattungen – *triarii* (Wurflanzenträger), *principes* (nach der ersten Kampfreihe) und *hastati* (Lanzenträger) – als Triarier-, Principes- oder Hastatenmanipel bezeichnet. Jeder Manipel hatte sein eigenes Feldzeichen (*signum*).
Jede Legion war zudem mit 120 Reitern (*equites legionis*) ausgestattet. Aus der 3. Italischen sind bislang drei davon bekannt. Schon ihrer geringen Zahl wegen waren diese Kavalleristen etwas Besonderes. In Friedenszeiten wurden sie als Meldereiter und Boten verwendet; in der Schlacht und auf dem Marsch setzte man sie mitunter im Verband mit Auxiliarreitern von der Fußtruppe getrennt ein.

Legionskommandeure und Militärtribunen

Auf der Stufe der höchsten Befehlshaber der Legion lagen die Verhältnisse relativ einfach. Der Kommandeur der 3. Italischen Legion war, wie erwähnt, gleichzeitig Statthalter Raetiens und er amtierte in Augsburg und Regensburg. Aus den rund 90 Jahren, in denen es solche *legati Augusti pro praetore legionis III Italicae* gab, ist uns von den 30 bis 45 zu erwartenden Amtsträgern bisher nicht einmal ein Dutzend bekannt. Dieser magere Befund wirkt fürs erste enttäuschend; aber man wird diese Meinung schnell ändern, wenn man hört, daß wir für denselben Zeitraum nur drei senatorische Militärtribune unserer Legion kennen, obwohl mit mehreren Dutzend zu rechnen wäre.
Jede Legion hatte nur einen solchen Tribun, den *tribunus militum laticlavius*. Da dieser Offizier durch Geburt oder durch die Gunst des Kaisers Anwärter auf die mit der Erreichung der Quaestur (Mindestalter 25 Jahre) verbundene Senatorenwürde war, durfte er an seiner Tunica einen breiten Purpursaum (*latus clavus*) tragen. Er war in der Regel zwischen 18 und 20 Jahre jung. In Trient bezeichnete man dementsprechend den Tribun Gaius Iulius Ingenuus als *clarissimus iuvenis*, also als »erlauchtester Jüngling«: Obwohl seine militärische Erfahrung noch nicht groß gewesen sein kann, war er rangmäßig der höchste Offizier nach dem Legionskommandeur. Ohne feste Führungsaufgabe war er dessen Stellvertreter auch im Kriegsfall. Nicht selten standen diese, erste militärische Erfahrung suchenden Aristokraten, wie z. B. der schon genannte Historiker Marius Maximus, am Beginn einer großen senatorischen Laufbahn, die sie bis zu den höchsten Reichsämtern emportragen konnte.
Aus dem zweiten Reichsstand stammten die ritterlichen Militärtribunen, die wegen des schmalen Purpurstreifens an ihren Tuniken *tribuni militum angusticlavii* hießen. Davon gab es bei einer Legion fünf. Für die 3. Italische Legion kennen wir insgesamt gerade einmal drei! Auch sie standen

nicht selten am Beginn großer Karrieren im prokuratorischen Dienst, als deren Vorstufe der ritterliche Offiziersdienst galt. Die meiste Zeit verbrachten diese ritterlichen Tribunen mit Verwaltungsaufgaben. Mitunter führten sie auch eine Kohorte, kommandierten irgendwelche Spezialabteilungen oder halfen dem Kommandeur bei anderen wichtigen Geschäften. Bei einem antiken Juristen lesen wir dazu: »Es ist Aufgabe der Tribunen sowie eines jeden Offiziers (*officium tribunorum est vel eorum, qui exercitui praesunt*), die Soldaten innerhalb des Lagers zu halten, sie zum Exerzieren nach draußen zu führen, die Schlüssel der Tore in Gewahrsam zu halten, von Zeit zu Zeit einen Rundgang zu machen, um die Wachposten zu kontrollieren, der Kornausteilung an die Soldaten beizuwohnen, sich von der Art der Nahrung zu überzeugen, Betrügereien der Versorgungstruppe zu verhindern, Übertretungen im Rahmen seiner Vollmacht zu bestrafen, sich häufig in den principia sehen zu lassen, Beschwerden der Soldaten anzuhören, die Krankenstationen zu inspizieren.« Eine schwierige metrische Inschrift aus Regensburg (S. 132 ff.) legt übrigens erstmals nahe, daß auch die Militärtribunen, wie die Centurionen, in *priores* (»vordere«) und *posteriores* (»hintere«) eingeteilt waren.

Legionspräfekt Die bisher genannten Offiziere waren, da sie ihre Stellung bei der Truppe nur vorübergehend ausübten, keine Berufssoldaten im eigentlichen Sinn. Ihre praktische militärische Erfahrung dürfte im Normalfall nicht übermäßig groß gewesen sein. Es gab aber im Führungsstab jeder Legion mindestens einen Offizier, der sein Militärhandwerk von der Pike auf erlernt hatte. Dies war der *praefectus castrorum (legionis)*. Rangmäßig stand er unter dem senatorischen Tribun, aber über den ritterlichen Tribunen. Auch er gehörte dem Ritterstand an. Seinem Aufgabenbereich nach könnte man ihn als Kasernen- und Wirtschaftsoffizier bezeichnen. Ihm oblagen Instandsetzung und -haltung des Lagers selbst sowie des Legionsterritoriums. Generell war ihm die Sorge um das Wohlfunktionieren des soldatischen Zusammenlebens anvertraut: die Anlage von Vorräten aller Art, ebenso die Überwachung des Sanitätsbereichs oder die Aufrechterhaltung der Wasser- und Brennholzversorgung. Die Waffenkammer, die Legionsfabriken, der Legionstroß unterstanden ihm; ja er kontrollierte den gesamten Dienstplan einschließlich des Wachdienstes. Dabei besaß er ausgedehnte Disziplinargewalt (freilich nicht in Kapitalsachen). Kein Wunder, daß diese »Divisionsspieße« mitunter als sehr streng geschildert werden. In der Zeit etwa von Kaiser Domitian (81–96) bis Kaiser Septimius Severus (193–211) hießen sie *praefecti castrorum* mit dem gelegentlichen Zusatz *legionis*, nachher nur noch *praefecti legionis*. Diesen Titel behielten sie auch, als sie seit Gallienus (253–268) die gesamte Legion kommandierten, weil es nun keine senatorischen Offiziere mehr bei der Legion gab; hatten sie doch auch schon früher bei Abwesenheit des *legatus legionis* und des *tribunus militum laticlavius* dasselbe getan. Alle die bisher genannten (Stabs-)Offiziere verfügten über eigene Kanzleien.

Die Centurionen Als militärisches Rückgrat der Legion kann man die Centurionen bezeichnen. Diese etwa den modernen Hauptleuten gleichzusetzenden Offiziere waren durchwegs Berufssoldaten. Sie befehligten in der Regel die Centurien, die verwaltungsmäßig und taktisch kleinsten Einheiten der Legion. Letztlich waren sie dafür verantwortlich, daß im Kriegsfall militärische Operationen erfolgreich durchgeführt werden konnten.

Daher hatten sie schon in Friedenszeiten besonders auf die Wahrung der Truppendisziplin zu achten. Im Rahmen dieser Pflicht setzten sie die Befehle der Legionsspitze bei den einfachen Soldaten durch. Außerdem überwachten sie den täglichen Routinedienst der kämpfenden Truppe, das Exerzieren ebenso wie die Manöver, die Vorbereitung von Paraden und Inspektionen geradeso wie die Einweisung von neuen Rekruten oder die Sauberhaltung der Unterkünfte. Freilich befehligten die Centurionen von Fall zu Fall auch Arbeitskommandos von Legionaren in Bergwerken, Steinbrüchen, Ziegeleien, generell auf kaiserlichen und staatlichen Besitzungen. Manchmal wurden sie vorübergehend auch als Kommandeure von Bauabteilungen eingesetzt, wie dies z. B. für drei Centurionen der 3. Italischen Legion in Böhming und in Ellingen für die Jahre 181/182 belegt ist. Als Zeichen seiner Disziplinargewalt trug der Centurio einen Rebstock und bis ans Ende des 2. Jahrhunderts Beinschienen, einen quergestellten Helmbusch sowie einen Goldring, der aber seit Septimius Severus auch den Unteroffizieren (*principales*) zustand. Seit jenem Kaiser wohnten die Centurionen außerhalb des Lagers, was der Truppendisziplin gewiß nicht gerade zuträglich war.

Die meisten Centurionen hatten sich aus den unteren Chargen hochgedient und Offiziersrang erst nach 13 bis 20 Dienstjahren erreicht. Dennoch stellten die etwa 1800 Legionscenturionen des Reiches keine sozial einheitliche Gruppe dar, weil es noch eine ganze Reihe anderer Möglichkeiten gegeben hat, zum Centurionat zu gelangen: so z. B. nach dem Dienst in einer Auxiliareinheit oder als ehemaliger Beamter einer noch nicht mit dem römischen Bürgerrecht ausgestatteten Gemeinde. Eine weitere, nicht gerade gewöhnliche Weise, das Centurionat zu erreichen, hat der Zufall gerade für die 3. Italische Legion erhalten: Ein Centurio mit dem keltischen Namen Quintus Eniboudius Montanus aus Cemenelum/Cimella bei Nizza nannte sich *ordinatus ex equite Romano*. Er schied also freiwillig aus dem Ritterstand aus, um Centurio (*ordinatus*) zu werden. Wenn der Kaiser das Gesuch um Aufnahme in das Centurionat billigte, konnte ein solcher Ex-Ritter rasch zum Primipilat, zum ranghöchsten Centurionat, und damit, finanziell saniert, erneut zum Ritterrang gelangen. Ähnliches galt übrigens für *evocati*, für die zu den Fahnen zurückgerufenen Veteranen, die meist direkt zu Centurionen befördert wurden.

Entsprechend der Zahl der Centurien gab es 59 bzw. 60 Centurionen je Legion. Sie waren den Kohorten und darin wieder den Manipeln zugeteilt. Da sich jeder der drei Manipel einer Kohorte aus zwei Centurien zusammensetzte, gehörten zu ihm auch zwei Centurionen. Diese unterschied man, wie die Militärtribunen, in einen dienstälteren *prior* und einen dienstjüngeren *posterior*. In der knappen Militärsprache hießen daher die sechs Centurionen jeder Kohorte nach den alten Manipelbezeichnungen *pilus prior* und *pilus posterior*, *princeps prior* und *princeps posterior* sowie *hastatus prior* und *hastatus posterior*. Führer der gesamten Kohorte war jeweils der *pilus prior*. Die Kohorten ihrerseits waren von der ersten (*prima*) bis zur zehnten (*decima*) durchnumeriert, so daß auch jeder einzelne Centurio genau gekennzeichnet werden konnte. Freilich war der Rangunterschied zwischen den einzelnen Centurionen der 2. bis 10. Kohorte nicht besonders gravierend. Lediglich die Centurionen der 1. Kohorte (*primi ordines*) nahmen eine Ausnahmestellung ein.

Dies lag daran, daß die gesamte erste Kohorte sich von den anderen neun in vielem deutlich unterschied. Sie war fast doppelt so stark wie diese, obgleich auch sie nur sechs Centurien hatte; jedoch gehörten ihr weitere 400 Soldaten an: vorwiegend wohl dem Legionspräfekt unterstellte Gefreite und Unteroffiziere sowie langfristig außerhalb des Garnisonsortes diensttuende Soldaten. Außerdem führte hier der ranghöchste Centurio, der *primuspilus*, zwei Centurien.

Diese offenbar nur für ein Jahr innegehaltene Stellung zu erreichen, war wohl Traum fast eines jeden Centurios. Damit war der Aufstieg in den Ritterstand verbunden. Der *primuspilus* war in erster Linie der Sprecher der Centurionen beim Kommandeur. Ansonsten waren seine Aufgaben nicht übermäßig bedeutsam. Nach seinem Amtsjahr setzte sich der mindestens 50 Jahre alte Offizier entweder zur Ruhe und spielte in seiner Heimatgegend eine hervorragende Rolle, oder er wurde noch zum *praefectus castrorum legionis* befördert. Damit war seine Laufbahn endgültig zu Ende. Ging er aber nach dem Primipilat in die Hauptstadt Rom und diente dort bei der Feuerwehr (den *cohortes vigilum*), in den Stadtkohorten (*cohortes urbanae*) oder in der kaiserlichen Leibgarde (*cohortes praetoriae*) als Tribun, so konnte er als *primipilus iterum* (»*primuspilus* zum 2. Mal«) zur Legion zurückkehren; dann versah er eine besondere Aufgabe im Stab des Legionskommandanten und stand rangmäßig unmittelbar unter dem senatorischen Militärtribun. Solche Leute hatten große Chancen, als Ritter mit dem Kommando über eine Legion in Ägypten oder gar mit einer kaiserlichen Prokuratur, also einem hohen und gut bezahlten Verwaltungsamt betraut zu werden.

Die überwiegende Zahl der Hauptleute kam freilich nie so weit und nahm, wie bei der Regensburger Legion etwa ein Marcus Aelius Cerialis und ein Taurinius Montanus, als Centurio ihren Abschied. Während seiner aktiven Zeit mußte aber der Centurio keineswegs stets bei ein und derselben Legion bleiben. Die Gründe für Versetzungen waren verschieden, nicht zuletzt konnten sie auch im persönlichen Bereich liegen oder Protektion verdankt werden.

Unteroffiziere und Gefreite: *principales* und *immunes* Oberhalb der einfachen Soldaten, aber unterhalb den Centurionen rangierte eine mit Spezialaufgaben betraute Gruppe von Soldaten. Sie hießen *immunes* (Dienstbefreite, entsprechend etwa unseren ›Gefreiten‹) und auf einer etwas höheren Stufe *principales* (Dienstgrade, gemäß unseren Unteroffizieren). Da die beiden Begriffe, der letztere taucht erstmals zu Beginn des 2. Jahrhunderts auf, nicht immer eindeutig gebraucht wurden, ist es oft nicht möglich, den genauen Rang einzelner Dienstgrade anzugeben (noch schwieriger ist die Feststellung eventueller Karrierestrukturen). Außerdem ist damit zu rechnen, daß der eine oder andere Posten im Laufe der Zeit Rangschwankungen unterworfen war, also auf- oder abgewertet wurde. Entsprechend sind einige Chargen bei der 3. Italischen Legion belegt, die erst spät zu Prinzipalsrang aufgestiegen waren. Dazu gehörten die Waffenwarte (*armorum custodes*), die je einer Centurie zugeteilt waren. Obwohl sie noch um 180 zu den *immunes* zählten, waren sie wenige Jahrzehnte später sicher *principales*. Ähnliches gilt wohl für die Schreiber und Kopisten, die *librarii* und die *exacti*, die besonders, wenn sie in der Kanzlei des Statthalters tätig waren, im 3. Jahrhundert den *sesquiplicarii* zugerechnet werden.

Ein Versuch der Einteilung der Soldaten unterhalb des Centurionats – man kennt bisher ca. 150 verschiedene Posten – sei hier auf der Grundlage von D. Breeze durch ein Schema wiedergegeben:

Rang	Sold	Posten
miles / *immunis*	Grundsold	Techniker, Handwerker, Schreiber, einige Angehörige der niederen Stäbe
principalis	1½× Grundsold	die meisten Angehörigen (*sesquiplicarius*) der niederen Stäbe (im 3. Jahrhundert einige *librarii* und *exacti*), Paroleträger, Waffenwarte (*armorum custodes*)
	2× Grundsold	*optio, signifer, aquilifer*, Angehörige (*duplicarius*) der höheren Stäbe (davon könnten einige *equites* gewesen sein)

Der wesentliche Unterschied zwischen den *immunes* und den *principales* lag also in der Besoldung und darin, daß den *principales* Befreiung von den Pflichten des gemeinen Soldaten kraft ihres Ranges zukam, während sie den *immunes* zur Ausübung ihres Sonderdienstes eigens gewährt wurde. Ihrerseits unterscheidet man die *principales* wieder danach, ob sie den eineinhalbfachen oder den doppelten Grundsold erhielten, ob sie also *sesquiplicarius* oder *dupl(ic)arius* waren. Wer diesen Unteroffiziersrang erreicht hatte, war über die ärgsten Mühsale des Soldatendaseins hinaus. Ferner hatten die Unteroffiziere auch größere Schlafplätze und Gemeinschaftsräume im Lager. Dennoch gab es selbst auf dieser Rangstufe Unterschiede.

Für die tägliche Routine war es wichtig, ob ein *principalis* zur kämpfenden Truppe gehörte und somit in einer Centurie Dienst tat (wie z. B. der *optio*, der *tubicen* und der *signifer*; s. u.) oder ob er in den Stäben tätig war. Innerhalb der Stäbe waren wieder zwei Gruppen zu unterscheiden: die sich nach dem Range ihrer Offiziere benennenden Bürochargen (*officiales*) und die taktischen Chargen, die – aus den Centurien abkommandiert – im Stabe des Statthalters ihren Dienst versahen, wie z. B. der Adlerträger (*aquilifer*). Von den *principales* kennen wir für die 300 Jahre der Prinzipatszeit insgesamt nur rund ein Prozent. Entsprechend dünn ist auch der Überlieferungsbestand bei der 3. Italischen Legion, der aber inhaltlich dennoch die wichtigsten Chargen umfaßt.

Principales *Aquilifer* hieß der Träger des Feldzeichens der Gesamtlegion mit einem goldenen Adleraufsatz. Offenbar immer zur 1. Kohorte gehörend, war er der ranghöchste Unteroffizier außerhalb der Kanzleien. Der Posten wurde freilich nicht in allen Fällen erst nach einer langen Dienstzeit erreicht. Mitunter scheinen die Adlerträger – es gab deren möglicherweise zwei in jeder Legion – vorher Fahnenträger (*signiferi*) gewesen und später noch zum Centurio befördert worden zu sein. – Der Kanzleivorsteher hieß, sowohl in den militärischen Büros wie in dem auch für Zivilverwaltung zuständigen Officium des Statthalters, *cornicularius*. Er beaufsichtigte das niedere Schreiberpersonal (z. B. die *exacti* und die *librarii*) und erledigte, gerade in den Kanzleien der niederen Stabsoffiziere, auch selbst Schreibarbeiten. Sofern er beim Legionskommandeur und Statthalter tätig war, konnte er auf die Beförderung zum Centurio hoffen. Aus Regensburg sind zwei *cornicularii* von (ritterlichen) Tribunen bekannt, deren Perspektive bis heute nicht klar ersichtlich ist. In diese Kategorie gehören auch die oben erwähnten *cornicularii legionis* auf einer Weihinschrift der Zeit Kaiser Elagabals.

Dem Statthalter direkt unterstanden die *beneficiarii consularis*. Sie wurden zur besonderen Verwendung vielfältig eingesetzt, etwa zu Wachaufgaben, als Quartiermeister oder bei Verhaftungen. In sog. Beneficiarierstationen, wie sie jüngst in Osterburken und *Sirmium* / Mitrovica ergraben wurden, fungierten sie gleichsam als die Augen und Ohren des Statthalters und hielten, als die omnipräsenten Vertreter Roms vor Ort, die Stellung, wobei sie selbstverständlich im Rahmen der Finanz- und Wirtschaftskontrolle entlang der Verkehrswege eingesetzt werden konnten. Auch zum Stab des Lagerpräfekten gehörten Benefiziarier, deren Aufgabenbereich bisher nicht weiter bekannt ist.

Der *signifer* war der Träger des *signum*, also des mit Scheiben versehenen Stangenfeldzeichens. Offenbar gehörten zu jedem Manipel zwei solche Fahnenträger. Außerdem oblag diesen Dienstgraden die Überwachung der Kohortenkassen und der Spareinlagen der Soldaten sowie die Führung der Sterbekasse.

Bis ins 1. Jahrhundert versorgten die *frumentarii* ihre Einheiten mit Getreide; entsprechend leitete sich ihr Name von *frumentum* (Getreide) ab. Seither wurden sie aber für verschiedene Aufgaben eingesetzt: als Boten ebenso wie als Aufsichtsoffiziere, als Spitzel und sogar als Henker. Diese Aufgaben als Geheimpolizisten und Nachrichtendienstler fielen ihnen aber nur zu, wenn sie, von ihren Legionen nach Rom abkommandiert, von einer Zentralstelle aus eingesetzt wurden. Blieben sie bei ihren Stammtruppen, so dienten sie im Stab des Statthalters und hatten vorwiegend als Besatzung der Straßenstationen Polizeiaufgaben zu erfüllen. Ein Tiberius Claudius Severus ist uns als *frumentarius* der 3. Italischen Legion bekannt; vermutlich war er um 200 im Auftrag des raetischen Statthalters oder als »kaiserlicher Depeschenträger« unterwegs, als er auf der Paßhöhe des Großen St. Bernhard dem Iuppiter Poeninus ein bronzenes Votivtäfelchen stiftete. Sicher weiter kam sein Kollege Aurelius Silvinus; er weihte wohl unter Severus Alexander auf Dienstreise eine kleine Marmorbasis im Fremdenlager *(castra peregrina)* auf dem Caelius in Rom.

Der *optio* befehligte die Centurie bei Krankheit oder sonstiger Verhinderung des Centurios, dem er auch bei Verwaltungsaufgaben behilflich war. Als eine Art ›Stabsfeldwebel‹ machte er sich natürlich Hoffnungen auf den Centurionat. – Einen *tubicen*, einen Tubabläser (oder sonstigen Blasmusiker), hatte neben einem *cornicen* (Hornist) jedes Manipel.

Besondere Aufgaben der *immunes* Als *immunes* wurden schließlich jene Soldaten bezeichnet, denen zur Erfüllung von speziellen Aufgaben, z. B. in der Truppenversorgung und in den Kanzleien, der tägliche Dienst in ihren Einheiten und der schwere Arbeitsdienst erlassen war. Dadurch unterschieden sie sich von den gemeinen Soldaten. Einen höheren Sold als diese erhielten sie freilich nicht. Auch ihre speziellen Unterkünfte waren nicht sehr viel geräumiger als die der *gregarii*. Eine interessante Liste von *immunes* des schon einmal erwähnten Prätorianerpräfekten und Militärschriftstellers Tarrutienus Paternus illustriert das breite Spektrum der mit einer Legion verbundenen Arbeitsteilung: »Bestimmten Soldaten gewährten ihre Aufgaben Befreiung von schweren Arbeitsdiensten; dahin gehören die Feldmesser, der Sanitätsgehilfe, die Ärzte (*medici*), die Kleiderbewahrer und die Sachverständigen für Grabenarbeiten, die Tierärzte, der Baumeister, die Steuermänner, die Schiffsbauer, die Hersteller der Wurfgeschütze, die Spiegelmacher, die Schmiede, die Pfeilschmiede, die Kupferschmiede, die Verfertiger der Helmvisiere, die Wagner, die Schindeldecker, die Schwertfeger, die Brunnengräber (Wünschelrutengänger?), die Tubaanfertiger, die Hörnerhersteller, die Bogenmacher, die Bleigießer, die Eisenschmiede, die Steinmetze und die Kalkbrenner sowie die Holzfäller und jene, die Kohle abbauen und brennen. In dieselbe Reihe werden auch die Metzger, die Jäger, die Bewahrer der Opfertiere, der stellvertretende Leiter der Waffenschmiede und die Lazarettpfleger, die weisungsbefugten Schreiber, die Buchführer (*librarii*) in den Magazinen, die Rechnungsführer über die (von den Soldaten) hinterlegten Gelder, die Buchhalter für die (ohne Erben hinterlassenen) dem Fiskus anheimfallenden Gelder, die Gehilfen der Kanzleivorsteher (*cornicularii*), die Stallknechte (*stratores*), die *polliones* und die Waffenwarte (*custodes armorum*), auch der Herold und der Trompeter gezählt. Alle diese werden als *immunes* betrachtet.«

Von der *legio III Italica* kennen wir nur wenige *immunes*. Ohne Spezifizierung taucht die Bezeichnung auf einem Grabstein auf, während ein anderes Mal sogar ein ausgefallener Spezialist genannt wird: Der *pollio* ist von allen bei der Regensburger Legion belegten Rängen einer der interessantesten. Nachdem man ihn schon für einen Walker, einen Werkzeugpolierer und einen Zureiter gehalten hat, schlug man unlängst vor, er habe die Aufgabe gehabt, als eine Art Ersatz für unseren »Bildungsoffizier« vor allem Sprachschulung durchzuführen. Viele *immunes* gehörten zum Legionstroß, der im wesentlichen aus rund 150 Führern der insgesamt 300 Tiere (davon etwa 200 Pferde), 70 Fahrern für die 140 Geschütze und wenigstens 100 Stallburschen bestand (die – wie bereits erwähnt – in Augsburg bezeugt sind). Neben den manuell tätigen *immunes* gab es auch die »Geistesarbeiter« in den Schreibstuben der niedrigeren Stabsoffiziere. Dazu gehörten die *beneficiarii* in den Stäben der ritterlichen Tribunen, sie waren die ranghöchsten *immunes* überhaupt.

Wieviel Sold bekam der Legionar? An den Schluß dieser Betrachtung der inneren Struktur einer Legion sei eine durch vielerlei Kombinationen ermittelte – natürlich in dieser Form nicht überlieferte und durchaus unsichere – Soldtabelle

Jahressold der Legionare in Sesterzen (nach M. A. Speidel)

Einheit/Rang	unter Augustus	Domitian	Septimius Severus	Caracalla	Maximinus Thrax
Zeit (ca.)		(84 n. Chr.)	(197 n. Chr.)	(212 n. Chr.)	(235 n. Chr.)
miles legionis	900	1200	2400	3600	7200
eques legionis	1050	1400	2800	4200	8400
centurio legionis	13500	18000	36000	54000	108000
primus ordo	27000	36000	72000	108000	216000
primus pilus	54000	72000	144000	216000	432000

gestellt. Gewiß wird damals wie heute das tägliche Leben vielfach vom leidigen Geld bestimmt gewesen sein, vordergründig geprägt vom Streben nach Besitz und getrieben vom Ehrgeiz, nach oben zu kommen. Die ungeheuren Aufstiegschancen lagen auf der Hand.

Tracht und Bewaffnung der Legionssoldaten

Das dienstliche Erscheinungsbild eines Legionars unterschied sich wenig von dem eines Auxiliarsoldaten. Die mit dem Gürtel auf knappe Knielänge geraffte, wollene oder linnene *tunica*, der über der rechten Schulter von einer weiten Bügelfibel zusammengehaltene Militärmantel gehörten ebenso zur Uniform wie die weiter oben (s. S. 49) beschriebenen Kniehosen, ein Halstuch und die genagelten Schuhe.

Verändert aber hat sich seit Marc Aurel und besonders im 3. Jahrhundert die Bewaffnung des römischen Legionars. So waren die Eisenhelme des Typs Weisenau fortentwickelt worden: Der Nackenschutz wurde immer weiter heruntergezogen, die Wangenklappen vergrößerten sich und ließen nur noch einen kleinen Gesichtsausschnitt frei; auf der Helmkalotte sorgten sich kreuzende Eisenbügel für zusätzlichen Schutz gegen Schwerthiebe. Dieser späte Helm vom Typ Niederbieber (benannt nach einem Limeskastell am Nordende des obergermanischen Limes) ist in Regensburg nur durch wenige Fragmente zu belegen.

Mit den Markomannenkriegen veränderte sich auch der Körperpanzer der Legionare. Der Schienenpanzer wurde immer seltener getragen, bis er schließlich im 3. Jahrhundert ganz aus der Mode kam. Dagegen gewann das eiserne Kettenhemd wieder an Bedeutung und wurde in einer fast knielangen Version von den Legionaren des 3. Jahrhunderts bevorzugt.

Der Schild war das Waffenstück, an dem man den Bürgersoldaten mit Sicherheit erkennen und vom Auxiliaren unterscheiden konnte. Denn ersterer war seit der späten Republik mit dem fast mannshohen *scutum* ausgestattet. Dieses bestand aus einem stark gewölbten Holz-Leder-Filz / Stoff-Körper, der im Kern aus spanartigen Brettchen zu einer Art Sperrholz zusammengeleimt war. Randeinfassung, Schildbuckel, Schildfessel (Handgriff) und Zierbeschläge waren aus Metall (Bronze oder Eisen). Verständlicherweise sind nur sie allein noch aufzufinden. Dagegen ist von den aus organischen Materialien bestehenden Teilen, die nicht selten bunt, etwa mit den Legionsinsignien bemalt waren, auch in Regensburg nichts erhalten. Hatten die Legionarsschilde bis in die frühe Kaiserzeit eine langrechteckige, oft noch mit länglich-spindelförmigen Schildbuckeln verzierte, Grundform, so wurden sie alsbald vom Rechteck-Scutum abgelöst, das bis zum Ende des 3. Jahrhunderts belegbar ist. Um die mit wasserlöslichem Knochenleim zusammengehaltenen Schildbretter und die empfindlichen Leder- und Filz- bzw. Stoffteile vor dem Regen zu schützen, hüllte man den Schild beim Marsch in einen gut eingefetteten Lederüberzug.

Die wichtigste Blankwaffe des römischen Legionssoldaten der Zeit Marc Aurels und später war nicht mehr der Gladius, das klassische römische Kurzschwert. Er war um die Mitte des 2. Jahrhunderts vom Langschwert, von der *spatha*, abgelöst worden, die vorher nur von der Reiterei geführt wurde. Die *spatha* mit ihrer breiten parallelen Klinge besaß einen ähnlichen Holz- oder Beingriff wie der Gladius. Ihre lederüberzogene Holzscheide hatte zunächst einen pelta- oder trapezför-

migen unteren Abschluß (Ortband) aus Metall oder Bein; im 3. Jahrhundert kamen dann scheibenförmige sog. Dosenortbänder auf, die gelegentlich aus Silber und reich mit Niello verziert waren. Am oberen Ende der Scheide war ein länglicher Tragebügel aus Metall oder Bein fixiert, an dem die Waffe am *balteus* befestigt war. Dieser Schulterriemen war nun wesentlich breiter und besaß oft kunstvoll verzierte Metallbeschläge. Da man die längere Spatha auf der rechten Seite nicht mehr problemlos ziehen konnte, trug man sie nun auf der linken Seite. Mit dem Aufkommen der am *balteus* getragenen Spatha hatte das *cingulum*, der metallbeschlagene Militärgürtel, seine Funktion als Waffengurt endgültig verloren und wurde dadurch zum bloßen Gürtel, der zur Raffung der *tunica* oder zur Aufhängung von Dolch, Geldbeutel, Messer oder anderen Dingen diente. In severischer Zeit, vermutlich erst im Rahmen einer Ausrüstungsreform unter Caracalla, kam das Ring- und Rahmenschnallen-Cingulum auf, das bis zum Ende des 3. Jahrhunderts das gebräuchliche Militärkoppel blieb und das charakteristische Trachtmerkmal des Soldaten darstellte, da Zivilisten solche Gürtel nicht trugen (oder tragen durften). Gerade in Regensburg ist diese Gürtelform durch Originalfunde der Metallbeschläge oder durch Darstellungen auf Grabsteinen besonders häufig belegt.
Die zweite Blankwaffe, der Dolch (*pugio*), war im späten 2. Jahrhundert und bis etwa zur Mitte des 3. Jahrhunderts in einer wesentlich größeren Form (bis ca. 40 cm) vertreten, in der man fast einen Ersatz für den verschwundenen Gladius sehen könnte. Die Griffe bestanden bei den späten Dolchen entweder aus organischem Material oder, wie bei den frühen Stücken, aus zwei Eisenblechschalen mit Mittelknoten. Während man in der frühen Kaiserzeit den Dolch, oft an einem eigenen *cingulum*, auf der linken Seite trug, wechselte er mit dem Aufkommen der links getragenen Spatha auf die rechte Körperseite über. Irgendwann im fortgeschrittenen 3. Jahrhundert gehörte der Dolch plötzlich nicht mehr zur römischen Standardbewaffnung und verschwand völlig. Den Grund hierfür können wir nicht angeben.
Zu den sonstigen Angriffswaffen der Legionare gehörten verschiedene Formen von Lanzen (von bis zu ca. 2 m Länge). Eine klassische Wurflanze der Legionen, das *pilum*, stand im Regensburger Legionslager anscheinend nicht mehr in Gebrauch. Charakteristisch für die Legionen der frühen und mittleren Kaiserzeit war schließlich die Bewaffnung mit Pfeil- und Steingeschützen. Auch die Regensburger Truppe hatte ihre Artillerieabteilungen, auch wenn konkrete Nachweise dafür bisher fehlen.

Die Legionsziegelei Bad Abbach

Römische Legionen waren nicht nur Kampftruppen, sie erfüllten auch Aufgaben, die heute etwa das Technische Hilfswerk oder staatliche Bauämter, besonders auch Straßenbauämter, übernehmen. Damit gelang es der römischen Verwaltung nicht nur, die Infrastruktur ihrer Garnisonsorte und der Grenzprovinzen überhaupt rasch zu verbessern, die leicht zu Unruhe oder Unzufriedenheit neigenden Soldaten waren so auch in Friedenszeiten beschäftigt und kamen nicht erst durch zu viel Leerlauf und Müßiggang auf »dumme« Gedanken. Auch die Regensburger Truppe hatte nach den Markomannenkriegen keine Ruhepause. Sofort nach ihrer Ankunft in Raetien entwickelte die 3. Italische Legion eine rege Bautätigkeit. Nicht nur das Legionslager und die öffentlichen Bauten der *canabae legionis* wurden von Soldaten errichtet, militärische Bautrupps waren auch in vielen Limeskastellen bei der Behebung von Schäden der Markomannenkriege und anderen Ausbauarbeiten tätig. Um den Materialbedarf für diese vielfältigen baulichen Aktivitäten zu decken, genügten private Betriebe längst nicht. So hatten auch die Soldaten der 3. Italischen Legion das sicherlich nicht immer hochgeschätzte Vergnügen, im Rahmen ihres Dienstes zum Ziegelbrennen anzutreten. Dazu gab es eine ständige Einrichtung: In einem ebenen Areal zwischen Donau und tertiärem Hügelland nordöstlich des Ortskerns von Bad Abbach lag von ca. 180 bis in die Spätantike eine eigene Ziegelei der Regensburger Legion. Sie ist durch zahlreiche Lesefunde von gestempelten Ziegeln, unter denen sich auch Fehlbrände befanden, belegt.

Schon Aventinus kannte den Platz unter dem charakteristischen und heute noch als Flurbezeichnung existierenden Namen »Ziegelfeld«. Man muß sich dort zur Römerzeit mehrere der charakteristischen gemauerten römischen Ziegelöfen vorstellen, die mit großen Mengen Stammholz gefeuert wurden. Allerdings standen diese Öfen, wie man aus den neuesten Erkenntnissen in der obergermanischen Truppenziegelei von Rheinzabern weiß, nicht frei in der Landschaft. Sie waren vielmehr, wie noch bei den Ziegeleien zu Beginn unseres Jahrhunderts, in große Hallenbauten integriert, in denen man die Abwärme der Öfen zum Trocknen der in Schablonen geformten Ziegel nutzen konnte. Die römischen Ziegel waren nach dem Fußmaß genormt (ein römischer Fuß entsprach ca. 30 cm), man produzierte vor allem den Dachziegel (*tegula* und *imbrex*) sowie Platten und Röhren für Fußboden- und Wandheizungen. Mauerziegel, wie in Italien, waren nördlich der Alpen weniger in Gebrauch, da man hier Bruchsteinmauern bevorzugte. Noch nicht ganz befriedigend erklärt ist die Sitte, die Produkte teilweise mit den Stempeln der ziegelnden Einheiten zu versehen (Abb. 37). Denn man weiß, daß nicht alle Ziegel so markiert wurden. Zwei Gründe werden hier immer wieder genannt. Zum einen deutet man die Stempel als innerbetriebliche Zählmarken: indem man z. B. jeden hundertsten Ziegel stempelte, konnte man die Tagesproduktion schneller ablesen. Die andere Erklärung hält die Stempel für Kontrollzeichen, um z. B. die illegale Verwendung der Ziegel für Privatbauten besser verhindern zu können.

Die Lage des Abbacher Betriebs hatte man hervorragend gewählt: Es gab hier reiche und geeignete Lehmvorkommen, Wasser und im angrenzenden tertiären Hügelland in großer Menge Holz als Brennmaterial. Der Abtransport der fertigen Ziegel und die Zufuhr von weiterem Brennholz konnte auf der nahe gelegenen Donau erfolgen.

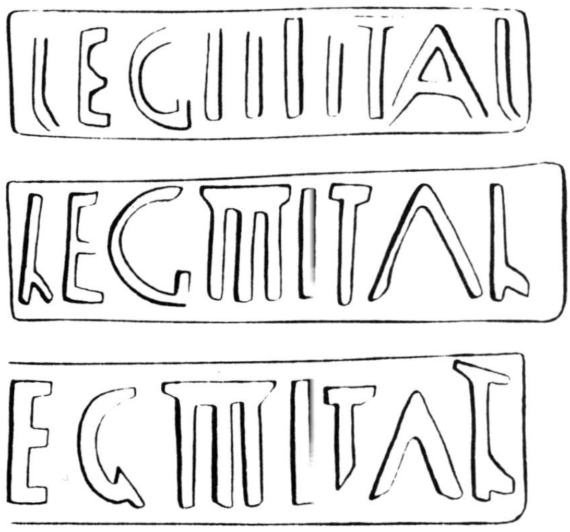

Abb. 37 Bad Abbach/Lkr. Kelheim. Ziegelstempel der 3. Italischen Legion aus der Legionsziegelei (nach Spitzlberger). Prähist. Staatsslg. München, Museum Landshut, Museum der Stadt Regensburg.

Phase I: ursprünglicher Text vom Jahr 179 (schwarz = erhalten, rot = begründet ergänzt, grün = vermutet)

IMP CAESAR DIVI ANTONINI PII FILIVS DIVI VERI PARTHICI MAXIMI FRATER DIVI HADRIANI NEPOS DIVI TRAIANI PARTHICI PRONEPOS DIVI
NERVAE ABNEPOS M AVRELIVS ANTONINVS AVG GERMANICVS SARMATICVS PONTIFEX MAXIMVS TRIB POTESTATIS XXXVI IMP VIIII COS III P P ET
IMP CAESAR L AELIVS AVRELIVS COMMODVS AVG ANTONINI IMP FILIVS DIVI PII NEPOS DIVI HADRIANI PRONEPOS DIVI TRAIANI PARTHICI ABNEPOS
DIVI NERVAE ADNEPOS GERMANICVS SARMATICVS TRIB POT IIII IMP II COS II P P VALLVM CVM PORTIS ET TVRRIBVS LEG III ITALICAE CONCORDI
FECERVNT CVRANTIBVS P SALVIO IVLIANO LEG AVGVSTORVM PR PR ET M HELVIO CLEMENTE DEXTRIANO LEG AVGVSTORVM LEG EIVSDEM

Phase II: frühestens 182 veränderter Text (schwarz und blau = erhalten, blau in der Tilgung wiederhergestellt, rot = begründet ergänzt)

IMP CAESAR DIVI ANTONINI PII FILIVS DIVI VERI PARTHICI MAXIMI FRATER DIVI HADRIANI NEPOS DIVI TRAIANI PARTHICI PRONEPOS DIVI
NERVAE ABNEPOS M AVRELIVS ANTONINVS AVG GERMANICVS SARMATICVS PONTIFEX MAXIMVS TRIB POTESTATIS XXXVI IMP VIIII COS III P P ET
IMP CAESAR M AVRELIVS COMMODVS ANTONINVS AVG SARMATICVS GERMANICVS MAXIMVS ANTONINI IMP FILIVS DIVI PII NEPOS DIVI
HADRIANI PRONEP DIVI TRAIANI PARTHICI ABN DIVI NERVAE ADN TRIB POT IIII IMP II COS II VALLVM CVM PORTIS ET TVRRIBVS LEG III ITALICAE CONCORDI
FECERVNT CVRANTE M HELVIO CLEMENTE DEXTRIANO LEG AVGVSTORVM LEG EIVSDEM

1 Regensburg, Dachauplatz (ehem. Karmelitenbrauerei). Kalksteinblöcke aus dem Bereich des Osttores *(Porta principalis dextra)* mit Fragmenten von der Bauinschrift des Regensburger Legionslagers aus dem Jahre 179 n. Chr. Darunter Ergänzung des Textes (nach Dietz); s. dazu S. 84 ff. Museum der Stadt Regensburg

2 Regensburg-Kumpfmühl. Reliefverzierte und signierte Terra-Sigillata-Schüssel aus der Werkstatt des Töpfers Cobnertus aus Rheinzabern, gefunden im Bereich des Kastellbades. Cobnertus gehört zu den frühesten Töpfern in Rheinzabern, die bereits um 170 n. Chr. in den Donauraum lieferten und deren Produkte sich in den Brandschichten der Markomannenkriege finden. Museum der Stadt Regensburg

3 Regensburg-Kumpfmühl. Schatzfund, in der Zeit der Markomannenkriege (frühe 70er Jahre des 2. Jhs. n. Chr.) im Bereich des Lagerdorfes westlich des Kastells verborgen und nicht mehr gehoben. Er besteht aus 25 Gold-, ca. 600 Silber- und zwei Kupfermünzen, Gold- und Silberschmuck und einem kleinen Silberbecher, verborgen in einem Bronzekessel, 2. H. 2. Jh. n. Chr. Museum der Stadt Regensburg

4 Regensburg, Arnulfsplatz. Weihealtar aus Kalkstein für den Gott Vulcanus, gestiftet von dem Aedilen (Aufsichtsbeamten) Artissius, der wohl für das geschlossene Wohngebiet der römischen Bürger innerhalb der Weststadt des Regensburger Legionslagers zuständig war. Museum der Stadt Regensburg

5 Römischer Goldschmuck aus dem Regensburger Raum. Regensburg-Kumpfmühl: Fingerring mit Gemme, um 150 n. Chr., aus dem Kastellbad. Mangolding, Lkr. Regensburg: Ohrring mit Steineinlagen aus einem Brandgrab, um 200 n. Chr. Regensburg, Großes Gräberfeld: Halskette aus geflochtenem Draht als Beigabe eines Körpergrabes, 3. Jh. n. Chr. Museum der Stadt Regensburg

6 Regensburg, Großes Gräberfeld. Mantelfibeln von der Soldatentracht, 3.–4. Jh. n. Chr. Mit Fibeln, deren hoch gewölbter Bügel auch den groben Stoff des Militärmantels *(sagum)* fassen konnte, befestigte man dieses zur Uniform gehörige Kleidungsstück auf der rechten Schulter. Museum der Stadt Regensburg

7 Regensburg, Großes Gräberfeld, Löwe, der ein Tier getötet hat, aus Kalkstein (Teil eines größeren Grabmals, um 200 n. Chr.). Die sehr häufige Darstellung wird als Symbol für den Triumph des Todes über das Leben interpretiert. Museum der Stadt Regensburg

8 Regensburg, Gräberfeld vor dem Ostentor. Teil eines größeren Grabmonumentes aus Kalkstein. Auf der Vorderseite ein stehendes Paar in Tracht und Frisur der Zeit um 200 n. Chr., auf der Seite stehende Dienerin mit Bronzeeimer und Korb. Museum der Stadt Regensburg

9 Regensburg, Großes Gräberfeld. Keramik aus Brandgräbern der 2. Hälfte des 2.–Mitte 3. Jh. n. Chr. In der sog. Traubenurne (rechts) war die Asche eines Toten beigesetzt, das Gefäß stammt höchstwahrscheinlich aus dem Töpferort Schwabmünchen/Rapis südlich von Augsburg. Der Räucherkelch lokaler Produktion (links) diente zum Abbrennen von Weihrauch in Heiligtümern oder beim Grabritual. Museum der Stadt Regensburg

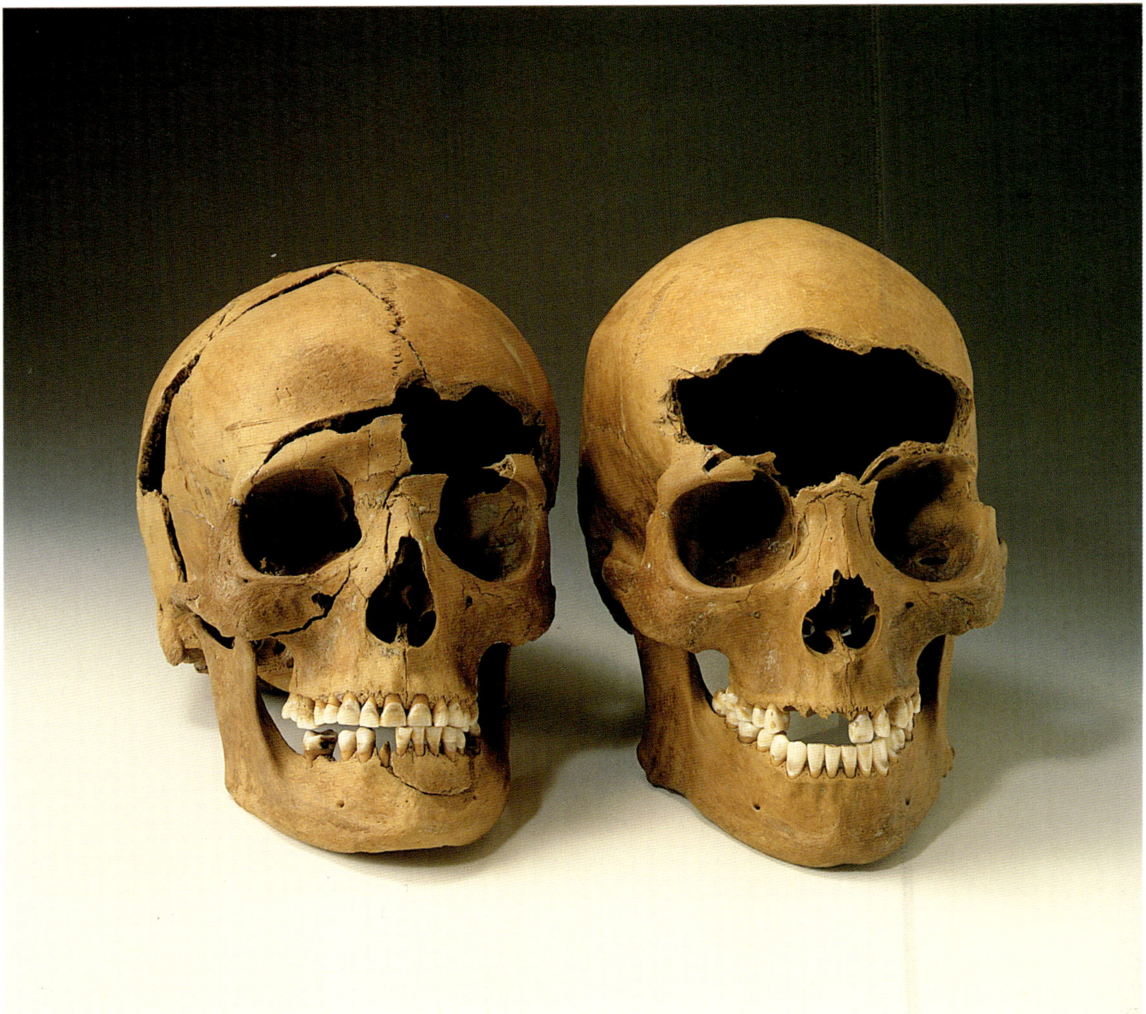

10 Regensburg-Harting. Schädel erschlagener Römer aus Brunnen einer *villa rustica.* Die beiden erwachsenen Personen (links Frau, rechts Mann) gehören zu der römischen Familie, die bei einem Germanenüberfall des 3. Jhs. n. Chr. höchstwahrscheinlich im Rahmen eines grausigen Opferrituals abgeschlachtet worden ist. Die Frau wurde mit dem Schwert erschlagen, skalpiert und erhielt dann, ebenso wie der Mann, einen Schlag quer über die Stirn. Museum der Stadt Regensburg

11 Rogging, Lkr. Regensburg. Bronzestatuette des Merkur, 2./3. Jh. n. Chr., aus dem Bereich einer *villa rustica.* Der Gott trägt Flügelhut, Reisemantel, Merkurstab, einen Köcher, Geldbeutel und Flügelschuhe. Museum der Stadt Regensburg

12 Regensburg, Großes Gräberfeld, bzw. Großprüfening. Römische Gläser (rechts mit Fadenauflage, wohl Kölner Produkt), Öllampe aus Ton mit Aufhängeöse, Glanztonbecher mit weiß ausgeführtem Trinkspruch (»*vinum tolle*«; frei übersetzt »Hoch die Tassen«). Sog. Spruchbecher aus Trierer Produktion des 2. und 3. Jhs. n. Chr., gefunden in Regensburg-Großprüfening. Museum der Stadt Regensburg

13 Regensburg, Grasgasse. Im Feuer beschädigte Bronzestatuetten des Merkur und eines Ziegenbockes (häufiges Attribut des Merkur). Die beiden Stücke gehören zu einer ganzen Reihe weiterer Bronzestatuetten eines kleinen Hausheiligtums im Bereich eines Centurionenhauses (Kopfbau einer Kaserne), die bei einem Germanenüberfall des 3. Jhs. n. Chr. abbrannte. Museum der Stadt Regensburg

14 Regensburg, Grasgasse. Keramik des 3. Jhs. n. Chr.: Links Reibschüssel aus Terra Sigillata mit Randdekor in Barbotinetechnik, in der Mitte Schüssel aus Terra Sigillata mit Barbotinedekor, beide aus der Töpferei von Rheinzabern/Rheinland-Pfalz. Rechts Reibschüssel einheimischer Produktion. Museum der Stadt Regensburg

15 Regensburg, Grasgasse. Oben: Bronzemedaillon der Faustina II (161–175 n. Chr.), der Ehefrau des Kaisers Marc Aurel. Rechts oben: Bronzemünze des Caracalla (211–217 n. Chr.) aus der syrischen Stadt Laodicea ad mare. Mitte: spätrömische Bronzemünzen der Kaiser Constans (337–350 n. Chr.) und Valentinian I. (364–375 n. Chr.). Unten: spätrömisches Preßblechmedaillon mit Stein- und Glaseinlagen. Museum der Stadt Regensburg

16 Regensburg, Großes Gräberfeld. Grabinschrift der Christin Sarmannana aus Kalkstein, 4.–5. Jh. n. Chr. Der Sarmannana-Stein stellt eines der wenigen zweifelsfreien Zeugnisse für spätantikes Christentum in Bayern dar. Museum der Stadt Regensburg

Die an der Ziegelei vorbeiführende Römerstraße Augsburg-Regensburg dürfte dagegen für den Transport von Baukeramik kaum eine nennenswerte Rolle gespielt haben. Leider liegt die Stelle, an welcher der römische Hafen von Bad Abbach zu suchen wäre, im Prallhang einer Donauschleife; aufgrund der Erosion des Flusses besteht daher wenig Hoffnung, ihn je noch zu finden. Der Inhalt einer Abfallgrube belegt übrigens, daß im Bereich der Ziegelei im 2./3. Jahrhundert auch eine Töpferei für einfache Küchenkeramik arbeitete, deren Produkte im Umkreis von Regensburg Verbreitung fanden. Eindeutig in Abbach hergestellte Ziegel sind im Westen bis zum Limesanfang um Eining verbreitet, auch das Heilbad der 3. Italischen Legion von Bad Gögging wurde offensichtlich zu einem nicht geringen Teil damit erbaut. Mineralogische Untersuchungen durch W. Polz haben die Verbreitung von mittelkaiserzeitlichen Ziegeln aus Bad Abbach im Osten sogar bis nach Passau nachgewiesen. In der Spätantike scheint sich die Belieferung reduziert zu haben, man kennt Abbacher Baukeramik der Spätzeit nur noch im Großraum Regensburg. Leider ist diese wichtige Fundstelle in den letzten Jahren durch Überbauung ohne jede Ausgrabung zugrunde gegangen. So müssen viele Fragen offen bleiben, z. B. die Frage nach den Unterkünften der Soldaten oder ob es hier auch eine zivile Ansiedlung samt Gräberfeld gab. So bleibt die im Grunde relativ gut bekannte Betriebsverfassung großer Militärziegeleien nur schwer auf die Fabrik in Bad Abbach übertragbar. Die Aufsicht führte gewiß ein dem Lagerpräfekten zugeordneter Legionscenturio; ein solcher namens Lucianus erscheint als Einsatzleiter wohl auf einem am Neupfarrplatz gefundenen Ziegelstempel mit der Aufschrift LVCIANI LEGI(onis) III ITAL(icae).

Das Heilbad in Bad Gögging

Ausbildung, Ausrüstung und Unterhalt der in der Legion dienenden Berufssoldaten kosteten dem römischen Staat viel Geld. Allein schon aus diesem Grund legte man großen Wert auf ihr gesundheitliches Wohlergehen. Nicht nur, daß es ein funktionierendes Sanitätswesen und Lazarette in den Lagern gab, man errichtete auch Kurorte, die extra für das Militär angelegt waren. Beim Räkeln in warmen heilkräftigen Quellen sollten die müden Krieger ihre Leiden und Verwundungen auskurieren, die sie sich bei Feldzügen und Manövern, in zugigen Lederzelten oder auch nur im täglichen Routinedienst zugezogen hatten. Entsprechende Bäder sind vielfach bekannt geworden. Wie Inschriften oder Ziegelstempel zeigen, wurden sie von den jeweiligen Provinzialtruppen erbaut und unterhalten. Die rheinischen Legionen kurten beispielsweise in *Aquae Granni*/Aachen, an einem Platz, dessen warme Quellen später sogar dem gichtgeplagten Karl dem Großen so lieb und teuer waren, daß er seine Residenz dorthin verlegte. Die Thermalquellen von *Aquae Mattiacorum*/Wiesbaden besaßen für die Mainzer Legionen eine solche Bedeutung, daß sie noch vor der Besetzung des Limesgebietes immer schon einen rechtsrheinischen Brückenkopf sicherten, um ihren Badebetrieb aufrecht erhalten zu können. Die Legionare aus Straßburg kurierten ihre Leiden in Baden-Baden, die aus Vindonissa in Baden, Kt. Aargau. So nimmt es denn nicht wunder, wenn man sich auch nach der Errichtung des Regensburger Legionslagers alsbald nach einem geeigneten Ort für einen militärischen Kurbetrieb in der Nähe umsah. Die Wahl fiel auf die Schwefelquellen von Bad Gögging.

Da die Besiedlung um die dortigen im Volksmund charakteristischerweise als »Stinkerbrunn« be-

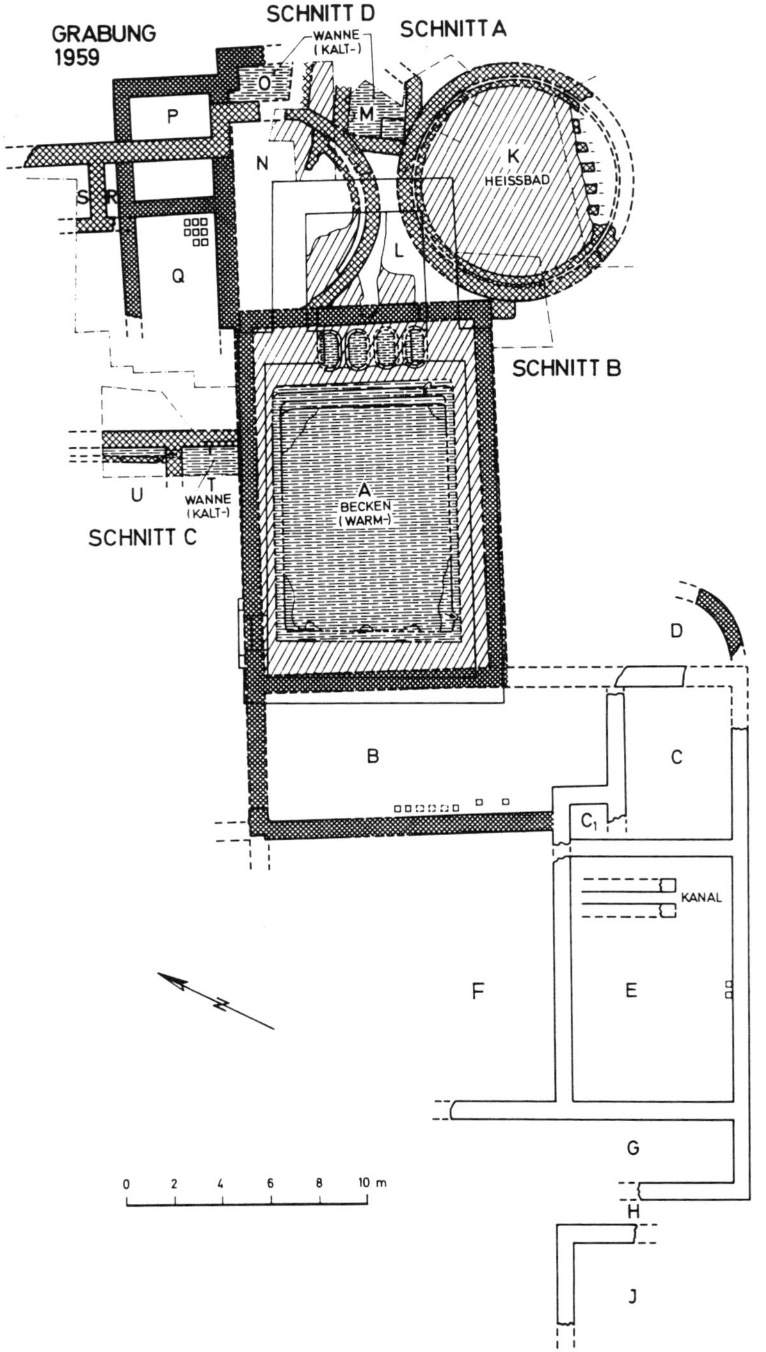

Abb. 38 Bad Gögging/Lkr. Kelheim. Plan der bisher ergrabenen Teile des Heilbades der 3. Italischen Legion im Bereich der romanischen Andreaskirche. Die Kirche steht heute über dem Becken des Warmbades A, an dessen östlicher Schmalseite (oben im Plan) sich eingetiefte Sitzbadewannen befinden (nach Nuber).

kannten Schwefelquellen bereits in vorgeschichtlicher Zeit einsetzte, scheint auch eine so frühe Kenntnis dieses heilbringenden Wassers nicht ganz abwegig. Die römerzeitliche Nutzung dieser Heilquellen war in der Forschung lange umstritten, bis die Ausgrabungen von A. Radnóti und H. U. Nuber in den Jahren 1959 bis 1975 weitgehend Klarheit verschafften. Im Umfeld der romanischen Andreaskirche wurden auf einer Fläche von 56 × 30 m Teile einer umfangreichen Badeanlage freigelegt, ohne daß sich dabei eine Grenze der großen Baueinheit gezeigt hätte (Abb. 38); so bleibt das genaue Ausmaß des Gebäudekomplexes noch offen. Kleinfunde ohne Bezug zu Bauspuren belegen eine römische Besiedlung unbekannter Art ab der flavischen Zeit, wobei eine Nutzung der Heilquellen bereits in dieser Zeit eher unwahrscheinlich ist. Die großen Thermen wurden gar erst um 180 errichtet, als mit der Stationierung der 3. Italischen Legion in Regensburg diese Truppe die Schwefelquellen eben als offizielles Heilbad nutzte. Dieser »staatliche« Charakter der Bauten ergibt sich vor allem aus der Zusammenstellung der Ziegel und ihrer Stempel: Die Masse des tönernen Baumaterials stammt nämlich aus der Legionsziegelei von Bad Abbach, daneben ist noch die *cohors III Britannorum* aus Eining vertreten. Weitere Stempel (Abb. 39) mit den schon erwähnten Aufschriften FISCAL(is) und CAESAR(is) belegen, daß auch Ziegeleien im Besitz der Provinzverwaltung und aus Domänen in kaiserlichem Privatbesitz an der Belieferung des Thermenbaus in Bad Gögging mitgearbeitet haben.

Ergraben hat man von der mehrperiodigen Anlage bisher ein großes rechteckiges, durch ein Ziegelpfeiler-Hypokaust beheiztes Badebecken von 10,8 × 7,8 m, über dem sich heute die romanische Andreaskirche erhebt. An dessen nordöstlicher Schmalseite befinden sich sogar vier Sitzwannen, wie sie für ein Kurbad charakteristisch sind. Ein solcher Befund ist bisher sehr selten. An die Ostecke dieses Warmwasserbeckens wurde später ein rundes Schwitzbad (*laconicum*) von 8 m Innendurchmesser angebaut. Die sonstigen Bauteile,

Abb. 39 Bad Gögging/Lkr. Kelheim. Ziegelstempel aus dem Heilbad der 3. Italischen Legion: 1 Caesar (aus einer Ziegelei, die sich im Privatbesitz des römischen Kaiserhauses befand) 2–4 Fiscal (aus einer Ziegelei, die sich im Besitz des römischen Staates befand) 5–6 Coh. III Britannorum (aus einer Militärziegelei der 3. Britannierkohorte aus dem benachbarten Kastell von Eining/Abusina) 7–10 Ziegelstempel der 3. Italischen Legion aus der Legionsziegelei von Bad Abbach (nach Nuber). Prähist. Staatsslg. München

Kanäle und Wasserbecken entziehen sich wegen ihres fragmentarischen Zustandes noch einer genaueren Bestimmung. Ihre Interpretation ist auch deshalb schwierig, weil Heilbäder – anders als die sonst üblichen zivilen oder militärischen Thermenanlagen, etwa die oben (S. 56ff.) beschriebenen Kastellbäder – keinem weitgehend genormten Bautyp angehören.

Man muß damit rechnen, daß im Boden von Bad Gögging noch viele weitere römische Überreste stecken. Denn mit der Badeanlage selber war es ja nicht getan. Mit Sicherheit gab es hier z. B. Praxisräume der Kurärzte, Wohnungen für das Personal, Sportanlagen, Unterkünfte für die Kurgäste, aber auch Wirtshäuser, Geschäfte und Tempel kann man vermuten, soweit nicht schon das Lagerdorf des nahegelegenen Kastells von Eining genügend Unterhaltungsmöglichkeiten bot.

Allerdings blieb dem Kurort Bad Gögging wenig Zeit für eine längere ungestörte Entwicklung: Wohl im 3. Jahrhundert wurden die Thermen zumindest schwer beschädigt. Man darf auch hierin am ehesten eine Folge der verheerenden Alamanneneinfälle sehen. Ein spätantikes Bad, das um das weiterbenutzte große Warmwasserbecken neu errichtet wurde, ist so schlecht erhalten, daß es kaum näher beurteilt werden kann. H. U. Nuber rechnet sogar damit, daß es nach seiner Erbauung nie benutzt wurde, da die Hypokaustanlagen des jüngeren Bades völlig rußfrei waren. Im frühen Mittelalter (7. Jahrhundert) wurde das große Badebecken unter Einbeziehung älterer Weihesteine zu einer christlichen Kultanlage umgestaltet, deren Ausgangspunkt anscheinend zwei (?) Gräber waren. Es fanden sich Überreste von Kult(?)mählern und zahlreiche Steckvotive, meist in Form von Kreuzen aus Eisen und Buntmetall, wie sie auch auf dem Weinberg bei Eining und in anderen römischen Trümmerstätten Bayerns zum Vorschein gekommen sind. Der romanischen Andreaskirche, die sich über dem Badebecken erhebt, ging noch eine frühmittelalterliche Steinkirche mit zwei Brand- und Erneuerungsphasen voraus. Heute ist durch die Initiative des Bezirks Niederbayern der Innenraum der Andreaskirche mit den freigelegten römischen und jüngeren Vorgängerbauten als Museum gestaltet.

Der erste Dichter in Regensburg: der Militärtribun Marcus Aemilius Satus aus Ateste

Im römischen Legionslager Regensburg gab es auch ausgesprochene Skurrilitäten, die man am damaligen »Ende der Welt« eigentlich gar nicht erwarten würde. Das Ungewöhnliche beginnt in diesem Fall schon mit einer merkwürdigen Fundgeschichte: Beim Neubau des Kaufhauses Horten am Neupfarrplatz 1972 beobachtete der Angestellte G. Kariopp von seinem Bürofenster aus, wie ein Bagger neben vielerlei Aushub auch einen beschrifteten Stein zum Abtransport auf einen Lastwagen hob, der zur Deponie wegfuhr. Geistesgegenwärtig verfolgte der Hobbyarchäologe die Spur und grub den Stein, den er später dem Museum überließ, tags darauf unter großen Mühen erneut aus. Das Objekt entpuppte sich als ein teilweise beschädigter Altar aus weißlich-grauem Kalkstein mit hervorkragender, profilierter Basis und ebensolchem Gesims (Abb. 40). Die Rückseite blieb unbearbeitet. Bereits alt gebrochen sind das Gebälk im rechten oberen Abschnitt und das rahmenlose Schriftfeld links oben und unten, wo auch das Fundament stärker in Mitleidenschaft gezogen ist. Der Stein mißt 91 × 48 × 41 cm. Noch ehe die wissenschaftliche Untersuchung begonnen hatte, wurden leider die Buchstaben mit roter Farbe

Abb. 40 Regensburg, Neupfarrplatz. Weihealtar aus Kalkstein für die Göttin Larunda, gestiftet von dem Militärtribunen Marcus Aemilius Satus aus Ateste (Este) in Oberitalien. Museum der Stadt Regensburg; Leihgabe aus Privatbesitz

nachgemalt, einige obendrein völlig entstellend. Jedoch nicht so sehr deswegen gestaltete sich die Auswertung schwierig, vielmehr endeten erste, von mehreren Seiten versuchte Lesungen aus sachlichen Gründen in der Ausweglosigkeit oder im Absurden. Der Text steht wie folgt fest:

[. . . .]ARIETLARVNDAE
[. . .]DELICISSACELLVM
[. . .]PITIBVSDICAVIT
[. .]STERITRIBVNVS
MILITIS[.]NLIBVRNO
SATVSA[.]ONIMEDENTIS
OLENTEMARIALIMO
MARCVSATESTEPRISCA
[.]EMILIVSREBITENS
[. .]RRIGERASADARCES

Nichts zeichnet sich ab, was einem Epigraphiker auf die Sprünge helfen könnte: kein Formular, keine Datierung. Dafür finden sich merkwürdige archaisierende Wortbildungen wie *rebitens* in Zeile 9 – ein Zeitwort, das in der Kaiserzeit außer Gebrauch, aber ganz typisch für den altrömischen Komödiendichter Plautus (ca. 250–184 v. Chr.) war! Eine weitere Absonderlichkeit ist, wie wir gleich sehen werden, die Göttin Larunda, und man könnte die Liste der Merkwürdigkeiten fortsetzen (doch sei sie einem ausführlichen Kommentar vorbehalten, der zum Druck vorbereitet wird). Hier genügt die Feststellung, daß es sich um ein Gedicht handelt, welches aus zehn sog. akatalektischen Dimetern besteht. Mit anderen Worten: die Zeilen fallen mit den Pausen (Perioden) des Gedichts zusammen, und die Grundeinheit des Gedichts besteht aus zwei Versfüßen, wobei der jeweils letzte Vers »nicht plötzlich aufhört«, d. h., vor der Pause ist kein Verselement unterdrückt. Ergänzt lautet der Text:

[Pio L]ari et Larundae
[Vin]delicis sacellum
[hos]pitibus dicavit
[po]steri tribunus
militis [i]n Liburno
satus A[p]oni medentis
olente maria limo
Marcus Ateste prisca
[A]emilius rebitens
[tu]rrigeras ad arces.

Als Interpretation läßt sich vorschlagen: »Dem frommen Laren und der Larunda, seinen vindeli-

kischen Gastgebern, hat eine Kapelle gestiftet der Tribun des hinteren Soldaten, Marcus Aemilius Satus (= gezeugt) im Liburnischen vom uralten Ateste des mit nach Meer riechenden Schlamm heilenden Aponus, der zurückkehrt zu den turmtragenden Stadtmauern.«
Einfacher ausgedrückt hat also ein ritterlicher Militärtribun, der aus der altitalischen Stadt *Ateste*/ Este, aus der Umgebung des berühmten Heiligtums des Aponus beim heutigen Abano Terme stammte, vor seiner Rückkehr in die Heimat ein Lararium gestiftet. Zweifellos war jener Aemilius ein nicht unbegabter Dichter aus den Reihen der sog. Neoteriker, zu denen etwa auch Kaiser Hadrian zu zählen ist. Wortinversionen, Archaismen, Adjektive auf *-ger*, kunstvolle Anspielungen beweisen sein Können. Dabei legte er sich mächtig ins Zeug, um seine ganze Bildung auszubreiten.

Die vindelikische Larunda Die Göttin Larunda ist hier in unserer gesamten Überlieferung überhaupt erst zum sechsten Mal genannt, wobei zwei späte Zeugnisse sie eigentlich nur erwähnen und nicht weiter erläutern. Unter Augustus hielt man Larunda für eine Gottheit, für die König Titus Tatius u. a. Altäre in Rom errichtet haben sollen; ihr Name »rieche« nach der Sprache der Sabiner: in der Moderne ist das natürlich, wie fast alles Frührömische, umstritten. Der christliche Gelehrte Laktanz fragte zu Beginn des 4. Jahrhunderts süffisant, wer sich beim Namen der Göttin Muta (»die Stumme«) das Lachen verbeißen könne? Diese sei es, sage man, von der die Laren geboren worden seien, und man heiße sie selbst Lara bzw. Larunda. Was aber könne eine solche Gottheit schon gewähren, die selber nicht einmal reden kann? Der Rhetorikprofessor Ausonius nennt sie wenig später erneut als Gebärerin der Laren. So ist klar, wie der Anfang unserer Inschrift zu ergänzen ist. Die Erwähnung nur eines Laren ist, zumal in einem Gedicht, nicht weiter auffallend. Man wird ihm das Attribut *pius* (»rechtschaffen«) zusprechen, weil dieses im Lager, zumindest im Umkreis der *legio III Italica* in Anspielung auf den Storch als Wappentier einen ganz spezifischen Gehalt hatte: galt doch Adebar dem Altertum als Musterbeispiel der *pietas*, für rechtschaffenes Verhalten der Jungen gegenüber den Eltern. So wird das den vindelikischen Laren gestiftete kleine Heiligtum (*sacellum*) eben ein Lararium im Bereich der Tribunenunterkünfte, des *scamnum tribunorum* (S. 94 ff.), gewesen sein.

Vordere und hintere Soldaten Mit großer Wahrscheinlichkeit war Aemilius einer der fünf ritterlichen Tribune der Regensburger Legion. Denn er gibt sich als *tribunus posteri militis*, als »Tribun des hinteren Soldaten« zu erkennen. Darin ist die Einzahl »des Soldaten« natürlich dichterischer Freiheit zuzuschreiben. Die Unterscheidung der Soldaten in *priores* und *posteriores* begegnet auch anderweitig im römischen Heer der Kaiserzeit, nämlich in der Rangbezeichnung der Legionscenturionen (Centurionen *prioris centuriae* und *posterioris centuriae*). Die Römer selbst haben diese Unterscheidung auf eine Maßnahme ihres (fünften) Königs Tarquinius Priscus zurückgeführt, der angeblich die Reiterzenturien verdoppelt habe. Danach ließe sich an eine Übersetzung von *priores* und *posteriores* zu »früheren« und »späteren« denken, doch das wäre irrig: tatsächlich handelt es sich um die »vorderen« und die »hinteren« Soldaten innerhalb der Schlachtenaufstellung. Neu und unerwartet ist, daß auch für kaiserzeitliche Tribunen diese Einteilung eine Rolle spielte, was darauf hinweist, daß sie im Kriegsfalle die entsprechenden Schlachtreihen geführt haben.

Liburnische Vindeliker? Problematisch ist der sprachliche Bezug von *in Liburno* »im Liburnischen« in Zeile 5. Die *Liburni* und *Liburnia* waren nach römischen Vorstellungen im Dalmatinischen an der Ostküste der Adria beheimatet. Freilich kannten die Gelehrten des Altertums mehrere Erklärungen, mit denen auch unser Dichter zu spielen scheint. Denn nach Vergils Aeneis sei der vornehme Trojaner Antenor am Ende langer Irrfahrten »zur illyrischen Bucht und sicher bis tief ins Reich der Liburner« eingedrungen und habe schließlich *Patavium* / Padua gegründet. Also gehörten Padua und Liburnien in der antiken Bildung assoziativ zusammen. Zwischen Padua und Ateste aber war der heilende Gott Aponus zuhause, von dem sogleich in Zeile 6 die Rede ist. Ein gelehrter Vergilausleger, der spätrömische Grammatiker Servius, beteuert zusätzlich – und hier scheint sich der assoziative Kreis zu schließen –, sogar die äußerst wilden Völker der Raeter und Vindeliker seien selbst Liburner; sie kämen von den Amazonen her usw.

Der Schlamm des Aponus Über Aponus, einen der berühmtesten Heilgötter Norditaliens, sind wir durch spätantike Autoren und Dichter wie Claudian, Ennodius von Padua und Cassiodor sowie durch Inschriften und Ausgrabungen recht ausführlich informiert. Die Quelle des Aponus (*Fons Aponi*), beim alten Kern von S. Pietro Montagnon gelegen, war bereits im 8. Jahrhundert v. Chr. frequentiert und ein regionales Heiligtum. Mittelpunkt ist ein natürlicher See inmitten der Euganeischen Hügel, der von zahlreichen radioaktiven Schwefel- und Kochsalzquellen (87 °C) gespeist wird. An seinen Ufern legten frühzeitig Gläubige und Kranke Votivgaben nieder. Ein therapeutisch wichtiges Mineralwasser trug dazu bei, daß sich das Kultzentrum nach der Romanisierung Venetiens rasch fortentwickelte. Bald gab es zahlreiche Gebäude und Thermenkomplexe, und das ist in Abano Terme noch heute so.

Der aus kleinen Thermalseen gewonnene Schlamm des Euganeischen Thermalbeckens hat das Aussehen eines seifenartigen, plastischen, blaugrauen Breies, der aus Mergel (blauem Ton) und organischen Substanzen pflanzlichen Ursprungs zusammengesetzt ist. Die organischen Substanzen entstehen durch das Einweichen der Algen; sie sind zu 40% in dem Wasser, mit dem der Schlamm getränkt ist, enthalten. Damit dieser wärmeisolierende, zähflüssige, modellierfähige und wassersaugende Thermalschlamm seine heilenden Eigenschaften erhält, muß er auf komplizierte Weise in speziellen, ständig mit heißem Thermalwasser gespeisten Becken langsam reifen. Erst dann wirkt die Schlammbehandlung auf den menschlichen Organismus entzündungshemmend, schmerzlindernd, muskelentspannend und muskelnährend.

Die geographischen Gegebenheiten des Aponus-Heiligtums haben unseren Dichter Aemilius offenbar dazu inspiriert, sich ausgerechnet der ›abseitigen‹ Göttin Larunda zuzuwenden. Denn das Heiligtum »riecht« nach unserer Überlieferung salzig – nach Meer meinte Aemilius. Mehrfach sprechen unsere sonstigen Gewährsleute im Zusammenhang mit der Aponus-Quelle von ihrer *unda*, ihrer »Welle«. Daher geht man nicht zu weit, in dieser offenkundig klassischen Verbindung die Anregung unseres Dichters für das Wortspiel von *Lar* zu *Lar-unda* zu erkennen. Larunda / Muta aber war eine stumme Nymphe, wie solche nun einmal an Quellen hausten – auch bei Aponus. Und natürlich herrscht bei diesem Verschwiegenheit: Unsere Tradition betont die »verschwiegene, geheime Natur« (*tacita natura, arcana, muta, montis secreta*).

Kultur am Ende der Welt Der dichtende Tribun Aemilius, der eigentlich nur das seltene Kognomen Satus getragen haben kann, hat höchstens etwa drei Jahre Dienst in Regensburg getan. Man wird seinen Aufenthalt in die Frühphase der Legion setzen, da für die Stiftung eines Larariums später immer weniger Bedarf gewesen sein wird. Aemilius war nicht der einzige Literat in der Regensburger Legion; von Marius Maximus war schon die Rede. Wie jeder ritterliche Offizier kehrte auch Aemilius nach seinem Einsatz ins Zivilleben zurück. Da die weitere Verwendung von seinen Beurteilungen abhing, können wir nicht mit Sicherheit behaupten, daß unser Poet den kaiserlichen Dienst quittiert hat, wie beispielsweise der Agrarschriftsteller Lucius Iunius Moderatus Columella, der nach seinem Tribunat in Syrien auf eine weitere Laufbahn verzichtete, um sich ganz seinen literarischen Neigungen widmen zu können. Aber wir können sagen, daß der Dichter Aemilius aus Ateste ganz gewiß schon einige seiner Zeitgenossen und Kameraden in Verlegenheit und Bewunderung versetzt haben wird. Zweifellos war er einer der buntesten Vögel seiner Garnison, obschon man auch an seinem Fall wieder erkennt, daß die römische Armee selbst »am Ende der Welt« nicht nur ein fürchterlicher Kriegsapparat war, sondern auch – wenigstens teilweise – ein Hort der Bildung und der kultivierten Lebensart: Auf eine andere Weise legten davon in den letzten Jahrzehnten die ganz oder teilweise aus Heiligtümern stammenden Schatzfunde von Weißenburg oder Straubing eindrucksvoll Zeugnis ab.

Das zivile Leben neben der Legion

Die Lagervorstadt: canabae legionis

Neben der Legion entwickelte sich ein neues quasistädtisches Zentrum in den *canabae legionis*, was frei etwa mit »der zur Legion gehörige Händlerbezirk« wiederzugeben wäre. Die zivile Siedlung wurde auch in Regensburg wohl schon gleichzeitig mit der Erbauung des Lagers angelegt. Diese *canabae* wuchsen rasch in Richtung Westen zu einer ansehnlichen Ortschaft heran (Abb. 41): Leider ist ausgerechnet diese Zivilsiedlung noch sehr wenig erforscht. Dabei kann man gerade hier, legt man die Ergebnisse der Forschung in anderen Lagervorstädten zugrunde, durchaus einiges an repräsentativer Bebauung erwarten. Denn obwohl diese *canabae legionis* vermutlich niemals Stadtrecht erlangten (s. u.), standen sie von der Großzügigkeit ihrer Anlage her und gewiß auch nach ihrer öffentlichen und privaten Ausstattung dem Aussehen vergleichbarer römischer Städte nicht nach. So muß es auch in Regensburg säulenumstandene Marktplätze (*fora*), Tempel, Thermen, Theater und Amphitheater sowie andere öffentliche Gebäude gegeben haben. Die Häuser wohlhabender Heereslieferanten sowie anderer Spitzen der Gesellschaft waren sicherlich mit allem Komfort ausgestattet: mit Bädern, Fußbodenheizung, Wandmalereien, säulenumstandenen Innenhöfen mit Springbrunnen und was man sonst noch an antikem Wohnluxus kennt. All diese Dinge harren noch der Erforschung, wenn sie nicht schon durch die Überbauung des Mittelalters und der Neuzeit gänzlich und unwiederbringlich verschwunden sind.

Siedlungsgrenzen und Straßensystem So bleibt aufgrund des schlechten Forschungsstandes unsere Kenntnis der Regensburger Zivilstadt noch recht bescheiden. Sogar die Ausdehnung der *canabae legionis* kann nur in sehr groben Zügen angegeben werden. Im Norden ist die zivile Ansiedlung durch die Donau begrenzt, im Osten durch das Legionslager. Da man vor dem Lagergraben wohl noch einen bebauungsfreien Streifen annehmen kann, dürfte die Siedlung etwa auf der Höhe der Oberen und Unteren Bachgasse angefangen haben. Ihre Südgrenze wird durch das Große Gräberfeld festgelegt, so ist beim Neubau des Justizgebäudes der Randbereich der *canabae legionis* erfaßt worden: Bereits im Bereich der Justizvollzugsanstalt dürfte keine größere römische Bebauung mehr vorhanden gewesen sein. Im Westen kennt man römische Baureste aus dem Dörnbergpark, am weitesten westlich gelegene Spuren fanden sich am Nonnenplatz und Am Singrün. Indessen ist es gerade hier keineswegs ausgemacht, daß es nicht doch noch eine weiter westlich gelegene römische Bebauung gab und diese nicht den umfangreichen mittelalterlichen und frühneuzeitlichen Stadtbefestigungen zum Opfer gefallen ist.

Vom Straßensystem der Westvorstadt ist gleichfalls nur sehr wenig bekannt; eine Rekonstruktion kommt ohne Hypothesen nicht aus. Archäologisch sicher nachgewiesen ist einzig die alte Straße von Kumpfmühl zur Donau, und zwar beim Großen Gräberfeld im Bereich der heutigen Bahnanlagen an der Kumpfmühler Brücke und am Bismarckplatz. Den an diesem Platz ergrabenen Fahrweg als Parallele einer eigentlichen Hauptstraße aufzufassen, ist unnötig, da die Römer ihre Verbindungen nicht immer, wie neuzeitliche Archäologen, schnurgerade mit dem Lineal gezogen haben. Übrigens war die Straße am Bismarckplatz geschottert und von Abwasserkanälen aus Steinplatten begleitet. Ihr weiterer Verlauf dürfte über Arnulfsplatz und Weißgerbergraben geradlinig zur Donau geführt haben, wo man am Ufer Reste einer Schiffslände beobachtet hat. Vermutlich ist also wohl (trotz anderslautender Spekulationen neuerer Zeit) in der Gegend des Eisernen Steges der römische Hafen Regensburgs anzunehmen. Eine zweite Hauptstraße, die Verlängerung der *via principalis* des Legionslagers, ist bislang nur erschlossen. Nach dem Verlassen der *porta principalis sinistra* lief sie wohl im Bereich der heutigen Gesandtenstraße zum Bismarckplatz, wo sie in die N-S-Achse einmündete. Von untergeordneter Bedeutung war sicherlich ein anderer Zubringer der großen S-N-Straße: dieser verlief südlich des sakralen Gebäudes am Justizgebäude und konnte als ein kurzes Stück einer von West nach Ost verlaufenden Trasse beobachtet werden. Auch dieses Straßenstück war geschottert.

Bauliche Überreste Größere Baukomplexe sind nur sehr wenige bekannt. Der bedeutendste wurde am Arnulfsplatz ergraben (Abb. 42). Zum Vorschein kamen hier Reste von einem größeren Wohnbau aus Stein, einschließlich der Hypokaustheizung eines Badetraktes und der Kanäle einer Fußbodenheizung. Im Innenhof, wohl ein sorgfältig angelegter Garten im Badetrakt, fand sich das Fundament einer Nischenarchitektur, die sich wohl als Brunnengrotte (Nymphaeum) rekonstruieren läßt. Ein zweiter Hof daneben wies ein Wasserbecken (Badebecken?) auf. Kleiner ist der Ausschnitt, den die Archäologie von einem weiteren Steinbau mit Hypokaustheizung und Apsis in der Wollwirkergasse sichtbar machte (Abb. 43). Er gehörte wohl zum Privatbad einer größeren Wohnanlage. In beiden Fällen handelte es sich um Überreste repräsentativer Stadthäuser, wie sie in regelmäßig nach dem Insula-System angeordneten Blöcken durchaus keine ungewöhnliche Erscheinung in der Lagervorstadt eines Legionslagers gewesen sein dürften. In grotesker Überschätzung der Qualität des Baubestandes wurden beide kürzlich (mit weitreichenden historischen Folgerungen) zu Wohn- bzw. Dienstsitzen des Legionslegaten und Statthalters hochstilisiert. Wirkliche Paläste der Römerzeit sahen freilich in Größe und Ausstattung ganz anders aus! Wenn sich darüber hinaus überhaupt etwas zur Baustruktur der *canabae legionis* aussagen läßt, dann vor allem, daß es neben solchen größeren, ganze Straßenblöcke umfassenden Stadthäusern auch kleinere Baueinheiten nach dem Typus der Streifenhäuser gab. Solche wurden am Bismarckplatz festgestellt. Mit Heizungen und bemalten Wänden relativ gut ausgestattet, orientierten sie sich nach Ausrichtung und wohl auch nach den Grundstücksgrenzen an der vorangegangenen, in den Markomannenkriegen abgebrannten Bauphase. Leider können Mauern, Keller und Brunnen am Ägidienplatz, bei St. Emmeram und am Evangelischen Krankenhaus wegen der kleinen Grabungsfläche vorerst nicht genauer bewertet

Abb. 41 Regensburg. Plan der bisher bekannten Reste des älteren Kastellvicus mit Brandgräberfeld (»Donausiedlung«; gerastert), Westvorstadt des Legionslagers *(canabae legionis)*, des Großen Gräberfeldes (schraffiert) und der frühmittelalterlichen Grabfunde am Alten Rathaus, Haidplatz, Bismarckplatz und um St. Emmeram (nach Osterhaus/Wintergerst).

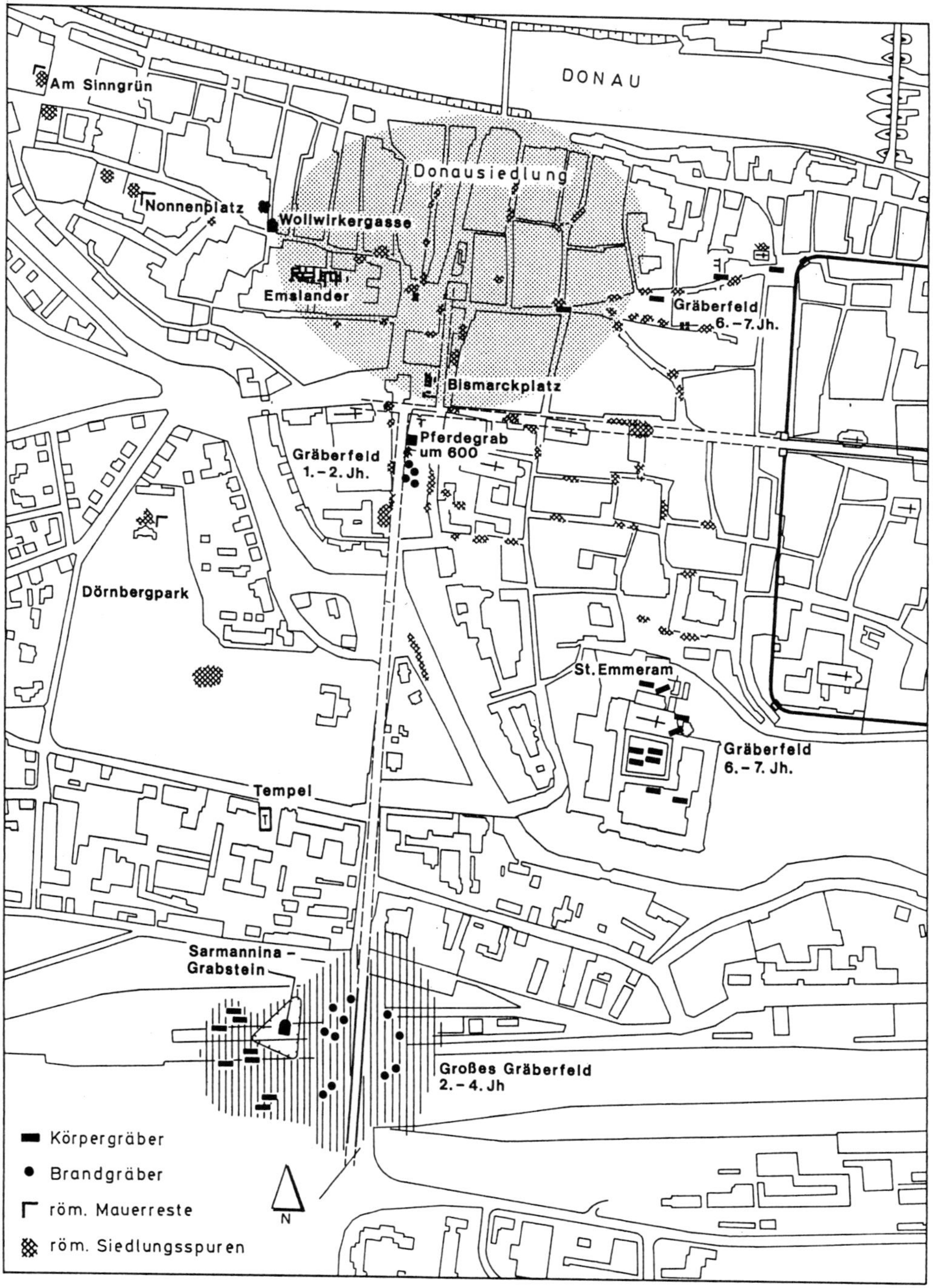
DONAU
Am Sinngrün
Donausiedlung
Nonnenplatz
Wollwirkergasse
Emslander
Gräberfeld
6. – 7. Jh.
Bismarckplatz
Pferdegrab
um 600
Gräberfeld
1. – 2. Jh.
Dörnbergpark
St. Emmeram
Gräberfeld
6. – 7. Jh.
Tempel
Sarmannina –
Grabstein
Großes Gräberfeld
2. – 4. Jh
Körpergräber
Brandgräber
röm. Mauerreste
röm. Siedlungsspuren
N

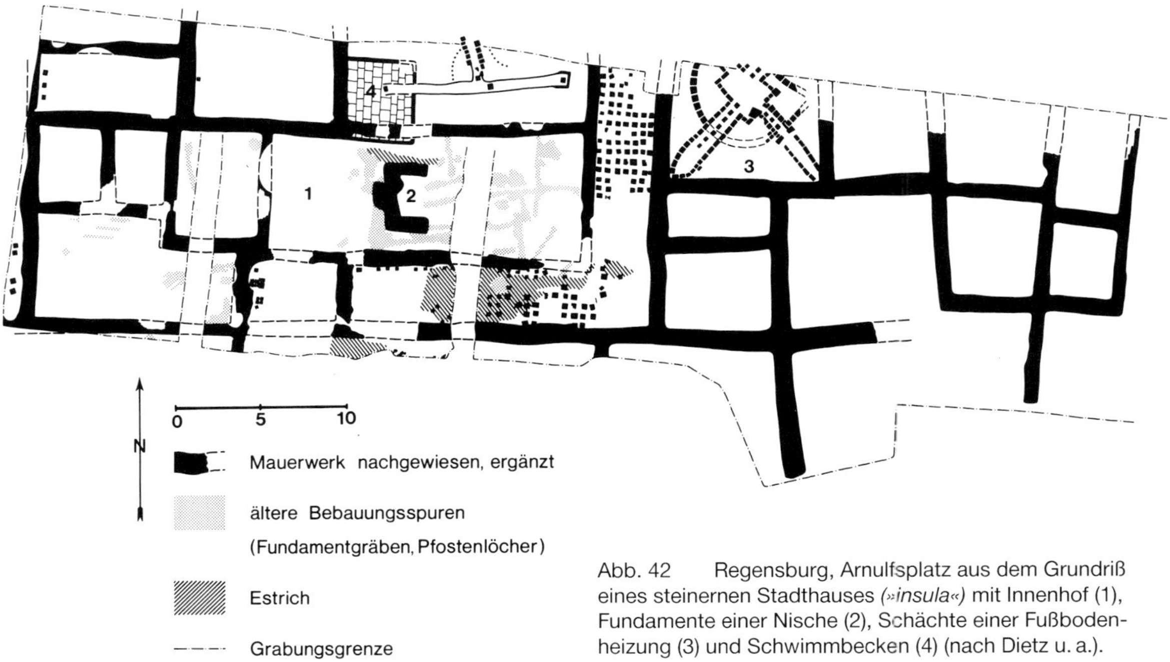

Abb. 42 Regensburg, Arnulfsplatz aus dem Grundriß eines steinernen Stadthauses (*»insula«*) mit Innenhof (1), Fundamente einer Nische (2), Schächte einer Fußbodenheizung (3) und Schwimmbecken (4) (nach Dietz u. a.).

werden. Das einzige bislang bekannte öffentliche Gebäude der Regensburger Lagervorstadt ist ein 17 × 11 m messender eingetiefter Bau, der unter dem Neubau des Justizgebäudes ergraben wurde. Fragmente der Werksteinausstattung und die Ecke eines Weihesteines oder Altares sichern neben der ungewöhnlichen Bauweise die Deutung als Heiligtum, eine kleine Bronzestatuette des ägyptischen Gottes Sarapis liefert einen vagen Hinweis auf die hier herrschende Art der Götterverehrung. Von den gewiß zahlreichen Gewerbebetrieben in den *canabae legionis* kennt man bisher nur eine Töpferei vor der südöstlichen Lagerecke sowie Darren im Bereich der westlichen Siedlungsareale am Singrün. Letztere benötigte man zum Reinigen von Spelzgetreide (Emmer, Einkorn, Dinkel) oder zum Rösten von Flachs.

Zur Rechtsstellung der *canabae legionis*

Die Frage nach der rechtlichen Stellung der Zivilsiedlung beim Lager der 3. Italischen Legion ist bis heute ein ungelöstes Problem. Wie die anderen Lagervorstädte in Britannien, am Rhein und an der Donau verdankten auch die Regensburger *canabae legionis* ihre Entstehung und Blüte in erster Linie der Truppe. An der rund 6000 Mann starken Legion hatten die dort ansässigen Handwerker, Kaufleute, Wirte usw. einen guten Abnehmerkreis.

Mit den Canabae nicht zu verwechseln sind die vom militärischen Fachpersonal (meist von den *immunes*) besorgten Nutzungsgebiete der Legion; dazu zählten Wälder, Felder, Weiden, Lehmgruben, Ziegeleien, Töpfereien, Kalkbrennereien, Steinbrüche, Jagdreviere und andere, an

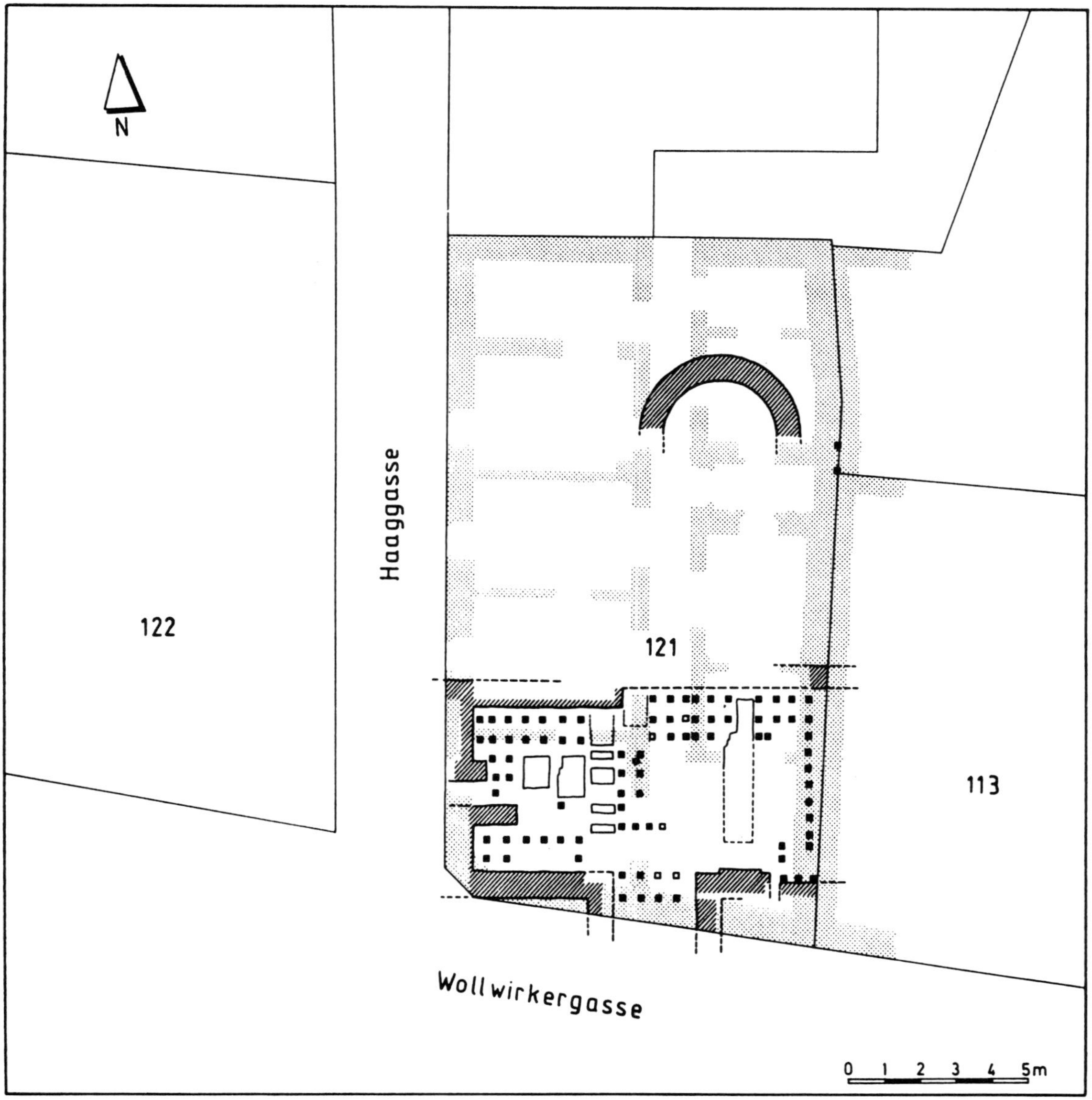

Abb. 43 Regensburg, Wollwirkergasse. Ausschnitt aus dem Grundriß eines Steingebäudes mit Pfeilerheizung (Hypokaust) und Apsis. Wohl von einem Bad, das in ein steinernes Stadthaus (*»insula«*) integriert war (nach Osterhaus/ Wintergerst).

Zahl und Ausdehnung nicht unbeträchtliche Legionsanlagen. Während nun das Lager und das zugehörige Nutzland, das *territorium legionis*, seit Septimius Severus (193–211) alle fünf Jahre »inventarisiert« wurden (*lustrum primipili*), unterlagen die Canabae dieser Aufsicht nicht, wie es denn überhaupt eine direkte rechtliche Überwachung der Lagervorstädte durch die Legionskommandanten offenkundig nicht gab. Erstaunlicherweise wurden diese Canabae dennoch nur selten mit regulären Stadtrechten ausgestattet, vielmehr hatten sie um 200 meist noch den Status von »Quasi-Gemeinden«: In einer Mischung aus privatrechtlicher und öffentlicher Korporation wurden ihre Aufgaben häufig durch eine Vereinigung der »Veteranen und (übrigen) römischen Bürger« wahrgenommen, die einen Dekurionenrat (*ordo decurionum*) bestellte, aus dem alljährlich zwei »Meister« (*magistri*) und daneben noch Quaestoren oder Aedilen gewählt wurden.

Neben diesen *canabae legionis* entwickelte sich in einer Entfernung von rund 1,5 bis 2,5 km nicht selten noch eine zweite Zivilsiedlung, der sogenannte Vicus, vielleicht auch, um eine zu dichte Bebauung direkt vor den Lagermauern zu vermeiden. Oft, aber nicht immer, erhielten nun nicht die Canabae, sondern die Vici im Laufe der Zeit Stadtrecht. Im Rheinland kennt man z. B. die Koloniestadt Colonia Ulpia Traiana in Xanten, die nur wenige Kilometer vom Legionslager Vetera II mit seiner *canabae legionis* entfernt als zweiter ziviler Siedlungskern gegründet und dann unter Trajan (98–117) zur Stadt erhoben und ausgebaut worden war. Im gesamten Donauraum und in Dakien befanden sich im 3. Jahrhundert bei den Standorten der Legionen auch Städte römischen Rechts, selbst neben der Regensburger »Schwestergarnison« *Lauriacum*/Lorch hat, trotz erheblicher Einwände, eine zivile Ansiedlung um 214 Munizipalrecht erhalten. Auch bei *Vindobona*/Wien, *Carnuntum*/Deutsch-Altenburg bzw. Petronell, *Brigetio*/Komárom-Szöny und *Aquincum*/Budapest lagen neben den *canabae legionis* weitere zivile Siedlungskerne mit Stadtrecht. Kann Regensburg angesichts dieses Befunds leer ausgegangen sein? – Durchaus!

Einmal lag es ohnehin in einer Provinz, die möglicherweise nicht so wie andere vollständig in Selbstverwaltungsbezirke und Staatsland aufgeteilt war und daher besonderer Verwaltungsformen bedurfte, zum anderen kannten die Römer eine feste Regel bei der Vergabe des Stadtrechts nicht. Nie zuteil wurde dieses z. B. den Canabae von Bonn, Straßburg und Mainz trotz der großen Bedeutung der jeweiligen Legionslager. Andererseits wurden bei *Apulum*/Alba Iulia in Dakien gleich beide Gemeinden neben der Legion zu Städten. Nun liegen in Regensburg die Dinge in mancher Hinsicht komplizierter, weil die *canabae legionis* anstelle einer zivilen Ansiedlung entstanden, die vermutlich selbst nur ein Kastellvicus war (S. 66ff.). Man kann daher mit gutem Gewissen sagen, daß sich in Regensburg das Legionslager nach einer vorherigen zivilen Siedlung (und dem dazu erforderlichen Vorgängerkastell) orientierte und nicht umgekehrt. Damit erweist sich der Siedlungsablauf im Donaubogen als vielschichtiger als man früher meist annahm. Entsprechend problematischer waren gewiß auch die örtlichen Rechtsverhältnisse. Daß die *canabae legionis* bei Regensburg je Stadtrecht erreicht haben, ist jedenfalls zweifelhaft.

Die führende Bevölkerungsgruppe: Aurelius Artissius und Kollegen In dieser Frage wird regelmäßig eine Vulcan-Weihung herangezogen, die 1899 auf dem Arnulfsplatz gefunden wurde (Farbabb. 4). Da es sich dabei wohl um die am meisten diskutierte Regensburger Inschrift handelt, müssen wir ihr etwas mehr Aufmerksamkeit widmen – auch wenn dies an den Leser einige Anforderungen stellt. Zunächst die Übersetzung der Inschrift: »Dem Volkanus geweiht. Aur(elius) Artissius AEDIL TERRITOR CONTR ETKR hat auf eigene Kosten (diesen Altar) gemacht; sein Gelübde erfüllte er gern und freudig für erwiesene Wohltat; gesetzt an den 10. Kalenden des September, als Orfitus Konsul war.«

Für die Auflösung des in Großbuchstaben wiedergegebenen Abschnitts wurden mehrere Varianten vorgeschlagen, von denen einige sich freilich schnell erledigten. Dazu zählte auch die von den Findern vorgeschlagene Ergänzung *aedil(is) territor(ii) contr(arii) et k(astrorum) R(eginorum)*, also »Aedil des jenseitigen Gebiets und der Kastra Regina«. Diese Deutung wurde bald verworfen, weil es, trotz periodisch auflebender gegenteiliger Spekulationen, auf dem nördlichen Donauufer bei Regensburg ein »jenseitiges Territorium« offenbar nicht gegeben hat. Dabei bleibt es, auch wenn in jüngerer Zeit (1983) ein sinnverwandtes *aedil(is) territor(ii) contr(ibuti) ektr(anei)* oder *ek(trarii)*, d. h. »Aedil des zugewiesenen ausländischen Territoriums«, vorgeschlagen wurde. Das ist sprachlich noch viel anstößiger und inzwischen zurecht als »völlig unhaltbar« zurückgewiesen worden.

Den stärksten Zuspruch findet die um 1915 gefundene Lesart: *aedil(is) territor(ii) contr(ibuti) et k(anabarum) R(eginensium)* – »Aedil des zugewiesenen Gebiets und der Canabae der Reginenser«. Trotz ihrer großen Verbreitung sind auch diese Version und die daraus abgeleiteten Interpretationen aus verschiedenen Gründen problematisch. So steht entgegen anderer Behauptung in der Inschrift nichts davon, daß der Aedil Artissius seine Weihung am Tag des Vulcanus (am 23. August) 178 aus Dankbarkeit gesetzt habe, weil die Errichtung der Canabae »ohne Brandschaden« vonstatten gegangen sei. Und die Datierung in das Jahr 178 ist ansprechend, aber alles andere als sicher; man hat andere Ansätze verteidigt, etwa in das Jahr 270 (was wohl zu spät ist) oder in das späte 2. Jahrhundert. Auch 165 oder 172 wäre angesichts der Vorgänge in den Markomannenkriegen denkbar. Vulcanus, der »die zerstörende und vernichtende Macht des Feuers« verkörpernde Gott, wurde in Italien und in den Provinzen häufig angerufen: Anlaß war meistens die Bitte um Schutz vor Bränden oder der Dank für die Hilfe bei ihrer Abwehr. Wenn nicht selten, wie in Regensburg, lokale Beamte diese Weihungen vollzogen, so wohl deshalb, »weil zu ihren Obliegenheiten auch das Feuerlöschwesen gehörte« (G. Wissowa). Freilich läßt sich nicht einmal sicher ausschließen, daß der Aedil Artissius seine Inschrift als Privatmann gestiftet hat.

Wie das historische Umfeld des Zeugnisses insgesamt, so bleibt auch die Deutung der Doppelfunktion des Aedilen umstritten. Bis in die jüngste Zeit wurde sie häufig versucht – ohne wirklichen Erfolg. Das Hauptproblem liegt in der Bestimmung des *territorium contributum*, des »zugewiesenen Territoriums«. Daß es mit Eisenminen zu tun hatte (S. Dušanić), ist schwerlich zu beweisen. Die einen vermuten dahinter vielmehr das Territorium der Legion selbst, auf dem Artissius als Amtsträger der Canabae irgendwie administrativ tätig gewesen sei (F. Vittinghoff). Andere sehen im *territorium contributum* das Territorium der Canabae, das daher Artissius »aus dem früheren Gebiet des – älteren – Lagerdorfes« ausgegliedert habe (A. Radnóti). Schließlich hielt man – gleichsam als Mittelweg – das *territorium contributum* für ein Gebiet, welches spätestens bei der Errichtung des Legionslagers »als Festungsglacis und für die Zwecke der Canabae, ferner der Industrieanlagen der Legion dem Militär zur Verfügung gestellt« worden sei (A. Mócsy). Darauf baut schließlich der allerjüngste Lösungsvorschlag vom Jahr 1991 auf (I. Piso). Ihm zufolge lag das *territorium contributum* in dem strategischen Sonderbereich »innerhalb der Leuga« (*intra leugam*), der im Umfeld eines Legionslagers im Radius von einer gallischen Leuga (= 2,222 km) existiert habe; allerdings sei das *territorium contributum* nicht mit diesem gesamten Sonderbereich gleichzusetzen, sondern nur mit demjenigen (Unter)-Territorium, das den »sich (bei den Canabae) aufhaltenden Veteranen und (übrigen) römischen Bürgern«, den *veterani et cives Romani consistentes (ad canabas)*, zugewiesen wurde. Leider bleiben auch hier Fragen. Vor allem ist die Übertragbarkeit dieser bislang nur in Carnuntum belegten Sonderzone *intra leugam* auf andere Legionslager nur eine Vermutung und derzeit ganz unbeweisbar; gerade für Regensburg stützt sie sich auf abwegige Überinterpretationen zum archäologischen Befund in der Wollwirkergasse (S. 138). Dennoch mag der Vorschlag inhaltlich den wirklichen Sachverhalt wenigstens zum Teil treffen. Ausgehend von einem Inschriftenfund aus Százhalombatta (südlich von Budapest), der *cives Romani territ(orii) Matricensium* belegt, schlagen wir vor, nicht ein *territorium contributum*, also ein »zugewiesenes Territorium« zu erwarten, sondern ein *territorium contributorum*, also ein »Territorium von zugewiesenen Personen«. Aurelius Artissius wäre dann gewesen *aedil(is) | territor(ii) contr(ibutorum) | et k(ivium) R(omanorum)*, d. h. »Aedil des Territoriums der Zugewiesenen (Einverleibten, Vereinigten) und der römischen Bürger«. Einen Aedil der römischen Bürger, einen *aedes custos c(ivium) R(omanorum)*, gab es etwa auch in den Canabae von Apulum in Dakien, und die *contributi* wären vergleichbar den in anderen Lagervorstädten in den Formeln *veterani et cives Romani* bzw. *conscripti et cives Romani consistentes* belegten »niedergelassenen Veteranen« bzw. »Hinzugeschriebenen«. Gemeint sind also Bevölkerungsgruppen, die nicht als gebürtige *canabenses* durch ihre Herkunft (*origo*) in den Canabae ansässig waren, sondern dort Wohnrecht (*domicilium*) hatten, beispielsweise um in ihren Geschäftskontoren Handel zu treiben. Dabei war es nicht zwingend, daß die ansässigen Nichtbürger einer Gebietskörperschaft, die *incolae et contributi* oder *consistentes* heißen konnten, im baulichen Verbund (*intra continentia aedificia*) mit den originären Einwohnern lebten, welche man je nach Gemeinde *municipes, coloni, canabenses* nannte. Auf die Regensburger Verhältnisse übertragen, heißt das, die Zugezogenen und die römischen Bürger hatten als die zweifellos tonangebende Schicht der Canabae der 3. Italischen Legion offenbar ein eigens verwaltetes Gebiet. Obschon die Weihung des Artissius keineswegs zwingend an ihrem ursprünglichen Standort gefunden wurde, könnte doch der oben (S. 137 ff.) skizzierte archäologische Befund dafür sprechen, daß dieses wohlhabendere Viertel der »Zuagroasten« im Bereich des Arnulfsplatzes begann und sich nach Westen erstreckte. Solche ansässige Händler dürfen wir etwa in den Stiftern mancher Weihungen der Regensburger Heiligtümer vermuten.

Römische Tempel: Ziegetsdorf und andernorts

Auf der Höhe des Ziegetsberges, von der aus der Donaubogen gut zu übersehen war, lag westlich der Straße nach Augsburg ein um 180 gegründeter

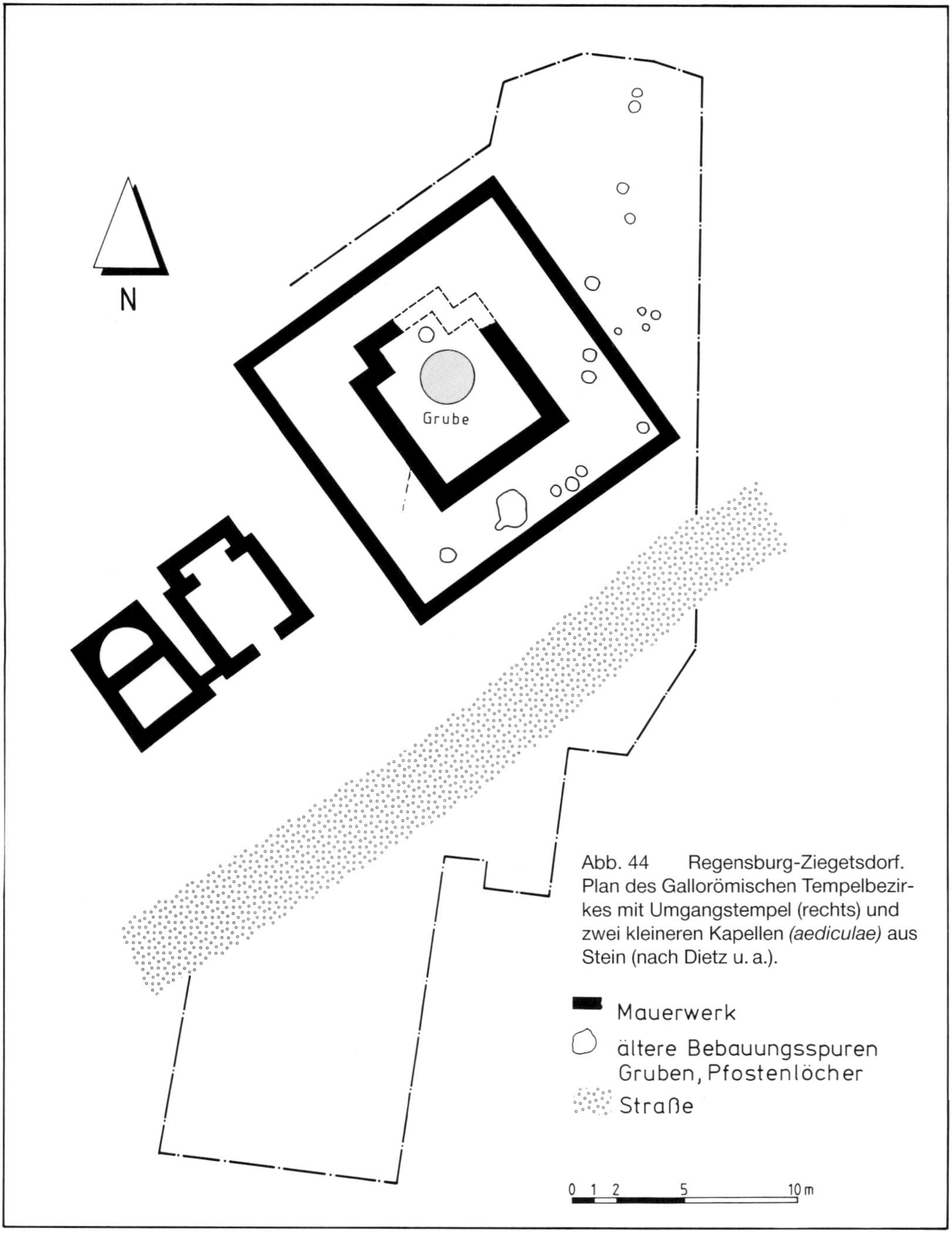

Abb. 44 Regensburg-Ziegetsdorf. Plan des Gallorömischen Tempelbezirkes mit Umgangstempel (rechts) und zwei kleineren Kapellen *(aediculae)* aus Stein (nach Dietz u. a.).

Tempelbezirk, der 1934/35 durch G. Steinmetz fast vollständig ausgegraben wurde (Abb. 44). Zu ihm gehörte ein großer Tempel mit Apsis von ca. 14 × 14 m Seitenlänge (die Cella maß 7 × 7 m), der den Typ des sog. Gallorömischen Umgangstempels vertritt. Diese Bauform ist in Raetien nicht heimisch und sehr selten, sie wurde aus dem Westen (Gallien) an die Donau verpflanzt. Zum Tempelbezirk zählten ferner zwei kleine Kapellen und die Standspuren von mindestens sechs Kultmonumenten. Zahlreiche (später zerschlagene) Kultbilder und Weihesteine belegen die Verehrung des Merkur (Abb. 45) und seiner Mutter Maia. Als Stifter von sakralen Denkmälern und Erbauer der Kultgebäude sind Angehörige der Regensburger Legion und Zivilpersonen inschriftlich belegt. Irgendwann im 3. Jahrhundert hat der Optio Gaius Rufonius Placidus den vom Feuer verzehrten Tempel aufgrund eines Gelübdes wiederhergestellt. Dabei trug der verehrte Merkur einen Beinamen wie Cultor, Meator, Viator oder Victor (leider sind nur noch die Buchstaben TOR erhalten).
Eine breitrandige Weihinschrift, mit zwei übereinanderstehenden, nach außen geöffneten, halbmondförmigen Sichelbögen verziert, ist trotz ihrer starken Schnörkel vermutlich älter; die rot ausgemalten Buchstaben waren sorgfältig ausgeführt: »Dem Merkur (weihten diesen) Tempel Cas(sius?) A[vit?]tus und Cas(sius?) [Ca]mulinus gern und freudig für erwiesene Wohltat.«
Bei den beiden Stiftern könnte es sich sehr wohl um Händler aus den gallisch-germanischen Provinzen gehandelt haben. Ob der Optio Placidus das Heiligtum der Cassier erneuert hat, ist fraglich: immerhin war die Weihetafel der Cassier fast doppelt so groß wie die des Placidus. Auch eine dritte Inschrift, die zwei Trierer Bürger, Gaius Iuvalius Atrectus und Gaius Acceptus – vielleicht

Abb. 45 Regensburg-Ziegetsdorf. Kalksteinstatue des Merkur mit Mantel, Heroldsstab *(caduceus)* und Geldbeutel, daneben ein Ziegenbock, alles geläufige Attribute des Merkur. Museum der Stadt Regensburg

wie die Cassier Brüder oder Vater und Sohn –, gesetzt haben, dürfte ihrer Form nach zu einem Bauvorhaben gehört haben. Als Fernhändler (*negotiatores*) hatten sie natürlich allen Grund, dem Schutzgott der Kaufleute und des Handels bei Ankunft und Abreise einen Tribut zu zollen. Andere hatten andere Anliegen, die in der Regel anonym bleiben. Architektonisch kunstvoll verziert ist der Altar mit profiliertem Fuß, korinthischen Eckpilastern, einem vorkragenden Gebälk einschließlich Faszienarchitrav und Fries, welchen »zu Ehren des göttlichen Hauses dem Gotte Merkur und seiner Mutter Maia Gaius Servandius Serotinus, Centurio der 3. Italischen Legion, und Servandius Herculanus, sein Sohn«, stifteten. Insgesamt sind drei, jeweils durch Zerstörung unterbrochene Benutzungsphasen nachgewiesen. Da die Funde bis in die Spätantike reichen, könnte die abschließende Zerstörung durch christliche Eiferer erfolgt sein.

Natürlich waren dies nicht die einzigen Heiligtümer in und um Regensburg. Die meisten sind unentdeckt. So auch der Standort eines zu Ehren des Kaiserhauses am 29. Juli 211 wiederhergestellten Tempels für Mars und Victoria. Obwohl die genannten Gottheiten in der Kaiserzeit bevorzugt Heeresgötter waren, die sogar das Kultbild des kaiserlichen Genius im Fahnenheiligtum zieren konnten, haben ihnen auch Zivilpersonen Weihungen dargebracht, z. B. die Bewohner von Nassenfels, die *vicani Scuttarenses*. In unserem Fall war der Stifter Sullanius Albucius ein ins Zivilleben zurückgekehrter Veteran. Seine Baumaßnahmen verdeutlichen gut, welche große gesellschaftliche Rolle Veteranen zu Beginn des 3. Jahrhunderts in der Nachbarschaft ihrer ehemaligen Garnison spielten. Dabei hatte er als *cornicularius tribuni* lediglich die höchste Stufe des gemeinen Soldatendienstes erklommen. Als Vorsteher der Kanzlei und eine Art Ordonnanz eines Militärtribuns war er durch die Nähe zum Vorgesetzten in manchem wohl besser gestellt als mancher ranghöhere Kamerad.

Eine weitere Weihung, vielleicht gleichfalls für Mars und Victoria, ist einige Jahre jünger und dem Wohlergehen des Kaisers Severus Alexander (222–235) gewidmet. Man hat die nur 3,5 cm dicke weiße Marmorplatte um 1798 an der Ecke Dr.-Martin-Luther-Str. / Hemauerstraße gefunden. In wenigstens vier Spalten wurden hier Stifter verzeichnet, von denen noch 53 wenigstens teilweise namentlich bekannt sind. Zumeist werden diese Personen für Soldaten gehalten, und man hat gar geglaubt, der Stein sei dem anwesenden Monarchen von einem aus dem Perserkrieg in sein Standlager Regensburg zurückgekehrten Verpflegungstrupp gesetzt worden. Da indessen keinerlei militärische Dienstgrade verzeichnet sind, wohl aber ein Kassenwart (*quaestor*) Iulius Iulianus gleich zweimal genannt und ein Aurelius Quartinus Iulianus ausdrücklich als Veteran bezeichnet ist, wird als Stifter eher ein ziviles Kollegium, etwa eine Berufsgenossenschaft, in Frage kommen. Daran ändert auch die Tatsache nichts, daß neuerdings ein *frumentarius* der 3. Italischen Legion durch eine Weihung aus Rom bekannt wurde, der Aurelius Silvinus hieß und wohl gleichfalls unter Severus Alexander lebte (S. 108). Die gleichnamige Person in Zeile 6 der ersten Spalte auf der Regensburger Weihetafel muß nicht mit ihm identisch gewesen sein. Dazu war ein solcher Name zu alltäglich.

Durch eine bereits kurz vor 1594 bei der Erbauung des Jesuitenkollegs in der Nähe des ehemaligen Peterstores gefundene Inschriftplatte kennen wir ein weiteres, vermutlich nicht mit den Anlagen am Ziegetsdorf identisches Heiligtum für Mercurius, der hier den Beinamen *Censualis* (wörtlich:

»die Schatzung betreffend«) trug (Abb. 46). Die in vertieftem Feld angebrachte Inschrift wurde beiderseits von zwei S-förmigen Ranken eines Akanthusornaments begrenzt (erhalten ist nur noch der linke Flügel). In verschieden großen rechteckigen Nischen sieht man daneben die Büste einer Frau mit Füllhorn, während in der Nische darunter ein geflügelter nackter Eros die seitliche Begrenzung hält. Ihm entsprach auf der Gegenseite ein zweiter Eros, über dem sich vermutlich die Büste des Merkur befand. Zu Ehren des Kaiserhauses und besonders zum Heile des regierenden Septimius Severus und seiner Söhne Caracalla und Geta weihten wahrscheinlich am 9. September 204 Fernhändler (*negotiatores*) ihre Stiftung ein. Die bislang nicht richtig gedeuteten Zeilen 5–8 sind am ehesten wie folgt zu lesen: *t[emplum] | restituerunt [et aram] | cum signi[s inargenta]|tis*

Abb. 46 Regensburg. Weiheinschrift aus Kalkstein an Mercurius (mit dem Beinamen) Censualis, gestiftet von Händlern anläßlich der von ihnen finanzierten Wiederherstellung von Altar und Tempel. Museum der Stadt Regensburg

vetus[tate conlapsis]. Danach hätten die Stifter den von ihnen restaurierten Tempel einschließlich der versilberten Standbilder wiederhergestellt. Censualis, das Wesensmerkmal (die Hypostase) des Gottes Mercurius, weist wohl auf die Nähe staatlicher Organe hin, daher wird dieses Heiligtum am ehesten in der Zivilsiedlung neben dem Legionslager und in der Nähe des vornehmeren Bezirks hinter dem Arnulfsplatz gestanden haben. Von diesem Platz stammt übrigens sicher nicht nur die Vulcanus-Weihung des Artissius, sondern auch die Bauinschrift des Albucius für Mars und Victoria.

Ein weiteres Heiligtum aus dem näheren Umfeld Regensburgs ist gleichfalls nur aus einer Inschrift zu erschließen, aber nicht archäologisch lokalisiert: Am Weinweg an der römischen Straße nach Großprüfening fand sich ein Weihealtar aus Kalkstein für Liber Pater, den mit Dionysos-Bacchus gleichgesetzten römischen Weingott. Gestiftet hatte ihn »zu Ehren des Kaiserhauses . . . Publius La[. . .]tius Salutaris, Optio der 3. Italischen Legion, der auch den Umgang (*porticus*) machte«. Ob der Stein als wirkliches Zeugnis für Regensburger Weinbau in römischer Zeit ausreicht, wie es die Lokalhistorie wissen will, ist eher zu bezweifeln. Vielmehr müssen wir in der Umgebung Regensburgs weitere kleinere Heiligtümer für die verschiedensten Gottheiten voraussetzen.

Die Friedhöfe

Die ordnungsgemäße Bestattung der Toten war den Römern ein wichtiges Anliegen. Schon das älteste römische sog. Zwölftafel-Gesetz aus der Mitte des 5. Jahrhunderts v. Chr. regelte die Lage der Bestattungsplätze: Tote durften nicht innerhalb einer Siedlung bestattet werden. Dement-

sprechend lagen auch die Nekropolen der Kaiserzeit außerhalb der Siedlungen entlang der Hauptstraßen, die ein Stück weit zu regulären Gräberstraßen ausgebaut wurden. Die dort errichteten Grabmäler mit ihrem Reliefschmuck und ihren Inschriften sollten den Lebenden Namen, Beruf und Taten derjenigen möglichst lange verkünden, die hier bestattet lagen.
Zu der Zeit, als das Regensburger Legionslager gegründet wurde, herrschte immer noch die Sitte der Brandbestattung vor. Man verbrannte die Toten im Rahmen eines feierlichen Zeremoniells auf dem Scheiterhaufen und setzte die Asche sorgsam bei. Als Urnen nahm man zumeist einfache Töpfe aus Ton, wie man sie sonst zum Kochen oder bei der Vorratshaltung von Lebensmitteln benutzte. Daneben gab es beinahe ausschließlich beim Grabbrauch verwendete Formen. Wesentlich seltener waren Urnen aus Stein, Blei oder Glas. Zur Not wurden einfache Stoff- oder Lederbeutel bzw. Holzkästchen zur Beisetzung des Leichenbrandes im Boden verwendet.

Beigaben und Grabmonumente Oftmals waren Beigaben in den Gräbern enthalten. Als Symbol des ewigen Lebens konnte eine Öllampe beigegeben werden, gläserne Parfümfläschchen (Balsamarien) waren die letzten Geschenke von Hinterbliebenen an die Toten. Um den Fährmann Charon über den Unterweltfluß Styx bezahlen zu können, legte man gelegentlich eine oder mehrere Münzen mit ins Grab, ebenso tönerne Räucherkelche, in denen während der Bestattungszeremonien Weihrauch verbrannt wurde. Weitere Beigaben bestanden aus persönlichen Erinnerungsstükken und Dingen, zu denen der oder die Verstorbene eine besondere Beziehung hatte: Schmuck (Farbabb. 5) und die dazugehörigen Kästchen, Amulette, Messer und Löffel vom Eßbesteck, Schreibzeug, Spiegel, Brettspiele und Würfel. Soldaten und Veteranen traten auch ihre letzte Reise in Uniform an: auf diese Weise kamen Gürtelbeschläge aus Bronze und Silber, Mantelfibeln (Farbabb. 6) und die Nägel von genagelten Schuhen in die Gräber. Kinder bettete man vielfach mit ihren Spielsachen, Tieren aus Keramik (Abb. 47) etc., zur Ruhe. Als Beigaben oder als Überbleibsel des am offenen Grab abgehaltenen Totenmahles ist das Geschirr aus Keramik und Glas aufzufassen, das oft in beträchtlicher Menge in den Grablegen zum Vorschein kam. Verbrannte Knochen von Hühnern, Tauben, Schweinen und Rindern bezeugen entweder Speisebeigaben oder sind ebenfalls dem Totenmahl oder Opferhandlungen zuzuschreiben. Manche Gräber fallen völlig aus dem Rahmen und entziehen sich sogar jeglicher Erklärung: So enthielten zwei Gräber vom Großen Gräberfeld in Regensburg (s. u.) Unmengen von Eierschalen, ein Rinderskelett und in einem Fall 731, im anderen 231 Münzen.
Viele der Brandgräber des 2. und 3. Jahrhunderts in Regensburg werden einfache Erdgräber gewesen sein, deren unscheinbare oberirdische Markierung aus vergänglichem Material, etwa aus Holz, bestanden hat. Allerdings gibt es daneben zahlreiche Überreste steinerner Grabmonumente (Farbabb. 7), weshalb deren Anteil einst recht hoch gewesen sein muß. Leider ist Allzuvieles davon dem Zahn der Zeit zum Opfer gefallen: Schon in der Spätantike, vor allem aber im Mittelalter und noch in der frühen Neuzeit hat man die Überreste der römischen Grabsteine als willkommenes Baumaterial wiederverwendet oder gar zu Kalk gebrannt!
Die Unterschiede in Größe und Preis dieser steinernen Grabanlagen war beträchtlich. Vom einfachen Gedenkstein mit oder ohne Bildnis des Verstorbenen und seiner Familie bis hin zum

Abb. 47 Regensburg. Hühnerstatuetten aus Ton (Kinderspielzeug). Grabbeigaben vom Großen Gräberfeld (2.–3. Jh. n. Chr.). Museum der Stadt Regensburg

monumentalen turmähnlichen Pfeilergrabmal mit reichem Reliefschmuck (Farbabb. 8) gab es alles. Dabei hat man beobachtet, daß die größten und teuersten Grabmonumente und Grabbezirke möglichst nahe an den Straßen lagen, also dort, wo sich die Friedhöfe entwickelten: Noch im Tode konkurrierte man um die Sichtbarkeit von Inschriften und Bildschmuck, die ein Weiterleben in der Erinnerung der Lebenden gewährleisteten!
Spätestens gegen Ende des 3. Jahrhunderts ging die Sitte der Brandgräber zurück, während sich zunehmend Körperbestattungen durchsetzten. Nun beerdigte man die Toten meist in Holzsärgen; für reichere Leute, die es sich leisten konnten, gab es auch große Kalksteinsarkophage. Diese wurden noch bis in das Mittelalter hinein zur Bestattung prominenter Toter, z. B. von Klerikern, wiederbenutzt. In der Spätantike nahmen dann einfache Erdbestattungen immer mehr zu, Grabsteine gab es nur noch selten. Auch die Beigabensitte ging drastisch zurück – bis hin zur völligen Beigabenlosigkeit. Hierin kann man den Einfluß des Christentums mit seinen veränderten Jenseitsvorstellungen sehen, der sich etwa auch darin zeigt, daß auf einem Sarkophag die »heidnische« Eingangsformel *D(is) M(anibus)* ausgemeißelt wurde (S. 153f.).

Das »Große« Gräberfeld Die große Nekropole, beiderseits der römischen Hauptstraße nach Augsburg südlich der *canabae legionis* gelegen, wurde schon im 18. Jahrhundert entdeckt. Immer wieder konnte man, z. B. bei der Anlage von Lehmgruben, Gräber und Grabmonumente bergen. Der Bau der Ostbahn in den Jahren 1872 bis 1874 hat diesen großflächigen Friedhof in weiten Bereichen zerstört. Es ist das große Verdienst des Pfarrers Dahlem, hier vieles gerettet und in einer für damalige Zeiten vorbildlichen Dokumentation aufgezeichnet zu haben. Spätere Untersuchungen waren nur von geringerer Bedeutung.
Die Geschichte der Grabungen und das, was man von diesem sog. Großen Gräberfeld weiß, hat S. von Schnurbein in einer Münchner Disserta-

tion 1977 publiziert (Abb. 48). Diese Nekropole lag beiderseits der Bahn im Umfeld der heutigen Kumpfmühler Brücke. Sie muß südlich der Justizvollzugsanstalt eingesetzt und im Süden bis zur Achse Kirchmeierstraße-Friedensstraße gereicht haben. Nach Osten zu dehnte sie sich bis zu ca. 80 m von der antiken Hauptstraße entfernt aus, im Westen bis zu ca. 190 m. Die älteren Brandgräber flankierten die Nähe der Straßenseiten, und dort standen auch die Fundamente der größeren Grabmonumente. Östlich und westlich dieses Brandgräberbereiches schlossen die jüngeren Körpergräber an. Man hat die Gesamtzahl der Bestattungen vorsichtig auf 6000 beziffert, doch dürfte diese Zahl viel zu niedrig angesetzt sein. Trotz der starken Einbußen durch unbeobachtete Zerstörungen sind die Fundmassen vom Großen Gräberfeld im Regensburger Museum beträchtlich: sie bilden noch heute den Grundstock der römischen Sammlungen.

Die Bearbeitung des großen römischen Gräberfeldes durch S. von Schnurbein und U. Koch hat mit hoher Wahrscheinlichkeit eine ununterbrochene Belegung durch eine römische bzw. romanisierte Bevölkerung Regensburgs seit dem 2. Jahrhundert bis in das frühe Mittelalter hinein aufgezeigt. Freilich ist es auch auf diesem Friedhof problematisch, diese Kontinuität niet- und nagelfest nachzuweisen, weil sich die große Zahl beigabenloser, in der Regel christlicher Gräber des 4. und 5. Jahrhunderts der genaueren Datierung entzieht. Überdies fällt auf, daß hier die sonst auf römischen Kastellfriedhöfen für die zweite Hälfte des 4. und für das frühe 5. Jahrhundert üblichen Militärgürtel und Zwiebelknopffibeln, wie sie für die Bestattungen von Soldaten (zumeist germanischer Herkunft) charakteristisch sind, weitgehend fehlen. Daraus folgt wohl: Entweder hat man die entsprechenden Bereiche des Friedhofs im vorigen Jahrhundert nicht erforscht, oder aber die Soldaten der Spätzeit bestatteten in einer anderen Nekropole. Im frühen Mittelalter nahmen einige Personengruppen römischer Abstammung (sog. Romanen) offensichtlich die Beigabensitte in germanischer Tradition, d. h. die Bestattung in Tracht und mit Waffen, wieder auf, wobei diese Romanen, wie auch anderwärts zu beobachten, schwere Bewaffnung wie Spathen (Langschwerter) und Schilde nicht übernommen haben. Erst im 8. Jahrhundert, als mit der Erstarkung der Kirchenorganisation auch die Beigabensitte endgültig versiegte und die Toten bei den christlichen Gotteshäusern beigesetzt wurden, hat man auch das Große Gräberfeld der römischen Bevölkerung Regensburgs aufgegeben.

»Den Totengöttern ...« Die Grabinschriften des 2. und 3. Jahrhunderts zeigen deutlich, daß hier im Großen Gräberfeld vor allem Soldaten mit ihren Familien beigesetzt waren. Eine oben giebelförmig abgeschrägte Platte aus Kalkstein mit einer eingetieften Porträtnische, in der die Büsten der auf der Inschrift erwähnten Personen in einheimischer Tracht je paarweise zueinander gekehrt dargestellt sind, läßt sich aufgrund stilistischer Merkmale in die Zeit ab 218 datieren. Sie trägt die Inschrift: »Für Flavia Ispana, die 18 Jahre lebte, für Todia Inpetrata, die 9 Jahre lebte; ihre lebende Mutter Iulia Victorina, die sie sehr liebte, ließ (dieses Grabmal) machen, auch für Flavius Fortio, ihren lebenden Schwiegersohn. Den Totengöttern.«

Aus derselben Werkstatt und vielleicht sogar von einer Hand stammen zwei andere, wohl etwas jüngere Grabplatten, deren Inschriften ähnlich lauten: »Den Totengöttern und der ewigen Ruhe. Lucius Aurelius Valerianus, Centurio, und Maria, die Eltern, ihrem süßesten Sohn Aurelius Victo-

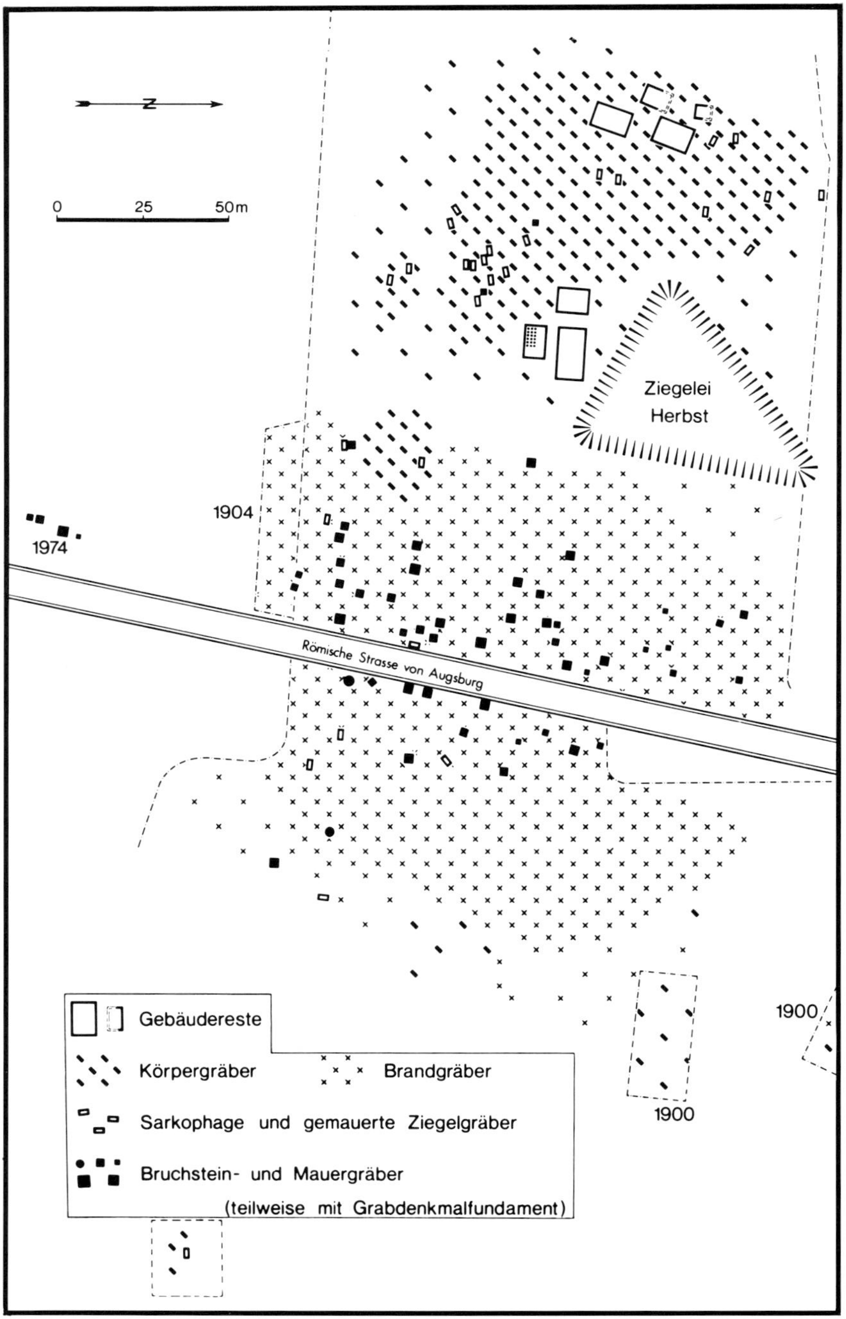

Abb. 48 Regensburg. Plan des großen Gräberfeldes (nach Dietz u. a.).

rianus, der 7 Jahre und 8 Tage alt wurde. Die Eltern haben dieses Grabmal gesetzt.« Ferner: »Den Totengöttern. Für den Pollio der 3. Legion Flavius Amabilis, der 40 Jahre lebte, für seinen Sohn Flavius Amandus, der 4 Jahre lebte, und für den lebenden (Sohn) Flavius Constans ließ die Gattin Flavia Maternina (diesen Grabstein) machen. Möge dir die Erde leicht sein!« Über den merkwürdigen Dienstgrad des Amabilis wurde oben schon kurz gesprochen.

Ganz einfach, aber sauber gearbeitet ist die Kalksteinplatte mit dreifach gerahmtem Schriftfeld, die erst 1959 auf dem sog. Großen Gräberfeld beim Güterbahnhof gefunden wurde; sie haben einst Aurelius Theodorus und Claudia Surilla für ihren Sohn Aurelius Sammo machen lassen, der 11 Jahre, 6 Monate und 18 Tage gelebt hat.

Die Kindersterblichkeit war hoch. Dementsprechend betreffen insgesamt 38 Altersangaben auf 25 Regensburger Grabinschriften in 17 Fällen Verstorbene unter 20 und zwölf Mal sogar Kinder unter 10 Jahren! Gelegentlich wurden ganze Familien ausgelöscht. So hat man vermutet, daß Marcus Vindelicius Surinus – 40 Stempeln aus Abbach, Alkofen, Eining, Sittling und Pförring zufolge einst Besitzer oder Pächter einer Privatziegelei in Sittling nahe Eining – durch die Pest während oder nach den Markomannenkriegen seine drei Kinder verloren hat. Die betreffende Grabinschrift hat schon Aventinus gekannt; sie war 1507 in der Alten Kapelle vermauert: *D(is) M(anibus) et memorie miserrimorum Vindelicis Ermogeniano et V[i]ctori et Sure fil(iis) Vindel(icius) Surinus infelix pater f(aciendum) c(uravit).* »Den Totengöttern und dem Andenken der Allerärmsten! Den Vindelicii (mit Beinamen) (H)ermogenianus und Victor und Sura, seinen Kindern, hat Vindelicius Surinus, ihr unglücklicher Vater (diese Grabinschrift) machen lassen.«

Hierher gehört ferner ein im Bereich der ehemaligen Ziegelei Herbst gefundener, vollständig vergrabener Sarkophag mit Deckel aus Kalkstein. In ihm fanden sich nur noch Reste eines etwa 158 cm großen weiblichen Skeletts, vom Schädel waren bloß noch das Gesicht und die beiden Schläfenbeine erhalten. Der in sauberen Buchstaben eingemeißelte Text war ehedem blau eingefärbt, bevor er 1979 (!) leider rot übermalt wurde. Er ist mitleiderregend: *D(is) M(anibus). Cl(audius) Reticus vet(eranus) ex leg(ione) III Ital(ica) Aur(eliae) Lucinae quondam coniugi carissimae, vix(it) an(nos) XXXV, et Ursioni f(i)lio, vix(it) an(nos) XII, et Regulae filiae, vix(it) an(nos) V, et Luciae filiae, vix(it) an(nos) III, f(aciendum) c(uravit).* »Den Totengöttern. Claudius Reticus, Veteran der 3. Italischen Legion, ließ (diesen Sarkophag) für seine ehemalige, heißgeliebte Frau Aurelia Lucina, die 35 Jahre lebte, für seinen Sohn Ursio, der 12 Jahre lebte, für seine Tochter Regula, die 5 Jahre lebte, und seine Tochter Lucia, die drei Jahre lebte, machen.« Ausgerechnet der Veteran überlebte. Man hat an eine Seuche gedacht, die seine Lieben hingerafft haben könnte. Natürlich wären viele andere Spekulationen möglich.

Ein anderes Phänomen an diesem Sarkophag ist indessen Realität: Die Darstellung von Beil und Setzwaage auf der Sarkophagvorderseite versicherte nach dem Willen des Reticus das exklusive Verfügungsrecht über das Grab, d. h., nur der bezeichnete Personenkreis, nicht aber deren Erben sollten über das Grab verfügen. Dies scheint in unserem Fall nicht auf Dauer gewirkt zu haben. Darauf weist die Ausmeißelung von *D(is) M(anibus)* zu Beginn der Inschrift. Irgend jemand hat daran Anstoß genommen. Eine solche Tilgung dieser »heidnischen« Totenformel findet sich etwa auch in Rom öfter. Natürlich ist im einzelnen der Grund dafür schwer auszumachen; auffallend ist aber, daß in allen Grabinschriften, die im Fußboden von San Clemente in Rom wiederverwendet wurden, diese Lettern ausgemeißelt sind; das deutet darauf hin, daß den Christen gelegentlich und mancherorts – keineswegs immer – die heidnische Anrufung der Manen anstößig war. Da die Klammern des Sarkophags bei seiner Auffindung am 18. April 1873 intakt waren – nur der Deckel weist eine Beschädigung auf, die auf antike Grabräuber zurückgehen könnte –, scheint er christlich wiederverwendet und vergraben worden zu sein.

Die übrigen Gräberfelder

Der Südfriedhof Ein zweites größeres Gräberfeld ruht wohl noch zu einem großen Teil im Bereich des Fürstlich Thurn und Taxisschen Schloßparks ungestört im Boden. Es handelt sich um eine Nekropole, die sich entlang der Straße hinzog, die als Verlängerung der *via decumana* die *porta decumana* in Richtung Süden verließ. Nur beim Bahnhofsbau im 19. Jahrhundert kamen hier Brandgräber zutage, die allerdings nicht sehr genau dokumentiert worden sind.

Kleinere Friedhöfe Im Osten und Südosten gibt es z. T. nur sehr vage Spuren von kleineren Friedhöfen. Dabei scheint es sich nicht immer nur um Bestattungsplätze zu handeln, die direkt mit dem Legionslager oder den *canabae legionis* zusammenhängen, sondern in manchen Fällen auch um die privaten Nekropolen von Gutshöfen. Eine genauere Interpretation fällt aber hier aufgrund der schlechten Dokumentation und aufgrund der Tatsache, daß noch keine eingehende wissenschaftliche Bearbeitung dieser Gräber vorliegt, nicht leicht.

Der Spätantike und dem frühen Mittelalter gehören Bestattungen an, auf die man unter dem Alten Rathaus stieß; die frühmittelalterliche Nekropole setzte sich in Richtung Haidplatz fort. Dieses späte römische Gräberfeld, das bisher nur durch wenige Gräber der Zeit um 400 bekannt ist, lag in den Resten der ehemaligen *canabae legionis*. Vielleicht wurden hier auch die überwiegend germanischen Soldaten der Spätzeit bestattet, deren charakteristische Beigaben bei den spätantiken Gräbern des Großen Gräberfeldes nicht angetroffen worden sind.

Kastell und Lagerdorf von Regensburg-Großprüfening

Eine wichtige Fundstelle der Römerzeit liegt südlich der Donau im Bereich der Naabmündung. Sie wurde erst zu Beginn des 20. Jahrhunderts entdeckt und in den letzten Jahren wenigstens teilweise erforscht, vor allem im Rahmen von Bauarbeiten im Zusammenhang mit der Kanalisierung der Donau. Die große Menge des bisher analysierten Fundmaterials erweist eindeutig ein Kastell mit Lagerdorf und Gräberfeldern, das gleichzeitig oder kurz nach der Gründung des Regensburger Legionslagers entstanden war (Abb. 49). Die Siedlung lag an einer römischen Straße, die als eine Art militärischer Patrouillenweg die Donau begleitete. Zweifellos sollte von hier aus das Naabtal militärisch observiert werden, das ja einen wichtigen Verkehrsweg nach Mitteldeutschland darstellte. Eine nahe Furt oder Fährstelle an der Donau bei Mariaort war schon in vorrömischer Zeit von überregionaler Bedeutung gewesen. Welche Truppen hier stationiert waren, weiß man mangels epigraphischer Zeugnisse nicht. Es ist aber doch am wahrscheinlichsten, daß hier Angehörige der 3. Italischen Legion abkommandiert waren.

Das Kleinkastell Regensburg-Großprüfening

Gleich als man die römischen Spuren in Regensburg-Großprüfening entdeckte, vermutete man einen militärischen Ursprung dieser Siedlung. Allerdings konnte erst der Luftbildarchäologe OTL a. D. O. Braasch im Jahre 1977 das lange gesuchte Kastell vom Flugzeug aus identifizieren (Abb. 50). Das Kleinkastell gegenüber der Naabmündung hat keine bekannten Parallelen: für ein sog. Numeruskastell war es zu klein. Die zweiphasige Anlage von 60 × 80 m Größe mit Ecktürmen, zweiphasigem Spitzgraben und zwei Toren wies eine ganz außergewöhnliche Art der Umwehrung auf: Die aus Bruchsteinen bestehende, nur ca. 1 m starke Wehrmauer war erstaunliche 8–9 m hoch (!). Da ein Erdwall bei dieser Mauerhöhe unsinnig gewesen wäre, besaß sie einen auf einer Holzkonstruktion verlaufenden Wehrgang. Dieser ließ sich nachweisen, weil Teile der Mauer, die auf der Innenseite Brandspuren aufwiesen, nach außen in den Graben gekippt und fast vollständig erhalten waren. So war in diesem seltenen Glücksfall die Mindesthöhe der Mauer noch zu ermitteln! Die Innenbebauung ist noch unerforscht, deshalb läßt sich die Frage der Besatzung und ihrer Stärke sinnvollerweise kaum diskutieren.

Der Vicus Regensburg-Großprüfening

Das Lagerdorf von Regensburg-Großprüfening erstreckte sich auf ca. 1000 m Länge und bis zu 250 m Breite von SW nach NO entlang der römischen Uferstraße. Durch punktuelle Grabungen und Lesefunde ist seine Ausdehnung recht gut zu erschließen, seine Struktur ist allerdings noch weitgehend unerforscht. Öffentliche Bauten kennt man nicht, wohl aber die Überreste, vor

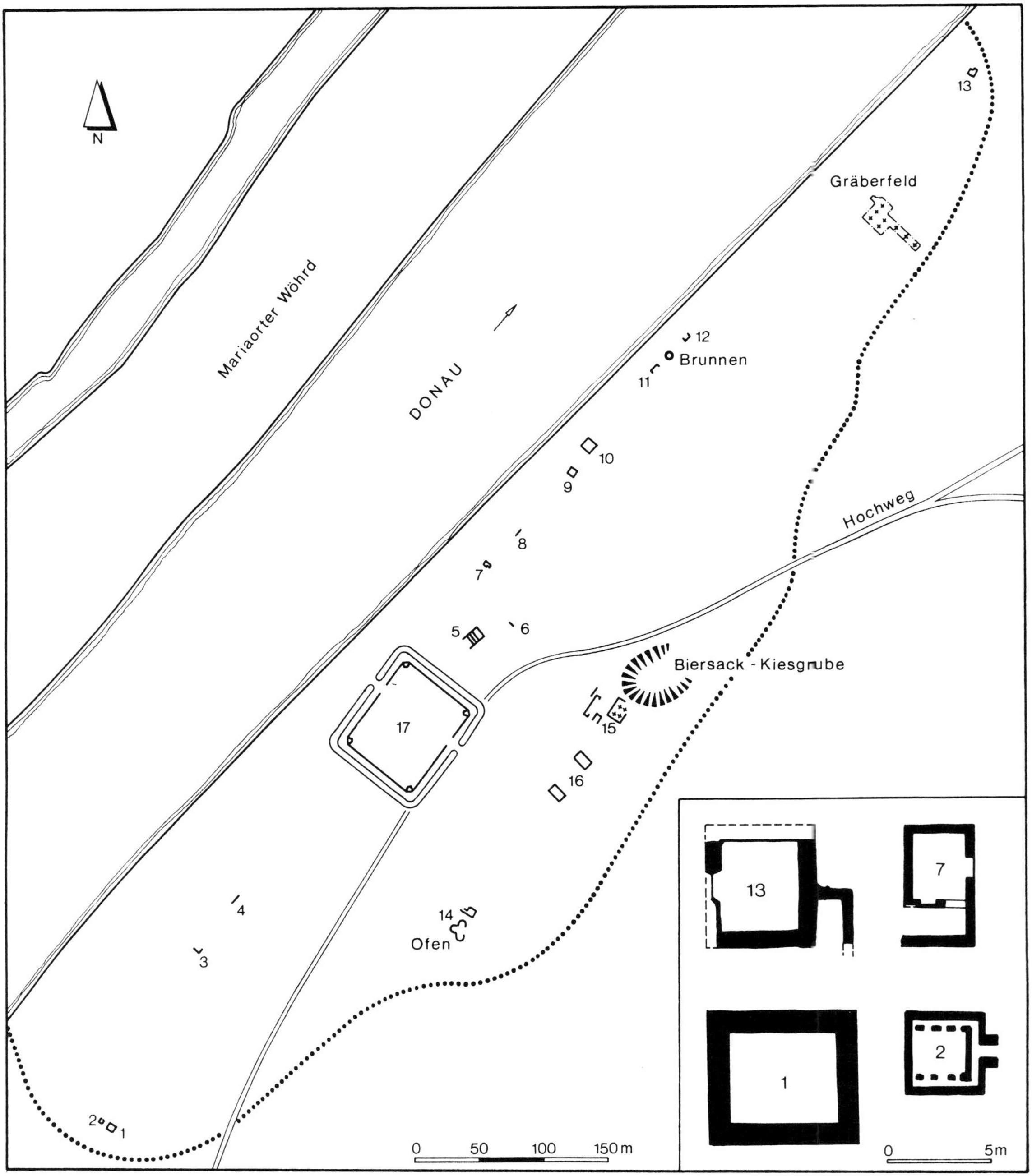
N
Mariaorter Wöhrd
DONAU
Gräberfeld
12
Brunnen
11
10
9
Hochweg
8
7
6
5
Biersack - Kiesgrube
17
15
16
4
14
Ofen
3
2
1
13
0
50
100
150m
13
7
1
2
0
5m

Abb. 49 Regensburg-Großprüfening. Plan des Kleinkastells, des Lagerdorfes *(vicus)* und der Gräberfelder. 1 Wachturm, 2–16 Fundamente von Wohnhäusern, handwerklichen oder landwirtschaftlichen Betrieben, 17 Steinkastell (nach Dietz u. a.).

allem Keller (Abb. 51), hölzerner und steinerner Streifenhäuser. Den Funden nach waren in vielen davon Handwerker ansässig, z. B. Bronzegießer, die u. a. militärische Ausrüstungsteile, wie Gürtelbeschläge, herstellten. Auch Schmiedewerkstätten sind durch Schlackenfunde belegt.

Am Südende und an der Mitte der Westseite des Vicus fanden sich, in größere Holz- bzw. Steinbauten integriert, je zwei Darren. Diese Heizöfen erzeugten nur eine niedrige Temperatur und waren für die Weiterverarbeitung von landwirtschaftlichen Produkten gedacht. Hier konnte man einerseits Spelzgetreide, z. B. Dinkel, rösten und so entspelzen, andererseits dienten diese Darren

Abb. 50 Regensburg-Großprüfening. Kleinkastell und Bauten des Lagerdorfes *(vicus)* im Luftbild (nach Fischer).

Abb. 51 Regensburg-Großprüfening. Steinerner Keller eines Streifenhauses des Lagerdorfes *(vicus)* mit Eingang und Nische.

auch dazu, beim Verarbeitungsprozeß des Stengels der Flachspflanze zu Textilfasern (Leinen) mitzuwirken. Daß es sich in Prüfening vor allem um Flachsdarren handelte, belegen eiserne Geräte, wie Flachskämme, die in zweien der Anlagen gefunden wurden.

Mit Textilverarbeitung hat wohl auch die Gewerbeanlage in dem Steingebäude am Kornweg zu tun, die heute unter einem Schutzbau der Öffentlichkeit zugänglich ist. Die Darre und ein Wasserbecken neben einer Feuerstelle könnten mit der Herstellung und dem Färben von Stoffen in Verbindung stehen, der Brunnen im Gebäude stammt vielleicht auch von der älteren Holzbauphase und dürfte – wie dies sonst eher üblich war – im Freien gestanden haben. Leider hat man das Fundmaterial aus diesem Gebäude bisher immer noch nicht ausgewertet. Die Deutung als Brauerei scheint eher voreilig und unbegründet zu sein.

Die Gräberfelder

Beim römischen Vicus von Regensburg-Großprüfening gab es zwei Gräberfelder. Eines war vor der Westecke des Kastells gelegen und im ausgehenden 2. Jahrhundert nur kurzfristig belegt worden; dann gab man es auf und überbaute es im 3. Jahrhundert sogar. Ein größerer Friedhof, der bisher nur in einem Ausschnitt ergraben wurde, lieferte über hundert Brandgräber (Abb. 52) sowie die Körperbestattungen von fünf Säuglingen und einem Erwachsenen. Die Beigaben der Gräber bieten allesamt einen recht ärmlichen Eindruck. Obwohl der Friedhof zumeist gut beobachtet werden konnte, lieferte er keinerlei Hinweise auf steinerne Grabbauten.

Die genaue Analyse der Beigaben in dem Gräberfeld von Regensburg-Großprüfening gab auch einige Auskünfte über Herkunft und Beruf der

Abb. 52 Regensburg-Großprüfening. Scheibenfibeln mit den Porträts eines Ehepaares, gefunden als Beigaben eines Frauengrabes um 200 n. Chr. im östlichen Gräberfeld (nach Fischer). Prähist. Staatsslg. München

Bestatteten. So konnte man aus den Funden folgern, daß sich unter den Bewohnern des Vicus von Großprüfening auch Germanen befunden haben. Gürtelbeschläge aus Bronze und von Militärstiefeln stammende, eiserne Schuhnägel sind deutliche Hinweise, daß hier auch Soldaten oder Veteranen in Uniform beigesetzt worden waren. Sonst waren die Beigaben eher spärlich, etwas Bronzeschmuck, ein Glasspiegel, Eßbesteck, tönerne Öllampen, Räucherkelche, Glas- und Keramikgefäße und eine Münze lassen jeden Hinweis auf wohlhabendere Bewohner in dieser Siedlung vermissen.

Das Ende von Regensburg-Großprüfening

Das Ende ereilte den Vicus, den letzten Fundmünzen zufolge, um 260, nachdem schon rund ein Jahrzehnt vorher umfangreiche Zerstörungen erfolgt waren, die durch münzdatierte Brand- und Schuttschichten festgestellt worden sind. Auch das Kastell wurde einmal zerstört und wiederaufgebaut, bevor es ganz unterging. Allerdings lassen sich diese Bauphasen noch nicht genauer datieren.

Überall, wo man in Regensburg-Großprüfening den Spaten ansetzte, stieß man auf die Spuren einer gründlichen Zerstörung durch Feuer. Das Ende muß so schnell gekommen sein, daß man die brennenden Häuser nicht einmal mehr richtig plündern konnte. So fanden sich neben gut erhaltenen Keramikgefäßen auch ungewöhnlich viele Metallgegenstände. Normalerweise blieb Metall in friedlich geräumten römischen Siedlungen eher selten zurück, da es sorgsam zur Wiederverwertung gesammelt wurde. Anders in Großprüfening: Ein Veteran hatte z. B. seine Waffen zu Hause aufbewahrt, als sie beim Brand seines Streifenhauses durch die brennende Decke in den Keller stürzten. Man fand eine Militärfibel, Reste eines Schuppenpanzers aus Bronze, eine Lanzenspitze, zwei eiserne Schildbuckel, einen Dolch mit deutlichen Gebrauchsscharten und eine schon alt abgebrochene Spatha. Das auf diese Weise stark verkürzte ehemalige Langschwert hatte man nachgeschliffen und wahrscheinlich nur noch als Küchenmesser verwendet. In einem anderen Veteranenhaushalt fand sich noch der Rahmen einer Phalera, also einer militärischen Auszeichnung. Eine ebenfalls dort zutage gekommene Minerva-

statuette entstammte einem Hausheiligtum (Abb. 53).
So komplett wie selten sonst, enthielten die Brandschichten von Großprüfening Werkzeuge, Geräte, Tafel- und Küchengeschirr, Schmuck und Haarnadeln. Von der Keramikform zur Käseherstellung bis zum Beinplättchen für Brettchenweberei, von Spielsteinen aus Bein bis zum Kerzenhalter aus Bronze fand man hier alles, was den bescheidenen Lebensstandard der Siedlung ausmachte. Allenthalben umherliegende Geschoßspitzen rühren gewiß vom gewaltsamen Ende der Siedlung her. Für dieses gibt es sogar einen direkten Beleg: Aus dem Brandschutt stammen nämlich die Schädelreste eines erwachsenen, mit dem Schwert erschlagenen Mannes, der nicht mehr regulär bestattet wurde. Vielmehr lagen seine Gebeine längere Zeit im Freien und wurden von Tieren angefressen, bis sie teilweise mit Schutt überdeckt und auf diese Weise erhalten blieben.
Verantwortlich für das gewaltsame Ende von Kastell und Vicus Großprüfening und wohl auch eines Großteils seiner Bewohner waren unzweifelhaft Germanen, am ehesten die Alamannen oder Juthungen, die im 3. Jahrhundert die Provinz Raetien immer wieder verwüsteten. Als einziges direktes Zeugnis dieser wilden Krieger aus dem Norden kennt man eine eiserne Hakenlanzenspitze, die bei Mariaort aus der Donau gebaggert worden ist. Einige wenige Münzen der constantinischen Zeit zeigen, daß man das Ruinenfeld gelegentlich aufgesucht hat, wahrscheinlich nur, um brauchbare Bausteine zu bergen. In der spätrömischen Zeit gab es offenbar nur noch an einer Stelle in Großprüfening eine feste Bastion. Am Südwestende errichtete man einen massiven Wachturm (*burgus*) mit 7 × 6,25 m Grundfläche und bis zu 1 m dicken Mauern. Der für diesen Bautyp obligatorische Wehrgraben konnte allerdings

Abb. 53 Regensburg-Großprüfening. Bereich von Kastell oder Lagerdorf *(vicus)*, Bronzestatue der Göttin Minerva. Museum der Stadt Regensburg

nicht festgestellt werden. Die Position des Turmes bot einen optimalen Einblick in das Naabtal. Leider reicht das schüttere Fundmaterial nicht aus, Anfang und Ende dieses Bauwerks näher zu datieren; seine Fundamente überschneiden aber Gruben mit Brandschutt und Zerstörungen des 3. Jahrhunderts, so daß eine spätrömische Datierung recht plausibel scheint.

Ländliche Besiedlungstypen im Regensburger Umland

Die römischen Garnisonen in Regensburg samt ihren zivilen Siedlungen lagen niemals isoliert in der Landschaft. Sie waren vielmehr stets in wechselseitiger Abhängigkeit in ein ländliches Siedlungssystem eingebunden. Denn einerseits bezogen Soldaten und Zivilisten einen großen Teil ihrer Existenzgrundlage in Form von Lebensmitteln und anderen Produkten aus dem fruchtbaren Umland ihrer Siedlungen, andererseits bildeten die Zentralorte der militärischen Vici bzw. die *canabae legionis* in Regensburg für die Bauern der Umgebung die wichtigsten Marktorte. Dort konnten sie für ihre Produkte stets einen guten Preis erzielen und mit einem Teil des Erlöses sofort jene begehrten Erzeugnisse der Handwerker oder diejenigen Waren der Fernhändler erstehen, die auch in jedem römischen Gutshof die Grundlage für einen hohen Lebensstandard bildeten – Gläser, Sigillaten, exotische Lebensmittel und Gewürze usw. (Abb. 54, Farbabb. 9).

Das in der Römerzeit besiedelte Umland von Regensburg ist relativ gut erforscht und stellt einen deutlich abgrenzbaren Siedlungsraum dar, der sich südlich der Donau um das Zentrum Regensburgs legt. Dieser hat Anteil an drei Landschaftsformen, die in unterschiedlichem Maße von der römischen Besiedlung beansprucht werden: an der Niederterrasse und der Hochterrasse des Donautales und dem tertiären Hügelland. Nachdem die Donau südwestlich von Regensburg ihre letzte Engstelle durch Juraausläufer passiert hat, öffnet sich ihr Tal ab Regensburg nach Osten zu trichterförmig zum fruchtbaren Gäuboden hin, der heute noch eine der wichtigsten Kornkammern Bayerns bildet. Hauptsächlich in diesem Bereich des Donautales lagen die Schwerpunkte der ländlichen Besiedlung zur Römerzeit, die sich indessen je nach Landschaftsform ganz verschieden gestaltete. Während die Flußaue und die Niederterrasse mit ihren mageren Böden auf Schotter oder Sanden in der Römerzeit (anders als in der vorangehenden Latènezeit) fast völlig unbesiedelt blieben, hat die lößbedeckte, sich nach Osten verbreiternde Hochterrasse, welche schon seit der Jungsteinzeit kontinuierlich Bauern angezogen hatte, auch die römische Landwirtschaft herausgefordert. Darüber hinaus haben die römischen Siedler das südlichere tertiäre Hügelland aufgesucht, soweit es an die Hochterrasse angrenzt, von Fluß- und Bachtälern durchflossen ist und Lößböden aufweist. Die günstige archäologische Quellenbasis im Regensburger Umland (über 100 römerzeitliche Fundstellen) ermöglichte es, die Entwicklung, also die räumliche und zeitliche Dynamik des Siedlungsverlaufes detailliert zu untersuchen. Dabei zeigten sich sehr differenzierte Ergebnisse, denn die wechselvolle politisch-militärische Situation im östlichen Raetien verursachte wesentlich drastischere Schwankungen in der ländlichen Besiedlung als in anderen Gebieten, etwa im Hinterland der Limeszone. Daher ist es möglich, sieben verschiedene Phasen der Besiedlung des Regensburger Umlandes vom Beginn der römischen Besetzung gegen Ende des 1. Jahrhunderts bis zum frühen Mittelalter gegen Ende des 7. Jahrhunderts zu kartieren und zu beschreiben (s. S. 15ff., Abb. 2–8).

Abb. 54 Obertraubling/Lkr. Regensburg. Bronzestatuette eines dem ägyptischen Gott Apis heiligen Stieres, aus dem Bereich eines Gutshofes (*villa rustica;* nach Fischer). Museum der Stadt Regensburg

Gutshöfe–Villae rusticae

Als Grundtypus der ländlichen Besiedlung ist bisher fast ausnahmslos der geschlossene Einzelhof, die Villa rustica, nachgewiesen. Diesen charakteristischen Gutshof der Römerzeit kann man mit W. Czysz folgendermaßen prägnant beschreiben: »Die antike Literatur bezeichnet eine Kleinsiedlung auf dem Lande als *villa rustica* und meint damit nicht einen feudalen, herrschaftlichen Landsitz, sondern eine landwirtschaftliche Betriebseinheit, deren ökonomisches Prinzip auf der Produktion landwirtschaftlicher Güter und dem Verkauf der erzielten Überschüsse beruht. Kennzeichnend für diesen Siedlungstypus sind Streugehöfte, deren wirtschaftliche Nutzflächen nicht zersplittert, sondern als geschlossener Besitz in der unmittelbaren Umgebung des Hofes lagen. Funktionell entspricht die *villa rustica* der Kaiserzeit dem modernen Aussiedlerhof. Als selbständige Siedlungseinheit verfügt sie über einen zweckmäßigen Baubestand: Um das häufig zentral gelegene Wohnhaus des Eigentümers, des Verwalters oder des Pächters, das sogenannte Hauptgebäude, gruppieren sich Nebenanlagen (Geräteschuppen, Speicher, Stallungen usw.) und technische Einrichtungen (Brunnen, Backöfen, Räucherkammern usw.). Eine Hofmauer umgibt den gesamten Baukomplex und schließt das Anwesen nach außen hin ab, was ebenso den Charakter der Einzelsiedlung unterstreicht, wie die Tatsache, daß zu jeder Villa ein eigener Bestattungsplatz gehört, auf dem die Bewohner des Hofes beigesetzt wurden.«

Alle bisher mit Sicherheit anzusprechenden Siedlungen des Regensburger Umlandes sind *villae rusticae*. Die bislang einzigen Ausnahmen von der Regel stellen Kastell und Vicus von Regensburg-Großprüfening und der Vicus von Mangolding/Mintraching-Herzogmühle dar. Am Pfatterübergang und an einer wichtigen Kreuzung der Donautalstraße mit der Verbindung zum Isartal bei Landshut gelegen, entstand dieser Vicus im Gefolge einer noch nicht näher identifizierten militärischen Garnison. Töpfereien und metallverarbeitendes Handwerk sind hier nachgewiesen.

In den römischen Villen gab es neben der landwirtschaftlichen Produktion auch Gewerbebetriebe, sofern Rohstoffe und Abnehmer zur Hand waren. So sind Töpfereien in den *villae rusticae* von Barbing und Taimering bezeugt, Ziegelöfen standen in den Villen von Dünzling, Lkr. Kelheim, und Regensburg-Prüll. Die meisten Villenstandorte im Regensburger Umland sind nur durch Lesefunde bzw. kleinere Fundkomplexe aus dem Bereich der Siedlungen oder durch Ausschnitte der zu den Villen gehörenden Gräberfelder erschlossen. Dazu treten seit einiger Zeit auch immer mehr Luftbildbefunde. Lange gab es im Bereich des Donaubogens nur eine einzige großflächig untersuchte *villa rustica*, die Anlage von Burgweinting.

Regensburg-Burgweinting Dieser stadtnahe römische Gutshof wurde zufällig beim Ausheben von Übungsschützengräben während des 1. Weltkriegs entdeckt und gemeinsam vom Historischen Verein und der staatlichen Denkmalpflege unter G. Steinmetz und P. Reinecke erforscht. Neben geringen Spuren einer Besiedlung noch des späten 1. Jahrhunderts ergrub man weite Bereiche eines relativ spät angelegten Gutshofes des 3. und frühen 4. Jahrhunderts (Abb. 55). Er war von einer steinernen Umfassungsmauer in Form eines unregelmäßigen Trapezes umgeben, innerhalb derer bisher elf Gebäude angetroffen wurden. Ein Hauptgebäude der klassischen Form gab es hier nicht, allenfalls die Anlagen 1 oder 2 kämen als »Herrenhaus« in Frage. Keineswegs sicher ist auch, ob der südwestliche Teil von Gebäude 1 das an sich vorauszusetzende Bad darstellte. Bei den restlichen Objekten handelte es sich um Ställe, Scheunen, Schuppen und sonstige Wirtschaftsbauten (Abb. 56).

Neuere Luftbilder durch O. Braasch zeigten, daß die alten Grabungspläne nicht vollständig waren: Wo Steinmetz Bruchsteinpflaster festzustellen glaubte, standen in Wirklichkeit weitere Wirtschaftsgebäude (Bau 10 und 11). Rund 100 m östlich neben der Burgweintinger Villa wiesen neuere Luftbilder sowie Grab- und Siedlungsfunde eine ältere *villa rustica*, wohl die Vorgängeranlage, nach. Auf der anderen Seite des Aubaches, ca. 300 m im Südwesten, befand sich eine weitere Villa, deren Reste teils durch Luftbilder, teils durch eine Flächengrabung erschlossen wurden.

Regensburg-Harting und andere Villen

Erst in den letzten Jahren wurden mehrere Areale von römischen Villen in Regensburgs Umgebung großflächig untersucht. Dies geschah vor allem im Stadtgebiet, weil dort die Erschließung neuer Wohn- und Wirtschaftsflächen immer wieder Notbergungen erforderlich macht. Auch bei den Grabungen auf dem Gelände des BMW-Werkes in Regensburg-Harting wurde so eine Villa rustica (Abb. 57) aufgedeckt, deren Spuren schon länger bekannt waren. Die Funde sind jetzt im Werksmuseum ausgestellt. Das einfache Hauptgebäude ist von einem Bachlauf stark zerstört worden, Reste einer Umfassungsmauer fehlen ganz, vielleicht gab es hier nur einen einfachen Holzzaun oder eine Hecke. Dagegen zeichneten sich das Bad des Gutshofs, eine Scheune und ein Speicherbau noch gut ab. Nachgewiesen wurde ferner eine Schmiede und eine Mühle, wohl mit Göpelbe-

Abb. 55 Regensburg-Burgweinting. Plan des römischen Gutshofes *(villa rustica)* 1 Hauptgebäude mit Bad, 2–11 Neben- bzw. Wirtschaftsgebäude, 1–9 ergraben, 10–11 Luftbildbefunde (nach Fischer).

Abb. 56 Regensburg-Burgweinting. Plan des römischen Gutshofes *(villa rustica)* im Luftbild (nach Fischer).

trieb. Zwei zeitgleiche Brunnen, einer mit Holz- und einer mit Steinfassung, bargen einen schrecklichen Befund. Man hatte die Reste von 13 Menschen hineingeworfen. Vor ihrem Tod hatte man diese Männer, Frauen und Kinder gefoltert: allen war mit einer Axt o. ä. die Stirn eingeschlagen worden, teilweise hatte man sie auch noch geköpft. Die Frauen waren ausnahmslos skalpiert (Farbabb. 10). Die anthropologische Untersuchung ergab weiter, daß es sich bei den Opfern um Angehörige der römischen Provinzbevölkerung handelte, die z. T. direkt miteinander verwandt waren. Bei den menschlichen Überresten fand man auch noch Tierknochen und ein Depot von Eisengeräten.

Bei genauerer Betrachtung der Zusammensetzung des Fundmaterials aus den Brunnen und der Art der Verletzungen der Opfer kamen die Bearbeiter einhellig zu der Meinung, daß der Befund von Harting zwar auf das Einwirken von Germanen zurückgehen wird, aber nicht nur als Ausdruck

Abb. 57 Regensburg-Harting. Plan des römischen Gutshofes *(villa rustica)* auf dem BMW-Gelände (nach Osterhaus).

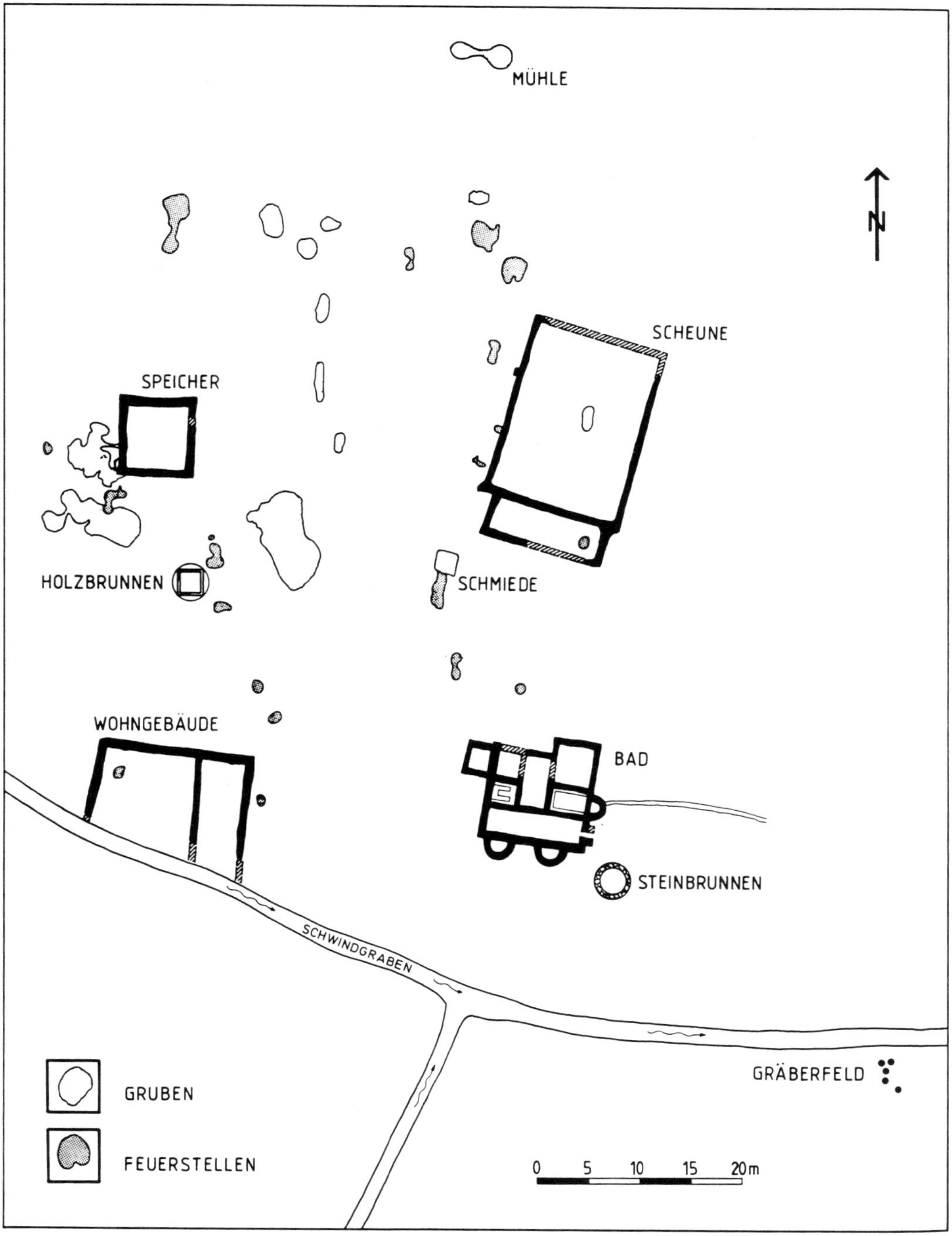
MÜHLE
SCHEUNE
SPEICHER
HOLZBRUNNEN
SCHMIEDE
WOHNGEBÄUDE
BAD
STEINBRUNNEN
SCHWINDGRABEN
GRÄBERFELD
GRUBEN
FEUERSTELLEN
0 5 10 15 20m
N

einer gewöhnlichen Plünderung zu verstehen, sondern kultisch zu interpretieren ist: »Die 13 erschlagenen Bewohner des römischen Gutshofes von Harting fielen nicht Rachsucht, Wut und Blutdurst einer germanischen Schar zum Opfer, sondern wurden den Göttern dargebracht, vielleicht als Bitt- oder Dankopfer für den Sieg« (P. Schröter).

Auch in Regensburg-Königswiesen fanden sich mehrere Bauten einer Villa: die Reste des Hauptgebäudes, ein Bad, mehrere Nebengebäude, darunter eine Darre, sowie Reste einer hölzernen Einfriedung. Die Villa von Regensburg-Neuprüll lieferte neben gut erhaltenen Gebäuden auch einen Ziegelofen. Die wissenschaftliche Bearbeitung dieser neuen Grabungen bleibt noch abzuwarten. Dagegen lassen sich die älteren Funde und Fundstellen schon recht detailliert beurteilen, vor allem hinsichtlich der zeitlichen Entwicklung des Siedlungsvorgangs (s. S. 15 ff.).

Späte Blüte und drohender Niedergang

Commodus und die Severerzeit

Den nördlichen Reichsprovinzen, die eineinhalb Jahrzehnte lang von den Markomannenkriegen unter Marc Aurel betroffen worden waren, verhalf der Friede des Commodus zur Erholung und zum Wiederaufbau. Auch in Raetien ging man daran, aus den Trümmern Neues aufzubauen. In Regensburg hatte die Neuordnung bereits um 175 begonnen, als man den Bau des Legionslagers in Angriff genommen hatte. Waren in der ersten Hälfte des Jahres 179 »Umfassungsmauer mit Toren und Türmen« (*vallum cum portis et turribus*) fertiggestellt (S. 84ff.), so war man möglicherweise noch länger damit beschäftigt, die Legion vollständig in ihr Standlager zu verpflanzen. In diesem Sinn läßt sich am ehesten eine 1982 in der konservierten Ausgrabungsstätte unter dem Niedermünster gefundene Inschrift (Abb. 58) deuten, deren Text zitiert sei: *Genio centuriai pro salute et victoria domini n(ostri) Imp(eratoris) L(uci) Aur(eli) Com(modi) Aug(usti), C(aius) Crepereius Fortunatus optio leg(ionis) III Ital(icae), commaniplar(ibus) d(onum) d(edit).* Crepereius Fortunatus, Optio der 3. Italischen Legion, hat also seine Weihung »für den Schutzgott der Centurie zum Heil und Sieg unseres Herrn, des Kaisers Lucius Aurelius Commodus Augustus, seinen Kameraden zum Geschenk gemacht«. Da Commodus seinen Namen mehrfach geändert hat, läßt sich diese Inschrift am ehesten in die Zeit zwischen Frühjahr und Herbst des Jahres 180 datieren, weshalb man annehmen darf, daß sie vielleicht mit dem Einzug der Mannschaften in die eben erst fertiggestellten Unterkunftsräume zusammenhing. Am Grenzabschnitt der 3. Italischen Legion war es inzwischen wieder friedlich.

Schon 181 und 182 waren Teile der Regensburger Legion zu Bauarbeiten an den Limes abkommandiert. Auf Befehl des raetischen Legaten zogen Centurionen mit Mannschaften der Legion bzw. der Breukerkohorte aus Pfünz die Umwehrung (*vallum*) sowie die Tore mit je zwei Türmen am Kleinkastell von Böhming wieder hoch, und ein anderer Centurio hat fast gleichzeitig das Kleinkastell Ellingen (*kastellum Sablonetum*) mit Hilfe von ausgewählten Fußtruppen des Statthalters (*pedites singulares*) in Stein ersetzt. Bauinschriften, die zu den seltenen Glücksfunden gehören, bestätigen dies.

Die Regensburger Einheit wurde damals wie auch später gewiß immer wieder noch an vielen anderen Orten der Provinz zu Bau- und Ausbesserungsarbeiten an militärischen, aber auch an zivilen Objekten herangezogen. Die erwartungsgemäß große Streuung der aufgefundenen gestempelten Ziegel ist dafür ein Indiz. Im wesentlichen aus der Legionsziegelei Bad Abbach stammend (S. 111ff.), wurden diese z. B. in den Lagern in Künzing, Straubing und Passau häufiger gefunden, daneben vereinzelt im Limesgebiet und selbst bei Memmingen und Mindelheim.

Zwischen 180 und 182 wurde die Legion aber auch militärisch verwendet. Denn mit Abteilungen war sie offenbar in die letzten Gefechte der Germanenkriege, die 180 nicht völlig zu Ende waren, verwikkelt. Die Buren waren als ehemalige Freunde Roms über den Friedensschluß des Commodus verärgert, gegen die Römer aufgestanden und wie es scheint niedergemacht worden. Von diesem Feldzug kündet ein Weihestein, den Aventin 1509 auf der Steinernen Brücke bei Untersaal gemeinsam mit zwei anderen Inschriften und mindestens einer Steinskulptur (einem Löwen, vermutlich von einem Grabaufsatz) vermauert aufgefunden hat: *I(ovi) o(ptimo) m(aximo) Statori Fl(avius) Vetulenus c(enturio) leg(ionis) III Ital(icae) reversus ab expedit(ione) Burica ex voto posuit.* Der »aus dem burischen Feldzug zurückgekehrte« Centurio Flavius Vetulenus weihte, vermutlich im Regensburger Fahnenheiligtum, aufgrund eines Gelübdes dem allerhöchsten Jupiter mit Beinamen Stator (= Erhalter) seinen Dankaltar. Auch ein ritterlicher Militärtribun unserer Legion namens Caius Annius Flavianus dürfte sich bei diesem Unternehmen Orden (*dona militaria*) verdient haben, die seine Ehreninschrift aus der numidischen Stadt *Thamugadi*/Timgad erwähnt. Aufgrund dieses Erfolges nahm Commodus spätestens im Mai 182 den Siegernamen *Germanicus maximus* an. Da dieser Ehrentitel an zentraler Stelle, nämlich in der Mitte der mittleren Zeilen der Regensburger Lagertorinschrift prangt und auf einer sorgfältig geglätteten und wiederbeschrifteten Rasur steht, wird man die aktualisierte Titulatur des Commodus um diese Zeit, und nicht erst um 195, angebracht haben (S. 84f.; 172).

Abb. 58 Regensburg, Niedermünster. Weihestein an den Genius einer Centurie (nach Dietz). Museum der Stadt Regensburg

Mitte der 80er Jahre brachen in Obergermanien Unruhen aus, die aber Ostraetien und Regensburg wohl nicht weiter berührt haben. Bedrohlicher war vermutlich die immer wieder einmal auflebende »Pest«, die offenbar erst 189 endgültig erlosch. Sichere Zeugnisse, wie etwa die Grabinschrift aus Eggstätt beim Chiemsee, der zufolge im Jahr 182 die Eltern, die Frau und die Tochter eines Soldaten »durch die Seuche dahingerafft wurden«, besitzen wir für Regensburg nicht. Von einigen Indizien war bereits die Rede (S. 153f.).

Der Afrikaner Severus Kaiser Commodus wurde in der Silvesternacht des Jahres 192 ermordet. Ihm folgten innerhalb weniger Monate der uns bereits bekannte Pertinax sowie Didius Iulianus als Herrscher. Erneut zeigte sich, wie das Reich über Dynastiebrüche in den Abgrund schlittern konnte. In rascher Folge ergriffen die Statthalter der mit drei Legionen ausgestatteten Provinzen Syrien, Pannonien und Britannien den Purpur, den nach dreijährigem Bürgerkrieg der Afrikaner Lucius Septimius Severus (193–211) für sich behaupten konnte. Bereits 193 hatten sich fast alle übrigen Rhein- und Donaulegionen für Severus entschieden, weshalb Silbermünzen geprägt wurden, die ihre Loyalität priesen. Denare der Jahre 193/194 (Abb. 59a/b) belohnten auch die »Treue« der Regensburger Legion: auf ihren Rückseiten ist die Umschrift LEG(io) III ITAL(ica) zu lesen, im Feld ist der von je einer Manipelstandarte (*signum*) flankierte Legionsadler zu sehen.

Teile unserer Legion könnten zum Kampf gegen den Prätendenten des Ostens, Pescennius Niger, gezogen sein, da aus der ägyptischen Hafenstadt Alexandria ein anderer, sehr seltener Denar bekannt ist, der auf der Vorderseite Iulia Domna, die Gattin des Severus, und rückwärts die schon bekannte Legende LEG(io) III ITALI(ca) mit dem Adler zeigt. Ansonsten ist die Rolle unserer Legion während der Bürgerkriege unbekannt. Der Beiname *fidelis*, »die Getreue«, den damals vielleicht die 2. Italische Legion erwarb, blieb ihr wohl versagt.

Raetien wurde auch jetzt wieder Durchgangs- und Aufmarschgebiet, speziell zur letzten Auseinandersetzung des Severus mit dem »Westkaiser« Clodius Albinus, der zu Beginn des Jahres 196 sein Hauptquartier von England nach Lyon verlegt hatte. In weiser Voraussicht hatte Severus schon 195 die Straßen Raetiens ausbauen lassen, wovon

Abb. 59 Denar (Silbermünze) des Septimius Severus, geprägt 193/194 n. Chr. in Rom; a Büste des Kaisers mit Titulatur, b Legionsadler zwischen zwei Standarten mit Nennung der *Leg. III. Ital(ica).* Privatbesitz

auch die wichtige Achse Augsburg–Regensburg betroffen war, die über Eining, Pförring, Kösching und Nassenfels zur Donau führte. Meilensteine künden noch von diesem Projekt; einer davon kam (vom ursprünglichen Standort verschleppt) in Burgweinting zum Vorschein. Caracalla hat 215 diese Steine erneuern lassen. Im frühen Jahr 197 hat dann eine Schlacht bei Lyon dem Severus die Alleinherrschaft gesichert. Die von ihm unter fingierter verwandtschaftlicher Verbindung mit Commodus und Marc Aurel begründete Dynastie bestimmte über 40 Jahre die Geschicke des Imperiums. Commodus, der 193 in Staatsacht gefallen war, wurde von Severus natürlich rehabilitiert. Vielfach wurde sein vordem gelöschter Name auf Inschriften wieder eingesetzt. Durch einen entsprechenden Vorgang hat man auch die Restitution der eineinhalb sauber ausgemeißelten und wiederbeschrifteten Zeilen (3 und 4) der Regensburger Lagertorinschrift zu erklären versucht. Indessen wird diese Neubeschriftung, wie schon erwähnt, anders zu erklären sein, nicht zuletzt, weil der unter den Ahnen des Commodus genannte Marc Aurel hier nicht als *divus*, als »Göttlicher«, bezeichnet wird. Dies wäre aber sicher vorauszusetzen, hätte Severus die Neugestaltung des Textes angeordnet, da er keine sich bietende Gelegenheit ausließ, sich auch eben mit seinen beiden *göttlichen* Vorgängern dynastisch zu verbinden.

Heeresreformen, Solderhöhungen und Heiratserlaubnis Der mit einer Syrerin verheiratete Nordafrikaner Septimius Severus hat die Notwendigkeit einer starken Armee für den Bestand des Reiches klar erkannt. Das Bürgerheer wurde, nicht zuletzt durch die Schaffung einiger neuer Legionen, auf etwa 200 000 Mann verstärkt, und aus Legionssoldaten wurde ein neues Leibregiment des Kaisers aufgestellt. Der Dienst in den Prätorianerkohorten war seither kein Privileg der Jugend Italiens mehr. Neben Raetern und Augsburgern werden in der Folgezeit auch manche Regensburger den Sprung nach Rom in diese Eliteeinheit geschafft haben; freilich fehlt dafür bis heute ein eindeutiger Beleg. Lediglich ein stadtrömisches Inschriftfragment mit dem Rest einer Soldatenliste einer hauptstädtischen Einheit könnte hierher gehören; auf ihm wird nicht nur ein alpenländischer *Suans* genannt, daneben wird unter Abkömmlingen aus Städten des unteren Donauraums, wie Pautalia und Philippopolis (in Bulgarien), auch ein Anonymus aufgeführt, der *d(omo) Regino*, also »zu Hause in Reginum« war.

Schon von den eigenen Voraussetzungen der neuen Dynastie her mußte den Provinzen jetzt ein noch größeres Gewicht zukommen: in vielen Bereichen sichtbar werdende kosmopolitische Ansätze gipfelten schließlich 212 in der Vergabe des Bürgerrechts an alle freien Reichsbewohner, in der sog. *Constitutio Antoniniana*. In Regensburg wird man diese Monarchie nicht ungern gesehen haben. Denn die enge Bindung der Soldaten an das Herrscherhaus, wie sie u. a. in den letzten Worten des Septimius Severus an seine Söhne (»Bleibt einig, bereichert die Soldaten, verachtet alle anderen!«) zum Ausdruck kommt, brachte besonders dem Militär eine Reihe von Vorteilen ein.

Zunächst waren da nicht unbeträchtliche Solderhöhungen: Lag die Entlöhnung des einfachen Legionars Ende des 1. Jahrhunderts noch bei 1200 Sesterzen, so unter Septimius Severus bereits bei 2400 und unter Caracalla sogar bei 3600 Sesterzen pro Jahr. Außerdem erlangten Soldaten jetzt die Möglichkeit, schon als Aktive eine rechtsgültige Ehe zu schließen, was natürlich im Grunde nur der Beseitigung einer stillschweigend übertretenen gesetzlichen Ausnahmesituation gleichkam. Umgekehrt hatte der obligatorische Zölibat insgesamt gesehen Disziplin, Beweglichkeit und mithin Einsatzfähigkeit der Truppe gefördert, während die offiziell sanktionierte familiäre Bindung an den Standort entfernte Einsätze gewiß nicht leichter machte. Dazu kam, daß die Offiziere sogar außerhalb des Lagers bei ihren Angehörigen schliefen, was erfahrungsgemäß dem Zusammenhalt militärischer Verbände nicht gerade zuträglich ist.

Auf der anderen Seite wuchs der Anreiz, Karriere zu machen. In der Tat wurde die soziale Mobilität innerhalb der römischen Gesellschaft unter den Severern größer, immer mehr Provinzialen schafften es über den Dienst im Heer, in bisher ungeahnter Schnelligkeit zu vordem unmöglichen Positionen, bis hin zum Kaisertum, aufzusteigen. Die gesellschaftlichen Prozesse konnten nicht ohne Auswirkungen auf das Erscheinungsbild der Zivilsiedlungen neben den Kastellen bleiben, die nicht nur numerisch wuchsen. Die legalen Heiraten verwurzelten die Armeeangehörigen noch stärker in der übrigen Bevölkerung, wobei Soldaten und Veteranen mit – nicht zuletzt dank der häufigen Solderhöhungen und Geldgeschenke – zunehmendem Wohlstand als sich ihrer Bedeutung für das Reichswohl sehr bewußte Gruppe zunehmend das gesellschaftliche Leben der Grenzregionen bestimmten. Korporative Zusammenschlüsse mit eigenen Vereinslokalen (*scholae*) vermehrten sich, wobei sich die verschiedenen Dienstränge in der Regel auseinanderhielten. Unter den Severern erhielten die Principalen und die Centurionen das Recht, wie die Ritter einen goldenen Ring als Statussymbol zu tragen. Nachdem das Bürgerrecht durch die Massenbürgerrechtsverleihung Caracallas die einstmals privilegierte Stellung der römischen Bürger aufhob, trug der Wohlstand noch mehr zur sozialen Differenzierung bei. Zu den »besseren Kreisen« zählten neben Senatoren, Rittern, Gemeinderäten (*decuriones*) auch die Freigelassenen des Kaiserhofes, vor Ort in den Provinzen aber vor allem die Soldaten mit ihren Familien.

Wirtschaftlicher Aufwind Während die wirtschaftlichen Prozesse auf dem Lande in manchen Teilen Raetiens eher schon wieder rückläufige Tendenzen aufzeigten, erfuhr Regensburg mit seinem Umland in den ersten Jahrzehnten des 3. Jahrhunderts eine späte Blüte. Da die Siedlung vom gut bezahlten Militär lebte, spürte man allenthalben den wirtschaftlichen Aufwind. Zu keiner Zeit sonst in der römischen Epoche Regensburgs wurde von Privatleuten in Stadt und Land so viel gebaut. Aktive und entlassene Soldaten verfügten über ausreichende Mittel, um innerhalb ihrer Gemeinde als Stifter und Wohltäter auftreten zu können. Wie wir schon gehört haben, konnte sich der Centurio mit dem keltisch klingenden Namen Gaius Servandius Serotinus im Heiligtum von Ziegetsdorf (S. 147) ein reich geschmücktes Standbild mit Widmung leisten, der Optio Gaius Rufonius Placidus dort sogar den niedergebrannten Tempel wieder aufbauen und der ehemalige *cornicularius tribuni* Sullanius Albucius 211 ein Heiligtum für Mars und Victoria erneuern lassen. Fünf Jahre zuvor hatte ein namentlich unbekannter Fahnenträger eine nicht mehr näher bekannte Weihung dediziert, und ein weiterer Optio namens Publius La[. . .]tius Salutaris stiftete etwa um 200 »zu Ehren des göttlichen Kaiserhauses« dem Weingott Liber Pater einen mit Kissen (*pulvina*) verzierten Altar und ließ am Heiligtum einen Umgang (*porticus*) anbringen (S. 148).

Die mittleren Chargen haben sich damals auch in Regensburg besonders eifrig betätigt, jene Unteroffiziersschicht also, die für mögliche soziale Aufsteiger in Frage kam. Man errichtete die Bauten solide mit Bruchsteinmauern und Ziegeldächern und stattete sie mit Heizungen und Wandmalereien aus. Steinmetzbetriebe für Götterweihungen und Grabmäler florierten, Bronzestatuetten der wichtigsten Gottheiten standen in großer Zahl in jeder Hauskapelle. Feines Tafelgeschirr wurde nun in Massen importiert. Bronzegefäße aus Gallien, Gläser, darunter Luxusgläser mit bunten Fadenauflagen, aus Köln. Auch Feinkeramik wurde in großer Menge benutzt: Trinkbecher aus Trier, Terra Sigillata aus Rheinzabern in der Pfalz (Abb. 60, Farbabb. 12, 14). Diese Rheinzaberner Töpfer hatten den Sigillata-Markt Raetiens so gut im Griff, daß die einheimische Konkurrenz aus Schwabegg bei Augsburg trotz ihres Standort- und Preisvorteils in Regensburg kaum Fuß fassen konnte. Nur die Töpfer für raetische Becher, Reibschüsseln und anderes Küchengeschirr aus der Augsburger Gegend, z. B. aus *Rapis*/Schwabmünchen, machten auch im Donaubogen gute Geschäfte. Der Zustrom und die Herkunft anderer Waren, z. B. von Wein, Olivenöl oder *garum*, jener Würzsoße aus vergorenen Fischen, ist in Regensburg noch nicht untersucht worden.

Die Fernstraßen Aus der Zeit des Septimius Severus haben wir keine sicheren Hinweise auf Störungen am obergermanisch-raetischen Limes. Auffallend sind zahlreiche ins Jahr 211 datierte Bau- und Weihinschriften aus Raetien; die Häufung kann natürlich auch Zufall oder z. B. durch Gerüchte von einem bevorstehenden Kaiser-

Abb. 60 Regensburg, Großes Gräberfeld. Terra Sigillata-Gefäße, hergestellt in Rheinzabern (Rheinland-Pfalz) um die Mitte des 3. Jhs. n. Chr. Die beiden hinteren Gefäße tragen Dekor in sog. Barbotinetechnik (Auftrag von feinem Tonschlikker). Museum der Stadt Regensburg

besuch verursacht worden sein. An der Grenze wurde gelegentlich gebaut, so wurde 208 das Reiterkastell Aalen offenbar von Grund auf renoviert. Daneben förderte man die Infrastruktur der Provinz und die Sicherstellung der Alimentation. In dieser Absicht kam es 201 zu neuerlichen Reparaturen an den raetischen Fernstraßen, wovon auch die Verbindung Augsburg–Regensburg in irgendeiner Form betroffen war. Ein erst vor wenigen Jahren in Kösching bei Ingolstadt gefundener vollständiger Meilenstein hat einen neuerlichen Beleg für dieses Geschehen geliefert: *Imp(erator) Caesar L(ucius) Septimius Severus Pius Pertinax Aug(ustus), Arab(icus) Adiab(enicus) Parthicus maximus, pontif(ex) max(imus), trib(unicia) pot(estate) VIIII, Imp(erator) XII, co(n)s(ul) II, p(ater) p(atriae), proco(n)s(ul), et Imp(erator) Caesar Marcus Aurel(ius) Antoninus Pius Aug(ustus), trib(unicia) pot(estate) IIII, proco(n)s(ul), et P(ublius) Septim(ius) Geta nobilissimus Caesar, vias et pont(es) rest(ituerunt). Ab Aug(usta) m(ilia) p(assuum) LXII, a Leg(ione) m(ilia) p(assuum) XXXIII.* Also »haben der Imperator Caesar Lucius Septimius Severus Pius Pertinax Augustus, größter Sieger über Araber, Adiabener und Parther, Oberster Priester, mit Tribunengewalt zum neunten Mal, zum zwölften Mal als Imperator begrüßt, zum zweiten Mal Konsul, Vater des Vaterlandes, Proconsul, und Imperator Caesar Marcus Aurelius Antoninus Pius Augustus, mit Tribunengewalt zum vierten Mal, Proconsul, und Publius Septimius Geta, edelster Caesar, Straßen und Brücken wiederhergestellt. Von Augusta (= Augsburg) 52 römische Meilen, von der Legio (= Regensburg) 34 römische Meilen.«

Natürlich dienten die römischen Fernstraßen in erster Linie dem Staat und damit dem Militär und nur in zweiter und dritter dem Handel und dem privaten Verkehr. Auch die Regensburger Legion war von diesen Lebensnerven des Imperiums nicht wenig abhängig. Sie versuchte zwar, wie jede antike Siedlung, wirtschaftlich möglichst unabhängig, autark, zu sein und vermochte hierin durch das fruchtbare und gerade in dieser Zeit florierende Umland (S. 21 f.) auch Beträchtliches beizutragen. Ganz reichte dieses Bemühen indessen nicht aus; um so weniger, je stärker das raetische Grenzland im Laufe des 3. Jahrhunderts unter Druck geriet. Zur Gefahr der Erntevernichtung durch feindliche Überfälle kam die sich mehrende Abkommandierung von Detachements an ferne Einsatzorte. So mußte die sichere Etappe zur Verproviantierung mitherangezogen werden. Dabei spielte die südlich des Alpenhauptkamms gelegene, oberitalische Stadt *Tridentum* / Trient als Sammelpunkt des Nachschubs, der *annona militaris*, der 3. Italischen Legion eine große Rolle. Nicht nur Südtiroler Wein kam daher, wie uns die Grabinschrift des Tridentiner Weinhändlers Publius Tenatius Essimnus aus Passau vor einigen Jahren lehrte; aus Trient stammte auch Gaius Valerius Marianus, der wohl um 200 unter anderem *adlectus annon(ae) leg(ionis) III Italicae*, also »Einnehmer des Proviants der 3. Italischen Legion« war. Zur etwa gleichen Zeit wurde in Trient der Senatorenjüngling (*clarissimus iuvenis*) und Militärtribun unserer Legion Gaius Iulius Ingenuus durch seinen ritterlichen Freund Tiberius Claudius Victor aus Dankbarkeit geehrt; auch wenn dies nicht ausdrücklich erwähnt wird, dürfte auch hier der Zusammenhang zwischen Trient und der *legio III Italica* nicht Zufall sein.

Unruhige Jahrzehnte

Schon im zweiten Jahrzehnt wurde der Friede der Provinzen an der oberen Donau durch das Auftauchen vorher unbekannter germanischer Stammesgebilde vor der Reichsgrenze unterbrochen. Neue, später zum fast alltäglichen Schreckgespenst werdende Feindesnamen drangen nun nach und nach in das Bewußtsein der Provinzialbevölkerung. Als erste rührten sich die suebischen Alamannen. Dieser vermutlich erst Ende des 2. Jahrhunderts vielleicht aus Teilen der Semnonen und Hermunduren entstandene, westgermanische Stammes- oder Kriegsverband tauchte um 210 im Gebiet zwischen Main und Lahn auf. Wanderungen der Langobarden, Burgunder und anderer Stämme hatten ihn zum Ausweichen nach Südwesten genötigt. Dies machte ihn von nun an für immer zu einem der Hauptfeinde Roms. Die Unruhe am Limes scheint 213 so stark geworden zu sein, daß sich der inzwischen allein regierende Kaiser Caracalla (211–217) selbst an die Grenze begab, dabei freilich auch Abstecher zu Apollo Grannus in *Phoebiana* / Faimingen machte. Über seinen Feldzug gegen die Alamannen, der mit einem Sieg am Main, zumindest nach innen, als erfolgreich propagiert werden konnte, wissen wir recht wenig. Gewiß wird die Regensburger Legion mit von der Partie gewesen sein, auch wenn das Schwergewicht dieser Expedition am Westende des raetischen Limes lag. Im Jahr 215 wurden erneut Meilensteine entlang der raetischen Fernstraßen errichtet; auf ihnen wurde der seelenkranke Monarch, der inzwischen auf eine zwanzigjährige Regentschaft zurückblicken konnte, mit schmeichelhaften Beinamen versehen, galten sie doch »dem tapfersten Kaiser, dem glücklichsten Herrscher, dem allergnädigsten Herrn« (*fortissimo Augusto, felicissimo principi, domino indulgentissimo*). Das war gleichsam Propaganda vor jedermann, der an einer solchen Säule vorbeikam. Durch einen Meilenstein aus Burgweinting wissen wir, daß auch in der Nähe der Regensburger Legion solcherart die Werbetrommel gerührt wurde.

Ferne Kriegsschauplätze Mittlerweile waren Abteilungen der 3. Italiker längst mit dem Kaiser unterwegs in den Osten zur Auseinandersetzung mit den Parthern. Schon damals offenbarte sich die Schattenseite des römischen Soldatenloses in vollem Umfang, die sich im Laufe des 3. Jahrhunderts noch oft zeigen sollte: Stand der Feind einmal nicht direkt vor den eigenen Toren – Regensburg wurde in diesem Jahrhundert zweimal schwer zerstört –, so hieß es für viele Legionare immer wieder einmal an einen anderen Kriegsschauplatz ziehen. Zurück blieb die Angst der Frauen um Männer und Väter, die ihr Leben in weiter Ferne, in Syrien, am Unterlauf der Donau, in Aquileia oder in Nordafrika für den Bestand des Imperiums riskieren mußten. Abschied, Sehnsucht, Heimweh, gespannte Erwartung, Trauer um die Gefallenen oder Wiedersehensfreude, diese Gefühle bestimmten in den folgenden Jahrzehnten gewiß vielfach und immer wieder den Alltag am Donauknie.

Zunächst beobachten wir 214 den Herrscher und »Regensburger« Legionare in der Provinz Dakien, wo offenbar ein Einfall der dakischen Carpen erfolgreich zurückgeschlagen wurde. Die Legion führte damals, wie übrigens die in Eining stationierte *cohors III Britannorum* schon im Jahr 212, den Kaiserbeinamen *Antoniniana*. Belegt wird er u. a. durch eine Ehreninschrift für den Statthalter der drei dakischen Provinzen (*tres Daciae*) Lucius Marius Perpetuus – ein Bruder des Marius Maximus, ehemals Militärtribun unserer Legion – in der dakischen Hauptgarnisonsstadt *Apulum* / Alba Iulia, die ihm der Centurio der *legio III Italica* Marcus Ulpius Caius damals setzte. Ohne Zweifel wurde auch die am gleichen Ort gefundene Weih-

inschrift des »Regensburger« Centurios Ulpius Vitalis in dieser Zeit errichtet.
Der Zug des Kaisers führte 215 über den Balkan durch fast ganz Kleinasien an die syrische Front. Auf diesem Orientfeldzug wollte sich der Kaiser als zweiter Alexander der Große erweisen; in Wahrheit ereilte ihn im April 217 der Tod durch Mörderhand. Thronkämpfe waren die Folge. Die Rolle der Regensburger Abteilungen in diesen turbulenten Jahren ist unbekannt. Für so manchen Soldaten gab es keine Heimkehr. Der Überlieferungszufall hat – stellvertretend für ähnliche Schicksale – ein Beispiel erhalten: Unterwegs auf dem Hinmarsch 215 oder auf dem Rückweg 218/219 starb der erst 36jährige Soldat der 3. Italischen Legion namens Equester Paulus aus unbekanntem Grund. Nach 16 Dienstjahren fand er seine letzte Ruhestatt in der thrakischen Stadt *Perinthus*/Eregli am Marmarameer, weniger als 100 km westlich vom heutigen Istanbul. Sein Erbe, wohl ein Kamerad, setzte ihm eine schmuckvolle Grabstele aus Marmor in dort üblicher Form: Der nach Art der Kaiser barttragende Paulus steht in Vorderansicht zum Betrachter, bekleidet mit einer gegürteten Ärmeltunika, dem Soldatenumhang (*sagum*) und Schuhen; an der linken Hüfte hängt am ledernen Gürtel sein Schwert; in der linken Hand hält er einen ovalen Buckelschild, in der abwärts gestreckten Rechten eine Rolle, vielleicht sein Testament.

Östlicher Einfluß Der Einfluß des Ostens wurde unter den Severern auch in unseren Breiten stärker spürbar. Schon kurz vor 200 hat Gaius Iulius Alexius Avitus Alexianus, ein naher Verwandter der Kaiserin Iulia Domna, als Statthalter Raetiens und Kommandant der Regensburger Legion in Augsburg dem *Deus patrius Sol Elagabal* ein Denkmal geweiht; dieser im syrischen Emesa beheimatete Sonnengott wurde ein Dezennium später sogar zum Staatsgott erklärt, als ein Mitglied der emesenischen Priesterfamilie, ein Großneffe der Iulia Domna, römischer Kaiser wurde und sich eben den Beinamen Elagabal (218–222) zulegte. Er und seine Großmutter Iulia Maesa (Domnas Schwester) wurden, wie schon erwähnt, von *cornicularii* der Regensburger Legion in eine Jupiter-Weihung miteinbezogen. Obschon Jupiter von den syrischen Eskapaden des Kaiserhauses unangefochten blieb, illustriert dennoch auch der Name [Dio]nysius des damaligen raetischen Statthalters, daß der Osten immer mehr Einfluß auf den Westen bekam. Zunehmend wurden hier Religionen und Kulte östlicher Prägung übernommen, auch wenn die Zeugnisse dafür in unserem Bereich eher spärlich sind: eine kleine Bronzestatuette des ägyptischen Gottes Sarapis im Heiligtum unter dem Neubau des Justizgebäudes wurde schon erwähnt. Ein Amulett aus kleinen Gold- und Silberfolien vom Großen Gräberfeld (Nähe Margaretenstraße) weist u. a. hebräische Zaubernamen und andere magische Formeln und Zeichen auf; unabhängig von der (neuerdings wieder behaupteten) gnostischen Ausrichtung des Textes gehört dieses Zeugnis der weit gestreuten Denkmälergruppe von Zaubertexten auf Edelmetallblättchen an, in der stark östlich beeinflußter Synkretismus sichtbar wird.

Krieg in Ost und West Unter dem Cousin Elagabals, dem nicht weniger jugendlichen Kaiser Severus Alexander (222–235), verschärfte sich die äußere Situation des Römerreichs in zweifacher Hinsicht. Im Osten war die seit Jahrhunderten regierende parthische Dynastie auf dem Perserthron durch die wesentlich kampfentschlossenere Familie der Sassaniden abgelöst worden, wodurch alte Konflikte an der Euphratgrenze aufflammten.

Als der Kaiser in einem großangelegten Krieg, in den wohl auch die Abteilungen der 3. Italischen Legion abkommandiert wurden, im Orient wenig glücklich kämpfte (231–233), empfing er, wie der zeitgenössische Historiker Herodian erzählt, Hiobsbotschaften: »Die Germanen hätten Rhein und Donau überschritten, verwüsteten das römische Reich und griffen an den Flußufern Lager, Städte und Dörfer mit großer Streitmacht an; in nicht geringer Gefahr seien die illyrischen Völker, die an Italien angrenzen und ihm benachbart sind. Daher bedürfe es seiner persönlichen Gegenwart und des gesamten Heeres, das mit ihm sei.« Was Herodian im Anschluß daran bemerkt, ist so charakteristisch für die Lage der Soldaten des 3. Jahrhunderts, daß es hier zitiert sei, auch wenn sich der unmittelbare Bezug auf Regensburg in diesem Fall nicht beweisen läßt. »Diese Nachrichten erschreckten den Alexander und betrafen die aus Illyrien stammenden Soldaten schwer, die sich von zweifachem Unglück heimgesucht fühlten, einmal von ihren Leiden im Kampf gegen die Perser, und dann von dem, was jeder einzelne über den Untergang seiner Angehörigen durch die Germanen erfuhr.«

Die meisten Kenntnisse über den Alamanneneinfall von 233 leiten die Wissenschaftler aus der Kartierung von Münzschätzen her. Andere Verwahrfunde, wie die Bronze-, Silber- und Eisendepots in Manching, Dambach, Weißenburg, Straubing, Künzing und die vieler anderer Orte, lassen sich nur allgemein in das 3. Jahrhundert datieren. Wenngleich die Methode nicht unproblematisch ist – viele Münzschätze sind unbefriedigend überliefert, die Umlaufszeit der Münzen in den verschiedenen Reichsteilen ist zu berücksichtigen, Aussagen sind nur bei einer großen Zahl ähnlich gelagerter Horte, also bei »Schatzfundhorizonten« möglich –, bietet sie häufig die einzige Möglichkeit, Umfang und Stoßrichtung der feindlichen Zerstörungszüge zu erschließen. Akzeptiert man diese Einschränkungen, so müßten im Jahr 233 die Einfälle vorwiegend den obergermanischen und den westraetischen Limes getroffen haben. Vor dem Alpenrheintal scheinen die Germanen umgekehrt zu sein. Auch am raetischen Limesbogen kam es allem Anschein nach zu Verheerungen: Münzschätze bei Dambach, Pförring, Eining und Kirchmatting (bei Straubing) könnten auf den Einfall von 233, aber auch auf spätere Aktionen zurückgehen. Ausgrabungen in Pfünz zeigten, daß die römischen Wachen, vom germanischen Überfall überrascht, nicht einmal mehr den Griff zu ihren Schilden schafften, bevor sie der tödliche Hieb niederstreckte.

Regensburg und Umgebung sind 233 wohl noch nicht zerstört worden, der erste wirklich schwere Schlag kam für das Legionslager und sein Umland in den vierziger Jahren des 3. Jahrhunderts. Auch der epigraphische Befund bestätigt, daß das Leben in Regensburg nach 233 noch nicht wesentlich beeinträchtigt wurde. Wenn schon die erwähnte Weihetafel an Severus Alexander nicht sicher in die Zeit nach der Rückkehr des Kaisers aus dem Osten datiert werden kann, so kennen wir vom 25. Juli 240 eine weitere Weihinschrift, die der Legionsreiter Aurelius Pervincianus zu Ehren des göttlichen Kaiserhauses dem allerhöchsten und besten Jupiter stiftete. Darin wird die Wendung ARAM. ALT. wohl mit Recht zu *aram alt(eram)*, »einen zweiten Altar«, aufgelöst. Demnach stand die Weihinschrift einst in einem größeren heiligen Bezirk, vielleicht sogar im Fahnenheiligtum der Legion.

Das verehrte Kaiserhaus war zum Zeitpunkt der Steinsetzung allerdings nicht mehr das des jugendlichen Severus Alexander. Dieser war 235 während der Vorbereitung zum Germanenkrieg am Rhein – vielleicht bei Mainz – von Maximinus, seiner Herkunft gemäß später *Thrax* (»der Thraker«) genannt, ermordet worden. Maximinus war ein typischer Offizier der damaligen Zeit; er hatte sich von der Pike auf im Heer bis zu höheren ritterlichen Kommandostellen hochgedient. Mit ganzer Seele auch als Kaiser Soldat, scheint er die nötigen Führungsqualitäten und militärischen Kenntnisse besessen zu haben, um mit den germanischen Gegnern fertig zu werden. Schon nach ersten, für die Römer siegreichen Kämpfen – dabei kam es, vielleicht irgendwo in Süddeutschland, zu einer spektakulären »Schlacht im Moor« – konnte im Bereich des obergermanischen Grenzabschnitts mit neuen Befestigungsarbeiten begonnen werden. Vermutlich 235/236 bezog der Kaiser im obergermanisch-raetischen Limesgebiet Winterlager (selbstredend wurde, wie immer grundlos, auch dieses schon einmal in der Regensburger Gegend vermutet). Im Herbst des Folgejahres marschierte Maximinus mit großem Aufgebot – bisher sind nur Legionare der 2., nicht aber der 3. Italischen im Verband belegt – an die untere Donau, wo er gegen Sarmaten und Daker bereits Erfolge errungen hatte und zu neuen Schlägen ausholte, als im Frühjahr 238 die unter der materiellen Belastung des fernen Krieges stöhnenden Kernländer des Reiches (Afrika und Italien) mit dem schnell gemeinsame Sache machenden römischen Senat ihn, den ohnehin ›unrömischen‹ Soldatenkaiser, absetzten und für vogelfrei erklärten. Wieder blutiger Bürgerkrieg! Sechs Kaiser und einen Caesar sah damals das Imperium in einem Jahr!

Übrig blieb, nachdem sich die Männer gegenseitig aus dem Weg geräumt hatten, wieder ein dreizehnjähriger Knabe: Gordian III. (238–244). Nicht nur ein vom Bruderkampf innerlich noch aufgewühltes Reich hatte er zu führen, vielgestaltig waren die außenpolitischen Probleme: Nordafrika erschütterten Unruhen eingeborener berberischer und maurischer Stämme; an der unteren Donau – einer neuen Front – waren Goten und Carpen, die sich nach Abzug Maximins gegen seine inneren Feinde in Richtung Italien auf Plünderungszügen ins Reich vorgewagt hatten, nur durch Tributzahlungen zu beschwichtigen; das Neupersische Reich wurde zusehends dreister in seinen Ansprüchen und gefährlicher durch seine bewaffneten Übergriffe sowie die Okkupation von römischen Bastionen und Städten. Die Belastung im Osten wurde so bedrohlich, daß wieder einmal auch die Legionen des Westheeres mobilisiert werden mußten. 242 brach der Kaiser mit einem gewaltigen Heer zum Krieg in den Orient auf. Mit unterschiedlichem Glück wurde gekämpft, bis auf nicht völlig geklärte Weise der Monarch Anfang 244 starb.

Der Beiname *Gordiana*, den die 3. Italische Legion auf einer Bregenzer Inschrift führt, könnte ein Hinweis darauf sein, daß auch Regensburger Formationen sich im Kampf gegen die Sassaniden bewährten. Die Germanen haben vielleicht, wie so oft den Moment der gegnerischen Schwäche als Folge der Truppenverlegungen ausnützend, zwischen 242 und 245 Ostraetien und Westnoricum heimgesucht. Dabei scheinen den Münzschätzen und sonstigen archäologischen Befunden zufolge, mit der Garnison Regensburg und seinem Umland auch Gunzenhausen, Kösching, Straubing, Künzing und die zivile Ansiedlung von Pocking überrannt worden zu sein. Das Ende für den obergermanisch-raetischen Limes war aber damit noch nicht gekommen! Zwar gibt es nach 240 aus Raetien selbst nur noch ganz wenige inschriftliche Zeugnisse – 250 hören wir wieder von Straßenbauten im südlichen Teil der Provinz (*via Decia*) und aus der Zeit nach 253 stammt auch eine

Inschrift aus Augsburg –, doch in Obergermanien wurde im Jahrzehnt zwischen 240 und 250 noch einmal rege gebaut.

Regensburg in Flammen Für Regensburg aber und sein Umland brach in eben diesem Jahrzehnt die erste wirklich schwere Katastrophe seit den Markomannenkriegen des 2. Jahrhunderts herein: Offensichtlich gingen damals Lager, Canabae legionis, Kastell und Vicus von Großprüfening sowie die Gutshöfe der Umgebung in Flammen auf. Allerdings sind die zahlreichen beobachteten Brandschichten im Legionslager (Abb. 61) und in der Westvorstadt mit ihren nicht wenigen Kleinfunden immer noch nicht wissenschaftlich bearbeitet worden, erst dann nämlich wird man die Spuren des Einfalles unter Gordian III. von denen aus der Regierungszeit anderer Kaiser in dem so turbulenten 3. Jahrhundert unterscheiden können. Ein besonders markantes Beispiel für Zerstörung und Wiederaufbau stellt der im Stadtmuseum Regensburg rekonstruierte Befund vom Frauenbergl 4 dar, wo mehrere Bauphasen von der Säulenhalle (*porticus*) der *tabernae* entlang der *via praetoria* angetroffen wurden. Der ältere Säulenstumpf steckt in einer Brandschicht, die Münzen des Severus Alexander enthielt, der Brand dürfte aber wohl erst unter Gordian III. erfolgt sein (Abb. 62). Dann setzte man intakte Säulen neben die Stümpfe der alten, bis schließlich ein weiterer Brand – datiert durch Münzen der Kaiser Gallienus und Aurelian – auch diese Wiederaufbauphase der *tabernae* in Schutt und Asche legte.

Grausame Überreste Zerstörungsspuren um die Mitte des 3. Jahrhunderts fanden sich zudem im Niedermünster, an der Ecke Speichergasse-Dreikronengasse, in der Grasgasse (Farbabb. 13)

Abb. 61 Regensburg, Grasgasse. Bronzestatuette des Merkur, im Feuer angeschmolzen, als das Legionslager im 3. Jh. n. Chr. bei einem alamannischen Überfall niederbrannte. Der Gott trägt die üblichen Attribute: Flügelhut, Reisemantel, Heroldsstab und Geldbeutel. Museum der Stadt Regensburg

Abb. 62 Regensburg, Frauenbergl. Rekonstruktion mit Originalsteinen und maßstäblichen Planzeichnungen: Säulenbasis von der Säulenhalle *(porticus)* an der *via praetoria*. Nach einer ersten Zerstörung im 3. Jh. n. Chr. wurde der Säulenstumpf als Basis für eine Säule der Wiederaufbauphase benutzt, dann erfolgte wenige Jahrzehnte darauf die nächste Zerstörung. Museum der Stadt Regensburg

Abb. 63 Regensburg, Justizgebäude. Bronzestatuette ▷ der Göttin Juno, im Feuer angeschmolzen. Museum der Stadt Regensburg, Leihgabe der Prähist. Staatsslg. München

und an vielen anderen Stellen des Lagers. Auch die Lagervorstadt ging in Flammen auf; besonders gut sind die Resultate der Germanenüberfälle im Bereich des Tempels unter dem Neubau des Justizgebäudes nachzuvollziehen. Hier gab es neben den üblichen Brandschichten, die u. a. eine zerschmolzene Götterstatuette (Abb. 63) und viele Münzen enthielten, einen sehr deutlichen Befund: In einen holzverschalten Brunnen hatte man neben Tierkadavern (Rinder, Hunde, Pferde) auch die Überreste menschlicher Opfer (Abb. 64) geworfen, darunter mindestens fünf, z. T. angekohlte, Schädel. Ein junges Mädchen war hier, wie deutliche Hiebspuren zeigen, mit dem Schwert massakriert worden, einem älteren Mann fuhr eine Lanze mit solcher Wucht in die Stirn, daß deren Spitze am Hinterkopf wieder herausragte. Während der Befund vom Justizgebäude eher mit der raschen Beseitigung von Kriegsopfern in einer Zeit der Auflösung der öffentlichen Ordnung erklärbar scheint, kann man den ganz ähnlichen Fall aus der *villa rustica* von Regensburg-Harting eher als blutiges Opfer siegreicher Germanen interpretieren (S. 164ff.). Überreste eines mit dem Schwert erschlagenen und unbestatteten Mannes kommen aus dieser Zeit auch in Regensburg-Großprüfening vor (S. 160). Trotz all dieser und späterer Zerstörungen war das Regensburger Legionslager

Abb. 64 Regensburg, Justizgebäude. Schädel erschlagener Römer aus einem Brunnen, 3. Jh. n. Chr. Prähist. Staatsslg. München

anscheinend im dritten Jahrhundert niemals über längere Zeit leergestanden. Wie auch die kontinuierliche Belegung des Großen Gräberfeldes zeigt (S. 151), ist die Tradition in Regensburg während der schlimmen Zeit der Alamannen- und Juthungenstürme nicht abgerissen.

Orientalische Religionen im Vormarsch

Als man sich hierzulande bemühte, die Schäden der Germaneneinfälle zu beheben, feierte das von vielen Seiten bedrängte Imperium Romanum unter Kaiser Philippus (244–249) sein tausendjähriges Bestehen (247). Bezeichnenderweise war dieser Kaiser der Sohn eines Araberscheichs. Und bereits das 1001. Jahr bescherte wieder heftige innere Unruhen. Gegen Philippus ließen sich mehrere Generäle zu Kaisern erheben, und kennzeichnend für die Unzufriedenheit der Truppen und die Verhältnisse war, daß der Feldherr Decius 249 selbst zum Herrscher erhoben wurde, als er eigentlich für Philippus den Usurpator Pacatianus (248–249) erledigen sollte. Unter dem Araber Philippus hat vielleicht ein Fahnenträger unserer Legion in Aquileia gemeinsam mit weiteren Soldaten dem »unbesiegten Gott Mithras« (*Deo invicto Mithrae*) ein Opfer gebracht: ein Aurelius Flavianus nennt sich *signifer leg(ionis) III p(iae) f(idelis)*, also »Fahnenträger der 3. Legion, genannt die Zuverlässige und Getreue«; er könnte daher theoretisch auch von einer anderen als der 3. Italischen Legion gestammt haben.

Decius (249–251) war nach Maximinus der zweite der sogenannten »Illyrischen Kaiser«, die aus dem Gebiet Ungarns und des Balkans stammend, über die Offizierslaufbahn zur höchsten Machtstellung im Reiche gelangten. Sehr am Bestand des Reiches interessiert, gaben diese Soldatenkaiser nicht nur in militärischer Hinsicht ihr Letztes. Decius versuchte durch die Rückbesinnung und Rückkehr zu den Formen der altrömischen Tradition, durch die Aufwertung der alten Gottheiten sowie durch die Stärkung des Kaiserkults ein Einheitsband gegen die auseinanderstrebenden Tendenzen zu schaffen. Eine Maßnahme dieser Politik war die Verfolgung des Christentums als eine die Interessenlosigkeit am Staat fördernde geistige Kraft. Ob es in Regensburg damals schon Christen gab, ist nicht zu sagen, das bereits erwähnte, angebliche gnostische Amulett kann nicht als ein Zeugnis dafür gewertet werden (S. 177). Der Verfolger Decius fiel schon 251 in der Schlacht gegen die Goten.

Den Kaiser macht das (raetische) Heer

Zwei Jahre später wurde Raetien, das ab der Jahrhundertmitte immer wieder Sammelgebiet größerer Truppenmassierungen war, zum Schauplatz einer Kaiserausrufung. »Die Soldaten«, so berichtet der Senator Aurelius Victor über hundert Jahre später, »die sich, von überall her zusammengezogen, in Raetien eines bevorstehenden Krieges wegen aufhielten, übertrugen dem Licinius Valerianus die Herrschaft.« Valerianus war von Kaiser Decius oder erst von Trebonianus Gallus (251–253) beauftragt worden, gegen einen unbekannten Usurpator in Gallien oder gegen den im Frühjahr 253 nach einem Sieg über die Goten zum Herrscher proklamierten niedermösischen Statthalter Aemilianus ein Heer aufzustellen, als er selbst auf Betreiben von Überresten der 240 aufgelösten numidischen *legio III Augusta* putschte. Man kann vermuten, daß sich der Vorfall in der Umgebung Regensburgs, beim einzigen größeren Lager unserer Provinz, abspielte. Dies ist um so wahrscheinlicher, weil Valerian (253–260) bei seiner Thronerhebung nicht etwa normaler Statthalter der raetischen Provinz war, sondern wie Eutropius (ein Zeitgenosse Victors) schreibt, »in Raetien und Noricum befehligte«, also ein Sonderkommando besaß. Daher wird die Annahme zu Recht bestehen, daß die *legio III Italica* »gewiß einen Teil, vielleicht den Kern« seiner Kaisermacher bildete (E. Ritterling). Unmittelbar nach der Proklamation zog er nach Italien, um dem bisherigen Herrscher Trebonianus Gallus die Krone endgültig abzuringen.

Eine zusätzliche Entblößung der Nordgrenze erfolgte schon 254, als erneut germanische und raetische Truppenkontingente nach Osten versetzt wurden, wo die Sassaniden bis nach Syrien und Kleinasien (die heutige Türkei) vorgedrungen waren. Die nur konsequente Folge waren neuerliche Einbrüche der Germanen über den Limes. Während dadurch der obergermanische Grenzabschnitt offenbar schon weitgehend verlorenging, wurde Raetien von diesen Übergriffen nur teilweise, z. B. bei Weißenburg und im Landkreis Günzburg, betroffen. Auch in der Folgezeit hatte Valerians Sohn und Mitkaiser Gallienus (253–268) im Reichswesten schwere Belastungsproben zu bestehen, da jetzt mit den Franken völlig neue Gegner die Reichsgrenze am Niederrhein verunsicherten. In dieser Zeit höchster Bewährung in Ost und West während der 50er Jahre des 3. Jahrhunderts wird Valerius Claudius Quintus, ein ehemaliger Primuspilus (= ranghöchster Centurio) der 2. Italischen Legion, als Unterführer mit dem Titel *dux* Teile der 3. Italischen Legion zu irgendeinem inneren oder äußeren Krieg geführt haben. Aus den sog. *Res gestae divi Saporis*, einer 1936 gefundenen dreisprachigen Felsinschrift auf der Kaʿbah des Zoroaster in Naqsh-e Rustam wissen wir, daß Valerian auf seinen Feldzügen ein gewaltiges Aufgebot aus Detachements der westlichen Provinzen mitführte, 259/260 auch eines »aus der Provinz Raetia«, worunter zweifellos (zumindest auch) die Regensburger Legion zu verstehen ist. Entsprechende Abordnungen befanden sich auch bei Gallienus, der mit ihnen mehrfach Siege über Germanen erringen konnte.

Regensburg in Bedrängnis: Razzien der Juthungen

Die Lage des Reiches spitzte sich in den Jahren 259/260 zu, als Kaiser Valerian in die Gefangenschaft des persischen Großkönigs Schapur I. geriet und von dort nie mehr zurückkehrte. Diese noch keinem römischen Kaiser zuteil gewordene, unvorstellbare Schmach zog in vielen Reichsteilen Usurpationen nach sich, die zu beseitigen Gallienus vor schier unlösbare Probleme stellte. In den Sog dieser chronologisch kaum zu entwirrenden Turbulenzen geriet mit der Provinz Raetien auch Regensburg. Zunächst war es offenbar noch indirekt betroffen. Teile (Vexillationen) der hiesigen Legionsbesatzung waren mit Valerian bei Edessa den Persern entgegengezogen, andere standen in der Umgebung des Gallienus. Wie sein unglücklicher Vater führte auch dieser Detachements verschiedener Legionen als eine Art bewegliche Einsatzreserve mit sich. Auf diese zukunftweisende Kampftruppe beziehen sich wohl die in Mailand geprägten Antoniniane dieses Kaisers, die auf den Rückseiten die Namen der Prätorianerkohorten und von insgesamt 17 Legionen tragen (Abb. 71). Auch die Regensburger Legion wurde in einigen Ausgaben bedacht. Der Storch, ihr Fahnenbild, erscheint mit der Umschrift LEG(io) III ITAL(ica) VI (= *sextum*) P(ia) VI F(idelis) bzw. VII (= *septimum*) P(ia) VII F(idelis), also »die 3. Italische Legion zum sechsten (bzw. siebten) Mal die Zuverlässige, zum sechsten (bzw. siebten) Mal die Getreue« (Abb. 65 a/b).

Der genaue historische Hintergrund dieser Prägungen ist umstritten. Einiges spricht indessen dafür, daß die genannten Truppen aus Dankbarkeit für eine eventuelle Hilfe bei der Niederwerfung der Thronräuber Ingenuus in Pannonien und Regalianus im unteren Donauraum (260) durch diese Münzserien geehrt worden sind. Eine andere Möglichkeit wäre, diese Doppeldenare auf zwei Siege des Gallienus über Germanen in Oberitalien um 260 zu beziehen. Die Feier der achten Treueprägung galt nicht mehr den einzelnen Legionen, vielmehr der »Treue des Heeres« (FIDES EXERCITVS VIII) insgesamt, wobei in diesem neuen Sprachgebrauch möglicherweise bereits die Ausbildung eines festen Einsatzkorps zum Ausdruck kommt. Die Umwandlung der einzelnen Legionsabteilungen zur neuen Bewegungstruppe könnte nicht zuletzt eine Reaktion auf die Rebellion einzelner Stammlegionen gewesen sein.

Das »Gallische Sonderreich« und die Niederlage der Juthungen von 260 Denn nicht nur im Rheinland bahnte sich 260 die Abspaltung eines ganzen Reichsteiles an. Dort zog im Sommer Postumus, ein General des Gallienus, der sich zum Kaiser (260–268) gemacht hatte, in das länger belagerte Köln ein, tötete den Sohn des Gallienus und legte damit den Grundstein für das sogenannte »Gallische Sonderreich«, das erst 274 wieder mit dem restlichen Imperium vereint werden konnte. Sehr schnell wurde die Herrschaft des Postumus nicht nur in Niedergermanien aner-

Abb. 65 Doppeldenar (Antoninian) des Gallienus, geprägt 260 n. Chr. in Mailand: a Büste des Kaisers mit Titular, b Storch (als Wappentier der dritten Italischen Legion), Umschrift *LEG III ITAL VI P(ia) F(idelis)* – Die dritte Italische Legion, zum 6. Mal die Zuverlässige, zum 6. Mal die Treue. Privatbesitz

kannt, sondern auch in den verbliebenen Resten der oberen germanischen Provinz, in den vier gallischen Reichssprengeln und sogar in England und Spanien. Durch einen glücklichen Neufund wissen wir jetzt, daß sogar das Alpenvorland und damit auch Regensburg diesem Sonderreich bereits im ersten Jahr seines Bestehens angeschlossen wurde. In Augsburg hat man 1992 einen Altar mit folgender Inschrift gefunden:

In h(onorem) d(omus) d(ivinae),
Deae sanctae Victoriae
ob barbaros gentis Semnonum
sive Iouthungorum die
VIII et VII Kal(endarum) Maiar(um) caesos
fugatosque a militibus prov(inciae)
Raetiae sed et Germanicianis
itemque popularibus excussis
multis milibus Italorum captivor(um)
compos votorum suorum
[[M(arcus) Simplicinius Genialis v(ir) p(erfectissimus) a(gens) v(ices) p(raesidis)]]
[[cum eodem exercitu]]
libens merito posuit.
Dedicata III Idus Septemb(res) Imp(eratore) d(omino) n(ostro)
[[Postumo Au]]g(usto) et [[Honoratiano co(n)s(ulibus)]].

Das heißt etwa: »Zu Ehren des göttlichen Kaiserhauses hat der geheiligten Victoria (dieses Denkmal) aufgestellt, weil die Barbaren vom Stamm der Semnonen bzw. Iouthungen am achten und siebten Tag vor den Kalenden des Mai (= 24./25. April) von den Soldaten der Provinz Raetien, aber auch von zu Germanien gehörenden und ferner durch Landsturmaufgebote niedergemacht und in die Flucht geschlagen wurden, nachdem viele Tausende gefangener Ital(ik)er herausgehauen worden waren, als Teilhaber ihrer Gelübde Marcus Simplicinius Genialis, Hochwohlgeboren, anstelle des Statthalters handelnd, mit demselben Heer freudig und nach Gebühr. Geweiht (wurde das Denkmal) am dritten Tag vor den Iden des Septembers (= 11. September), als der Herrscher, unser Herr Postumus Augustus, und Honoratianus Konsuln waren.«

Dieser wichtige Text hat erstmals einen bedeutenden germanischen Feind der Römer und auch Regensburgs epigraphisch sichtbar gemacht. Er hat damit erneut bewiesen, daß die Aufgabe jener Grenzlinie, die wir obergermanisch-raetischen Limes nennen, nicht in erster Linie die Folge struktureller und wirtschaftlicher Probleme etc. war, sondern konkret durch germanische »Raids« verursacht wurde, wie sie seit 233 in zunehmender Heftigkeit erfolgt waren. Zahlreiche überraschende Informationen in dieser Inschrift haben auch die Zahl der Probleme vermehrt. Das meiste ist hier nicht von Wichtigkeit. Wenn wir dennoch etwas ausführlicher darauf eingehen, so vor allem deshalb, weil die aktuelle Diskussion um diesen Neufund noch voll im Gange ist und das mit ihm verbundene Geschehen für die Geschicke der Regensburger Legion von großer Bedeutung war.

Die derzeitige Interpretation geht dahin, daß die Juthungen nicht nur beutebeladen, sondern auch mit »vielen Tausenden gefangener Italer« aus Italien zurückgekehrt seien, als sie Ende April, vermutlich bei Augsburg, von der römischen Kriegsmaschinerie überwältigt wurden. Während die einen meinen, der Begriff *milites provinciae Raetiae* schließe die Regensburger Legionare mit ein, bestreiten die anderen dies. So oder so hätten jedenfalls die raetischen Auxilien, unterstützt von Volksaufgeboten und *Germaniciani*, worunter in dieser Zeit eigentlich nur Legionsabteilungen Ober- und/oder Niedergermaniens gemeint sein konnten, den Sieg errungen. Eine mögliche Interpretation könnte das sein, da immerhin eine (unten noch ausführlicher zitierte) Nachricht bei Orosius existiert, der zufolge nach der Gefangennahme Valerians Germanen bis nach Ravenna gelangten, »nachdem sie durch die Alpen, Raetien und ganz Italien gezogen waren«. Tatsächlich waren die Juthungen offenbar größtenteils Reiter, die sich mit großer Geschwindigkeit fortbewegten, und so mochten sie sich – obgleich verwunderlich – schon Ende April wieder auf dem Rückzug befunden haben.

Tausend gefangene Italiker – aus Italien?
Bedenken muß die Mitführung von vielen Tausend Gefangenen aus Italien hervorrufen. Ist eine solche Deportation über Hunderte von Kilometern übers noch winterliche Gebirge und mitten durch Feindesland wirklich glaubhaft? Und was konnten sich die Juthungen von solcher Beute erwarten? Lösegelder vielleicht. Aber wie war ein solcher Menschentransport in solcher Geschwindigkeit zu bewerkstelligen? Auf Lastpferden? Zu Fuß? Die Gefangenen benötigten zumindest in kleinen Rationen Verpflegung. Das bremste und gefährdete die Rückkehr der Germanen in jedem Fall beträchtlich, und sie mußten doch damit rechnen, mit ihrer Last gestellt zu werden. Ist es glaubhaft, daß eine römische Streitmacht zwei Schlachttage benötigte, um einem derart gehemmten Feind, dessen einzige Chance der erste Sturmangriff war, seine Beute abzujagen und zur Flucht zu zwingen? Da bleiben doch berechtigte Zweifel. Diese verstärken sich durch die Beobachtung, daß in der Inschrift gar nichts davon steht, wo die Juthungen die Ital(ik)er gefangen genommen haben. Das führt zu einer ganz anderen Möglichkeit, die zwar nicht ausschließt, daß die Juthungen mit dinglicher Beute aus Italien heimjagten, als sie nahe Augsburg von dem beim Einfall alarmierten und verstärkten raetischen *exercitus* erwartet wurden, die aber die Ereignisse in ein erheblich anderes Licht setzt.

Wie alle Machthaber dieser Erde haben auch die römischen eigenes Versagen nicht sonderlich gerne an die große Glocke gehängt und schon gar nicht auf Inschriften veröffentlicht. Deshalb könnten die gefangenen Italiker – einer Anregung von L. Loreto folgend – anders zu erklären sein. Wie denn, wenn diese *Itali captivi* keine wirklichen Bewohner Italiens waren, sondern – was sprachlich möglich wäre – in einem ersten Treffen am 24. April von den Barbaren gefangen gesetzte Angehörige der *legio III Italica* gewesen sind, die am Folgetag vom »letzten Aufgebot« der Römer, durch die Soldaten der germanischen Nachbarprovinz(en) und des raetischen Landsturms, wieder freigekämpft wurden? Das würde nicht nur die kaum mit einer Rückkehr aus Italien mit mehreren tausend Gefangenen zu vereinbarende frühe Jahreszeit der Schlacht rechtfertigen, sondern auch die Tatsache, daß das Gefecht am ersten Abend nicht entschieden war. Die Römer hatten offenbar Probleme.

Eine dritte Möglichkeit wäre schließlich, daß die »italischen Gefangenen« in der Provinz Raetien – eventuell noch immer in eigenen Siedlungsverbänden – ansässige Italiker waren, wie sie als elitäre *consistentes* auch bei Regensburg beobachtet wurden (S. 142 ff.).

Ein Bürgerkrieg zwischen Gallienus und Postumus in Raetien Andere diffizile Beobachtungen an der Augsburger Inschrift, vor allem die Analyse ihrer unterschiedlich ausgeführten Rasuren, zeigen im Verein mit der literarischen Überlieferung, daß Gallienus Raetien rasch zurückzugewinnen trachtete. Dabei kamen dem Verhalten des raetischen Statthalters Genialis, des in der Provinz liegenden Heeres und des irgendwie mit beiden (in einer durch die Rasur zum Ausdruck kommenden »Schicksalsgemeinschaft«) verbundenen Mitkonsuls Honoratianus offenbar Schlüsselrollen zu. Leider erklären die erhaltenen Überlieferungsreste nicht, wie Gallienus es trotz der anfänglichen Durchzugsverweigerung des Postumus schaffte, die Alpen doch noch zu überqueren und so die Schlacht zu erzwingen. Daß er es tat, steht fest. Die Gründe dafür können wir nur vermuten. Frühere Ereignisse hatten gezeigt, daß in Krisensituationen einzelne Truppenteile vortreffliche Mittel der politischen Nötigung werden konnten: Gallienus selbst wußte nur zu gut, daß es 253 seit fast anderthalb Jahrzehnten kassierte und strafversetzte Überreste der numidischen Legion gewesen waren, die in Raetien seinen Vater Valerian auf den Thron gehievt hatten. Dabei wird, wie erwähnt, auch die *legio III Italica* eine Rolle gespielt haben, und man kann eigentlich nicht daran zweifeln, daß sie von daher zur Licinischen Dynastie in einem besonders guten Verhältnis gestanden hatte. Vexillationen dieser Legion hatte Gallienus im eigenen Heer und sie hatten ihm bislang, zuletzt in der Alamannenschlacht bei Mailand, treue Dienste geleistet. Es wäre daher denkbar, daß Raetien oder wenigstens bestimmte, maßgebliche Kräfte in dieser Provinz, nicht zuletzt die um ihre Detachierten fürchtende Regensburger Legion, ihren Abfall von Postumus alsbald rückgängig machten, in einer neuerlichen Wende zu Gallienus zurückkehrten, ihm den Alpenübergang gewährten und den Postumus so zur Schlacht zwangen. Die gleichartige Rasur dreier unterschiedlicher Personengruppen auf der Augsburger Inschrift könnte diese Vermutung bestätigen. Denn nach unserer Überlieferung hat Postumus den Gallienus in einem ersten Treffen besiegt; er kann daher sehr wohl Augsburg und einen Teil Raetiens behalten und so die Gelegenheit gehabt haben, seine ehemaligen Weggefährten ächten zu lassen. Postumus zog alsbald in einer zweiten Schlacht den kürzeren und mußte fliehen, und zwar über eine »große Strecke«. Hatte man diese Schlacht und Flucht bislang immer in Gallien angesiedelt, so können wir sie dank der Augsburger Inschrift auch aus einer veränderten, raetischen Perspektive lesen, denn von Raetien ins Rheinland zu fliehen war tatsächlich eine »große Strecke«. Jetzt, wo Raetien und auch sein Vorort Augsburg an Gallienus zurückfielen, war die Zeit gekommen, den Namen des Postumus zu tilgen.

Wenn nicht alles täuscht, tobte zu Anfang der 260er Jahre ein Bürgerkrieg in und um Raetien, das rasch, freilich endgültig erst im zweiten Anlauf an Gallienus zurückgefallen ist. Erst danach dürfte es zu weiteren Kriegshandlungen zwischen den Parteien gekommen sein, die deshalb zu keinem Sieg des Zentralkaisers führten, weil er verwundet wurde. Diesen zweiten Feldzug konnte Gallienus *auch* von Raetien aus führen, welches noch Anfang 268 zu seinem Einflußgebiet zählte. Wenn diese aus den bislang unbeachtet gebliebenen Besonderheiten des Augsburger Juthungen-Steines hergeleitete Rekonstruktion annähernd richtig ist, kam der ansonsten wenig bedeutsamen Provinz Raetien auch um 260/5 wie in den Krisen um 69/70, 195/7 und 310/2 eine wichtige Rolle im Kampf um die kaiserliche Macht zu. Dementsprechend hatte sie unter den Wechselfällen des Bürgerkrieges zu leiden und war zudem jetzt auch noch permanent vom Norden her bedroht.

Die Preisgabe des Limesgebiets nördlich der Donau Die Situation des Reiches wurde seit 260 zunehmend fataler. Eindringlich schilderte sie zu Beginn des 5. Jahrhunderts der christliche Presbyter Orosius: »Germanen gelangten, nachdem sie durch die Alpen, Raetien und ganz Italien gezogen waren, bis nach Ravenna. Die Gallien durchstreifenden Alamannen gingen sogar nach Italien hinüber. Griechenland, Makedonien, Pontus und Asien wurden durch eine Überschwemmung der Goten zerstört. Das jenseits der Donau gelegene Dakien ging für immer verloren. Quaden und Sarmaten verwüsteten Pannonien. Die jenseits des Rheins wohnenden Germanen bemächtigten sich nach völliger Ausplünderung Spaniens. Die Parther nahmen Mesopotamien mit Gewalt weg und rissen Syrien an sich.« Und der heidnische Historiker Zosimus setzt um 500 hinzu, damals sei ein Tiefpunkt erreicht gewesen: »das gesamte Römerreich schwankte hin und her, so daß man an seinem Fortbestand zweifeln mußte. Da brach über die Städte auch noch eine Pest herein, wie man sie in der ganzen Zeit zuvor noch nie erlebt hatte, und ließ die von den Barbaren verursachten Leiden weniger schlimm erscheinen. Unter ihrem Eindruck priesen sich die von der Krankheit ergriffenen Menschen glücklich und ebenso die bereits betroffenen Städte, nachdem sie ganz und gar entvölkert waren.« Nach der Gefangennahme Valerians hatte auch Odaenathus, Fürst der zum Imperium gehörenden Karawanenstadt Palmyra in Syrien, immer mehr die Stellung eines unabhängigen Herrschers erreicht, so daß schließlich seine Witwe Zenobia die Selbständigkeit des Reiches von Palmyra auszurufen wagte (270).

In diesem siebten Jahrzehnt des 3. Jahrhunderts, das von Barbareneinfällen und Usurpationen geprägt war und in dem das Römerreich auseinanderzufallen drohte, war der Besitz Raetiens, das sich zunächst dem Gallischen Sonderreich angeschlossen hatte, offenbar für längere Zeit zu einem entscheidenden Faktor im Kampf um die Macht geworden. Einen Niederschlag dieses Sachverhalts im archäologischen oder numismatischen Fundbild zu erwarten, ginge zu weit. Ob Bürger aus der Provinz Raetien (*municipes ex provincia Raetia*), die 267 dem Genius des Gallienus in *Aquincum*/Budapest eine Inschrift weihten, wirklich – wie man gemeint hat – Raeter in der *legio II Adiutrix* oder nicht vielmehr Schutzsuchende waren, die sich bei ihrer Rückkehr in die Heimat für die Aufnahme bedankten, bleibt vorerst dunkel.

Sicher ist im Zuge der Auseinandersetzung zwischen Gallienus und Postumus der Verlust des obergermanisch-raetischen Grenzgebiets erfolgt, in dem noch nach 256/257 in Hausen ob Lontal, rund 40 km südlich von Aalen, ein beschriftetes Denkmal für Gallienus gesetzt worden ist. Da abgesehen von seltenen Ausnahmen (wie Weißenburg) in der überwiegenden Zahl der Kastellorte des Limesgebiets nördlich der Donau die Münzreihen um 260 abbrachen, scheint man dieses Terrain damals offenbar römischerseits aufgegeben zu haben. Lange Zeit hat man diesen »Limesfall« mit einer Reihe von angeblich 259/260 vergrabenen Münzschätzen infolge eines Einfalls der Alamannen zusammengebracht, später dann allgemeine gesellschaftliche und wirtschaftliche Faktoren zur Erklärung mit herangezogen. Inzwischen steht fest, daß es einen Schatzfundhorizont 259/260 in Raetien nicht gegeben hat und jegliche archäologisch bezeugte Zerstörungsspuren südlich der Donau aus dieser Zeit fehlen. Eine gewichtigere Rolle als wirtschaftliche Gründe dürfte die Pufferfunktion des nördlichen Raetiens im Bürgerkrieg zwischen Gallienus und Postumus gespielt haben: Seitdem wir von dem Abfall Raetiens im Jahr 260 und seiner wichtigen strategischen Bedeutung für die kämpfenden Seiten wissen, können wir nicht mehr ausschließen, daß man bewußt gleichsam zur strategischen Situation der

Zeit vor 70 n. Chr. zurückkehrte. Denn durch die Preisgabe der Lebensader des Dekumatlandes, der Militärstraße von Augsburg nach Nordwesten in Richtung Mainz, zu deren Überwachung der sog. Alb-Limes nördlich der Donau ja einst entstanden war, konnte Postumus zwischen sich und Gallienus im rückeroberten Raetien einen Keil schaffen, der seinem Kontrahenten den Zugang von Südosten und Osten erschweren mußte. Gleichzeitig rückten in die von Rom beanspruchten rechtsrheinischen Gebiete östlich von Mainz zahlreiche germanische Stämme ein. Nach dem Ende des Gallischen Sonderreichs (274) mag dann die Rückgewinnung und Wiederaufrüstung des Limesgebiets als nicht mehr lohnend bzw. verdringlich betrachtet worden sein.

Amissa Raetia ... Wenn ein Lobredner Jahrzehnte später an einer fast stets mißverstandenen Stelle behauptete, »unter Kaiser Gallienus ... ging Raetien verloren, Noricum und Pannonien wurden verwüstet« (*sub principe Gallieno ... Raetia amissa, Noricum Pannoniaeque vastatae ...*), so ist dies schwerlich auf den zeitweiligen Übertritt Raetiens zum Gallischen Sonderreich zu beziehen, sondern eher eben auf den Rückzug der römischen Besatzung aus den Gebieten nördlich der Donau und westlich der Iller. Für diese Interpretation spricht allein schon die Tatsache, daß die rhetorische Übertreibung nicht einmal besonders groß war, da doch das Nördlinger Ries nach der Provinz Raetien benannt ist, vor allem aber, weil derselbe Lobredner einen siegreichen Feldzug der Römer zwischen der Rheinbrücke (wohl bei Mainz) und Donaubrücke bei Günzburg mit der Wiederherstellung der römischen Herrschaft verbinden konnte. Der Verlust bedeutete ja keineswegs eine Aufgabe im rechtlichen Sinne. Tatsächlich bemühten sich die römischen Kaiser der folgenden Zeit bis hin zu Julian († 363) immer wieder, das Gebiet zwischen Rhein und Donau zurückzuerobern bzw. in ihm die römische Herrschaft zu manifestieren und die Verbindungen zur dortigen Bevölkerung nicht abreißen zu lassen. Dennoch orientierte sich die Demarkationslinie des Reiches künftig wieder nach den Flüssen Rhein, Iller und Donau. Diese Linie wurde dann am Ende des 3. und Anfang des 4. Jahrhunderts durch die Anlage kleinerer Kastelle und Beobachtungstürme ausgebaut. Schon vorher zog sich die schutzsuchende Bevölkerung mancherorts aus ihren alten Städten und Wohnorten zurück in befestigte Höhensiedlungen, die vom Gelände her schwer zugänglich waren und möglichst abseits der großen Verkehrsadern lagen (wie es um die Regensburger Zivilbevölkerung damals stand, wissen wir nicht). Die meisten Limestruppen in Obergermanien und Raetien haben zwischen 260 und 285 zu existieren aufgehört oder waren Umstrukturierungen unterworfen worden. Ausnahmen bildeten die 3. Italische Legion in Regensburg und die *cohors III Britannorum* in Eining.

Unter Kaiser Gallienus, der die Herausforderungen im großen und ganzen meisterte, kam es zu einer Reform der Provinzial- und Militärverwaltung insofern, als von nun an das Kommando über die Legionen und die wichtigen Grenzprovinzen mehr und mehr erfahrenen Berufsoffizieren aus dem Ritterstand übertragen wurde, ohne daß dabei freilich Senatoren grundsätzlich von diesen Posten ausgeschlossen wurden. Auch Raetien blieb zumindest formal über Gallienus hinaus zunächst noch in der Hand der senatorischen Verwaltung, da noch 281 der amtierende Statthalter aus dem Ritterstand sich wie Simplicinius Genialis *v(ir) p(erfectissimus)* und *a(gens) v(ices) p(raesidis) prov(inciae) Raet(iae)* also »Hochwohlgeboren« und »anstelle des Statthalters der Provinz Raetien handelnd«, nannte. Man hat fast den Eindruck, als wäre es lange Zeit bei der 260 vielleicht aus der Not geborenen Interimslösung geblieben.

Denn nach wie vor kam dem Alpenvorland und der Regensburger Legion eine Schlüsselstellung für den Zusammenhalt der ost- und westeuropäischen Provinzen zu, und demgemäß spielte die Region beim Ende des Kaisers Gallienus im Jahr 268 erneut eine wichtige Rolle. Gerade dort, wo die Licinier (Valerian und Gallienus) zur Regierung gekommen waren, leitete sich auch ihr Sturz ein: Der aus Dakien stammende General Aureolus, der für Gallienus schon mehrfach Revolten erfolgreich niedergeschlagen hatte, stellte sich 268 offen auf die Seite des Postumus und ließ sich, »als er in Raetien Legionen befehligte«, zum Kaiser küren. Auch er marschierte, zweifellos mit Teilen der 3. Italischen Legion, sofort nach Italien. In Mailand wurde er von Gallienus belagert; doch dieser fiel einer Verschwörung seiner Offiziere zum Opfer. Der neue Herr, Claudius II. (268–270), konnte auch den Aureolus niederzwingen. Unterdessen hatte der Abzug des Aureolus erneut die Alamannen zum Einfall nach Oberitalien ermutigt; am Gardasee wurden sie noch 268 von Claudius besiegt. Dieser tüchtige Feldherr und Kaiser erzielte auch beachtliche Erfolge über die im unteren Donauraum eingedrungenen Goten – er wird daher in den Geschichtsbüchern meist als Claudius Gothicus geführt –, starb aber schon Anfang 270 an der Pest.

Aurelian – »Wiederhersteller des Erdkreises« Sein Nachfolger Aurelianus, ebenfalls ein illyrischer Haudegen, konnte durch die Auflösung des Palmyrenischen (272) und des Gallischen Sonderreiches (274) die Reichseinheit wieder zurückgewinnen. Durch wirtschaftliche und administrative Maßnahmen versuchte er obendrein, seinen Ruf als »Wiederhersteller des Erdkreises« (*restitutor orbis*) zu rechtfertigen. Demselben Ziel galt das Bemühen, dem Reich durch die Einführung einer neuen Staatsreligion, einer neuen Schutzgottheit – das Vertrauen in die Macht der altrömischen Götter war dahin – in Gestalt des »Unbesiegten Sonnengottes« (*Sol invictus*) einen geistigen Zusammenhalt zu bieten.

Im Herbst 270 rührten sich auch die Juthungen wieder. Sie hatten bislang ihren auf 260 zurückgehenden Vertrag mit Rom eingehalten, nach dem römische Jahrgeldzahlungen gewährleisteten, »sich gegenseitig in Ruhe zu lassen«. Jetzt fielen sie wieder ein. Kenntnis erhalten wir davon aus den *Skythika* des zeitgenössischen Historikers und Feldherrn Dexippus aus Athen. In nachempfundenen diplomatischen Verhandlungen einer juthungischen Gesandtschaft mit Kaiser Aurelian brüsten sich die Germanen, mit 40 000 Reitern eingedrungen zu sein und mit diesem geringen Bruchteil ihrer Streitmacht »die Donaustädte angegriffen und beinahe ganz Italien erobert« zu haben. Sie hatten ihr Heer – vermutlich durch die Erfahrungen des Jahres 260 klug geworden – in zwei Teile aufgespalten, wovon der Hauptteil zwischen der Rhone (?) und den römischen Grenzen festgehalten wurde und anfing, unter Mangel an Verpflegung und anderen Schwierigkeiten zu leiden, als das andere Kontingent beim Rückmarsch an der Donau eine Niederlage erlitten hatte – mehr durch unglückliche Umstände als durch römische Tapferkeit, wie die Gesandten meinten. Obwohl sie dem Kaiser drohten, sich auf die Seite der Gegner Roms zu stellen, scheint ihnen dieser eine Erneuerung des Vertrages versagt zu haben. Das war eine gravierende Fehleinschätzung der Lage. Denn als kurz danach Aurelian die in Pannonien eingedrungenen Vandalen bekämpfte, erhielt er die Nachricht, daß die Juthungen wieder in Italien erschienen seien. Durch das Alpenrheintal und die Schweizer Pässe drangen sie gemeinsam mit den Alamannen bis nach Oberitalien vor, brachten dem eilend heimgekehrten Aurelian bei Placentia eine schwere Niederlage bei und bedrohten sogar Rom, bis sie endlich in mehreren Schlachten – u. a. bei Fano und am Fluß Ticino in der Nähe von Pavia – besiegt und zur Umkehr gezwungen werden konnten. Ob und wie sehr von diesen Einfällen der Juthungen die »Donaustadt« Regensburg und ihr Umland in Mitleidenschaft gezogen wurde, ist nicht mehr feststellbar, aus gleich angesprochenen Gründen aber eher unwahrscheinlich.

Indirekt war der Ort indessen sicher auch an diesen Turbulenzen beteiligt: über seine Legion. Dasselbe gilt für den Entscheidungskampf gegen die Kaiserin Zenobia und ihr Reich von Palmyra im Jahr 271/272, bei dem nach Zosimus neben Einheiten aus dem unteren Donauraum auch »das aus norischen und raetischen Truppen bestehende keltische Kriegsheer« im Armeeaufgebot Aurelians stand: gemeint sind zweifellos Spezialkommandos (*vexillationes*) der 2. und 3. Italischen Legionen. Es wäre denkbar, daß die Verlegung von Regensburger Abteilungen in den Osten erneut für irgendwelche Feinde ein Signal zum Angriff auf Nordostraetien wurde. Da Alamannen und Juthungen wohl noch zu schwach waren, dachte man gelegentlich an die Burgunder. Die nicht immer zuverlässige Historia Augusta beteuert an zwei Stellen, daß Aurelian kurz vor seiner Ermordung auf dem Balkan (275) eine Expedition in unser Gebiet unternommen habe: »er befreite die Vindeliker von der Bedrängnis durch die Barbaren« (*Vindelicos obsidione barbarica liberavit*), heißt es einmal, und an einer anderen Stelle lobt Aurelians vom Senat gewählter Nachfolger Kaiser Tacitus (275–276) die Ruhmestaten des Vorgängers in einer Senatsrede: »Jener hat den Vindelikern das Joch der barbarischen Knechtschaft beseitigt« (*ille Vindelicis iugum barbaricae servitutis amovit*). Näheres hören wir nicht. Völlig ungewiß ist, ob die standortferne Tätigkeit eines Ingenu[us], der nach einer kühnen Ergänzung einer dem Kaiser Aurelian in Lauriacum geweihten Inschrift möglicherweise als Centurio der 3. Italischen Legion gleichzeitig als *regi[onarius]* bei Augsburg einen Polizeiposten betreute, mit diesen Vorfällen in Verbindung gestanden hat.

Regensburg zum zweiten Mal zerstört Keineswegs auszuschließen ist, daß Regensburg im Zusammenhang mit den geschilderten Ereignissen unter Aurelian zum zweiten Mal im 3. Jahrhundert zerstört wurde. Aufgrund des archäologischen Befunds müssen irgendwann in der zweiten Hälfte dieses Jahrhunderts zumindest große Teile des Lagers niedergebrannt sein. Da man auf dem Frauenbergl (s. S. 180f.) in der entsprechenden Zerstörungsschicht neben einer Münze des Kaisers Gallienus noch einen verbrannten Antoninian des Aurelian fand, der im Sommer 272 geprägt wurde, muß das Feuer danach ausgebrochen sein. Bestätigt wurde diese Datierung durch die Ausgrabungen an der Ecke Dreikronengasse, weil hier ebenfalls in einer Brandschicht je eine Münze (Antoninian) der Kaiser Gallienus, Claudius II. (268–270) und Aurelian zutage kam. Ähnliche Münzbefunde zeichnen sich ferner unter dem Niedermünster ab, und schließlich können auch die beiden Münzschätze aus dem Stadtgebiet (Burgweintingerstraße und Zornsche Maschinenfabrik) und einer aus Pfakofen südlich der Stadt erst nach 272 vergraben worden sein. Freilich benennt dieser archäologische Befund, wie unschwer zu erkennen ist, mit dem Jahr 272 lediglich den Zeitpunkt, *nach* welchem die Zerstörung in Regensburg stattgefunden hat. Daher ist gut möglich, daß das Lager gegenüber der Regenmündung erst von den Überfällen der Burgunder und Vandalen auf Raetien wenige Jahre nach Aurelian empfindlich getroffen wurde. Aber auch hier müssen zuerst die einschlägigen Befunde und vor allem die Kleinfunde bis hin zur Keramik sorgfältig durchgearbeitet werden, bevor man die archäologisch ermittelten Zerstörungsspuren mit der historischen Überlieferung in einen näheren Bezug setzen kann.

Jedenfalls vermochte Kaiser Probus (276–282), ein anderer tatkräftiger Illyrer auf dem Thron, der Allianz aus Burgundern und Vandalen in den Jahren 278/279 vermutlich am Lech eine schwere Niederlage beizubringen. Vorher hatte er vielleicht eigens 16 000 Rekruten ausgehoben. Nach der Historia Augusta »ließ er Raetien derart friedlich zurück, daß er dort nicht einmal den Gedanken an irgendeine gewaltsame Störung übrig ließ«. Auf diesen glorreichen Sieg spielt eine Augsburger Inschrift aus dem Jahr 281 an, die der Stellvertreter des Praeses der Provinz Raetien dem Monarchen als »dem Wiederhersteller der Provinzen und öffentlichen Bauten, dem weit vorausblickenden, alle vorherigen an Tapferkeit sehr überragenden Kaiser« weihte. Die darin gewiß auch zum Ausdruck kommende kaiserliche Selbsteinschätzung hinderte freilich die raetischen Truppen nicht, schon ein Jahr danach gemeinsam mit der norischen Legion – wie man sieht, operierten die militärischen Schwestern häufig gemeinsam – wieder »Kaisermacher« zu spielen und gegen Probus dessen Prätorianerpräfekten Carus (282–283) auf den Schild zu erheben. Probus wurde ermordet, angeblich auch deshalb, weil die Soldaten – inzwischen dem Zivilen abhold – zu sehr mit nichtmilitärischen Aufgaben, wie Entwässerungsarbeiten, Flußkorrekturen, Brücken- und Tempelbauten, betraut wurden. Carus aber, der Kandidat unserer Truppen, und seine Söhne Carinus (283–285) und Numerianus (283–284) erlangten deshalb eine gewisse Bedeutung, weil sie die letzten Kaiser jener Epoche waren, die wir etwas unglücklich das Prinzipat zu nennen pflegen.

Bevor allerdings näher auf die staatsrechtlichen Veränderungen unter den Folgekaisern des »Dominats« eingegangen wird, sei kurz noch eine dritte Möglichkeit angesprochen, bei welcher Regensburg zerstört worden sein kann. Von archäologischer Seite wird auf eine Ballung von Münzschätzen, einen Schatzfundhorizont, um das Jahr 288 hingewiesen. Der Herrscher im westlichen Reichsteil namens Maximianus (286–305) war gerade mit den Franken und einem Gegenkaiser in Britannien beschäftigt, als der Oberkaiser Diocletianus in Raetien einen Feldzug gegen die Alamannen startete, obwohl er eigentlich Chef des Ostens war. Dies allein weist deutlich genug auf die militärische Bedrängnis des Reiches an diesem Punkt hin. Die Annahme, daß die Münzschätze aus diesem Jahr eines Einfalls von Germanen wegen unter die Erde kamen, somit Diocletians Unternehmen lediglich ein militärischer Gegenschlag gewesen sei, hat ziemlich viel für sich. Da aber neben den Münzhorten aus München-Lochhausen, Peissenberg (?), Bregenz und drei weiteren aus dem Alpenrheintal auch einer aus Großberg bei Regensburg stammt, könnte das Regensburger Legionslager auch damals zerstört worden sein. In diesem Fall enthielte eine Augsburger Inschrift, die Diocletian im Jahr 290 als »weitvorausschauenden Kaiser«, als »Lenker des Erdkreises und Herren«, als »Gründer des ewigen Friedens« feierte, nicht nur eine leere Formel.

Regensburg in der Spätantike

Für die Geschichte des 4. Jahrhunderts sind unsere Quellen allgemein noch dürftiger als für die vorangehende Zeit. So wird z. B. nicht nur in Regensburg die Zahl der Inschriften – Traditionsträger ersten Ranges – im Laufe des 3. Jahrhunderts immer kleiner. Über die Geschicke unseres Ortes, seiner Besatzung und geringen zivilen Bevölkerung in der spätrömischen Zeit wissen wir folglich sehr wenig Sicheres. Lediglich die allgemeinen Zeitumstände lassen hie und da Rückschlüsse auf Castra Regina, wie der Name jetzt zweifelsfrei auch lautete, zu. In der Archäologie der Spätantike gibt es in Regensburg noch viel zu tun. Dies ist zum einen dadurch bedingt, daß die spätrömischen Baubefunde und Kulturschichten nicht immer sehr gut erhalten sind, weil sie am meisten späteren Störungen und Eingriffen ausgesetzt waren. Zum anderen war es bis vor kurzem um die Kenntnis spätrömischer Kleinfunde, besonders der Keramik, nicht gut bestellt, so daß man spätantike Befunde oft gar nicht erkannt hat.

Im 4. Jahrhundert hat man die 3. Italische Legion aufgeteilt und nur eine maximal rund 1000 Mann starke Teileinheit verblieb in Regensburg. Das war die Folge tiefgehender Wandlungen im Imperium Romanum.

Wandel in Staat und Gesellschaft

Die Reformen, die man gemeinhin mit den Namen der Kaiser Diocletian (284–305) und Konstantin dem Großen (306–337) verbindet, führten nicht selten bereits vorhandene Ansätze konsequent zu Ende, gelegentlich schufen sie auch gänzlich Neues. Dabei durchlief die römische Welt mehrere Jahrzehnte lang einen Prozeß von Veränderungen, die ihrerseits häufig genug nur die Ergebnisse fortwährenden Experimentierens waren. Mitunter läßt sich nicht mehr erkennen, was das Werk des einen oder des anderen Kaisers war. Das aus vielerlei Gründen bedrohte Imperium Romanum reagierte und sicherte durch die eigene Verwandlung dem Westreich immerhin noch fast 200 Jahre, dem Ostreich ein sogar noch weitaus längeres Überleben.

Der »Dominat«, wie man den spätantiken Staat nicht besonders glücklich zu nennen pflegt, zielte – auch wenn man sich vor allzu starren Pauschalierungen hüten muß – im letzten auf Normierung, Vereinfachung und Zersplitterung aller Lebensbereiche bei gleichzeitiger Stärkung der Zentralgewalten. Die seit Roms Anfängen charakteristische Einheit von ziviler und militärischer Gewalt wurde jetzt strikt getrennt – mit den entsprechenden Auswirkungen auf die Administration. Die Verwaltungseinheiten wurden verkleinert und streng hierarchisch durchorganisiert. Gehorsam und Steuerpflicht wurden die obersten Tugenden der Bürger, die allesamt zu Untertanen herabsanken. Eine als drückend empfundene erbliche Standesbindung kam hinzu; Handwerker und Kaufleute mußten in ihren Berufen, freie Pachtbauern (*coloni*) auf ihrer Scholle ausharren. Ein regelrechtes Spitzelsystem und rücksichtslose Formen der Besteuerung trugen zur Verschärfung

der Lebensumstände bei. Immer wieder suchten Provinzbewohner sich durch Flucht ihren mitunter trostlosen Pflichten zu entziehen, verödende Äcker, Räuberbanden und Revolten waren die Folge.
Die Bedrohung des Reiches von außen hatte weder im Osten noch im Westen nachgelassen. Daher wurde die Stärke des römischen Heeres insgesamt deutlich erhöht, freilich vor allem bei den Zentralarmeen und nicht zuletzt durch Rekruten von jenseits der Reichsgrenzen. Die Zahl der Barbaren in der Armee und in höheren und höchsten Kommandostellen wuchs kontinuierlich an. Gleichzeitig veränderten sich die Strukturen der Grenztruppen, die nach Zahl und Ansehen zur bäuerlichen Miliz herabsanken. Wurde damit der Alltag noch stärker militarisiert, so vergrößerte sich zugleich die Kluft zwischen den von einem an orientalischen Vorbildern ausgerichteten Zeremoniell umgebenen Monarchen und den gewöhnlichen Reichsbewohnern. Dabei gab es jetzt nicht selten mehrere Kaiser (*Augusti*) und Thronfolger (*Caesares*), obschon der Versuch Diocletians, zur Vermeidung von Usurpationen in der sog. Tetrarchie die Thronfolge institutionell zu regeln, rasch an den Egoismen und dynastischen Begehrlichkeiten seiner Mitregenten scheiterte. Ansprüche von Kaisersöhnen wurden schließlich auch in der Schlacht an der Milvischen Brücke im Jahr 312 zwischen Konstantin und Maxentius entschieden. Schon im Vorfeld dieser Auseinandersetzung war Raetien wieder einmal als Aufmarschgebiet in Mitleidenschaft gezogen worden, und es ist kaum Zufall, daß sogar unter den wenigen bekannten Soldaten im Eliteverband Konstantins bei seinem Marsch auf Rom, in der *legio II Italica Divitensium*, ein Raeter bezeugt ist. Der Sieg Konstantins markierte nicht nur den Niedergang der Stadt Rom als weltliche Hauptstadt, er legte auch den Grund für den Durchbruch des eben noch verfolgten Christentums im römischen Staat.

Die Notitia dignitatum Aus der sog. *Notitia dignitatum*, dem für den täglichen Dienstgebrauch bestimmten »Verzeichnis aller Ämter, sowohl der zivilen wie der militärischen in den westlichen Reichsteilen« der Zeit um 430, kennen wir auch für Raetien Teile der administrativen und militärischen Dienststellen und Kommandobereiche. Leider enthält dieses »Staatshandbuch« verschiedene, nur schwer zu unterscheidende Zeitschichten. Für unser Gebiet wurde ein ›altertümlicher‹ Redaktionsstand um 375 vermutet, er kann aber durchaus jünger sein.
Regensburg bildete in spätrömischer Zeit den nördlichsten Punkt der Provinz Raetia Secunda, der Diözese Italia annonaria und der Präfektur Italia. Letztere umfaßte neben Italien, Nordafrika und dem Nordwestbalkan auch das Alpenvorland; in Mailand/*Mediolanum* hatte sie ihre Hauptstadt. Ihr höchster Beamter war in Stellvertretung des jeweiligen Kaisers ein mit großen Machtbefugnissen ausgestatteter Prätorianerpräfekt (*praefectus praetorio*). Zwischen den Präfekturen und den Provinzen hat man (ursprünglich zwölf, später 17) Diözesen als Zwischeninstanzen mit einem *vicarius* an der Spitze eingerichtet. Die Provinzen wurden in der Spätantike flächenmäßig wesentlich verkleinert; gleichzeitig erhöhte sich ihre Zahl von bislang 57 auf etwa 100 im Jahr 297 und rund 120 in der Zeit nach 400. Zwischen 297 und 370 wurde auch Raetien in zwei Provinzen geteilt, wobei Regensburg eben zur Raetia Secunda zählte. Jede der beiden raetischen Provinzen wurde von einem zivilen Statthalter (*praeses*) verwaltet, wovon der für Regensburg zuständige wohl in Augsburg seinen Sitz hatte. In militärischer Hinsicht lag die Sache komplizierter. Späte-

stens seit Konstantin gab es neben den wie bisher an feste Standorte gebundenen Grenzeinheiten (*limitanei* oder *riparienses*) auch noch mobile Verbände, welche die Kaiser begleiteten oder an Schnittpunkten der großen Militärfernwege im Inneren des Reiches lagen und im jeweiligen Kommandobereich verschoben wurden. Die Grenztruppen Raetiens sind aus der Notitia dignitatum gut bestimmbar, die Hof- oder Gardetruppen (*palatini*) und Linienregimenter (*comitatenses*) des Feldheeres dagegen kaum. Erste glichen nach Formation und taktischer Gliederung weitgehend früheren Verbänden, sanken aber immer mehr auf die Rolle lokaler Milizen ab. Ihr Oberkommando lag beim »Meister beider Waffengattungen« (*magister militum utriusque militiae*), dem der »General der ersten und zweiten raetischen Provinz« (*dux provinciae Raetiae primae et secundae*) mit dem Rangprädikat einer »Exzellenz« (*vir spectabilis*) unterstand.

Aus dem »Staatshandbuch« erfahren wir auch die ungefähre Zusammensetzung der raetischen Grenztruppen und die Verteilung ihrer Standorte (Abb. 66). Dem raetischen Grenzgeneral unterstanden u. a. drei Schwadrone von Gardereitern (*equites stablesiani*), drei Alen und sieben Kohorten, ein Numerus von Bodenseeschiffen, nicht näher bekannte *milites Ursarienses* und schließlich fünf Abteilungen der dritten Italischen Legion. Nur die Alen und Kohorten in Eining und Künzing waren sicher ältere Einheiten, die übrigen sind unter anderem von Diocletian und seinem Mitregenten Maximianus neu geschaffen worden. Die Hilfstruppen, die früher im Limesgebiet links der Donau stationiert waren, sind entweder im Zuge der Kämpfe des 3. Jahrhunderts untergegangen oder von Diocletian ersetzt worden.

Die Grenzlegionen verändern sich Noch im Jahr 294 lagen in Raetien die zivile und die militärische Gewalt in einer Hand, weil nach wie vor der – inzwischen endgültig aus dem Ritterstand ernannte – Statthalter (*praeses*) und nicht, wie später üblich, der General (*dux*) für Militärbauten zuständig war. Gemäß einem Gesetz von 290, in dem in militärischen Fragen noch der Legionspräfekt (*praefectus legionis*) und der Statthalter (*praeses*) verantwortlich zeichnen, finden sich als Stifter einer undatierten Regensburger Inschrift etwa dieser Zeit der ritterliche Statthalter des noch ungeteilten Raetiens und ein Legionspräfekt. Der unscheinbare Stein ist von großer Bedeutung und wird daher hier wörtlich zitiert: *-----]* | *[..]VQ[.....]* | *v(ir) p(erfectissimus) p(raeses) p(rovinciae) R(aetiae) [et]* | *Secundinus* | *praef(ectus) leg(ionis)* | *eiusdem*. Das heißt etwa: »[--- Name,] Hochwohlgeboren, Praeses der Provinz Raetien [und] Secundinus, Präfekt derselben Legion (ließen dieses Monument errichten)«.

Nachdem seit Gallienus die senatorischen Statthalter zunehmend durch ritterliche abgelöst worden waren, hatte auch in Regensburg der Legionspräfekt die vakante Stelle des senatorischen Legionskommandanten (*legatus legionis*) und damit die Führung der Legion übernommen. Leider ist der obere Teil der eben zitierten Weihinschrift abgebrochen, so daß der Name der Legion fehlt. Es spricht indessen alles dafür, daß die 3. Italische Legion mit »derselben Legion« gemeint war und daß Secundinus diese Legion noch weitgehend vollständig geführt hat. Aus anderen Quellen wissen wir nämlich, daß bereits um diese Zeit die alten Bürgerverbände auseinanderzufallen begannen. Eine Verkleinerung der legionaren Einflußbereiche paßte ja auch zur Idee überschaubarer Verwaltungsräume; sie erfolgte freilich nicht – wie man lange glaubte – durch eine Zweiteilung

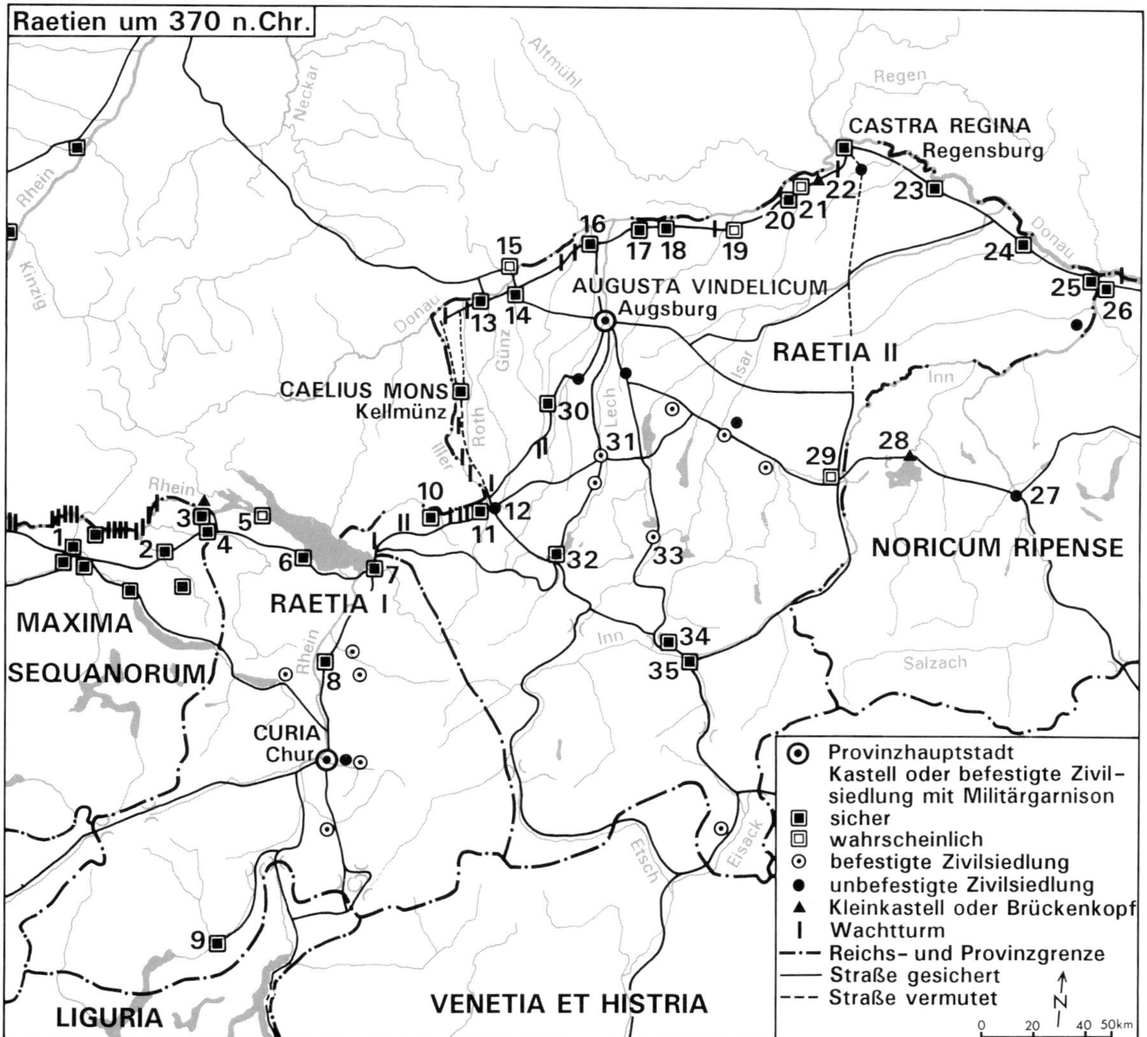

Kartographie: F.Weinrich,BAdW München

© A.Faber u. M.Mackensen

Abb. 66 Die beiden Provinzen Raetia I und II um 370 n. Chr. mit dem Donau-Iller-Rhein-Limes (nach Faber/Mackensen).

der Grenzlegionen in Verbände aus je fünf Kohorten. Eine solche Zweiteilung ist wohl ein wissenschaftliches Trugbild. Viel eher zerfielen die Legionen gleichsam nach und nach, nicht zuletzt infolge der gewaltigen Baumaßnahmen der diocletianisch-konstantinischen Zeit. Aus Kohorten zusammengestellte Legionsabteilungen verselbständigten sich mit der Dauer und Größe ihrer Aufgaben. Durch den Wegfall der senatorischen Legionslegaten seit Gallienus und den dauernden Mangel an sie ersetzenden ritterlichen Legionspräfekten (*praefecti legionum*) waren die Legionen in ihren Zentren zumindest zeitweilig geschwächt. Dies mußte dem Ansehen und dem Handlungsspielraum der ursprünglich nachgeordneten Teilkommandanten zugute kommen. Als man seit den späten 90er Jahren des 3. Jahrhunderts in den Provinzsprengeln Heerführer (*duces*) einsetzte, raubte man den Legionen endgültig ihre Spitze, weil dadurch die Legionspräfekten zu Zwischeninstanzen herabsanken, die im Grunde kein Vorrecht mehr gegenüber den Präfekten der Legionsabteilungen beanspruchen konnten. Im Zuge der allgemeinen Tendenz zur Verkleinerung gab es jetzt, da die Legionen und die sonstigen »auxiliaren« Grenztruppen von ein und demselben Befehlshaber (*dux*) befehligt wurden, immer weniger Anlaß, die Legionsabteilungen (Vexillationen) in die Stammlegion zurückzuführen. Da ferner der Begriff *vexillatio* jetzt zunehmend für die Reiter des Feldheeres reserviert wurde, bezeichnete man die Vexillationen alter Art nach ihren Bestandteilen einfach als *legionis cohortes* und beließ sie in den jeweiligen Abschnitten (*pedaturae / partes*), wo man ihnen die Überwachung und Instandsetzung von einzelnen Uferstrecken (*ripae*) zuwies. Anfangs existierten neben den »Uferpräfekten der Legionskohorten des oberen (oder: unteren) Abschnitts« möglicherweise noch die Legionspräfekten im alten Hauptquartier, sehr bald aber sank das Hauptquartier selbst auf den Rang der Uferpräfekturen herab.

Die Teile der *legio III Italica* Natürlich blieb auch die Regensburger Legion von entsprechenden Vorgängen nicht verschont, obgleich wir sie hier nur schwer nachvollziehen können. Nach der Notitia dignitatum wurde die 3. Italische Legion im 4. Jahrhundert in mindestens sechs Abteilungen aufgespalten, von denen fünf unter dem raetischen General im Grenzheer standen:

Praefectus legionis tertiae Italicae partis superioris, Castra Regina, nunc Vallato.

Praefectus legionis tertiae Italicae partis superioris deputatae ripae primae, Submuntorio.

Praefectus legionis tertiae Italicae pro parte media praetendentis a Vimania Cassiliacum usque, Cambidano.

Praefectus legionis tertiae Italicae transvectioni specierum deputatae, Foetibus.

Praefectus legionis tertiae Italicae transvectioni specierum deputatae, Teriolis.

»Ein Präfekt der dritten Italischen Legion, des oberen Teils, zu Castra Regina [Regensburg], jetzt zu Vallatum [Manching oder, wahrscheinlicher, Weltenburg].

Ein Präfekt der dritten Italischen Legion, des oberen Teils für die erste Uferstrecke [Donau zwischen Iller und Lech?], zu Submuntorium [Burghöfe].

Ein Präfekt der dritten Italischen Legion, der Vorhut für den mittleren Abschnitt von Vemania [Isny] bis Cassiliacum, zu Cambodunum [Kempten].

Ein Präfekt der dritten Italischen Legion, der Abteilung zur Sicherung der Heereszufuhr, in Foetibus [Füssen].

Ein Präfekt der dritten Italischen Legion, der Abteilung zur Sicherung der Heereszufuhr, in Teriolis [Zirl bei Innsbruck].«

Im Grunde muß es vorübergehend weitere Legionsabteilungen innerhalb der Grenzmiliz gegeben haben, und zwar am »unteren Teil« (*pars inferior*) der raetischen Donau, der in der Notitia dignitatum überhaupt nicht mehr angeführt ist. Gemeint ist dabei vermutlich der Abschnitt zwischen Regensburg und Passau. Diese Beobachtung allein zeigt schon, wie schwierig eine angemessene Bewertung unserer Überlieferung ist. Bei allen offenen Fragen aber läßt sich feststellen: Seit ca. 300 beherbergte Regensburg nicht mehr wie ehedem eine von rund 30 Elitetruppen des Reiches, sondern lediglich einen militärisch eher unbedeutenden Restverband der 3. Italischen Legion von unbekannter, jedenfalls stark reduzierter Mannschaftsstärke. Daneben wurden Teile dieser Legion zum Schutz der Iller-Donau-Front und der jeweiligen Flüsse eingesetzt, vorwiegend freilich zur Überwachung der Nachschubwege aus Italien.

Ein weiterer, von seiner Stammtruppe in Regensburg losgelöster Teil war offenbar ins Feldheer aufgenommen worden. Denn in der Notitia dignitatum erscheint im Heeresbezirk Illyricum eine comitatensische *legio III Italica*, die man kurz auch als »Soldaten der dritten (Legion)«, als *Tertiani*, bezeichnet hat. Erst seit wenigen Jahren kennen wir eine Grabinschrift aus Aquileia, die wohl als Zeugnis dieser mobilen und kampfstarken Abteilung gelten darf: *Fl(avius) Amantius, ve[t(eranus) legio]ne tertia Italica e[x opti]one, vivus fecit s[ibi et Vale]riae Siric(a) coniug[i ...] carissime, qui mec[um vixit] annos XXI et dies XX[. et vix]et annos LXXXV, si[ne que]rel[a ul]la.* »Flavius Amantius, Veteran der dritten Italischen Legion, ehemaliger Optio, machte zu seinen Lebzeiten für sich und für seine liebste Frau, die mit mir 21 Jahre und 20(?) Tage ohne irgendeinen Streit lebte und dabei 85 Jahre alt wurde.« Eine späte Liebe!

Vom Legionslager zur Festungsstadt

Das ehemalige Legionslager der 3. Italischen Legion hat sein Aussehen und seine Funktion in der Spätantike völlig verändert. Aus der Großkaserne wurde im 4. Jahrhundert eine Festungsstadt mit zivilen Bewohnern, in der es auch eine militärische Garnison gab. Vergleichbares geschah in dieser Epoche sehr häufig. Als Beispiel sei besonders *Argentorate*/Straßburg genannt, wo auch aus der Mauer eines Legionslagers eine »Stadt«mauer wurde. Dementsprechend sind Reduktionskastelle in größeren Lagern oder sonstigen Ummauerungen anderwärts durchaus zahlreich nachgewiesen; nicht nur im nahen Eining, auch in Orten wie Passau, *Vindonissa*/Windisch, aber auch in Palmyra oder Damaskus und in weiteren Gemeinden in fernen Reichsteilen, wie in Mauretanien, Arabien und in der heutigen Türkei. In der Regel wurden dort die Unterkünfte und anderen militärischen Bauten der Garnisonen von den Wohnbezirken der Zivilbevölkerung baulich abgetrennt. Auch in Gallien und Germanien wurden häufig die städtischen Siedlungen (*civitates*) verkleinert, und neben ihnen entstanden zahlreiche ummauerte Ortschaften mit einem eigenen Gebiet (*territorium*), aber ohne Stadtrecht. Solche Orte heißen in der *Notitia Galliarum*, einem aus der Zeit um 400 stammenden »(Orts-)Verzeichnis der gallischen Provinzen«, in der Regel *castra* = »Lager«. In welchem Rechtsverhältnis sie zu den Städten standen, bleibt unklar. Wie in der Nachbarprovinz Maxima Sequanorum, der heutigen Schweiz, ein *castrum Vindonissense* an Stelle des früheren

Vindonissa, ein *castrum Ebrodunense* an Stelle des *Eburodunum*/Yverdon zu finden war, so könnte Regensburg zum *castrum Reginense* geworden sein, das nach dem anderen Sprachgebrauch der Notitia dignitatum, die *castrum* stets in der Mehrzahl *castra* verwendete, *castra Regina* hieß.

Wann nun aber das Legionslager gegenüber der Regenmündung zum Castrum umgebaut wurde, ist wiederum nicht genau zu sagen: mit Sicherheit erfolgte die Maßnahme nach der zweiten Zerstörung Regensburgs im 3. Jahrhundert zwischen 270 und 290. Vielleicht war der Auftraggeber für die Wiederaufbaumaßnahmen – die Flickungen der defekten Mauerteile, die Vermauerung je einer Durchfahrt der Tore etc. – Kaiser Diocletian, der ja offenbar auch sonst in den Jahren nach 290 am Rhein-Iller-Donau-Limes, in dessen Kette auch Regensburg Glied war, rege bauen ließ. Immerhin haben wir aus etwa dieser Zeit die schon oben (S. 196) besprochene, von den beiden ranghöchsten Funktionären der Provinz gesetzte Legionsinschrift in Regensburg. Natürlich wird die Abkapselung des Militärs im Lagerbereich frühestens nach der Zerschlagung der Gesamtlegion erfolgt sein. Sofern diese aber wirklich erst durch Konstantin vorgenommen wurde, müßte man wohl für die Zeit um 300 mehrfache Veränderungen in der Innenstruktur des Regensburger Lagers annehmen. Die Entstehung der Festungsstadt hatte noch eine weitere Konsequenz – man ließ die *canabae legionis* völlig auf. Über das Schicksal der Zivilsiedlung westlich des Lagers im 3. Jahrhundert weiß man nur, daß sie mehrfach gebrandschatzt und in Schutt und Asche gelegt wurde. Wann diese Zerstörungen stattfanden, ist vor der genauen Bearbeitung des Fundmaterials nicht zu sagen. Jedenfalls waren die Zeiten so unsicher geworden und die Bevölkerung nach den Germanenstürmen des 3. Jahrhunderts so dezimiert, daß das nach wie vor stark befestigte Legionslager Raum und Schutz für alle bot. Das Gelände der ehemaligen Westvorstadt hat man in der Spätantike dann allenfalls als Steinbruch oder gar zur Anlage eines Gräberfeldes genutzt (S. 154; 222).

Auf der Suche nach dem Regensburger »Binnenkastell« Ausgehend von der Verkleinerung der 3. Italischen Legion im 4. Jahrhundert vermutete man schon vor über 50 Jahren, das Militär habe sich damals in den Nordostbereich des Legionslagers zurückgezogen. Zur Trennung von der nun vermutlich im übrigen Lagerbereich (vielleicht in den vom Militär aufgegebenen Baracken) wohnenden Zivilbevölkerung sei durch Einziehung zweier Abschnittsmauern (im Westen in Höhe des Römerturms, im Süden entlang der Nordseite der ehemaligen via principalis) ein eigenes Kleinkastell, das sogenannte »Binnenkastell«, errichtet worden. Direkte Beweise für diese Annahme gibt es bisher von archäologischer Seite noch immer nicht. Mit der nötigen Vorsicht kann man allerdings einen spätantiken Bau mit mächtigen Mauern am Kornmarkt, der leider während seiner Aufdeckung während des letzten Krieges nur flüchtig untersucht wurde, mit einem Burgus, einer Binnenbefestigung, der letzten Römerzeit in Verbindung bringen. Zur Bestätigung dieser Hypothese wären aber endlich die Publikation der Befunde und Funde sowie weitere Nachgrabungen nötig. Unter dem Niedermünster wurden laut Münzfunden um 340 die Kopfbauten der alten Mannschaftsbaracken noch einmal gründlich renoviert; sie wurden vom Ausgräber auch für die Spätantike als mit Fußbodenheizungen versehene Offizierswohnungen interpretiert. Militärische Ausrüstungsstücke (Zwiebelknopffibel, Gürtelbeschläge) sprechen für diese Ansicht. Dagegen haben die Befunde an den Kopfbauten in der Grasgasse eine andere Baugeschichte erwiesen. Hier wurde die Heizanlage nach der Zerstörung im 3. Jahrhundert aufgegeben und das Gebäude mit wesentlich geringerem Wohnkomfort weiterbenutzt: Lehmestriche und offene Feuerstellen ersetzten Mörtelestriche und Hypokaustheizungen. Zudem tauchten in der Grasgasse vermehrt Frauenschmuck und andere zivile Funde auf; freilich gibt es auch eine auf Militär deutende Zwiebelknopffibel der spätesten Ausführung des 5. Jahrhunderts.

Mit dieser nicht eindeutigen Befundlage bleibt weiterhin unentschieden, ob die Suche nach einem Binnen- oder Reduktionskastell in der oben skizzierten Viereckform und Größe nicht doch bloß die Jagd nach einem Phantom ist, nicht zuletzt, weil ein möglicherweise einmal vorhandenes Kleinkastell ganz anders ausgesehen hat.

Rätselhafte Ziegelstempel Die Angaben der Notitia dignitatum über einen Abzug der letzten Abteilung der 3. Italischen Legion aus Regensburg nach Vallatum sind also archäologisch noch nicht nachzuvollziehen. An eine vollständige militärische Entblößung von Castra Regina hat schon die ältere Forschung nicht glauben mögen und nahm daher an, von nun an hätten unbedeutende, in der Notitia dignitatum nicht mehr verzeichnete Einheiten niederen Ranges hier gelegen. In der Tat könnte eine Reihe rätselhafter Ziegelstempel in diesem Sinne erklärt werden.

An erster Stelle sind hier mehrere Dutzend bislang in Regensburg, Prüfening, Burgweinting, Eining und Bad Abbach gefundene Ziegelstempel in die Diskussion gebracht worden, die trotz ihrer verschiedenen Texte durchaus ein und dieselbe Sache ansprechen müssen. Ihre Aufschriften lauten LEC L MR COS, L MAR COS, LEG. L. M. C, LEG L MR, LEC III MR und ähnlich. Nicht ohne gute Gründe hat man sie mit den *Martenses*, also mit einer der achtzehn pseudocomitatensischen Legionen unter dem Heermeister des Westens, in Verbindung gebracht und daher LEG(ionis) L(anciariorum) MAR(tensium) CO(n)S(tantis) bzw. LEC(ionis) III M(a)R(tensium) aufgelöst. Zu bedenken wäre, ob man nicht COS lieber zu CO(n)-S(tantia), wie bei der pseudocomitatensischen Legio Prima Flavia Gallicana Constantia, oder ähnlich erweitern sollte. Theoretisch ließe sich bei MAR COS auch an eine Auflösung zu MARCO-(manni) S(eniores) denken, da eine solche Einheit in der Notitia dignitatum erwähnt wird. Aber einmal spricht gegen diese Vermutung der Punkt zwischen M und C auf einem Stempeltyp, zum anderen die Tatsache, daß diese Markomannentruppe zu den vornehmeren Truppen des Feldheeres, zu den *auxilia palatina*, gehörte und folglich an der Grenze absolut nichts zu suchen und schon gar nichts zu bauen hatte.

In einem Fall wäre sogar möglich, LEG III MR zu LEG III I(talica) MR zu ergänzen, dann würde sich freilich die dritte Italische Legion selbst hinter den geheimnisvollen Stempeln verbergen. In der Tat scheint es hierfür weitere Hinweise zu geben. Obwohl in der Notitia dignitatum fehlend, kennen wir aus unserer inschriftlichen Überlieferung ein Sonderkommando, vielleicht zu Bauzwecken, der *legio II Italica* mit dem Titel *milites auxiliares Lauriacenses*, also etwa »Hilfssoldaten aus Lauriacum«. Es stempelte seine Ziegel mit der Aufschrift LEG(ionis) II ITAL(icae) A(uxiliarium) L(auriacensium). Ganz ähnliche Stempel kamen mehrfach auch in der Regensburger Innenstadt zum Vorschein, so daß man annehmen darf, daß auch in der spätrömischen Zeit die Lorcher Einheit den Kontakt zur Regensburger nicht ganz verloren hatte. Entsprechend müßte man freilich nach Auflösungsmöglichkeiten der MAR COS-Stempelgruppe Ausschau halten. Vielleicht sollte man am Naheliegenden nicht vorbeigehen; eine gewiß der Diskussion werte Ergänzung wäre LEG(ionis) L(iburnariorum) M(ilitum) A(uxiliarium) R(eginensium) oder R(ipensium?) CO(n)S(tantinianorum). Zugegeben, der Titel der Einheit wäre zwar sehr ausführlich und enthielte in gewisser Hinsicht eine doppelte Aussage, da nämlich *milites auxiliares* im Sprachgebrauch der Notitia nichts anderes als *milites liburnarii* sind; insofern aber könnte hier z. B. die prägnante Stempelform LEG. L. M. C durch die Auflösung LEG(ionis) L(iburnariorum) M(ilitum) C(onstantinianorum) Klarheit verschaffen.

In mindestens sechs Exemplaren aus Regensburg und Bad Abbach liegt eine Stempelaufschrift LEG. T. IIII A vor, die nach Ansicht des Spezialisten LEG. T. II ITA gelesen werden sollte. Als Erklärung bietet sich LEG(io) T(ungrecanorum) II ITA(lica) an; eine Truppe dieses Namens könnte eine Schwestereinheit der *legio II Italica Divitensium*, eine im Feldheer selbständig gewordene Truppe der 2. Italischen Legion, gewesen sein. Leider ist auch über ihren eventuellen Aufenthalt nichts Gewisses bekannt.

Obwohl aus dem Ziegelmaterial keine endgültigen Beweise abzuleiten sind, wird man am ehesten eine pseudocomitatensische Truppe nach dem Abzug der 3. Italischen Legion in Regensburg vermuten können. Eine solche Einheit des Feldheeres müßte ja auch gar nicht unbedingt eigene Ziegel hergestellt haben. Vielleicht bauten in Regensburg weiterhin aus Vallatum abkommandierte limitane Abteilungen der 3. Italischen Legion. Dann wäre mit dem Abzug der alten Stammeinheit unser Ort entgegen der älteren Forschung nicht militärisch ab-, sondern eher aufgewertet worden. Der massive germanische Fundeinschlag ab dem Ende des 4. Jahrhunderts, wie er nicht nur unter dem Niedermünster, sondern in der ganzen Stadt, z. B. auch in der Grasgasse, feststellbar ist, wäre mit einer weiteren militärischen Besetzung Regensburgs sehr gut vereinbar, weil die Germanisierung des Heeres in dieser Spätzeit generell schon sehr starke Formen angenommen hatte und gerade bei den viel angeseheneren Truppen des Bewegungsheeres eine besonders ausgeprägte Erscheinung war. Immerhin galt in dieser Zeit eine Einheit um so mehr, je unrömischer sie zusammengesetzt war.

Handel und Gewerbe in den Castra Regina

Die Kontrolle der Nachschubstrecken durch die *legio III Italica* war eine lebenswichtige Aufgabe, da Raetien selbst nur in Ausnahmefällen Überschüsse produziert hat. Dabei war in der ersten Hälfte des 4. Jahrhunderts durchaus noch einmal ein später Aufschwung spürbar gewesen. Der stets zu Experimenten aufgelegte Diocletian hatte mehrmals versucht, das ökonomische Chaos in Landwirtschaft, Handel und Finanzen zu beseitigen, doch seine Reformansätze erreichten eher das Gegenteil. Veränderungen im Währungssystem erschwerten teilweise den Geldverkehr; das sogenannte Höchstpreisedikt vom Jahr 301, das alle Preise, Löhne und Gebühren verbindlich festschrieb, stürzte das Reich in eine noch tiefere wirtschaftliche und finanzielle Krise, weil jetzt die Waren in die dunklen Kanäle des Schwarzmarktes verschwanden. Konstantin wurde, insbesondere in der Zeit seiner Alleinherrschaft nach dem Sieg über Licinius (324), durch mehrere Reformen auch Herr der finanzpolitischen Situation: Die zu Propagandazwecken, speziell aber zur Bezahlung der Truppen höchst wichtige Goldwährung gelangte zu einer nie dagewesenen Bedeutung auf der Grundlage des neuen, etwa 4,5 g schweren

Solidus (= »der Gediegene«, vergleiche »Sold«); aber auch die Kupferprägung konnte wenigstens etwas stabilisiert werden. Obschon die Inflation damit keineswegs endgültig gestoppt war, legten doch erst diese Maßnahmen den Grund für ein langsames Wiedererstarken von Wirtschaft und Wohlstand im Reich.

Daran hatten in verschiedenem Ausmaß auch die raetischen Provinzen Anteil, die seit dem Ausbau des Rhein-Iller-Donau-Limes und auch infolge seiner stetigen Verstärkung in der ersten Hälfte des 4. Jahrhunderts offenbar eine längere Friedenszeit erleben durften. Auch wenn es am Rhein und in Gallien unter Konstantin immer wieder zu mehr oder minder wichtigen Auseinandersetzungen mit Franken und Alamannen gekommen ist, scheint wenigstens Ostraetien nicht direkt davon betroffen gewesen zu sein. Das lag nicht zuletzt daran, daß größere Vorräte hier nicht produziert werden konnten. Diese relative Kargheit war dann speziell seit 358 charakteristisch; sie war anders gesehen auch wieder ein glücklicher Umstand, da Raetien, wie Bischof Ambrosius von Mailand im Jahr 383 bemerkte, »wegen der Unfruchtbarkeit seiner Böden gewöhnlich recht sicher war« (*solebat tutior esse ieiunio*). Somit blieb die Vorfeldsicherung Italiens den Römern ein ständiges Zuschußunternehmen. Das läßt deutlich der heilige Augustinus erkennen, dem träumte, »er sei zum Pferd geworden und habe zusammen mit anderen Lasttieren den Soldaten Getreide zugetragen, welches Raetisches Getreide genannt wurde, weil es ja für Raetien bestimmt war« (*caballum se scilicet factum annonam inter alia iumenta baiulasse militibus, quae dicitur Retica, quoniam ad Raetias deportatur*). Lasttierkarawanen dieser Art überwachte nun der einstige Regensburger Legionsverband! Neben Getreide wurden aber auch andere Waren nach Norden verhandelt. Zu den »Orientalen«, die damit ihr Geld verdient haben, darf man gewiß auch den Dias, Sohn des Bassianos, aus Antiochia in Syrien zählen, der nach seiner unlängst unter dem Dom zu Trient gefundenen Grabinschrift noch zu Beginn des 5. Jahrhunderts als Mitarbeiter (*pragmateutes*) eines Großhändlers im traditionellen Versorgungsstützpunkt am Fuße der Alpen gewirkt hat.

Über Handel und Gewerbe weiß man aus dem spätrömischen Regensburg noch sehr wenig, weil das Fundmaterial dieser Zeit überhaupt spärlicher und weniger erforscht ist als das der älteren römischen Perioden. Nicht einmal eine spätantike Keramikproduktion läßt sich bislang in Castra Regina belegen, wiewohl man von der Herstellung einfacher Küchenkeramik, wie Kochtöpfe, Krüge, Schüsseln und Teller, eigentlich ausgehen muß. Importierte Keramik dagegen kennt man: bis in das 5. Jahrhundert hinein wurde Terra Sigillata aus Nordafrika (Tunesien) und Nordfrankreich (aus den Argonnen) an die Donau geliefert. Glasierte Reibschüsseln und anderes bleiglasiertes Geschirr des 4. und 5. Jahrhunderts dürfte, sofern man nicht doch noch eines Tages die lokale Herstellung erweisen kann, aus dem Augsburger Raum nach Regensburg verhandelt worden sein (Abb. 67). Auch Glasgefäße hat man damals noch in großen Mengen benutzt; hier stehen das Rheinland oder Oberitalien als Herkunftsregionen zur Diskussion. Sicherer ist man sich bei der Herkunft von Kochgeschirr aus dem feuerfesten Lavezgestein. Dieser weiche Stein konnte gedrechselt werden wie Holz und kam aus den Graubündner Alpen in größeren Mengen nach Raetien und auch nach Regensburg.

Auffällig ist, daß bestimmte glasierte und einglättverzierte Keramikformen in norisch-pannonischer Formtradition, vor allem Schüsseln und Teller, wie sie noch in Künzing und Passau in

Abb. 67 Regensburg, Grasgasse. Spätantike Keramik des 3./4. Jhs. n. Chr. Links Bleiglasierte Reibschüssel, rechts Teller aus dunkelgrauem Ton (nach Fischer/Rieckhoff-Pauli). Museum der Stadt Regensburg

großen Mengen für das 4. und 5. Jahrhundert belegt sind, in Regensburg überhaupt nicht oder nur sehr selten vorkommen. Hier zeichnet sich für die späteste Römerzeit im Osten Raetiens und in Noricum in den Sachgütern, vor allem in der Keramik, eine ganz andere »Kulturprovinz« ab, die auffälligerweise mit dem von Romanen beherrschten und vom hl. Severin betreuten Territorium (S. 216ff.) zusammenfällt. In den Gebieten westlich von Künzing dagegen und vor allem in Regensburg verlief im 5. Jahrhundert die Entwicklung bei den archäologischen Hinterlassenschaften des täglichen Lebens ganz anders: Hier gab es zwar noch römische Gebrauchsgegenstände, wie Münzen, Fibeln, Schmuck, Gläser und Keramik, doch vor allem bei letzterer trat der Anteil von Objekten in römischer Formtradition mengenmäßig in den Hintergrund.

Neue Zerstörungen durch Germanen Von Feindseligkeiten der Germanen gegen Rom hören wir erst wieder mehr seit der Jahrhundertmitte; gewiß nicht zuletzt auch deshalb, weil wir für die Zeit von 353 bis 378 in dem Geschichtswerk des aus Syrien stammenden, zeitweilig als Offizier im römischen Heere dienenden Ammianus Marcellinus – der letzte große Historiker Roms – eine ausgezeichnete Quelle zur Verfügung haben. Den Moment der Schwäche nach der Ermordung des Westkaisers und jüngsten Konstantinsohnes Constans (337–350) durch den Usurpator Magnentius (350–351) nützten die Franken und die lentiensischen (im Lenzgau nördlich des Bodensees ansässigen) Alamannen zu Überfällen auf Reichsgebiet aus. Während diese bis 355 dauernden Auseinandersetzungen offenbar nur die südwestlichen Teile Raetiens betrafen, wurde 358 auch das Gebiet zwischen Iller und Inn heimgesucht. Kurz zuvor hatte der Caesar Julian bei *Argentorate*/Straßburg die Alamannen empfindlich schlagen können; jetzt drangen die Juthungen ins Alpenvorland ein. Ammianus Marcellinus schreibt: ». . . die Juthungen, ein dem italischen Gebiet benachbarter Stamm der Alamannen, verwüsteten unter Nichtachtung des Friedens und Vertrags, den sie auf ihre Bitten hin erhalten hatten, Raetien und richteten solche Verwirrung an, daß sie sogar gegen ihre Gewohnheit Städte zu belagern versuchten (*Raetias turbulente vastabant adeo, ut etiam oppidorum temptarent obsidia praeter solitum*). Sie zu vertreiben, wurde mit einer starken Streitmacht Barbatio ausgesandt, der . . . zum Befehlshaber des Fußvolkes befördert worden war. Er war ein Feigling, verfügte aber über großen Redefluß. Da sich der Eifer der Truppen außerordentlich gesteigert hatte, machte er viele von jenen in heftigen Kämpfen nieder.«

Diese Ereignisse führten auch in Castra Regina und seinem Umland zu schweren Zerstörungen. Drei Münzschätze (einer vom Domplatz und zwei unvollständige, aber eindeutig datierbare, von der Grabung am Kaufhaus Horten) bestätigen den zitierten Bericht Ammians. In dieser Zeit brach auch die Besiedlung des offenen Landes um Regensburg ab, bis in das frühe Mittelalter im 6. Jahrhundert war es nun an der raetischen Donaugrenze nicht mehr ratsam, in einer offenen Ansiedlung zu wohnen, auch wenn diese in einer noch so fruchtbaren Gegend lag (S. 24f.).

Vielleicht waren diese Schäden schon beseitigt, als der ein Jahr zuvor von meuternden Soldaten in Paris auf den Schild gehobene Philosoph und Kaiser Julian (361–363) im Sommer 361 vorbeifuhr an Regensburg. Daß er hier an Land gegangen sei, ist nicht besonders wahrscheinlich, da wir bei Ammianus lesen: »Als er [Julian] an die Stelle gekommen war, von der aus der Strom, wie er erfahren hatte, schiffbar war, bestieg er die Kähne, die der Zufall ihm in großer Anzahl im günstigen Augenblick in die Hände spielte; soweit es möglich war, eilte er heimlich auf dem Fluß dahin, aus dem Grunde unbemerkt, weil er geduldig und tapfer, ohne eine feinere Speise zu benötigen . . . außerhalb der Städte und Truppenlager (*oppida et castra*) vorüberfuhr.« Die Herrschaft des vom Christentum zum Heidentum zurückgekehrten Julian währte nicht lange: Im Kampf gegen die Perser ereilte ihn schon bald der Heldentod. Der Thron gelangte nach einem kurzen Intermezzo 364 in die Hände zweier aus niederen Verhältnissen stammender Brüder, deren Wiege in Pannonien gestanden hatte. Der fähigere Valentinian I. (364–375) übernahm die kaiserliche Macht im Westen, Valens (364–378) im Osten des Imperiums.

Grenzverstärkungen unter Valentinian I.

Natürlich waren auch nach Julians Erfolgen im Westen die Germanenprobleme nicht annähernd beseitigt. Immer wieder hatte Valentinian Schwierigkeiten, besonders mit Alamannen und Burgundern, die, von der römischen Diplomatie verleitet, sich sogar gegenseitig bekriegten. Theodosius, einer der tüchtigsten Generäle des Reiches und Vater des späteren, gleichnamigen Kaisers, führte 370 von Raetien ausgehend ein erfolgreiches Unternehmen gegen die Alamannen. Von einer direkten Gefährdung Ostraetiens lesen wir in unseren Quellen zwar nichts, doch wäre es grundsätzlich falsch, in ihnen den Niederschlag eines jeden kriegerischen Ereignisses zu erwarten. Jedenfalls widmete Valentinian seine ganze Kraft der Verstärkung der Reichsgrenze im Norden. Von der Nordsee bis nach Raetien und sogar noch in Pannonien wurde eine große Zahl von

Wachtürmen und Kleinfestungen (*burgi*) errichtet oder erneuert.
So ein Burgus war keineswegs nach einem einheitlichen Prinzip immer rechteckig, er paßte sich vielmehr in seiner Form dem jeweiligen Gelände an. Im Durchschnitt hatte er eine Seitenlänge von nur 11 bis 13 Metern und konnte in relativ kurzer Zeit (einmal ist von 48 Tagen die Rede) und offenbar ohne großen Kostenaufwand gebaut werden. Besetzt war er durchschnittlich mit 15 bis 20 Mann. Auch in Raetien wurden ziemlich sicher unter Valentinian I. Burgi am Grenzabschnitt zwischen Bregenz und Kellmünz, vielleicht aber auch an der Donau zwischen der Illermündung und Straubing, besonders zwischen Eining und Regensburg angelegt. Erst jüngst entdeckte man wieder eine größere spätrömische Befestigungsanlage auf dem Frauenberg bei Weltenburg, auf die gleich noch einmal zurückzukommen ist. Der uns noch näher liegende Burgus bei Untersaal hatte quadratischen Grundriß und vier abgerundete Ecktürme. Mit einer Seitenlänge von 21 Metern war er flächenmäßig mehr als doppelt so groß wie normale Anlagen seiner Art. Vermutlich wurde hier in Magazinen Nachschub für die umliegenden Türme gelagert.
Hauptzweck dieses auf kleinste Verteidigungseinheiten reduzierten Grenzsicherungssystems war neben der Überwachung des Handels vorwiegend das Funktionieren einer raschen Nachrichtenübermittlung und die Abwehr kleinerer germanischer Räuber- und Plündererbanden. Das Eindringen zahlenmäßig stärkerer Germanenstämme war auf diesem Wege nie und nimmer zu verhindern. Hierzu bedurfte es kampfkräftiger, beweglicher Truppen, deren Unterbringung eine größere Fläche voraussetzte. Die Besetzung einer größeren Befestigung wie Regensburg (selbst das sogenannte »Binnenkastell« hätte noch eine Fläche von 2,43 ha gehabt) ausschließlich mit Grenztruppen mußte sich zwangsläufig als wenig sinnvoll erweisen, da strategisch gesehen solche Großanlagen vom Feind leicht zu umgehen waren. Sie erzwangen geradezu die Einquartierung beweglicher Truppen und des zentralen Nachschubs. So gesehen braucht es uns nicht zu wundern, wenn wir aus der (S. 198) schon zitierten Stelle der Notitia dignitatum erfahren, daß im Laufe des 4. Jahrhunderts die letzten Reste der *Legio III Italica* aus Castra Regina nach Vallatum versetzt wurden und danach gegenüber der Regenmündung offenbar keine Grenztruppen mehr lagen. Vallatum – bis dato nicht genau lokalisiert – wurde früher in der Gegend von Manching vermutet, heute neigt man aufgrund neuer archäologischer Funde und auch aufgrund philologischer Überlegungen mehr zu Weltenburg, wo nunmehr auf dem Frauenberg ein spätrömisches Kleinkastell nachgewiesen ist. Aber leider ist hier bisher ebensowenig Gewißheit zu erlangen wie in der Frage, wann genau die dritten Italiker Castra Regina, ihr altes Stammlager, endgültig verlassen mußten.

Germanische Söldner im römischen Heer

Inzwischen hatte das römische Heer seine Zusammensetzung völlig verändert: nicht nur Mauren, Berber, Sarmaten, Armenier und andere »Ausländer« dienten bereitwillig darin; Franken, Goten, Alamannen und sonstige Germanen gelangten mittlerweile bereits zu allerhöchsten Kommandostellen. So waren, wie eigentümlich dies immer klingt, germanische Söldner Roms Hauptstütze im Kampfe gegen die ins Imperium drängenden Germanen. Diese forderten immer wieder, in größeren Verbänden als Verbündete ins Reich aufgenommen zu werden. Den Westgoten unter Fritigern, die teilweise durch den Gotenbischof Ulfilas bereits das arianische Christentum angenommen hatten, wurde 376 von den Römern tatsächlich gestattet, sich in großer Zahl im unteren Donauraum anzusiedeln. Doch schon sehr bald kam es zu ernsthaften Spannungen mit den Hausherren, die schließlich einen Krieg unvermeidlich machten. Durch diesen sank das Reich auf einen bislang nicht gekannten Tiefstand herab: Die Folgen der Niederlage des voreiligen Kaisers Valens gegen mindestens 20 000 Westgoten bei Adrianopel auf dem Balkan (29. 8. 378) waren verheerend. Da Valens in der Schlacht blieb, lag das Schicksal des Reiches in den Händen des neunzehnjährigen Gratian (367–383), der gleichzeitig Vormund seines erst sieben Jahre zählenden Bruders Valentinian II. (375–392) war.

Raetien unter Theodosius dem Großen

Durch Alamannen, Franken, Goten und Perser wurde das Imperium bedroht, bedrängt oder überflutet; Hungersnöte und Pest verschärften die Lage, die Gratian nötigte, den 32jährigen Theodosius zum Mitkaiser im Osten zu ernennen. Dadurch gelangte die oberste Reichsgewalt noch einmal in die Hände eines tatkräftigen Mannes, der schon bald nach seinem Tode von der Kirche den Beinamen »der Große« erhielt: Kaiser Theodosius I. (379–395) verdiente sich diese Ehrung, weil er 392 die Ausübung jeden heidnischen Götterkults verboten und damit das Christentum zur allein rechtmäßigen Religion im römischen Staate, also faktisch zur Staatsreligion erhoben hatte. Im Rahmen der Reichspolitik setzte seine Regierung einen weiteren wichtigen Markstein, weil er, als Folge der Schlacht von Adrianopel, 382 erstmals einen Barbarenstamm, die Goten, vertragsmäßig unter Wahrung ihrer Eigenstaatlichkeit gegen Leistung von Waffenhilfe auf römischem Reichsgebiet ansiedeln mußte.

Im Jahr nach dieser Maßnahme wurde auch das Alpenvorland wieder heimgesucht. Zunächst ermunterte der Usurpator Magnus Maximus die inzwischen im ehemaligen Dekumatland siedelnden Juthungen zu einem Angriff auf Raetien, das zum Gebiet des Kaisers Valentinian II. gehörte. Da die mobilen Verbände zum Schutze Italiens vor dem drohenden Magnus Maximus die See- und Westalpen zu bewachen hatten, war die Grenzarmee des zweiten Raetiens auf sich selbst gestellt. Im Januar 384 forderte dann Valentinians fränkischer Heermeister Flavius Bauto hunnische und alanische Verbündete gegen die Juthungen zum Einfall nach Raetien auf. Im Zuge dieser Auseinandersetzungen, die Raetien letztlich doch für mehrere Jahre dem Maximus in die Hände spielten, könnten die Castra Regina erneut in Mitleidenschaft gezogen worden sein: 1972 wurde an der Ecke Speichergasse / Dreikronengasse eine Münze des Kaisers Valens aus dem Jahr 364 gefunden, die dem Grabungsbericht zufolge auf einem Laufhorizont, aber unter einer Brandschicht und einer weiteren Ziegelschuttschicht vom Dach der Säulenhalle der einstigen Lagerhauptstraße (*via principalis*) lag.

Zum Christentum im römischen Regensburg

In eben diesen Jahrzehnten trat das Christentum seinen Siegeszug an. Freilich hatte dieser mit der furchtbarsten Verfolgung begonnen. Diocletian, selbst unerschütterlicher Anhänger des Mithras und der Astrologie, hatte auf der Grundlage der traditionellen römischen Religion die Glaubenseinheit des Reiches zu verwirklichen versucht. Daher waren 302 in einer Säuberungswelle die Christen aus Verwaltung und Heer vertrieben und seit 303 allgemein verfolgt worden. Nach dem Kirchenhistoriker Eusebius († 339) wurde damals allenthalben »ein kaiserlicher Erlaß angeschlagen ..., der befahl, die Kirchen bis auf den Grund niederzureißen und die Schriften zu verbrennen, und verfügte, daß Inhaber von Ehrenstellungen die bürgerlichen Rechte und Bedienstete, sofern sie im Bekenntnis des Christentums verharrten, die Freiheit verlieren sollten ... Bald darauf erschien ein zweiter Erlaß, wonach alle Vorsteher allerorts zuerst in Fesseln gelegt und dann auf jede Weise zum Opfern gezwungen werden sollten.« Viele, die das Opfer verweigerten, wurden hingerichtet. Dennoch konnte der Widerstand der zahlenmäßig freilich immer noch relativ kleinen christlichen Gemeinden, die sich in den über vierzig Jahren seit der letzten Verfolgung unter Kaiser Valerian überall im Reich entwickelt hatten, nicht gebrochen werden. Daher sahen sich die Kaiser schon 311 und neuerdings 313 im sogenannten »Mailänder Edikt« gehalten, die Religionsfreiheit auch für die Christen auszuweiten. Somit war aus der verbotenen Religion, der *religio illicita*, eine von Rom erlaubte Religion, eine *religio licita*, freilich noch keineswegs etwa Staatsreligion geworden.

In Kaiser Konstantin, der sich zwar erst 337 auf dem Sterbebett taufen ließ und sich gegenüber seiner nächsten Umgebung alles andere als christlich verhielt, hatten die Christen zudem einen besonderen Förderer gefunden. Er rühmte sich, den Maxentius 312 *instinctu divinitatis*, also »auf Eingebung der Gottheit«, besiegt zu haben; allgemein bekannt ist die angebliche Vision Konstantins vor der Schlacht an der Milvischen Brücke, bei der er über der Sonne ein strahlendes Kreuz gesehen habe mit der Aufschrift: »Durch dieses Zeichen siege!« In der Folgezeit förderte Konstantin das Christentum nicht nur durch Kirchenbauten, etwa in Bethlehem, Jerusalem und Rom; er führte unter anderem den Sonntag (*dies solis*) als staatlichen Ruhetag ein, legte die Feier der Geburt des Herrn (*natalis domini*) auf den Tag der Geburt des Mithras, auf den 25. Dezember, fest; ja 325 berief und leitete er in Nicaea das erste allgemeine (ökumenische) Konzil der Kirche. Freilich hatte die neue Freiheit sofort Zwistigkeiten unter den Klerikern offen ausbrechen lassen. So stritt man schon auf dem ersten Konzil um ein theologisches Problem, das, wenn man so will, an zwei griechischen Buchstaben hing: Der alexandrinische Presbyter Arius († 336) war mit seiner Lehre zum Konfliktgegenstand geworden, da er entgegen der auch noch heute gültigen Lehrmeinung behauptete, Christus sei nicht »wesenseins« (griechisch *homoúsios*), sondern nur »wesensähnlich« (*hómoiúsios*) mit dem Vater gewesen. Die stark nachwirkende Auseinandersetzung wurde von weltgeschichtlichem Belang, nicht nur, weil lange Zeit ungewiß war, für welche theologische Richtung sich die Reichsspitze entscheiden würde, sondern vor allem, weil der Arianismus noch weit ins Mittelalter fortwirkte, da die Germanen den christlichen Glauben zunächst in dieser Form kennenlernten und sich aneigneten.

Erste Christen in Raetien und Noricum

Wann das Christentum in Regensburg zuerst Fuß gefaßt hat, ist nicht genau zu sagen. Vor dem 3. Jahrhundert ist aber wohl kaum mit einer größeren Anzahl Christen in den Nordprovinzen des Reiches zu rechnen. Richtig dürfte sein, daß wie allgemein für die Verbreitung der östlichen Erlösungsreligionen auch für das Eindringen des Christentums in Regensburg der rege Personenaustausch besonders im 3. Jahrhundert, infolge von Handel und Verkehr, aber auch infolge der häufigen Versetzungen der Truppen, verantwortlich war. Immer wieder liest man, daß es auch in Regensburg schon vereinzelt Christen gegeben habe, als seit 303 die Anhänger dieser Religion verfolgt wurden. Dabei wird zum einen auf die nächsten größeren Orte Augsburg und Lorch verwiesen, wo trotz aller Legendenbildung Martyrien während dieser Verfolgungen kaum zu bestreiten sind. Nach der frommen Überlieferung wurde in der raetischen Provinzhauptstadt die mütterlicherseits aus Zypern stammende Afra, die sich vordem ihr Geld als leichtes Mädchen verdient hatte, auf einer Lechinsel für ihren Glauben verbrannt, während in Lauriacum der heilige Florian, seines Zeichens Bürovorsteher des Statthalters, aus demselben Grunde in die Fluten des Flusses Enns gestürzt wurde. Tatsächlich steht es um haltbare frühchristliche Spuren der Römerzeit in Bayern und erst recht in Regensburg nicht zum Besten. Das meiste, was im Laufe der Zeit diskutiert wurde, hält einer kritischen Überprüfung nicht stand.

Sarmannana Das einzige unstrittige Zeugnis für römerzeitliches Christentum in Regensburg und auch eines der ältesten in Raetien ist der sog. Grabstein der ›Sarmannina‹ (Farbabb. 16). Auf einer 1839 im nordwestlichen Teil auf dem Großen Gräberfeld gefundenen, nur noch 38 × 56 cm messenden Grabplatte sind inmitten der ersten Zeile neben dem sogenannten monogrammatischen Kreuz – einer Verbindung der beiden Anfangsbuchstaben des griechischen Christus-Namens – die apokalyptischen Buchstaben Alpha und Omega (Christus ist der Anfang und das Ende, Schöpfer und Vollender von allem) zu sehen.

Die Neubeschäftigung der letzten Jahre hat den Text dieser flüchtig ausgeführten (und 1979 leider falsch nachgemalten) Inschrift gesichert: *In Chr(isto) b(ene) m(erenti) | Sarmannane | quiescenti in pace, | martiribus sociatae.* »Der in Christus wohlverdienten Sarmannana, die in Frieden ruht, den Martyrern beigesellt.« Auf dem Stein scheint SARMANNNE zu stehen; deshalb hat man den Namen immer als *Sarmannina* gelesen und eine Verbindung (Ligatur) der Buchstaben NI gesucht. Dies war der falsche Weg, da bei entsprechender Ausleuchtung im linken Winkel des dritten N schwach, aber deutlich genug, ein kleiner Haken sichtbar wird, wie er für alle A mit nach unten gespitzter Querhaste auf dieser Inschrift typisch ist.

Wichtiger ist die Wendung »den Martyrern beigesellt« (*martiribus sociata*). Sie wird in der Forschung nicht einheitlich gedeutet. So wurde nicht ausgeschlossen, daß Sarmannana selbst als Martyrerin starb; dies ist aber sehr unwahrscheinlich, nicht nur, weil der Stein unmöglich an den Beginn des 4. Jahrhunderts gehört, sondern auch wegen des Fehlens jeglicher kultischer Tradition. Dagegen scheint es aufgrund ähnlicher Formulierungen auf Inschriften anderer Orte durchaus möglich zu sein, daß der Text nur ganz allgemein besagen wollte, Sarmannana sei in die spirituelle Gemeinschaft der Heiligen, also in den wohlverdienten Himmel, aufgenommen worden. Dies hat man neuerdings, vielleicht mit Recht, favorisieren wollen; freilich ist nach wie vor auch ein Begräbnis bei Martyrern, eine *depositio ad martyres*, oder eine Kombination von Bestattung *ad sanctos* und Hinweis auf die himmlische Belohnung nicht auszuschließen. Schon in spätrömischer Zeit errichteten nämlich Christen an den Bestattungsorten ihrer Blutzeugen (*martyres*, erst im 5. Jahrhundert *sancti* = Heilige) Kirchen, Altäre oder sonstige Kultstätten (*memoriae*). Die dort in der Regel vom Volk spontan geübte Heiligenverehrung führte unter anderem auch dazu, daß es als eine besondere Auszeichnung und Gnade galt, in der Nähe der sterblichen Überreste von Martyrern beerdigt zu werden. Vielfach ist dieser Brauch belegt, z. B. in Augsburg, wo eine solche Gedächtnisstätte auf dem spätrömischen Friedhof nicht nur im Jahre 565 literarisch überliefert ist, sondern auch eine glänzende archäologische Bestätigung gefunden hat. Eine ähnliche Situation wäre dem Wortlaut unserer Inschrift nach vielleicht in Regensburg anzunehmen; wie Sarmannana war nämlich z. B. ein vierjähriges Mädchen in Köln im 5. oder 6. Jahrhundert »vereint den Martyrern« – *sociata m(artyribu)s*. Gefunden wurde diese Inschrift bei der Kirche St. Gereon, also an einer Stelle, wo offenbar wirklich ein Martyrer (eben Gereon) von der sagenhaften »Thebaischen Legion« verehrt wurde. Im Falle Regensburgs freilich wurde von berufener Seite schon vor längerer Zeit darauf verwiesen, daß die *martyres*, bei denen Sarmannana bestattet sein kann, nicht einmal zwingend richtige Martyrergräber gewesen sein mußten; vielmehr könnte es sich auch um Reliquien gehandelt haben, die aus irgendeiner anderen Gemeinde hierhergebracht worden waren. Eine andere neuerdings wieder mehrfach diskutierte Frage betrifft die Datierung der Sarmannana-Inschrift. Traditionell hat man sie in das späte 4. oder das frühe 5. Jahrhundert versetzt. Das war vielleicht etwas zu hoch gegriffen. Obwohl raetisches Vergleichsmaterial fehlt, könnte der Blick auf das reichere und besser aufgearbeitete Material der Rheinlande einen (bis zu hundert Jahren) späteren Ansatz nahelegen. Die Steinsetzer will man gar mit »romanisierten Bevölkerungsteilen«, möglicherweise mit einem »Teil der begüterten Oberschicht im Lande« verbinden, die nach dem Abzug der Römer eventuell zurückgeblieben war. Warum diese sonst auf dem Großen Gräberfeld in dieser Zeit nicht mehr nachzuweisen ist, bleibt freilich zu beantworten, ebenso, ob der Name der Verstorbenen eine Deutung als »Romanin« zuläßt.

Keine Räumung unter Stilicho

Theodosius I. hat nicht nur das Christentum forciert, er besiegelte schließlich auch die Reichsteilung, indem er bei seinem Tode seinen Söhnen Honorius (395–423) den Westen und Arcadius (395–408) den Osten hinterließ. Reichsverweser und Vormund des elfjährigen Honorius wurde – Kennzeichen der starken germanischen Unterwanderung des römischen Imperiums – Stilicho, väterlicherseits ein Vandale. Im römischen Dienst groß geworden, war dieser zu hohen Generalsposten aufgestiegen, 391 Heermeister und nach dem Tode des Theodosius, dessen Nichte und Adoptivtochter Serena er geheiratet hatte, sogar Oberbefehlshaber des gesamten Westreichs geworden. Zunächst erneuerte er in den Jahren 396 und 398 seit kurzem bestehende Verträge mit Alamannen und Franken. Die scheinbare Ruhe an der Nordgrenze war nicht von Dauer!
Um 400 zogen Vandalen (Silingen?) von Pannonien die Uferstraße entlang donauaufwärts. Ihrem weiteren Vordringen entgegenzutreten, wurden die Truppen Italiens nach Norden ins Alpenvorland geschickt. Während also Raetien die Streitkräfte des Mutterlandes beschäftigte – so unser einziger Gewährsmann, der wohl aus Alexandria in Ägypten stammende Dichter Claudian in einem Stilichos Gotenkrieg preisenden Gedicht –, fiel im Spätherbst 401 Alarich, König der Westgoten und bis vor kurzem illyrischer Heermeister im Dienste des Arcadius, mit Kind und Kegel in Oberitalien ein, belagerte wieder einmal Aquileia und schließlich den Kaiserhof in Mailand. Dem Winter trotzend, eilte Stilicho, der angeblich allein den Mut

noch nicht verloren hatte, über den Splügen nach Raetien, da jetzt die wilden Stämme ihre (offenbar mittlerweile erzwungenen) Verträge im Stich gelassen hatten, und nachdem sie vom Unglück Italiens hörten, »die vindelikischen Landstriche und die norischen Gebiete besetzten« (*Vindelicos saltus et Norica rura tenebant*). Offenbar mit Unterstützung des *dux Raetiae* Jacobus schaffte der Reichsverweser sehr rasch im Norden wieder Ordnung, indem er anscheinend die alten Bindungen erneuerte und einen Teil der vagabundierenden Barbaren in Sold nahm. Eilends führte sein Marsch über den Brenner zurück nach Süden. Zur Vertreibung der westgotischen Eindringlinge und zur Entsetzung Mailands strömten, wie die Herde zu ihrem rufenden Hirten, die Truppen aus verschiedenen Richtungen zu ihrem Oberbefehlshaber: aus den Rheinlanden wurde Militär abgezogen und sogar aus Britannien eine Legion nach Italien beordert. So verstärkt gelang es Stilicho, die Goten Alarichs Ostern 402 bei Pollentia und im Folgejahr bei Verona zu schlagen, zum Abzug und in erneute Vertragsabhängigkeit zu zwingen.

Nach weit verbreiteter Ansicht führte Stilicho 401/402 auch raetische Truppen nach Italien weg, eine Maßnahme, die in der Forschung nicht selten als systematische Räumung des Alpenvorlandes durch das römische Heer betrachtet wurde. Bei Claudian steht davon freilich kein Wort, ja streng genommen ist nicht einmal von der Abkommandierung raetischer Truppen, geschweige denn einer raetischen Legion, die Rede, wenn der Dichter (frei übersetzt) sagt: »herbeieilte die benachbarte Wehrschar, die sich bei der Verteidigung Raetiens, bereichert durch vandalische Beute (=? verstärkt durch vandalische Zwangssöldner), bewährt hatte« (*Adcurrit vicina manus, quam Raetia nuper | Vandalicis auctam spoliis defensa probavit*).« Gewiß ist die Annahme, in der höchsten Bedrohung Italiens seien auch aus dem raetischen Grenzheer Abteilungen zu Hilfe geholt worden (vielleicht war die angebliche britannische »Legion« Claudians in Wahrheit die nach wie vor in Eining stationierte britannische Kohorte), sehr ansprechend; aber selbst wenn sie zutrifft, haftete einem solchen Einsatz, wie zu Recht betont wurde, angesichts der engen verwaltungsmäßigen und militärischen Bindung Raetiens an Italien nichts Ungewöhnliches an. Außerdem ist nicht einzusehen, warum eventuelle Kontingente nicht, wie so oft, auch jetzt wieder an ihre alten Standorte zurückgekehrt sein sollten.

Gegen eine stillschweigende und friedliche Abziehung der römischen Truppen aus Raetien – also auch aus Regensburg – zu Beginn des 5. Jahrhunderts spricht weiterhin (wenigstens auf den ersten Blick) die Nachricht, Kaiser Honorius habe 409 einem Generidus befohlen, alle Völker in Dalmatien anzuführen, ihn aber gleichzeitig zum Befehlshaber (*strategós*) über die ernannt, welche das obere Pannonien, Noricum und Raetien bis an die Alpen bewachten. Leider ist auch diese Notiz nicht eindeutig genug; möglicherweise kommen im Titel dieses Generals zum Teil Wunschvorstellungen der westlichen Zentralregierung zum Ausdruck, die den tatsächlichen Verlust von Gebieten, wie der Pannonia prima (?), nicht wahrhaben wollten. Neuerdings wurde – mit dem Wortlaut der antiken Quelle freilich nicht voll vereinbar – Generidus als *comes Illyrici* betrachtet, der als Kommandant des illyrischen Feldheeres auch die wenigen mobilen Truppen Raetiens befehligt habe.

Leider beweist auch die Notitia dignitatum keineswegs sicher, daß noch bis in die 30er Jahre des 5. Jahrhunderts in Raetien das Verteidigungssystem in der dort aufgeführten Weise funktioniert hat. Denn dieses gewissermaßen statistische Übersichtswerk ist, wie bereits erwähnt (S. 195 f.), redaktionell viel zu uneinheitlich und an manchen Stellen widersprüchlich, d. h., es spiegelt für ein und dieselbe Provinz militärische Gegebenheiten verschiedener Zeitstellungen wider. Obwohl gerade auch in der jüngeren Forschung wieder die Ansicht vertreten wurde, die Arbeitskopie des Handbuchs für den Westteil des Reiches (*pars Occidentis*) sei seit etwa 398 benutzt worden und zeige vor allem die militärischen Verhältnisse unter Stilicho, mit Modifikationen nach dessen Tod 408, sie sei in der Folgezeit in beachtenswerter Weise auf den wirklichen Stand gebracht und erst um 430 endgültig preisgegeben worden, ist das ganze Problem noch zu weit von einer endgültigen Lösung entfernt, um sichere Rückschlüsse zu gestatten. Im ganzen gesehen spricht aber die Notitia dignitatum wohl eher für den Fortbestand auch raetischer Grenztruppen nach Stilicho als dagegen.

Seitens der Archäologie sind übrigens mehrfach aus Siedlungen durchaus eindeutig in die Zeit nach 400 gehörende römische Überreste bekannt geworden: so vom Bürgle bei Gundremmingen, vom Lorenzberg bei Epfach, vom Frauenberg bei Weltenburg und auch aus dem spätrömischen Kastell *Vemania*/Isny; in jüngster Zeit vor allem auch aus Regensburg (s. S. 203 f.).

Das Ende der Münzzufuhr

Die Numismatiker haben freilich immer wieder eingewandt, der offizielle Rückzug Roms aus dem Alpenvorland und die militärische Preisgabe des Iller-Donau-Limes müsse schon deshalb kurz vor 400 begonnen und um 400 abgeschlossen worden sein, weil um diese Zeit der reguläre Geldumlauf und -verkehr auch in unserem Gebiet zusammengebrochen sei. Dieses Argument ist nicht mehr gültig, nachdem archäologische Neuentdeckungen, auch in Passau und in Castra Regina, das ursprünglich für das Ende des geregelten Geldumlaufs erschlossene Datum 383 um etwa zwanzig Jahre nach oben verschoben haben. In Regensburg hat sich in der letzten Zeit erwiesen, wie sorgfältig durchgeführte Plangrabungen an einer größeren Fläche das statistische Gesamtbild zu verändern vermögen: Kannte man 1957 für den Zeitraum von 378–408 (Theodosius I. bis Arcadius) ganze sieben im Regensburger Stadtgebiet verstreut gefundene Münzen, so kamen aus dem Niedermünster immerhin mindestens 112 solcher Exemplare zutage. Auch in Regensburg bricht nach unserem derzeitigen Kenntnisstand die Münzreihe vor oder um 402 ab: Schon die große Zahl der den Ostkaiser Arcadius darstellenden Münzen (unter Niedermünster 31) gegenüber den wenigen Geprägen des Monarchen im Westen, Honorius (nur 12), legt ein Ende der Münzzufuhr – nicht des Münzumlaufes! – in den frühen Jahren des letzteren nahe. Entscheidend dürften aber – obwohl es eine Reihe von Kupferstücken gibt, die allgemein der Zeit vor 408 zuweisbar sind – die zahlreichen Münzen aus der Zeit zwischen 394 und 402 sein. Generell kann man nur den Nachschubstop von Kleingeld feststellen, ein Aufhören des Umlaufes von älterem Kleingeld ist sicher zu widerlegen und wäre auch gänzlich unwahrscheinlich und unsinnig gewesen (Farbabb. 15).

Müssen aber mit dem Abbruch des Geldverkehrs auch die Soldaten Roms ihre Standorte verlassen haben? Wo doch generell seit dem Ende des 4. Jahrhunderts die Münzprägung im Reich ständig geringer wurde, folglich neue kupferne Scheidemünzen, wenigstens in den Nordprovinzen, kaum mehr in Umlauf kamen; Silbergeld gab es viel seltener, und Goldstücke – die Solidi – werden schon deshalb kaum gefunden, weil sie, tausendmal so viel wert als das kupferne Kleingeld, wohlbehütet und daher entsprechend seltener verloren wurden. Nun wissen wir aus Gesetzen, daß spätestens seit 423 oder 439 auch die staatlichen Beamten wieder in Gold bezahlt wurden, und gleiches galt gewiß auch für die Soldaten, die ja schon in den früheren Jahrhunderten, als die Währung noch gesünder war, Geldgeschenke der Kaiser *(donativa)* meist in Goldmünzen empfingen.

Die hauptsächliche Entlöhnung der Soldaten bestand in der Spätantike aus der Annona, der Dekkung des jährlichen Bedarfs an Lebensmitteln, Kleidung und Brennholz sowie gegebenenfalls Stroh für die Pferde (*capita*). Die ordentliche Besoldung (*stipendium*) scheint immer geringer geworden zu sein, vor allem wurden die Donative, mehr oder minder unregelmäßige Geldgeschenke in Solidi, nunmehr als finanzielle Zulage üblich. Daß es in der Tat sogar noch in den 70er Jahren des 5. Jahrhunderts aus öffentlichen Mitteln bezahltes Militär in Ostraetien gegeben hat, lehrt die Lebensbeschreibung des heiligen Severin (die uns weiter unten noch näher beschäftigen wird). Dort steht nämlich: »Zu der Zeit, zu der das römische Reich noch bestand, wurden in vielen Städten Soldaten zur Bewachung der Grenze mit öffentlichen Geldern (*publicis stipendiis*) unterhalten. Als diese Regelung ein Ende fand, lösten sich diese Militärtruppen zugleich mit dem Grenzverteidigungssystem (*limes*) auf, nur die Abteilung in Batavis [Passau-Altstadt] hielt noch so gut es ging aus. Von dieser hatten sich einige Mann nach Italien aufgemacht, um für ihre Kameraden den letzten Sold (*extremum stipendium*) zu holen; doch auf dem Weg wurden sie von den Barbaren umgebracht ...« Der Wortlaut dieser Stelle schließt aus, daß sich in Passau (Reste davon fanden sich unter dem heutigen Kloster Niedernburg) damals, wie vermutet wurde, nur noch eine »Art Selbstschutzformation« befunden habe. Die kleine Abteilung empfand sich noch in Severins Zeit als eine vom Mutterland Italien unterhaltene reguläre Verteidigungseinheit Roms, die ihren Anspruch auf säumigen Sold nicht einmal durch den Zusammenbruch des weströmischen Kaisertums im Jahr 476 verloren hatte. Nur auf dieses Epochenjahr spielt, wie zu Recht betont wurde, die Formulierung »zu der Zeit, zu der das römische Reich noch bestand« (*per id tempus, quo Romanum constabat imperium*) an. Besonders wichtig ist die Beobachtung, daß in Passau die Kleingeldzufuhr – nicht aber der Kleingeldumlauf! – genauso um 400 aufhört wie in den Gebieten weiter westlich.

Aus der zitierten Stelle der Severinsvita erfahren wir auch, daß es noch bis zum Ende des römischen Reiches (im Westen) aus staatlichen Mitteln unterhaltene militärische Verbände und einen Limes in Raetien und Noricum, bestimmt also auch noch ein römisches Regensburg, gab. Auch deshalb muß das Schwinden des Kupfergeldes um 400 eine andere Ursache als den Abzug des Militärs gehabt haben: In den Jahren nach 410 gelangte der westliche Reichsteil ziemlich unvermittelt in den Sog einer wirtschaftlichen Regression. Das Steueraufkommen der Provinzen wurde im selben Maße geringer, in dem die finanzielle Belastung des Staates durch den überhöhten Verteidigungsaufwand wuchs. Daher war das Fehlen von Kleingeld in den nördlichen Randprovinzen wohl eher die Folge des Zusammenbruchs eines geordneten, auf Handel und vor allem auf einer planmäßigen Nutzung der ländlichen Produktionsformen beruhenden Wirtschaftssystems. Ursache war wohl ein verständlicher Rückzug der wohlhabenden Oberschichten der Provinzen, die allein ihrer Reichtü-

mer wegen von den durchziehenden Horden in besonderem Maße gefährdet waren.
Wirtschaftlich war der spätrömische Staat geprägt von der führenden sozialen Schicht weniger aristokratischer Großgrundbesitzer, die die große Masse der halbfreien Kleinbauern mehr und mehr in ihre Abhängigkeit brachte. Auch wenn im Reichsnorden des anderen Klimas und der schweren Böden wegen die Verhältnisse gewiß etwas anders lagen als in den gut bekannten Gebieten Nordafrikas und Südgalliens – wo noch um die Mitte des 5. Jahrhunderts wirtschaftlicher und agrarischer Reichtum bezeugt ist –, wird niemand leugnen, daß auch hier die Gesellschaftsstruktur im wesentlichen dieselben Züge trug wie in den Zentren des Westreichs.
Die Ost-West-Wanderung der Barbaren zu Beginn des 5. Jahrhunderts – bald nach den Unruhen 401 muß Raetien vom Durchzug der vandalischen Hasdingen betroffen worden sein, die dann unter ihrem König Godigisel an Silvester 406 mit Alanen und Sueben im Gebiete von Mainz den Rhein überschritten und ihren furchtbaren Marsch durch Gallien bis nach Spanien und Afrika fortsetzten – verschärfte die ökonomische Situation. Raub, Plünderung, Brandschatzung der Güter, Vernichtung oder Beschlagnahme der Ernten, Wegführung der ohnehin wenigen technisch einigermaßen geschulten Spezialisten ließen Investitionen in Gebieten mit überdies relativ geringer Bevölkerung und schwacher Produktionskraft immer weniger lohnend erscheinen, zumal wenn die Gefahr für Leib und Leben der Begüterten von Tag zu Tag bedrohlichere Ausmaße annahm. Deren fluchtartiger Wegzug beziehungsweise ihre abrupte Interessenabkehr warf die Nordprovinzen teilweise in vorgeldwirtschaftliche Verhältnisse zurück und verurteilte sie für die römische Zentralregierung zur ökonomischen Bedeutungslosigkeit. Dies zeigt prägnant die Äußerung Alarichs, der von Honorius die beiden (Raetien an Wohlhabenheit stets überlegenen) norischen Provinzen als Siedlungsgebiet für seine Westgoten forderte, weil diese ohnehin ständig von Einfällen bedroht seien und für die Staatskasse wenig Steuern einbrächten. Der vorübergehenden ökonomischen Bedeutungslosigkeit eines Gebietes folgt aber keineswegs zwanghaft seine militärische Preisgabe, noch weniger der rechtliche Verzicht darauf.
Alles in allem widerspricht weder der archäologische noch der historische Befund der Meinung, daß die römische Militärorganisation in Raetien und wohl auch in Regensburg erst im direkten Vorfeld des Jahres 476 erloschen ist. Für einen gewaltsamen »Untergang« der Römerherrschaft in Regensburg gibt es erst recht keinerlei Hinweise, wohl aber dafür, daß auch unter drastisch veränderten politischen Rahmenbedingungen das Leben in der Stadt weiterging!

Die letzten Stürme vor dem Ende

In den Jahren 429 bis 431 – die Vandalen erreichten um diese Zeit gerade Nordafrika – kämpfte Aëtius, als »letzter Römer« rühriger Heermeister (*magister militum utriusque militiae*) des Westreichs, mehrfach in Raetien und Noricum gegen eingedrungene Juthungen. Eine seit einiger Zeit in Augsburg bekannte Inschrift will man neuerdings auf diese Kämpfe beziehen. Gleichzeitig waren offenbar die »einheimischen« Vindelicer und Noricer aufständisch geworden, weil der römische Chronist sie vorwurfsvoll als *rebellantes* bezeichnete; Ursache und Art ihrer Unzufriedenheit erfahren wir nicht. Dabei ist aber durchaus wahrscheinlich, daß die infolge der germanischen

Wanderbewegungen und durch den wachsenden Steuerdruck von seiten Roms seit vielen Jahrzehnten ausgelaugte und restlos verarmte Bevölkerung lieber eine barbarische Herrschaft als die nur noch formell recht und schlecht am Leben gehaltene römische zu ertragen gewillt war. Das Vorgehen des Aëtius verdeutlicht andererseits ganz bestimmt, daß selbst zu Beginn des zweiten Viertels des 5. Jahrhunderts eine regelrechte germanische Landnahme des raetischen Flachlandes noch nicht erfolgt war und ihr Versuch von Rom auch noch nicht hingenommen wurde.

Die folgenden Jahrzehnte standen ›weltpolitisch‹ im Zeichen der Hunnen. Vor langer Zeit aus dem zentralen Asien aufgebrochen, hatten diese Reiternomaden im Jahr 375 den Don überschritten und waren weiter westwärts vorgedrungen; dabei schoben sie zahlreiche germanische Stämme vor sich her, ja sehr viele davon brachten sie sogar unter ihre Botmäßigkeit. Unter ihrem König Attila (434–453) beherrschten sie weitgehend das Gebiet nördlich der Donau vom Rhein bis zur Wolga, wobei ihr Stammeszentrum im Donau-Theiß-Tiefland (Alföld) lag. Jahrelang hatte Aëtius mit Attila paktiert; beispielsweise hatte er sich der hunnischen Streitkraft zur Vernichtung des Burgunderreichs am Rhein zwischen 435 und 437 bedient (übrigens der historische Hintergrund des Nibelungenlieds). Wie so oft kam es zur Entzweiung einer Frau wegen! Da Honoria, die Schwester des Kaisers Valentinian III., dem Attila versagt wurde, fiel er 451 in Gallien ein. Dort wurde er aber mit tüchtiger westgotischer Unterstützung von Aëtius in der Schlacht auf den katalaunischen Feldern (bei Châlons-sur-Marne) besiegt. Faktisch bedeutete dies die Brechung der hunnischen Übermacht; dem Tod Attilas in seiner Hochzeitsnacht 453 folgte das Ende des Riesenreiches auf dem Fuß.

Der Auflösungsprozeß des römischen Reiches Ob Raetien vom Zug Attilas aus dem heutigen Ungarn nach Westeuropa berührt wurde, ist ebensowenig sicher zu sagen, wie, ob Raetien vordem jemals unter hunnischem Einfluß gestanden hat. Unumstößlich gewiß ist dagegen, daß unser Gebiet bald nach der Ermordung des Aëtius durch Valentinian (454) in den Einflußbereich der Alamannen geriet, die zunehmend weiter nach Osten vordrangen. Um diese Zeit beschleunigte sich der Auflösungsprozeß des römischen Reiches im Westen immer mehr. Ein Reichsgebiet nach dem anderen war bereits an die germanischen Eindringlinge abgetreten worden. So waren um 450 schon Teile Spaniens und Südgalliens an die Westgoten und ihr Reich von *Tolosa*/Toulouse verloren. Pannonien war seit 433/434 weitgehend hunnisch, Afrika seit 442 endgültig vandalisch; gleichzeitig löste sich Britannien aus dem Verband. Als 455 der nie zu wirklicher Selbständigkeit gelangte Kaiser Valentinian III. dem Mordanschlag eines Aëtius-Anhängers zum Opfer fiel, war im Westen nach rund 90 Jahren auch die valentinianisch-theodosianische Dynastie an ihr Ende gekommen. Noch im gleichen Jahr hatte die Hauptstadt Rom vierzehn Tage lang plündernde Vandalenhorden innerhalb ihrer Mauern.

In den folgenden letzten zwanzig Jahren seines Bestandes wurde nunmehr Westroms Schicksal weitgehend vom Heermeister und »Kaisermacher« Rikimer, einem Abkömmling suebischer und westgotischer Königsgeschlechter, bestimmt. Mehr oder minder von seiner Gunst abhängig, regierten in rascher Folge fünf Monarchen. Einer von ihnen, Majorian (457–461), bemühte sich noch einmal in vielfacher Weise, besonders durch die Neugestaltung des Steuerwesens, das Weiterleben des Imperium Romanum abzusichern; unter anderem besiegte er unmittelbar vor seinem Kaisertum 457 bis nach Oberitalien vordringende Alamannen im Tessin. Die erwähnte Ostausbreitung dieses Stammes setzte wohl massiv um dieselbe Zeit ein.

Die Vita Severini und die Preisgabe Regensburgs

Von diesem Ausgreifen der Alamannen sind wir etwas besser unterrichtet dank der Lebensbeschreibung des heiligen Severin. Dieser fromme Mann wurde in der Zeit des Zusammenbruchs für Ostraetien und Ufernoricum gleichsam ein Ersatz für die niedersinkende oder ausfallende weltliche Macht. Beratend, helfend und vermittelnd stand er durch Ermahnungen, Warnungen, Prophezeiungen und Wundertaten der Bevölkerung nicht nur seelsorgerisch, sondern auch zur Bewältigung ganz alltäglicher, auch materieller Bedürfnisse bei. Eugippius, einer seiner Mönche, verfaßte im Castellum Lucullanum bei Neapel 511 seine Lebensbeschreibung. Natürlich stehen in dieser Biographie nicht so sehr die geschichtlichen Ereignisse und Zusammenhänge im Vordergrund der Darstellung wie die Person des Heiligen selbst. Um so mehr sind für uns jene Einzelheiten und Nachrichten wichtig, die für die Handlung und die Schilderung der verehrungswürdigen Persönlichkeit eher unwesentlich waren, weil sie weniger der Gefahr der Legendenbildung ausgesetzt waren.
Sogar der Zeitpunkt des endgültigen Abzugs der militärischen Besatzung und der weitgehenden, aber sicher keineswegs vollständigen Räumung Regensburgs durch die ›Romanen‹ ist dank dieser Quelle indirekt faßbar. Rufen wir uns noch einmal den bereits zitierten Wortlaut aus dem zwanzigsten Kapitel der Vita ins Gedächtnis zurück: »Zu der(selben) Zeit, zu der das römische Reich noch bestand«, habe es in vielen Städten noch offizielle Grenzsoldaten gegeben, die sich wie die Grenze selbst, erst nach Einstellung der Unterhaltszahlungen aufgelöst hätten. Zwar ist der Ausdruck *Romanum imperium* des lateinischen Originaltexts so doppeldeutig, daß auch die dem Sinne nach weit unbestimmtere Übersetzung »zu der(selben) Zeit, zu der die römische Herrschaft noch bestand« möglich wäre; dennoch wird – auch darauf wurde bereits verwiesen – Eugippius mit seiner Formulierung auf das formelle Ende des (west)römischen Reiches am 4. September 476, das nach seiner Darstellung den endgültigen Zusammenbruch des raetischen Grenzwehrsystems, mithin auch die Auflassung Regensburgs nach sich gezogen hatte, angespielt haben.
Damals schlug nämlich der Skire Odoakar den Patricius und Heermeister Orestes – einen aus Pannonien stammenden ehemaligen Schreiber Attilas – bei *Placentia*/Piacenza. Kurzerhand setzte er anschließend den erst sechsjährigen Romulus Augustus (seiner Jugend wegen *Augustulus* genannt), den sein Vater Orestes 475 nach der Vertreibung des letzten auch von Ostrom anerkannten Westkaisers Iulius Nepos (474–480) zum Kaiser gemacht hatte, ab und verbannte ihn auf das (später von Eugippius und seinen Mitbrüdern bewohnte) Castellum Lucullanum.
Odoakar (476–493) ließ sich von seinen Truppen zum König ausrufen, teilte dem oströmischen Kaiser mit, der Westen benötige von nun an keinen Kaiser mehr und forderte für sich die auch gewährte Würde eines Patricius. Obgleich die Frage, wie sehr die Zeitgenossen diesen in unseren Schulbüchern als Untergang des weströmischen Reiches geführten Vorgang als Ereignis von epochemachender Bedeutung registrierten, umstritten ist, so steht doch fest, daß außer Eugippius

auch andere damit den Zusammenbruch des Imperiums für besiegelt sahen. Unklar ist andererseits wieder, ob Odoakar Raetien weiterhin wenigstens rechtlich als Teil seines Reiches beansprucht hat. Damals hatten nämlich Alamannen und Thüringer längst auch den östlichen Teil dieser Provinz heimgesucht. Es ist wiederum die Vita sancti Severini, die uns lehrt, daß das raetische Flachland offenbar bereits vom Stamm des alamannischen Königs Gibuld kontrolliert wurde. Severin sehr verehrend, versprach dieser, »er werde nach sorgfältiger Durchsuchung der gesamten Provinz (*cum diligenter provinciam peragraverit*), die dortigen Gefangenen allesamt zurückschicken«. Um dieses Zugeständnis zu erreichen, hatte der Heilige dem Barbarenherrscher einen Diakon namens Amantius nachgesandt, der aber zunächst nicht vorgelassen wurde, obwohl »er vor dem Doppeltor viele Tage wachsam aushielt« (*pro foribus excubans multis diebus*). Verzagt trat er den Heimweg an, als ihm eine Erscheinung von der Gestalt Severins die Rückkehr »zur königlichen Pforte« (*ad ianuam regis*) gebot. Völlig zu Recht schloß man aus diesen Formulierungen, daß Gibuld bereits eine feste Residenz im Lande hatte. Aus naheliegenden Gründen dachte man an die gewaltigen Römerreste Regensburgs. Leider ist diese Möglichkeit alles andere als beweisbar und nicht einmal besonders wahrscheinlich, weil Gibulds Herrschaftszentrum wohl viel weiter im Westen Süddeutschlands gelegen haben wird. Immerhin wird aber auch diese Erzählung in die Jahre um 476 gehören.

Das Ende des römischen Regensburgs

Daß Regensburg um diese Zeit nicht mehr unter römischer Herrschaft stand, ist völlig unabhängig von dem bereits geschilderten Gedankengang auf Umwegen zu erschließen. Als Gibuld auch Ostraetien verunsicherte, lebten nach Eugippius nämlich nur mehr in *Quintanis*/Künzing und in *Batavis*/Passau-Altstadt Romanen in größerer Zahl, Soldaten gar nur mehr am letztgenannten Ort. Doch auch das Schicksal dieser letzten Zufluchtsstätten in Raetien war schon besiegelt. Infolge der »unaufhörlichen Einfälle der Alamannen« (*creberrimis Alamannorum incursionibus*) räumten die Bewohner von Quintanis ihre Heimat und zogen nach Batavis weiter, dem aber seinerseits Severin den baldigen Untergang vorausgesagt hatte: »Es naht die Stunde, da diese Stadt unbesetzt und von den Bewohnern verlassen zurückbleiben wird, wie die übrigen oberen Kastelle.« (*tempus ... huius oppidi propinquavit, ut desertum sicut cetera superiora castella cultore destituta remaneat.*) Zu den erwähnten »übrigen oberen Kastellen« muß ohne Zweifel auch Regensburg gehört haben. Nachdem auf Severins Rat hin schließlich auch Passau aufgegeben war, heißt es noch einmal: »Nach dem Untergang der Städte am Oberlauf der Donau (*post excidium oppidorum in superiore parte Danuvii*) war ... alles Volk, das den Warnungen des heiligen Severin gehorcht hatte, in die Stadt Lauriacum hinabgezogen.« Aus relativ-chronologischen Überlegungen kann man den Fall der Städte und Kastelle westlich von Künzing und Passau einige Jahre vor 476 ansetzen.

Gegen Ende des 5. Jahrhunderts war das Alpenvorland zumindest faktisch wieder von römischer Herrschaft frei. Fraglich ist dagegen, wie gesagt, ob die germanischen Rechtsnachfolger des Weltreichs ihrerseits regelmäßig Ansprüche auf das Gebiet bis zur Donau erhoben haben. Bei Odoakar ist dies fraglich, weil er 488 sogar die Räumung von Ufernoricum anordnete. Auch Severins Leichnam wurde von den rückziehenden Romanen mit nach Italien geführt. Dabei hatte Odoakar

487/488 durch seinen Bruder Onoulf die dort siedelnden germanischen Rugier entscheidend besiegt. Freilich bewog um diese Zeit der oströmische Kaiser Zeno bereits den Ostgotenführer Theoderich – den sagenhaften Dietrich von Bern –, samt seinem Volk in Italien einzufallen, einmal, weil er den lästigen Germanen loswerden wollte, zum anderen, weil Odoakar oppositionelle Strömungen in Byzanz unterstützte. Während in den Folgejahren der Kampf um Italien zwischen Odoakar und Theoderich im vollen Gange war (489–493), scheinen die Alamannen ihre schon früher einsetzende Westwendung fortgeführt zu haben, bis sie schließlich 496/497 vom fränkischen König, dem Merowinger Chlodovechus (Chlodwig, 482–511), besiegt wurden. Das Schicksal Raetiens bleibt um diese Zeit weiterhin dunkel.

Böhmische Germanen in Regensburg

Archäologisch hat man in der Nordostecke des ehemaligen Regensburger Legionslagers keinerlei Brandspuren an den spätrömischen Gebäuden festgestellt. Dies und der Zustand der Gesamtanlage im 7. Jahrhundert machen eine umfassendere und gar fast völlige Räumung durch die römische Bevölkerung wie im Falle Künzings und Passaus für Regensburg nicht wahrscheinlich. Das heißt aber nicht, daß die Menschen römischer Tradition, die ›Romanen‹, weiterhin das Sagen hatten: Sie werden vielfach zu Tributpflichtigen (*tributarii*) der germanischen Herren dies- oder jenseits der Donau geworden sein. Das Leben hatte ja schon solange man sich erinnern konnte – wir müssen uns immer wieder klar machen, daß sich uns die Vergangenheit gleichsam im Zeitraffer bietet – die frühere Qualität eingebüßt, die wir heute gewöhnlich mit der Vorstellung ›römisch‹ verbin-

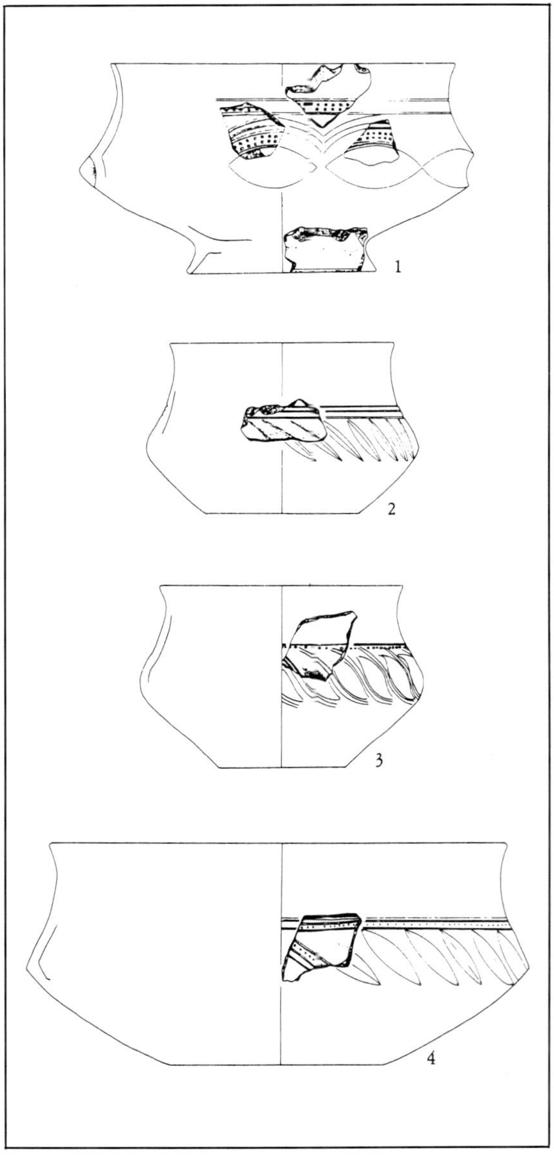

Abb. 68 Regensburg, Grasgasse. Spätantik-germanische Keramik des 5. Jhs. n. Chr.: Schalen des Typus Friedenhain-Přešt'ovice (nach Fischer). Museum der Stadt Regensburg

den. Wohlstand, kulturelle und zivilisatorische Höhe waren nur mehr aus den Erzählungen der Großeltern bekannt. Der Alltag war bescheiden und einfach geworden, der Nachschub aus den Kernländern des Reiches in seinem früheren Umfang längst zusammengebrochen und fast ganz versandet. Dies wird ein wesentlicher Grund sein, daß jetzt – wie wiederum die Grabungen unter dem Niedermünster lehren – alte, komplizierte Fußbodenheizungen nicht mehr instand gesetzt werden konnten, weil es beispielsweise an geeignetem Ziegelmaterial zum Ausbessern der Schadstellen fehlte. Man ging daher wenigstens im Nordosteck des Lagers zur einfacheren Methode des offenen Feuers auf dem Estrich über.

Die Gebrauchsgüter nahmen viel einfachere Formen an, waren viel schlichter und zweckmäßiger geworden. Dabei deutet eine besondere Form auf eine neue Gruppierung innerhalb der Bevölkerung hin. Denn auch in Regensburg kam im 5. Jahrhundert eine große Menge einer prähistorisch anmutenden, ohne Töpferscheibe handgemachten Keramik auf, die aufgrund entsprechender Vergleichsstücke in ganz bestimmten Gebieten außerhalb des römischen Reiches als germanisch identifiziert werden kann (Abb. 68). Analysiert man diese besonders gut beurteilbare, verzierte Feinkeramik germanischer Art genauer, so stimmen ihre Merkmale ganz eng mit einer Ware aus Südwestböhmen überein. Diese böhmische Verbindung wird noch unterstrichen durch die räumliche Verbreitung dieser Feinkeramik, die nach zwei germanischen Brandgräberfeldern in Böhmen und bei Straubing als Typ Friedenhain-Přešt'ovice benannt wird. Es findet sich nämlich auch im Bereich der Cham-Further-Senke, jenem alten, in diesem Buch schon oft erwähnten Hauptverbindungsweg zwischen Ostbayern und Böhmen. Zudem verdeutlichen die Funde in den ostraetischen Kastellen von Neuburg bis Passau, daß während des 5. Jahrhunderts auch böhmische Germanen Teilbesatzungen dieser Anlagen stellten. Als Foederaten werden sie den Grenzschutz mitübernommen haben. Exemplarisch zeigt ein bisher singuläres Gefäß aus der Grasgasse, daß es im 5. Jahrhundert in Regensburg eine enge römisch-germanische Kooperation gab: Die Technik dieses merkwürdigen Topfes (Drehscheibe, Gla-

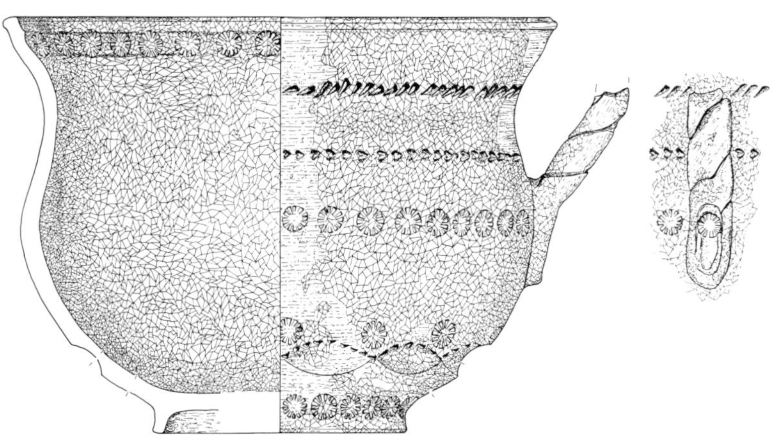

Abb. 69 Regensburg, Grasgasse. Spätantiker Topf des 5. Jhs. n. Chr. Das Gefäß vereinigt Zier- und Formelemente germanischer Keramik des Typus Friedenhain-Přešt'ovice mit Technik- und Formelementen römischer Keramik (nach Fischer). Museum der Stadt Regensburg

sur, harter Brand) ist römisch, die Form mit dem hohen Standfuß und die Zierelemente (Facetten, Geißfußeinstiche) dagegen stellen ganz charakteristische Merkmale von Gefäßen der Gruppe Friedenhain-Přešťovice dar (Abb. 69).

Auch in anderen Bereichen zeigt sich immer mehr, daß der romanische Bevölkerungsanteil in Regensburg, wenn auch wohl nur als Minderheit, seine Eigenheiten und Traditionen bis in das frühe Mittelalter hinein bewahren konnte.

Von den Römern zu den Bajuwaren

Die Römerherrschaft endete in Regensburg irgendwann vor 476 keineswegs mit einer großen militärischen Zerstörung. Die Stadt blieb bestehen, ihre Restbevölkerung paßte sich offenbar den veränderten Rahmenbedingungen an und nahm neue Bewohner und Repräsentanten einer neuen politischen Herrschaft auf. Eine Unterbrechung der Besiedlung ist weder aus den archäologischen noch den historischen Quellen abzuleiten. Historisch ist die Kontinuität in der alten Römerstadt durch die Tradierung des Namens von *Castra Regina* über *Reganespurc* zu *Regensburg* erwiesen, die kein Zufall ist und sich natürlich noch weniger aus einer mittelalterlichen Beschäftigung mit den antiken Quellen herleitet. Inzwischen kann diese Kontinuität freilich durch entsprechendes Fundmaterial des 4. bis 7. Jahrhunderts zusätzlich gestützt werden.

Siedlungsfunde des frühen Mittelalters

Siedlungsfunde des frühen Mittelalters liegen zwar in Regensburg insgesamt noch spärlich vor, aber dort, wo in jüngerer Zeit größere und sorgfältigere Grabungen stattfanden, etwa unter dem Niedermünster oder in der Grasgasse, haben sie sich prompt eingestellt. Man kann erkennen, daß abgesehen von der Ummauerung die letzten Steinbauten zerfallen waren und durch Holzarchitektur ersetzt wurden. Gleichzeitig war nunmehr das Innere der ehemaligen Römerfestung wesentlich lockerer besiedelt als in vorhergehenden Jahrhunderten, so daß es auch Freiflächen gab. Eine kleinräumige Beobachtung unter dem Niedermünster hat diesbezüglich zu den absonderlichsten Theorien geführt: Dort stellte man in bodenkundlichen Analysen für die Zeit des 6. und 7. Jahrhunderts eine Humusbildung fest, die zwar Funde, vor allem Keramik dieser Zeit enthielt, die insgesamt aber für eine Nutzung des Geländes als Frei- oder bestenfalls Gartenland spricht. Diesen lokalen Befund hat man nun ohne den geringsten Anlaß auf das Innere des ehemaligen Legionslagers insgesamt übertragen und so einen Siedlungsbruch konstruiert. Für das Auftreten der in nicht geringer Anzahl vorkommenden frühmittelalterlichen Keramik mußte man sich bei einer solch abstrusen Theorie natürlich etwas Besonderes einfallen lassen! Man nahm an, Leute, die in (bisher überhaupt nicht belegten) dörflichen Siedlungen außerhalb des Lagers wohnten, hätten diese Töpfe beim Wasserholen in den noch intakten römischen Brunnen verloren (!).

Zusammenhängende bauliche Strukturen des 6. und 7. Jahrhunderts kennt man aus Regensburg noch nicht, was bei der grabungstechnisch nur schwer bestimmbaren Holzbauweise der damaligen Zeit auch nicht weiter verwunderlich ist. Man weiß nur, daß die Herzogspfalz in der Nordostecke des Lagers, wo auch das spätantike »Binnenkastell« vermutet wird, wohl schon mindestens auf das 7. Jahrhundert zurückgeht. Eine große Holzpalisade dieser Zeit und die erste Kirche unter dem Niedermünster können mit ihr in Verbindung gebracht werden. Aber abgesehen von allen archäologischen Belegen im Detail: Eine ständige Nutzung der Festung ergab sich nicht nur aus ihrer verkehrstopographischen Bedeutung, sondern vor allem dadurch, daß Regensburg der einzige befestigte Römerort Raetiens war, dessen Umwehrung in massiver Quaderbauweise auch ohne Pflege durch in Steinbau geschulte Handwerker längere Zeit überdauern konnte.

Gräber des frühen Mittelalters

Wie schon zur Römerzeit lagen im frühen Mittelalter die Friedhöfe meist außerhalb der Stadt: Im Großen Gräberfeld bestatteten die romanischen Bevölkerungsteile weiterhin ihre Toten (siehe S. 151), ein Reihengräberfeld entwickelte sich um St. Emmeram, ein weiteres Gräberfeld zog sich vom Alten Rathaus in Richtung Haidplatz hin. Die damalige Sitte wollte es, daß die Friedhöfe vornehmer Adelsgeschlechter sich von den letzten Ruhestätten der Durchschnittsbevölkerung separierten. Spuren einer solchen Adelsnekropole fanden sich am Bismarckplatz. Dort waren mehrere, z. T. prächtig aufgezäumte (Abb. 70) und gesattelte Reitpferde bestattet worden, wie sie immer wieder als Beigabe in Gräbern besonders hochstehender Krieger anzutreffen sind. Das zugehörige Grab wurde leider nicht entdeckt, wahrscheinlich war es bereits der Anlage der mittelalterlichen Stadtbefestigung zum Opfer gefallen.
Besonders hervorragende Personen hat man im frühen Mittelalter sogar innerhalb der Mauern bestattet. Um 700 wurde, wie historische und archäologische Quellen gleichlautend bezeugen, der fränkische Wanderbischof Erhard in einer im Bereich der Herzogspfalz erbauten Steinkirche zur Ruhe gebettet. Eine weitere Nekropole hochgestellter Personen des frühen Mittelalters fand man bei den Grabungen an der Römermauer im Parkhaus am Dachauplatz. Hier hatte man in das mächtige römische Mauerwerk zwei große Grabschächte gebrochen, die bedauerlicherweise schon ausgeplündert waren. Wahrscheinlich kann man diese aufwendigen Grablegen an hervorragender Stelle mit einer Nachricht aus der Zeit um 830 kombinieren, man habe beim Niederreißen der alten Stadtmauer für den Bau der Pfalzkapelle (heute Alte Kapelle) in Höhlungen Gräber mit so viel Goldbeigaben gefunden, daß man Kirche und liturgische Bücher mit fingerdickem Gold ausstatten könne. Auch wenn diese Nachrichten etwas übertrieben wirken, ist der Ansicht von U. Osterhaus zuzustimmen, der in diesen Gräbern die letzten Ruhestätten von Angehörigen des Herrscherhauses der Agilolfinger im 6. und 7. Jahrhundert sah.
Mit dem Ende der Beigabesitte um 700 hören die Gräber auf, eine der wichtigsten archäologischen Quellengattungen zu sein, da man sie nun nicht mehr aus sich selber heraus datieren kann. Viele der alten Reihengräberfelder werden nun aufgelassen und neue Friedhöfe bei den Kirchen angelegt.

Regensburg als bairische Hauptstadt im frühen Mittelalter

Alles spricht dafür, daß Regensburg im frühen Mittelalter der größte bewohnte Ort zwischen Alpen und Donau war. Zudem wird er wegen

Abb. 70 Regensburg, Bismarckplatz. Teilweise vergoldete Bronzebeschläge von einem reich verzierten Pferdegeschirr (Trense und Riemenbeschläge) des frühen 7. Jhs. n. Chr. (nach Osterhaus). Museum der Stadt Regensburg

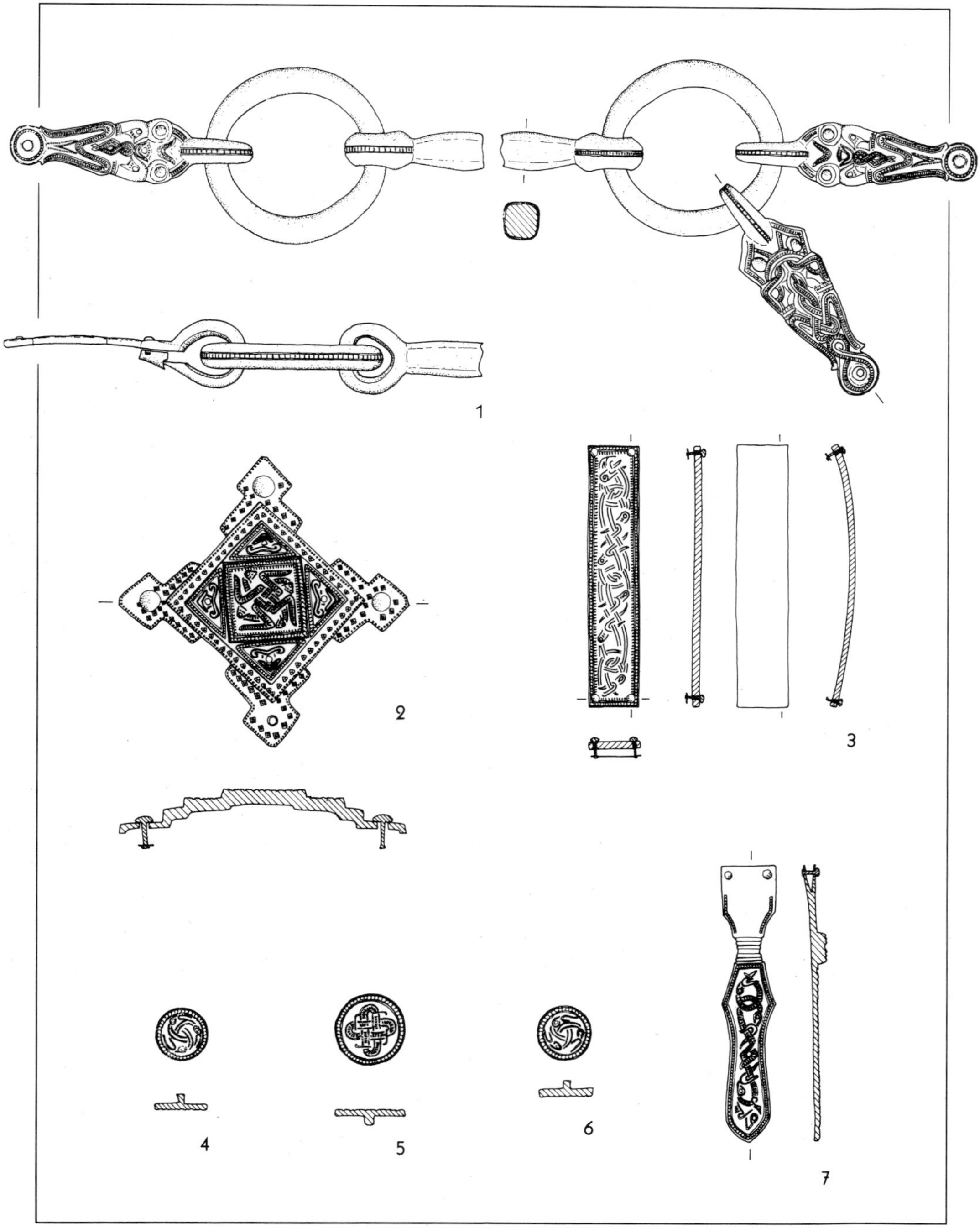
1
2
3
4
5
6
7

seiner anmutigen Umgebung *(amoenitas)* gerühmt. So nimmt es auch nicht wunder, wenn Regensburg (unter dem vorher nicht belegten Namen *Radaspona*, vgl. S. 27f.) von Arbeo von Freising um 770 als Herzogssitz der Agilolfinger und als *metropolis*, als Hauptstadt, des bairischen Stammesherzogtums erwähnt wird: Arbeo gemäß gelangte der heilige Emmeram dem Donaufluß folgend in das Gebiet der Bayern (*in partibus Baiuvariorum*) und »zur Stadt Radaspona, die, aus behauenen Steinen erbaut, man zum stark befestigten Vorort dieses Stammes bestimmt hatte« (*ad Radasponam pervenit urbem, qui ex sectis lapidibus constructa, in metropolim huius gentis in arce decreverat*). Weiter fährt Arbeo fort: »Die Stadt, von der wir sprachen, Radaspona, war uneinnehmbar, aus Quadersteinen erbaut, wurde hoch überragt von mächtigen Türmen und war überreich an Brunnen« (*Urbs, ut praediximus, Radaspona inexpugnabilis, quadris aedificata lapidibus, turrium exaltata magnitudine, puteis habundans*). Noch einmal ist bei Arbeo von unserer Stadt die Rede, als ein aus der Gefangenschaft entronnener Pilger schließlich zum Ziel seiner fünfzehntägigen Reise gelangt: »mit müden Gliedern ... stand er auf dem Berge oberhalb der Weinpflanzungen ..., zwischen Donau und Regen, wo sie zusammenfließen. Von diesem Gipfel erblickte er die Kirche von Gottes heiligem Martyrer [= St. Emmeram] und die weit ausgedehnte, mit Mauern und Turmbauten bewehrte Stadt. Als er sie erkannte, pries er Gott, und stieg den Pfad zu dem Anlegeplatz am Fluß hinab. Es war aber ein Sonntag, zu dessen feierlichem Meßgottesdienst die Einwohner mit großer Andacht zur Kirche des heiligen Martyrers gingen. Ihrem Zuge schloß sich der fromme alte Mann unbemerkt an, und als sie an den Anlegeplatz kamen, stieg er auf das Schiff, setzte nach dem schutzgewährenden Hafen auf der Stadtseite (*ad portum salubrem plagae urbis*) über den Strom und ging weiter bis zur Kirche von Gottes heiligem Martyrer.«

Diese Zitate beinhalten nebenbei auch die erste Beschreibung Regensburgs (was wir von ihrem früheren Aussehen wissen, verdanken wir ausschließlich der Archäologie). Darin werden Zeichen der Wandlung nicht weniger deutlich als Zeichen der Stabilisierung. Arbeo erweist die Stadt unumstößlich als Metropole, als Hauptort der Bayern: »hier regierte damals der Herzog der Bayern« (*tunc in tempore dux gentis Baiuvariorum ... regebat*). Die *Baiovarii*, diese neuen Herren der Stadt und des Alpenvorlandes, sind seit dem frühen 6. Jahrhundert überliefert.

Woher kamen die Baiern?

Dieser Stamm, als dessen Herrscherfamilie von Anfang der Überlieferung an das Herzogsgeschlecht der Agilolfinger bezeugt ist, gibt nicht nur heute manches Rätsel auf. Schon seine Herkunft ist heiß diskutiert und Gegenstand einer endlosen Debatte. Besonders umstritten war die Frage, ob diese *Baiovarii* als »fertiger« Stamm geschlossen eingewandert sind oder ob sie sich erst in ihren neuen Wohnsitzen auf dem Gebiet der ehemaligen Provinz Raetien und Noricum zusammengefunden hatten. Versucht man, aus den spärlichen historischen Quellen und dem gegenwärtigen archäologischen Bild eine Zwischenbilanz zu ziehen, so könnte sich das folgende Modell für die bairische Stammeswerdung anbieten (wie alle historischen Modelle ist auch dieses derzeit nicht beweisbar, Hypothesen müssen aber widerlegt werden). Zumindest ein als Traditionsträger fungierender Kern des neu entstehenden Stammes dürfte sich mit Böhmen verbunden gefühlt haben, denn *baiovarii* deutet – trotz all der sonst angebotenen Etymologien – am ehesten noch auf »Leute aus Baia = Böhmen«. Daher ist es zumindest statthaft, mit einem Teil der Forschung in Trägern der archäologisch definierten und – allen möglichen Einwänden zum Trotz – gleichfalls sicher nach Böhmen weisenden Gruppe Friedenhain-Přešťovice (S. 218 ff.) diesen Kern der »Männer aus Böhmen« zu suchen.

Natürlich muß man sich diese nicht als die »Urbayern« schlechthin vorstellen, die in einem großen Wanderzug aus Böhmen emigrierten, um das leere, von den Römern geräumte Alpenvorland zu besetzen. Vielmehr hätten sie anfangs nur eine von vielen Gruppen dargestellt, aus denen sich nach und nach der Stamm der Baiern auf dem Gebiet der untergehenden und ehemaligen römischen Provinz Raetien zusammenfand. Dabei könnte durchaus eine Rolle gespielt haben, daß sie als einstige Foederaten der spätesten römischen Präsenz vorübergehend in den von den Romanen weitgehend verlassenen ehemaligen Militärorten, zumindest aber im Alpenvorland verblieben. Dem steht keineswegs entgegen, daß Eugippius in der Vita Severini behauptet, mit der Aufgabe des Limes seien auch die militärischen Einheiten verschwunden (*simul militares turmae sunt deletae cum limite*), und ebensowenig die Beschreibung der oberen Kastelle der Donaufront als »verfallen und verlassen«. Denn all das ist durch eine römische Brille betrachtet: Nur noch in Batavis gab es eine römisch besoldete Truppe und nur noch hier lebten römische Institutionen rudimentär fort.

Bekanntlich war es im Laufe der römischen Geschichte nie anders: Wo die Römer nicht sind, ist nichts, was der Rede wert wäre. Was ist an der Annahme abwegig, daß ethnisch verwandte Foederaten sich nach der Preisgabe der Castra Regina in der größten und noch weitgehend intakten Römerfestung im Alpenvorland gesammelt haben und so Regensburg als Katalysator der bajuwarischen Stammesbildung wirkte? Hier fanden die ehemaligen böhmischen Foederaten, die nach wie vor im Besitz der von Rom unabhängigen militärischen Macht waren, genug Platz und Sicherheit, um einen eigenen Kampf- und Siedelverband zu bilden, der attraktiv und entwicklungsfähig genug war, um als Kern eines neuen Stammesverbandes dienen zu können. Zahlreichen frühmittelalterlichen Reihengräberfunden zufolge gab es Teile weiterer germanischer Völkerschaften im Alpenvorland, etwa Alamannen, Ostgoten, Langobarden und andere. Indessen siedelten diese nicht getrennt, sondern fanden sich immer wieder zu Gemeinschaften zusammen. Wenn sie als Zuwanderer auf Leute trafen, die schon im Lande waren, auf die restlichen Romanen und die Foederaten böhmischer Herkunft, die *baiovarii*, mischten sich die verschiedenen Gruppen mit ihren unterschiedlichen Kulturen und wuchsen zum neuen Stamm der Bajuwaren zusammen. Nicht zuletzt durch die Beherrschung der Festung Regensburg werden die *baiovarii*, nachdem sie nicht mehr Foederaten in römischen Diensten waren, so maßgebend bei der baierischen Stammesbildung mitgewirkt haben, daß ihr Name, als der der militärisch beherrschenden Bevölkerungsgruppe, auf den ganzen neugebildeten Stamm überging. Auf Regensburg als bestimmendes Zentrum bei der bairischen Stammesbildung deutet nicht zuletzt seine Rolle als Hauptstadt des bairischen Stammesherzogtums. Allerdings ist nicht zu übersehen, daß die Möglichkeit der bajuwarischen Ethnogenese dem freiwilligen Entschluß der Beteiligten allein nicht zu verdanken war. Hierbei spielte außerdem ein politischer Wille aus dem Süden die entscheidende Rolle:

Die Ostgoten unter ihrem König Theoderich, seit

493 neue Herren Italiens und damit wohl auch von Teilen Raetiens, das nominell nach wie vor zur Diözese Italien gehörte, hatten sicherlich entscheidende Impulse gegeben. Über Einzelheiten sind wir nicht unterrichtet. Der sich vielfach römisch gebärdende Theoderich liebte auf seiner Tafel nicht nur die Rheinanke, sondern auch den Karpfen aus der Donau; daraus läßt sich freilich nicht zwingend belegen, daß die Donau als offiziell beanspruchte Grenze seines Reiches galt. Zwischen 507 und 511 bestallte Theoderich einen *dux Raetiarum* namens Servatus; doch leider kann dieser Amtstitel trotz der Mehrzahl *Raetiarum* nach dem Sprachgebrauch der spätrömischen Zeit nicht nur mit »General beider Raetien«, sondern auch in der Einzahlform »General Raetiens« übersetzt werden. Es ist also ganz unklar, welches Raetien (das erste, das zweite oder beide?) Servatus befehligte und wie groß das entsprechende Raetien war. Sicher ist freilich, daß die Raetia secunda und mithin das Alpenvorland als ostgotisches Interessengebiet gelten müssen. Durch die Verheiratung seiner Nichte Amalaberga mit König Herminafried hat Theoderich 510 engere Beziehungen zwischen Italien und dem Thüringerreich hergestellt. Den dazwischen liegenden Raum hat er unmöglich herrschaftsfrei belassen ... Der italische Anspruch auf das Gebiet zwischen Alpen und Donau endete somit nicht schon 476 mit dem weströmischen Kaisertum, sondern wohl erst im Jahr 536. In diesem Jahr nämlich soll der Ostgotenkönig Witigis, der Italien gegen die Truppen des oströmischen Kaisers Justinian I. verteidigen mußte, das Gebiet nördlich der Alpen an die Franken unter ihrem König Theudebert aus dem Geschlecht der Merowinger abgetreten haben. Inzwischen aber hatten die Männer aus Böhmen die von den Römern hinterlassenen Freiräume kräftig zu nutzen gewußt!

Ausgewählte Literatur

AJB = Das Archäologische Jahr in Bayern (Stuttgart 1981 ff.).
Alt, K., Vach, W., Pichler, S., »Familienanalyse« an kaiserzeitlichen Skelettresten aus einer Villa rustica bei Regensburg-Harting. BVbl 57, 1992, 261–267.
Aventinus: Iohannes Turmair's genannt Aventinus sämmtliche Werke. Hrsg. v. d. K. Akademie der Wissenschaften. 6 Bde. (München 1880–1909).
Baatz, D., Der Römische Limes. Archäologische Ausflüge zwischen Rhein und Donau (Berlin 3. Aufl. 1993).
Bakker, L., Raetien unter Postumus – das Siegesdenkmal einer Juthungenschlacht im Jahre 260 n. Chr. aus Augsburg. Germania 71, 1993, 369–386.
BerRGK = Berichte der Römisch-Germanischen Kommission.
Bischoff, B. (Hrsg.), Arbeo, Vita et passio Sancti Haimhrammi Martyris. Leben und Leiden des Hl. Emmeram. Lat.-deutsch (München 1953).
Bogaers, J. E., Regensburger Rätsel. In: Studien zu den Militärgrenzen Roms III: Vorträge des 13. Internationalen Limeskongresses, Aalen 1983. Forschungen und Berichte zur Vor- u. Frühgeschichte in Baden-Württemberg 20 (Stuttgart 1986) 127–134.
Böhme, H.-W., Archäologische Zeugnisse zur Geschichte der Markomannenkriege (166–180 n. Chr.). Jahrbuch des Römisch-Germanischen Zentralmuseums 22, 1975 (Festschrift Hundt Teil 2) 153–217.
Böhme, H.-W., Zur Bedeutung des spätrömischen Militärdienstes für die Stammesbildung der Bajuwaren. In: H. Dannheimer, H. Dopsch (Hrsg.), Die Bajuwaren. Von Severin bis Tassilo 488–788 (München, Salzburg 2. Aufl. 1988) 23–37.
Bosl, K., Aus den Anfängen moderner staatlicher Denkmals- und Kulturpflege in Bayern. In: J. Werner (Hrsg.), Aus Bayerns Frühzeit. F. Wagner zum 75. Geburtstag. Schriftenreihe zur Bayerischen Landesgeschichte 62 (München 1962) 1–43.
Brühl, C., Palatium und Civitas. Studien zur Profantopographie spätantiker Civitates vom 3. bis zum 13. Jahrhundert, II (Köln, Wien 1990).
Burian, J. u. a. (Red.) Tabula Imperii Romani. Castra Regina, Vindobona, Carnuntum. Auf der Grundlage der Weltkarte 1 : 1 000 000 M 33 Praha (Prag 1986).
BVbl = Bayerische Vorgeschichtsblätter.
Castritius, H., Das Ende der Geldwirtschaft im Römischen Reich am Beispiel des Donau-/Alpenraumes. In: Deutscher Numismatikertag München 1981 (Augsburg 1983) 31–39.
Castritius, H., Die Grenzverteidigung in Rätien und Noricum im 5. Jh. n. Chr. Ein Beitrag zum Ende der Antike. In: H. Wolfram, A. Schwarcz (Hrsg.), Die Bayern und ihre Nachbarn. Teil 1. Berichte des Symposions der Kommission für Frühmittelalterforschung 25. bis 28. Oktober 1982, Stift Zwettl, Niederösterreich (Wien 1985) 17–28.
Christlein, R., Fischer, Th., Neues zum Lager Eining-Unterfeld. Arch. Korr. Bl. 9, 1979, 432 ff.
Christlein, R., Zu den jüngsten keltischen Funden Südbayerns. BVbl 47, 1982, 275–292.
Codreanu, S., Osterhaus, U. (Hrsg.), Auf Spurensuche. Archäologische und baugeschichtliche Forschungen in der Oberpfalz (Regensburg 1992).
Codreanu-Windauer, S., Schnieringer, K., Die Ausgrabungen im Regensburger Dom. In: Der Dom zu Regensburg. Ausgrabung–Restaurierung–Forschung. Kunstsamml. d. Bistums Regensburg, Katal. u. Schr. 8 (München, Zürich 1989) 81–91.
Codreanu-Windauer, S., Wanderwitz, H., Die frühe Kirche in der Diözese Regensburg: Betrachtungen zu den archäologischen und schriftlichen Quellen bis zum Ende des 8. Jahrhunderts. In: 1250 Jahre Kunst und Kultur im Bistum Regensburg: Berichte und Forschungen (München, Zürich 1989) 9–45.
Corpus Signorum Imperii Romani. Corpus der Skulpturen der römischen Welt. Deutschland Band I, 1. Raetien (Bayern südlich des Limes) und Noricum (Chiemseegebiet). Aus dem Nachlaß von F. Wagner, bearbeitet von G. Gamer und A. Rüsch mit einer Einführung von G. Ulbert (Bonn 1973).
Czysz, W., Dietz, K., Fischer, Th. Kellner, H.-J., Die Römer in Bayern (Stuttgart 1995).
Dallmeier, L.-M., Notgrabungen am Nonnenplatz in Regensburg. AJB 1987 (1988) 172–173.
Dallmeier, L.-M., Römische und mittelalterliche Befunde im Areal Nonnenplatz. In: Denkmalpflege in Regensburg 1988 (Regensburg 1989) 20–23.
Dallmeier, L.-M., Ein römischer Hortfund aus Regensburg-Kumpfmühl. AJB 1989 (1990) 120–122.
Dallmeier, L.-M., Der römische Hort von Regensburg-Kumpfmühl: Fundumstände und Befund. In: Denkmalpflege in Regensburg (Regensburg 1991) 40–44.
Dallmeier, L.-M., Archäologische Topographie der Stadt Regensburg. I. Vorgeschichte, Römische Kaiserzeit und Frühes Mittelalter innerhalb der zweiten Stadterweiterung (Diss. Regensburg 1993).
Dannheimer, H., Dopsch, H., Die Bajuwaren. Von Severin bis Tassilo 488–788 (München, Salzburg 2. Aufl. 1988).
Die Römer in Schwaben, Jubiläumsausstellung 2000 Jahre Augsburg (München 1985).
Dietz, K., M. U. F. und die »Gründungsurkunde« oder: Feiern die Regensburger 1979 zu Unrecht? In: Der Bismarckplatz in Regensburg. Geschichte, Schönheit, Bedeutung (Regensburg 1978) 37–49.

Dietz, K., Die Bauinschrift des Limeskastells Ellingen, Landkreis Weißenburg-Gunzenhausen, Mittelfranken. AJB 1980 (1981) 118–119.
Dietz, K., Ein früher Weihealtar der 3. Italischen Legion aus Regensburg. AJB 1982 (1983) 108–109.
Dietz, K., Kastellum Sablonetum und der Ausbau des rätischen Limes unter Kaiser Commodus. Chiron 13, 1983, 497–536.
Dietz, K., Das älteste Militärdiplom für die Provinz Pannonia Superior, mit Beitr. von R. Koedderitzsch. BRGK 65, 1984, 159–268.
Dietz, K., Runicates. In: Führer zu den archäologischen Denkmälern in Deutschland 5: Regensburg–Kelheim-Straubing 1 (1984) 224–236.
Dietz, K., Die älteste Weihinschrift aus dem Regensburger Legionslager. BVbl 49, 1984, 79–85.
Dietz, K., Die Notitia dignitatum, ein spätrömisches Orts- und Truppenverzeichnis. In: Die Römer in Schwaben. Jubiläumsausstellung 2000 Jahre Augsburg. Bayerisches Landesamt für Denkmalpflege, Arbeitsheft 27 (München 1985) 273–275.
Dietz, K., Zwei neue Meilensteine Caracallas aus Gundelfingen, Ldkr. Dillingen a. d. Donau, Reg.-Bez. Bayerisch-Schwaben. Germania 63, 1985, 75–86.
Dietz, K., Die römischen und frühmittelalterlichen Namen Augsburgs. In: J. Bellot, W. Czysz, H. Krahe (Hrsg.), Forschungen zur Provinzialrömischen Archäologie in Bayerisch Schwaben. Schwäbische Geschichtsquellen und Forschungen 14 (Augsburg 1985) 79–115.
Dietz, K., Der Pollio in der römischen Legion. Chiron 15, 1985, 235–252.
Dietz, K., Maler im Dienst des römischen Heeres. BVbl 51, 1986, 221–232.
Dietz, K., Ein neuer Meilenstein aus dem Jahr 201 n. Chr. aus Kösching, Landkreis Eichstätt, Oberbayern. AJB 1985 (1986) 110–111.
Dietz, K., Zum Feldzug Caracallas gegen die Germanen. In: Studien zu den Militärgrenzen Roms III: Vorträge des 13. Internationalen Limeskongresses, Aalen 1983. Forschungen und Berichte zur Vor- u. Frühgeschichte in Baden-Württemberg 20 (Stuttgart 1986) 135–138.
Dietz, K., Zur Verwaltungsgeschichte Obergermaniens und Rätiens unter Mark Aureel. Chiron 19, 1989, 405–446.
Dietz, K., Cohortes, ripae, pedaturae. Zur Entwicklung der Grenzlegionen in der Spätantike. In: K. Dietz, D. Hennig, H. Kaletsch (Hrsg.), Klassisches Altertum, Spätantike und frühes Christentum. A. Lippold zum 65. Geburtstag gewidmet (Würzburg 1993) 279–329.
Dietz, K., Zum Ende der Markomannenkriege: die expeditio Germanica tertia. In: H. Friesinger u. a. (Hrsg.), Internationales Symposium. Markomannenkriege – Ursachen und Wirkungen (1994) 7–15.
Dietz, K., Osterhaus, U., Rieckhoff-Pauli, S., Spindler, K., Regensburg zur Römerzeit (Regensburg 2. Aufl. 1979). *Zitiert: Dietz u. a.*
Dietz, K., Weber, G., Fremde in Rätien. Chiron 12, 1982, 409–443.
Domaszewski, A. v., Dobson, B., Die Rangordnung des römischen Heeres (Köln 2. Aufl. 1967).
Donaubauer, P., Archäologische Untersuchungen beim Evangelischen Krankenhaus am Emmeramsplatz. In: Denkmalpflege in Regensburg 3, 1991/92, 49–51.
Faber, A., Das römische Auxiliarkastell und der Vicus von Regensburg-Kumpfmühl. Münchner Beiträge zur Vor- und Frühgeschichte 49 (München 1993).
Fischer, Th., Archäologische Funde der römischen Kaiserzeit und der Völkerwanderungszeit aus der Oberpfalz (nördlich der Donau). VHVO 121, 1981, 349–388.
Fischer, Th., Zur Chronologie der römischen Fundstellen um Regensburg, BVbl 46, 1981, 63–104.
Fischer, Th., Ein neuer römischer Tempel in Regensburg, Oberpfalz. AJB 1982 (1983) 115–117.
Fischer, Th., Der Übergang von der Spätantike zum frühen Mittelalter in Ostbayern. In: Führer zu archäologischen Denkmälern in Deutschland 6: Regensburg–Kelheim–Straubing 2 (Stuttgart 1984) 236–243.
Fischer, Th., Neues zum römischen Regensburg. In: Studien zu den Militärgrenzen Roms III: Vorträge des 13. Internationalen Limeskongresses, Aalen 1983. Forschungen und Berichte zur Vor- u. Frühgeschichte in Baden-Württemberg 20 (Stuttgart 1986) 146–151.
Fischer, Th., Ein Keller mit Brandschutt aus der Zeit der Markomannenkriege (170/175 n. Chr.) aus dem Lagerdorf des Kastells Regensburg-Kumpfmühl. Jahresbericht der Bayerischen Bodendenkmalpflege 24/25, 1983/84 (1987) 24–63.
Fischer, Th., Passau im 5. Jahrhundert. Anzeiger des Germanischen Nationalmuseums 1987 (1988) 89–104.
Fischer, Th., Römer und Bajuwaren an der Donau (Regensburg 1988).
Fischer, Th., Das Umland des römischen Regensburg. Münchner Beiträge zur Vor- und Frühgeschichte 43 (München 1990).
Fischer, Th., Zur Archäologie des 5. Jahrhunderts in Ostbayern. In: H. Friesinger, F. Daim (Hrsg.), Typen der Ethnogenese unter besonderer Berücksichtigung der Bayern. Der d. Symposions d. Komm. f. Frühmittelalterforsch. 1986, II (Wien 1990) 101–121.
Fischer, Th., Römische Landwirtschaft in Bayern. In: Bauern in Bayern. Von den Anfängen bis in die Römerzeit (Straubing 1992) 267–275. Wiederabgedruckt in: Bender, H./Wolff, H. (Hrsg.), Ländliche Besiedlung in den Rhein – Donau – Provinzen des römischen Reiches. Passauer Universitätsschriften zur Archäologie 2 (1994), 267–300.
Fischer, Th., Das bajuwarische Reihengräberfeld von Staubing. Kataloge der Prähistorischen Staatssammlung 26 (Kallmünz 1993).
Fischer, Th., Zur ländlichen Besiedlung der Römerzeit im Umland von Regensburg. In: Bauern in Bayern. Von den Anfängen bis in die Römerzeit (Straubing 1992), 79 ff.; wiederabgedruckt in: Bender, H./Wolff, H. (Hrsg.), Ländliche Besiedlung in den Rhein – Donau – Provinzen des römischen Reiches. Passauer Universitätsschriften zur Archäologie 2 (1994), 301–308.
Fischer, Th., Archäologische Zeugnisse der Markomannenkriege (166–180 n. Chr.) in Raetien und Obergermanien. In: Friesinger, H./Tejral, J./Stupner, A. (Hrsg.) Markomannenkriege. Ursachen und Wirkungen (1994), 341–354.

Fischer, Th., Geisler, H., Herkunft und Stammesbildung der Baiern aus archäologischer Sicht. In: H. Dannheimer, H. Dopsch (Hrsg.), Die Bajuwaren. Von Severin bis Tassilo 488–788 (München, Salzburg 2. Aufl. 1988) 61–68.
Fischer, Th., Rieckhoff-Pauli, S., Von den Römern zu den Bajuwaren (München 1982).
Fischer, Th., Rieckhoff-Pauli, S., Von den Römern zu den Bajuwaren. Stadtarchäologische in Regensburg. Bavaria Antiqua (München 1982).
Fischer, Th., Spindler, K., Das römische Grenzkastell Abusina–Eining. Führer zu arch. Denkmälern in Bayern. Niederbayern 1 (Stuttgart 1984).
Fischer, Th., Weber, G., Ein römischer Grabstein aus Regensburg. AJB 1980 (1981) 150–151.
Garbsch, J., Römischer Alltag in Bayern. Das Leben vor 2000 Jahren. In: Bayerische Handelsbank AG 1869–1994 (München 1994).
Garbsch, J., Kos, P., Das spätrömische Kastell Vemania bei Isny I. Münchner Beiträge zur Vor- und Frühgeschichte 44 (München 1988).
Garbsch, J., Overbeck, B., Spätantike zwischen Heidentum und Christentum. Ausstellungskat. d. Prähistorischen Staatssammlung 17 (München 1989).
Gauer, W., Die raetischen Pfeilergrabmäler und ihre moselländischen Vorbilder. BVbl 43, 1978, 57–100.
Gauer, W., Castra Regina und Rom. Zu Ursprung und Erneuerung der europäischen Stadt. Bonner Jahrb. 181, 1981, 1–88.
Gauer, W., Urbs, Arx, Metropolis und Civitas Regia. Untersuchungen zur Topographie der frühmittelalterlichen Stadt Regensburg. VHVO 121, 1981, 15–84.
Johnson, A., Römische Kastelle des 1. und 2. Jahrhunderts n. Chr. in Britannien und in den germanischen Provinzen des Römerreiches (Mainz 1987).
Keller, E., Die spätrömischen Grabfunde in Südbayern. Münchner Beiträge zur Vor- und Frühgeschichte 14 (München 1971).
Keller, E., Germanische Truppenstationen an der Nordgrenze des spätrömischen Raetiens. Archäologisches Korrespondenzblatt 7, 1977, 63–73.
Keller, E., Germanenpolitik Roms im bayerischen Teil der Raetia secunda während des 4. und 5. Jahrhunderts. Jahrb. RGZM 33, 1986, 575–592.
Keller, E., Der nordalpine Teil der Raetia secunda im 5. Jahrhundert. Anzeiger des Germanischen Nationalmuseums 1987, 77–88.
Kellner, H.-J., Römische Münzen aus Regensburg, Frauenbergl. Germania 31, 1953, 219.
Kellner, H.-J., Ein Fund spätrömischer Münzen in Regensburg. Germania 36, 1958, 96–103.
Kellner, H.-J., Exercitus Raeticus. Truppenteile und Standorte im 1.–3. Jahrhundert n. Chr. BVbl 36, 1971, 207–215.
Kellner, H.-J., Die Römer in Bayern (München 4. Auflage 1978).
Kellner, H.-J., Raetien und die Markomannenkriege. BVbl 30, 1965, 154–174 = In: R. Klein (Hrsg.), Marc Aurel. Wege der Forschung 550 (Darmstadt 1979) 226–269 [Nachträge].
Kellner, H.-J., Die Zeit der römischen Herrschaft. In: M. Spindler (Hrsg.), Handbuch der bayerischen Geschichte. I (München 2. Aufl. 1981) 65–96.
Kellner, H.-J., Ein Jahrzehnt Römerforschung in Bayern (1974–1983). In: A. Kraus (Hrsg.), Land und Reich, Stamm und Nation. Probleme und Perspektiven bayerischer Geschichte. Festgabe für M. Spindler zum 90. Geburtstag. I (München 1984) 147–162.
Kellner, H.-J., Overbeck, M., Die Fundmünzen der römischen Zeit in Deutschland. Abteilung I: Bayern, Band 3: Oberpfalz (Berlin 1978).
Koch, U., Die Grabfunde der Merowingerzeit aus dem Donautal um Regensburg (Berlin 1968).
Kraus, A., Civitas Regia. Das Bild Regensburgs in der deutschen Geschichtsschreibung des Mittelalters (Kallmünz 1972).
Kraus, A., Die Herkunft der Bayern. Zu Neuerscheinungen der letzten Jahrzehnte. Augsburger Beiträge zur Landesgeschichte Bayerns und Schwabens 1, 1979, 27–46.
Kraus, A., Geschichte Bayerns (München 1983).
Kraus, A., Pfeiffer, W., Regensburg, Geschichte in Bilddokumenten (München 1979).
Lewis, B., The Roman Antiquities of Augsburg and Ratisbon. Archaeological Journal 48, 1891, 137–161; 396–415.
Lippold, A., Regensburg 179 n. Chr. – Die Gründung des Lagers der Legio III Italica. In: D. Albrecht (Hrsg.), Zwei Jahrtausende Regensburg. Vortragsreihe der Universität Regensburg zum Stadtjubiläum 1979, Band 1 (Regensburg 1979) 21–35.
Lippold, A., Pertinax in Rätien? ZPE 38, 1980, 203–215.
Lippold, A., Zur Laufbahn des P. Helvius Pertinax. Bonner Historia Augusta Colloquium 1979/1981 (Bonn 1983) 173–191.
Mackensen, M., Frühkaiserzeitliche Kleinkastelle bei Nersingen und Burlafingen an der oberen Donau. Münchner Beiträge zur Vor- und Frühgeschichte 41 (München 1987).
Mackensen, M., Das spätrömische Grenzkastell Caelius Mons–Kellmünz. Führer zu archäologischen Denkmälern in Bayern. Schwaben Bd. 3 (1995).
Noll, R., Eugippius. Das Leben des Heiligen Severin (Berlin 1963; Nachdruck Passau 1981).
Notitia dignitatum. Hrsg. von O. Seeck (Neudruck Stuttgart 1962).
Nuber, H.-U., Ausgrabungen in Bad Gögging. Römisches Staatsheilbad und frühmittelalterliche Kirchen (Landshut 1980).
Nüsslein, Th., Eugippius Vita Sancti Severini. Das Leben des heiligen Severin (Stuttgart 1985).
Osterhaus, U., Beobachtungen zum römischen und frühmittelalterlichen Regensburg. VHVO 112, 1972, 7–17.
Osterhaus, U., Baubeobachtungen an der Via principalis im Legionslager von Regensburg. BVbl 39, 1974, 160–180.
Osterhaus, U., Neuere Grabungen im Römischen Regensburg. VHVO 115, 1975, 193–201.
Osterhaus, U., Ein bemerkenswerter frühmittelalterlicher Fund aus Regensburg-Bismarckplatz. VHVO 117, 1977, 177–181 = Der Bismarckplatz in Regensburg. Geschichte, Schönheit, Bedeutung (Regensburg 1978) 32–36.
Osterhaus, U., Eine Reiterbestattung aus dem frühen Mittel-

alter aus Regensburg-Bismarckplatz. Mit einem Beitrag von A. v. d. Driesch u. J. Boessneck. Jahresbericht der Bayerischen Bodendenkmalpflege 21, 1980, 182–194.
Osterhaus, U., Zur Vor- und Frühgeschichte Regensburgs. Jahrbuch. Bayer. Denkmalpflege 36, 1982, 29–54.
Osterhaus, U., Das römische Regensburg – Die Porta Praetoria des Legionslagers in Regensburg – Das römische Kleinkastell in Regensburg-Prüfening. In: Führer zu römischen Militäranlagen in Süddeutschland 6 (Stuttgart 1984) 107–113.
Osterhaus, U., Regensburg im frühen Mittelalter. In: Führer zu archäologischen Denkmälern in Deutschland 6: Regensburg–Kelheim–Straubing 2 (Stuttgart 1984) 38–45.
Osterhaus, U., Zwei römische Brunnen aus einer Villa rustica in Regensburg-Harting. AJB 1984 (1985) 115–118.
Osterhaus, U., Zur Frühgeschichte von Regensburg. In: Stadtarchäologie in Deutschland und den Nachbarländern (Zeitschr. f. Archäologie des Mittelalters 14, 1988) 23–28.
Osterhaus, U., Lag RADASPONA bei Köfering? Jüngste Keltenfunde in der südlichen Oberpfalz. Regensburger Almanach 1992 (1991) 243–254.
Osterhaus, U., Regensburg-Am Sinngrün: zur Frühgeschichte des westlichen Altstadtbereichs. Ausgrabungen und Funde in Altbayern 1989–1991. Kat. Gäubodenmus. Straubing 18 (Straubing 1991) 98–101.
Osterhaus, U., Zu den Ausgrabungen in Burgweinting – Stadt Regensburg, Opf. In: Ausgrabungen und Funde in Altbayern 1989–1991. Kat. Gäubodenmus. Straubing 18 (Straubing 1991) 93–97.
Osterhaus, U., Ausgrabungen bei St. Emmeram. Thurn und Taxis-Studien 18 (Regensburg 1992) 41–48.
Osterhaus, U., Ausgrabungen in Burgweinting (Stadt Regensburg). In: Auf Spurensuche (München 1992) 12–16.
Osterhaus, U., Rieckhoff-Pauli, S., Römerpark Regensburg – eine Chance (Regensburg 1981).
Osterhaus, U., Wintergerst, E., Die Ausgrabungen bei St. Emmeram in Regensburg. Ein Vorbericht. BVbl 58, 1993, 271–303.
Overbeck, B., Alamanneneinfälle in Raetien 270 und 288 n. Chr. Jahrbuch für Numismatik und Geldgeschichte 20, 1970, 88–150.
Petrikovits, H. v., Die Innenbauten römischer Legionslager während der Principatszeit. Abhandlungen der Rheinisch-Westfälischen Akad. d. Wissenschaften 56 (Opladen 1975).
Piso, I., Die Inschriften vom Pfaffenberg und der Bereich der Canabae legionis. Tyche 6, 1991, 131–169.
Radnóti, A., Regensburger Inschriften. Akten des 6. Internationalen Kongresses für Griechische und Lateinische Epigraphik München 1972. Vestigia. Beiträge zur Alten Geschichte 17 (München 1973) 385–395.
Reich, K., Geschichte Regensburgs in der Zeit vom 5. bis 7. Jahrhunderts. VHVO 74, 1924, 12–36.
Reindel, K., Die Bistumsorganisation im Alpen-Donau-Raum in der Spätantike und im Frühmittelalter. Mitteilungen des Instituts für Österreichische Geschichtsforschung 72, 1964, 277–310.
Reindel, K., Staat und Herrschaft in Raetien und Noricum im 5. und 6. Jahrhundert. VHVO 106, 1966, 23–41.
Reindel, K., Die Bajuwaren. Quellen, Hypothesen, Tatsachen. Deutsches Archiv 37, 1981, 451–473.
Reindel, K., Die Herkunft der Bayern. Grundlegung: Das Zeitalter der Agilolfinger (bis 788). In: M. Spindler (Hrsg.), Handbuch der Bayerischen Geschichte (München 2. Aufl. 1981) 110 ff.
Reindel, K., Regensburg als Sitz der Herrscher bis zum 10. Jahrhundert. In: Führer zu archäologischen Denkmälern in Deutschland 5: Regensburg–Kelheim–Straubing 1 (Stuttgart 1984) 243–254.
Reindel, K., Herkunft und Stammesbildung der Bajuwaren nach den schriftlichen Quellen. In: H. Dannheimer, H. Dopsch (Hrsg.), Die Bajuwaren. Von Severin bis Tassilo 488–788 (München, Salzburg 2. Aufl. 1988) 56–60.
Reinecke, P., Die örtliche Bestimmung der antiken geographischen Namen für das rechtsrheinische Bayern. Bayerischer Vorgeschichtsfreund (= BVbl) 4, 1924, 17–48; 5, 1925, 17–48; 6, 1926, 17–44.
Rieckhoff, S., Ein »Jahrhundertfund«? Der römische Schatzfund von Regensburg-Kumpfmühl. Regensburger Almanach 1990 (1989) 9–19.
Rieckhoff, S., Römischer Schatzfund von Regensburg-Kumpfmühl. Hrsg. Sparkasse Regensburg (Regensburg [1989]).
Rieckhoff, S., Ein neuer Schatzfund aus Bayern. Vorbericht über den römischen Depotfund von Regensburg-Kumpfmühl. BVbl 55, 1990, 291–298.
Rieckhoff, S., Der römische Schatzfund von Regensburg-Kumpfmühl: ein Vorbericht. In: V. A. Maxfield, M. J. Dobson (Hrsg.), Roman Frontier Studies 1989. Proceedings of the XVth International Congress of Roman Frontier Studies (Exter 1991) 203–207.
Rieckhoff, S., Eine römische »Brauerei« aus Regensburg. In: Bier im Altertum. Linzer Arch. Forsch. Sonderheft 8 (Linz 1992) 27–33.
Rieckhoff, S., Überlegungen zur Chronologie der Spätlatènezeit im südlichen Mitteleuropa. BVbl 57, 1992, 103–121.
Rieckhoff-Pauli, S., Castra Regina: Regensburg zur Römerzeit. Mus. d. Stadt Regensburg, Ausstellungsführer (Regensburg 1979).
Rieckhoff-Pauli, S., Spätkeltische und frühgermanische Funde aus Regensburg. BVbl 48, 1983, 63–128.
Rieckhoff-Pauli, S., Das römische Regensburg. In: Führer zu archäologischen Denkmälern in Deutschland 6: Regensburg–Kelheim–Straubing 2 (Stuttgart 1984) 35–38.
Rieckhoff-Pauli, S., Archäologisches Museum im BMW-Werk Regensburg. Führer durch die Ausstellung (Regensburg 1987).
Rieckhoff-Pauli, S., Kelten und Germanen im Donaubogen. Funde aus einem dunklen Jahrhundert bayerischer Frühgeschichte in Regensburg-Harting. Regensburger Almanach 1988 (1987) 106–115.
Ritterling, E., Legio. In: Pauly-Wissowa, Realencyclopädie XII (1924/25) 1186–1829, bes. 1532 ff.
Roxan, M. M., Roman Military Diplomas 1954–1977 (London 1978); 1978–1984 (London 1985); 1985–1993, (London 1994).
Schieber, M., Bau, Formen und Eigenschaften der Landschaften um Regensburg. In: Führer zu archäologischen Denk-

mälern in Deutschland 5: Regensburg–Kelheim–Straubing 1 (Stuttgart 1984) 11–27.
Schier, W., Zur vorrömischen Besiedlung des Donautales südöstlich von Regensburg. BVbl 50, 1985, 9–80.
Schillinger-Häfele, U., Vierter Nachtrag zu CIL XIII und zweiter Nachtrag zu Fr. Vollmer, Inscriptiones Baivariae Romanae. BerRGK 58, 1977, 447–603.
Schmetzer, A., Der Ausbau des Regensburger Legionslagers. BVbl 11, 1933, 25–40.
Schmid, A., Regensburg zur Agilolfingerzeit. In: H. Dannheimer, H. Dopsch (Hrsg.), Die Bajuwaren. Von Severin bis Tassilo 488–788 (München, Salzburg 2. Aufl. 1988) 136–140.
Schmid, P., Regensburg, Stadt der Könige und Herzöge im Mittelalter (Kallmünz 1977).
Schnetz, J., Harte Nüsse 1. Radaspona, Ratisbona. Zeitschrift für Ortsnamenforschung 6, 1930, 141–145.
Schnetz, J., Der keltische Name Regensburgs. VHVO 86, 1936, 155–158.
Schnetz, J., Nochmals der keltische Name Regensburgs. VHVO 88, 1938, 230–232.
Schnurbein, S. v., Die kulturgeschichtliche Stellung des nördlichen Rätien. Ein Beitrag zur Deutung archäologischer Fundgruppen. BerRGK 63, 1982, 5–16.
Schnurbein, S. v., Das römische Gräberfeld von Regensburg. Materialhefte zur Bayerischen Vorgeschichte A 31 (Kallmünz 1977).
Schönberger, H., Das Römerlager im Unterfeld bei Eining. Bericht über die Grabung im Jahre 1968. Germania 48, 1970, 66–84.
Schönberger, H., The Roman fortress at Eining-Unterfeld: A Reconsideration. In: B. Hartley, J. Whacher (Hrsg.), Rome and her northern provinces (Oxford 1983) 235–239.
Schönberger, H., Die römischen Truppenlager der frühen und mittleren Kaiserzeit zwischen Nordsee und Inn. Ber. RGK 66, 1985, 321–497.
Schröter, P., Zu einigen menschlichen Schädelteilen aus dem römischen Tempelbereich an der Augustenstraße in Regensburg, Oberpfalz. AJB 1982 (1983) 117–118.
Schröter, P., Skelettreste aus zwei römischen Brunnen von Regensburg-Harting als archäologische Belege für Menschenopfer bei den Germanen der Kaiserzeit. AJB 1984 (1985) 118–120.
Schröter, P., Zur Anthropologie der römischen Kaiserzeit im Regensburger Raum. In: Th. Fischer, Das Umland des römischen Regensburg. Münchner Beiträge zur Vor- und Frühgeschichte 42 (München 1990) 347–408.
Schwarz, K., Die Ausgrabungen im Niedermünster zu Regensburg. Führer zu archäologischen Denkmalen in Bayern 1 (Kallmünz 1971).
Schwarz, K., Das spätmerowingerzeitliche Grab des Heiligen Bischofs Erhard im Niedermünster zu Regensburg. In: Ausgrabungen in Deutschland. Katalog des Römisch-Germanischen Zentralmuseums Mainz, Band 1, 2 (Mainz 1975) 129–164.
Schwarz, K., Archäologische Geschichtsforschung in frühen Regensburger Kirchen. Beiträge zur Geschichte des Bistums Regensburg 10, 1976, 13–54.
Schwarz, K., Regensburg während des ersten Jahrtausend im Spiegel der Ausgrabungen im Niedermünster. In: Die Ausgrabungen im Niedermünster zu Regensburg (Regensburg 1977) 20–98 = Jahresbericht der Bayerischen Bodendenkmalpflege 13/14, 1972/73 (1977/86) 20–98.
Schwarz, K., Die Bodendenkmalpflege in Bayern in den Jahren 1970 bis 1972. Jahresbericht der Bayerischen Bodendenkmalpflege 11/12, 1970/71 (1977/86) 156–255, bes. 157–162 u. 206–213.
Spitzlberger, G., Eine Privatziegelei im östlichen Raetien. BVbl 27, 1962, 107–115.
Spitzlberger, G., Ein neuer Doppelstempel der Legio III Italica. Beiträge zur Oberpfalzforschung 1, 1965, 41–42.
Spitzlberger, G., Zum Lager der III. Italischen Legion in Eining-Unterfeld. BVbl 31, 1966, 94–107.
Spitzlberger, G., Die römischen Ziegelstempel im nördlichen Teil der Provinz Raetien. Saalburg Jahrbuch 25, 1968, 65–184.
Steinmetz, G., Regensburg in der vorgeschichtlichen und römischen Zeit. VHVO 76, 1926, 7–195 = Aus Regensburgs Vergangenheit. Festgabe zur Haupt-Versammlung des Gesamtvereins der deutschen Geschichts- und Altertumsvereine zu Regensburg 30. 8.–4. 9. 1925 (Regensburg 1925).
Strobel, R., Die Stadtbefestitung an der Südost-Ecke von Castra Regina in nachrömischer Zeit. VHVO 102, 1962, 209–224.
Strobel, R., Beobachtungen in den principia von Castra Regina. BVbl 30, 1965, 176–188.
Stroh, A., Neue Beobachtungen im römischen Regensburg. a) Die spätrömische Ostmauer des Legionslager (»Römermauer«). b) Beobachtungen im Innern des Legionslagers. Germania 31, 1953, 217–219.
Stroh, A., Führer durch die Sammlungen der Stadt Regensburg. I: Vor- und Frühgeschichtliche Abteilung (Regensburg 2. Aufl. 1958).
Stroh, A., Untersuchungen an der Römermauer in Regensburg. In: Neue Ausgrabungen in Deutschland (Berlin 1958) 425–431.
Stroh, A., Untersuchungen an der Südostecke des Lagers der Legio III Italica in Regensburg. Germania 36, 1958, 78–89.
Stroh, A., Fortsetzung der Untersuchung an der Südostecke des Lagers der Legio III Italica in Regensburg. Germania 41, 1963, 131–133.
Stroh, A., Untersuchung an der Ostseite des Lagers der Legio III Italica in Regensburg. Saalburg-Jahrbuch 28, 1971, 52–55.
Thüry, G. E., Chronologische und numismatische Bemerkungen zu den Germaneneinfällen von »357«. BVbl 57, 1992, 305–310.
Torbrügge, W., Die Landschaften um Regensburg in vor- und frühgeschichtlicher Zeit. In: Führer zu archäologischen Denkmälern in Deutschland 5: Regensburg–Kelheim–Straubing 1 (Stuttgart 1984) 28–117.
Torbrügge, W., Vorzeit bis zum keltischen Radasbona. In: D. Albrecht (Hrsg.), Zwei Jahrtausende Regensburg. Vortragsreihe der Universität Regensburg z. Stadtjubiläum 1979 (Regensburg 1979) 9–20.
Ulbert, G., Römische Holzfässer aus Regensburg. Mit einem

tierkundlichen Beitrag von J. Boessneck. BVbl 24, 1959, 6–29.
Ulbert, G., Das römische Regensburg. In: Germania Romana, 1. Römerstädte in Deutschland. Beihefte zum Gymnasium 1 (Heidelberg 1960) 64–77.
Ulbert, G., Das römische Regensburg als Forschungsproblem. VHVO 105, 1965, 7–16.
VHVO = Verhandlungen des Historischen Vereins für Oberpfalz und Regensburg.
Vittinghoff, F., Civitas Romana (Stuttgart 1994).
Vollmer, F., Inscriptiones Baivariae Romanae sive inscriptiones provinciae Raetiae adiectis aliquot Noricis Italicisque (München 1915).
Wagner, F., Griechische und lateinische Schriftquellen zur antiken Geographie Bayerns. Bayerischer Vorgeschichtsfreund (= BVbl) 1/2, 1921/22, 45–60.
Wagner, F., Die Römer in Bayern (München 4. Aufl. 1928).
Wagner, F., Neue Inschriften aus Raetien (Nachträge zu Fr. Vollmer, Inscriptiones Baivariae Romanae), BerRGK 37/38, 1956/57, 215–264.
Waldherr, G., Castra Regina-Regensburg. Vom römischen Legionslager zur bajuwarischen Herzogsstadt. VHVO 131, 1991, 43–56.
Waldherr, G., Spuren des antiken Christentums in Regensburg. VHVO 132, 1992, 7–25.
Waldherr, G., *Martiribus sociata*. Überlegungen zur ›ältesten‹ christlichen Inschrift Rätiens In: K. Dietz, D. Hennig, H. Kaletsch (Hrsg.), Klassisches Altertum, Spätantike und frühes Christentum. A. Lippold zum 65. Geburtstag gewidmet (Würzburg 1993) 553–577.
Waldherr, G. (Hrsg.), 500 Jahre auf den Spuren der Römer. Geschichte der Erforschung des römerzeitlichen Regensburg (Regensburg 1994).
Winkler, G., Die Statthalter der römischen Provinz Raetien unter dem Prinzipat, BVbl 36, 1971, 50–101 (Nachträge und Ergänzungen. BVbl 38, 1973, 116–120).
Wintergerst, E., Die archäologischen Funde der Ausgrabung Niedermünster Kreuzgarten in Regensburg (Magisterarbeit [masch.] Bamberg 1991).
Wolff, H., Die verspätete Erschließung Ostraetiens und der Nordgrenze von Noricum – Ein Forschungsproblem. Ostbairische Grenzmarken 30, 1988, 9–16.
Wolff, H., Die Kontinuität städtischen Lebens in den nördlichen Grenzprovinzen des römischen Reiches und das Ende der Antike. In: W. Eck, H. Galsterer (Hrsg.), Die Stadt in Oberitalien und in den norwestlichen Provinzen des Römischen Reiches (Mainz 1991) 287–318.

Bildnachweis

Textabbildungen

Abb. 1–8, 44, 52, 55–56 nach: Th. Fischer, Das Umland des römischen Regensburg. Münchner Beiträge zur Vor- und Frühgeschichte, München 1990
Abb. 9 nach: W. Torbrügge, Vorzeit bis zum keltischen Radasbona, in: D. Albrecht (Hrsg.), Zwei Jahrtausende Regensburg. Vortragsreihe der Universität Regensburg zum Stadtjubiläum 1979, Regensburg 1979
Abb. 10 nach: S. Rieckhoff, Überlegungen zur Chronologie der Spätlatènezeit im südlichen Mitteleuropa. BVbl 57, 1992
Abb. 11, 59, 65 Foto: H. Islinger, Regensburg
Abb. 12, 21–22, 31, 34, 36, 42, 48 nach: K. Dietz u. a., Regensburg zur Römerzeit, Regensburg [2]1979
Abb. 13, 18–20, 23 nach: A. Faber, Das römische Auxiliarkastell und der Vicus von Regensburg-Kumpfmühl. Münchner Beiträge zur Vor- und Frühgeschichte 49, München 1993
Abb. 14–17, 28, 30, 32–33, 46–47, 53–54, 60–61 Foto: Museum der Stadt Regensburg
Abb. 24–25, 43 nach: U. Osterhaus/E. Wintergerst, Die Ausgrabungen bei St. Emmeram in Regensburg. Ein Vorbericht. BVbl 58, 1993
Abb. 26 nach: R. Christlein/Th. Fischer, Neues zum Lager Eining-Unterfeld. Arch.Korr.Bl. 9, 1979
Abb. 29, 41, 49 Zeichnung: R. Röhrl, Regensburg
Abb. 27, 37 nach: G. Spitzlberger, Die römischen Ziegelstempel im nördlichen Teil der Provinz Raetien. Saalburg Jahrbuch 25, 1968
Abb. 35 nach: A. Johnson, Römische Kastelle des 1. und 2. Jahrhunderts n. Chr. in Britannien und in den germanischen Provinzen des Römerreiches, Mainz 1987
Abb. 38–39 nach: H.-U. Nuber, Ausgrabungen in Bad Gögging. Römisches Staatsheilbad und frühmittelalterliche Kirchen, Landshut 1980
Abb. 40, 58 Foto: H. von Sperl
Abb. 45 Foto: Wolfram Schmidt, Regensburg
Abb. 51, 63–64 Foto: Bayerisches Landesamt für Denkmalpflege
Abb. 57 nach: U. Osterhaus, Zwei römische Brunnen aus einer Villa rustica in Regensburg-Harting. AJB 1984 (1985)
Abb. 62, 67 Foto: Wilkin Spitta, Loham
Abb. 66 nach: M. Mackensen, Das spätrömische Grenzkastell Caelius Mons-Kellmünz. Führer zu archäologischen Denkmälern in Bayern. Schwaben Band 3, Stuttgart 1995
Abb. 68–69 nach: Th. Fischer, Römer und Bajuwaren an der Donau, Regensburg 1988
Abb. 70 nach: U. Osterhaus, Eine Reiterbestattung aus dem frühen Mittelalter aus Regensburg-Bismarckplatz. Mit einem Beitrag von A. v. d. Driesch und J. Boessneck, in: Jahresbericht der Bayerischen Bodendenkmalpflege 21, 1980

Farbtafeln S. 113–128

Abb. 1–2, 4–5, 7–8, 11–15 Foto: Wilkin Spitta, Loham
Abb. 1a: Karlheinz Dietz, Würzburg
Abb. 3, 9 Foto: Museum der Stadt Regensburg
Abb. 6, 10, 16 Foto: M. Eberlein, München

Liste der Fundstellen auf Abb. 1–7

1 Alteglofsheim
2 Alteglofsheim
3 Alteglofsheim
4 Alteglofsheim
5 Aufhausen
6 Barbing
7 Burgweinting
8 Burgweinting
9 Burgweinting
10 Burgweinting
11 Burgweinting
12 Dechbetten
13 Dechbetten
14 Dechbetten
15 Ehring
16 Eltheim
17 Graß
18 Graßlfing
19 Graßlfing
20 Graßlfing
21 Großberg
22 Großprüfening
23 Hagelstadt
24 Haidenkofen
25 Haimbuch
26 Harting
27 Harting
28 Köfering
29 Köfering
30 Luckenpaint
31 Mangolding
32 Mangolding
33 Mangolding
34 Mangolding
35 Mangolding / Mintraching Herzogmühle
36 Mintraching
37 Mintraching
38 Mintraching
39 Mintraching
40 Mintraching
41 Mötzing
42 Moosham
43 Moosham
44 Neudorf
45 Niedertraubling
46 Oberhinkofen
47 Oberhinkofen
48 Oberisling
49 Oberisling
50 Oberisling
51 Oberisling
52 Obertraubling
53 Obertraubling
54 Obertraubling
55 Pentling
56 Pentling
57 Pentling
58 Pfakofen
59 Pfakofen
60 Pfakofen
61 Poign
62 Prüll
63 Prüll
64 Regensburg, Hochweg
65 R, Hohes Kreuz
66 R, Kasernen
67 R, Prüfeninger Straße
68 R, Landshuter Straße
69 R, Lohgrabenstraße
70 R, Mühlweg
71 R, Napoleonstein
72 R, Pürklgut
73 R, Rilkestraße
74 R, Weinweg
75 Riekofen
76 Riekofen
77 Rogging
78 Sanding
79 Schönach
80 Senkofen
81 Sünching
82 Taimering
83 Thalmassing
84 Thalmassing
85 Thalmassing
86 Tiefbrunn
87 Tiefbrunn
88 Weillohe
89 Zaitzkofen
90 Zaitzkofen
91 Ziegetsberg

A Bad Abbach, Lkr. Kelheim
B Gemling, Gde. Bad Abbach, Lkr. Kelheim
C Dünzling, Lkr. Landshut
D Greißling, Gde. Geiselhöring, Lkr. Straubing
E Lengfeld, Gde. Bad Abbach, Lkr. Kelheim

Liste der Fundstellen auf Abb. 8

11 Dünzling, Lkr. Kelheim
12 Weillohe-Untermassing
13 Poign-Hänghof
14 Matting-Unteriading
15 Sinzing-Alkofen
16 Viehhausen-Alling
18 Etterzhausen
19 Regensburg-Großprüfening
20 Regensburg-Weinweg
21 Regensburg-Sallern
22 Regensburg-Glockengasse / Haidplatz / Kohlenmarkt
23 Regensburg-St. Emmeram
24 Regensburg-Kumpfmühlerstraße
25 Regensburg-Kumpfmühl
26 Regensburg-Ostentor
27 Regensburg-Humboldtstraße
28 Oberisling-Unterisling
29 Obertraubling
30 Obertraubling
31 Niedertraubling
32 Regensburg-Schwabelweis
33 Barbing-Irlmauth
34 Barbing-Irlmauth
35 Barbing-Kreuzhof
36 Barbing
37 Sarching
38 Sulzbach a. d. Donau
39 Eltheim
40 Geisling
41 Ehring
42 Gemünd

A Regensburg-Bismarckplatz
B Regensburg-Irl
C Mangolding
D Triftling
E Taimering
F Riekofen
G Mötzing
H Mintraching
I Mangolding
J Alteglofsheim
K Barbing
L Regensburg-Harting
M Poign
N Riekofen
O Alteglofsheim
P Moosham
Q Obertraubling
R Geisling
S Regensburg-Burgweinting

Register

Museen

Römische Funde aus Regensburg und seinem Umland finden sich vor allem in den nachfolgend aufgeführten Museen:

Museum der Stadt Regensburg

Dachauplatz 2–4
93047 Regensburg
Tel.: 09 41/5 07-14 42
Geöffnet: Dienstag–Sonntag 10–16 Uhr

Archäologisches Museum im BMW-Werk Regensburg

Herbert-Quandt-Allee, Tor 2
93055 Regensburg-Harting
Tel.: 09 41/7 70 20 12
Geöffnet: Dienstag 9–12 Uhr
jed. 2. Sonntag im Monat 10–12 Uhr
und nach Vereinbarung

Vorgeschichtsmuseum der Oberpfalz in Amberg

Zweigmuseum der Prähistor. Staatsslg. München
Eichenforstgäßchen 12
92224 Amberg
Tel.: 0 96 21/1 02 47
Geöffnet: Dienstag–Freitag 10–12, 14–16 Uhr
Samstag 14–16 Uhr
Sonntag 10–12, 14–16 Uhr

Museum St.-Andreas-Kirche Bad Gögging

93333 Bad Gögging
Auskunft: Kurverwaltung Bad Gögging
Tel.: 0 94 45/80 66
Geöffnet: April–Oktober
Dienstag/Donnerstag/Samstag 14–15 Uhr
Sonntag 10.30.–11.30 Uhr
November–März
Sonntag 10.30–11.30 Uhr
und nach Vereinbarung

Prähistorische Staatssammlung München

Lerchenfeldstr. 2
80538 München
Tel.: 0 89/29 39 11
Geöffnet: Dienstag/Mittwoch/Freitag–Sonntag
9–16 Uhr
Donnerstag 9–20 Uhr

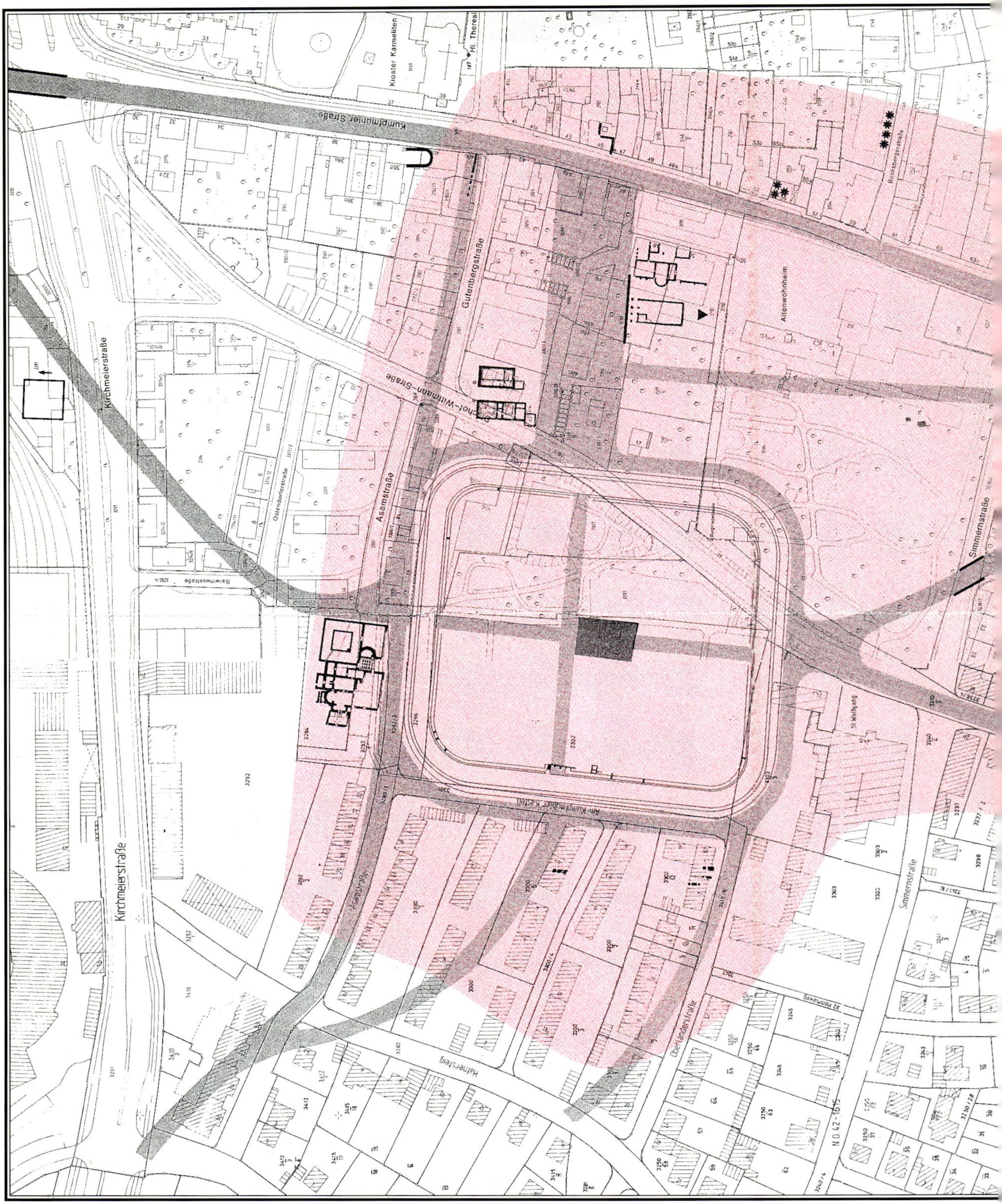
Kloster Karmeliten
Kumpfmühler Straße
Gutenbergstraße
Altenwohnheim
Bocksbergerstraße
Kirchmeierstraße
Ostendorferstraße
Asamstraße
Simmernstraße
St. Wolfgang
Am Kumpfmühler Kastell
Hafnersteig
Oberländerstraße
N.O. 42-1615